A Concise History of
FRANCE

CAMBRIDGE CONCISE HISTORIES
(………ケンブリッジ版世界各国史………)

フランスの歴史

Roger Price
ロジャー・プライス
著

河野 肇
訳

創土社

目次

＊訳注は割注で挿入しました。

序章　歴史学と本書の方針

歴史学について

今日のフランスの国土は、幾世紀にもわたる王、宮宰、戦士による領土拡大と社会的統合の産物であり、その過程はけっして直線的ではなかった。したがって、それらを目的論的に説明することは極力避けなればならない。フランスという国家は、イル・ド・フランス〔「フランスの島」という意味で、パリを中心に半径約一〇〇キロに広がる地域〕を拠点とする比較的強力な王国の権威拡大とともに形成されてゆく。本書の仕事はこれらの経緯を説明することである。

しかし、たいてい限定された期間について研究している歴史家は、一国の通史を執筆するとなると、それよりはるかに長い期間にわたる歴史に対する彼の立場《パースペクティブ》と方法《アクセス》を決定しなければならない。「過去の遺物から過去を再現する限界」（R・J・エヴァンス〔ケンブリッジ大学歴史学部教授〕）にも対処せざるをえない。歴史家は、たまたま消滅を免れた断片を過去の現実の証拠とみなし、それらをつなぎ合わせて意味を構築しようとする。しかし、一国の通史ほど長期間にわたる歴史となると、無数の選択をしなければならない。どの史料を選択すべきか、複雑な現象と幾世代にもわたる継続性をどのように解釈すべきか、時代区分、継続と変化の境界をいかに規定すべきか、という問題にも答えなければならない。年代順に政治の変遷を描写するだけでは、単なる偉人たちのカタログになってしまうからである。

社会史研究がさかんに行われるようになったのは一九二〇年代からで、これには「アナール学派」の創始者マルク・ブロックとリュシアン・フェーブルが大きな役割を果たした。以来、政治史家までも歴史上の人物や制度を社会システムの変化の文脈で研究するようになる。一九六〇年代、七〇年代には、フェルナン・ブローデル〔一九〇二～八五　フランスの歴史学者、アナール学派の総帥〕やエルネスト・ラブルースの学説とともに構造主義、階級史観、ネオ・マルクス主義等の単純明快な学説が人気を博したが、その人気は長続きしなかった。しかし、この間にも歴史家たちは一貫して自己批判的に過去と向き合い、社会の形成と変化の要因として経済、文化、イデオロギーの相対的な重要性を議論し続けた。そして、その結果、「構造」や「階級」を重視しすぎたために、「歴史という舞台の役者たち」や文化やコミュニティーなどが、あまりにも決定論的に単純化され、あるいは軽視されたと考えるようになった。貧困層の存在については、早い時期から歴史研究のテーマとして認知され、その後ジェンダーと少数民族についても、選択と行動の重要な要因であると主張されるようになった。また、社会的アイデンティティー形成における言語、イメージ、象徴的行為の重要性についても、社会と経済よりもイデオロギーを中心に歴史を見る文化史の重要性についても、社会人類学によって明らかにされてきた。

しかし、歴史の進展に一般法則を見出すことができず、歴史事象における人間関係の途方もない複雑さが明らかになるにつれて、歴史家の間でも歴史学への確信がゆらぎ始める。しかも、これにミシェル・フーコー、ジャック・デリダなどの影響を受けたポスト構造主義や「ポスト・モダン」の思想家が追い討ちをかけた。彼らは、「現実」がつねに言語を媒介にして知覚され、すべてのテキストが一定の範囲の意味をもつ以上、歴史研究そのものが言説の反映であると主張した。もし、彼らが言うように、歴史家による過去の表現以外に過去の現実がなく、「現実」と「現実の描写」が区別できないとすれば、歴史は小説に似た文学の一分野にすぎないことになる。しかし、知識の実証可能性や実験重視をはじめとする社会科学の前提に異議を申し立てたポスト構造主義は、歴史家に仮説の再検証を促すという貴重な役割を果たしはしたが、結局は知の袋小路、あるいは現実認識をめぐる古代ギリシャの哲学論の蒸し返しと見なされ、エリートの言葉遊びとして諷刺されるようにさえなった。

たしかに、歴史の因果関係をモデル化し、さらに複合的、包括的に研究することは重要であるが、「文化やアイデンティティー、言語や認識を、すべての社会現象の最終的な説明としてではなく、説明すべき変化する現象として」（チャールズ・ティリー〔一九二〇年生まれ。アメリカの政治社会学者〕）研究することも、これに劣らず重要なのである。また、われわれ個人の社会意識が、日常生活における多様な経験をつうじて形成される以上、アイデンティティーはけっして一定不変ではない。しかも、個人に影響をおよぼすとともに社会的事象の基盤ともなる大小さまざまな構造が存在する。要は、これらのことを認識しなければ、歴史家は有意義な歴史を記述することはできないのである。

今日の歴史学が直面している重大な問題は、おそらく、歴史研究が断片化し、あまりにも研究方法が多様化したことである。この傾向はフランス史の場合にとくに顕著である。その理由は、フランス史における制度、社会、政治の異色の進展が諸外国の研究者をひきつけ、とくにアングロ・サクソン系の研究者の多くがフランス史を選んだためであると思われる。また、歴史家が学問の成果をできるだけ大勢の人々に知らせようとするとき、学問の信頼性とメディアの要請をいかに共存させるか、というもう一つの深刻な問題が生じる。書物であれテレビであれ、魅力的な分かりやすさが求められる結果、複雑な歴史状況が単純化もしくは歪曲され、あるいは偉人中心の低レベルの歴史物語に逆戻りし、一〇〇年近く前にマルク・ブロックやリュシアン・ルフェーヴルが始めた歴史学革命が無視されかねないからである。

本書の方針

さて、本書の主要な目標は、フランス史における国家と社会の相互関係を明らかにすることである。社会史家シーダ・スコチポルの『国家と社会革命《ステーツ・アンド・ソーシャル・レヴォリューション》』(一九七九年)における定義によれば、国家とは「行政・治安・軍事の諸組織の集合体であり、この集合体は統治者によって統率され、組織間の協調が図られる」。しかし、国家はこれらの組織を維持するために社会から資源を徴収し——戦争を行うにはとくに莫大な資源を必要とする——、その過程で国家制度が変化し、社会的・政治的抗争が生じる。

少なくともイギリスのジョン・ロック以降の自由主義思想家の多くは、国家とは法と秩序を定めるとともに外敵から市民を守る、倫理的には中性の権力である、と考えた。しかし、彼らは、法を制定し執行する統治者の社会的起源や、統治者がどのように統治行為と被統治者を認識していたかについては問題にしなかった。これ対し、カール・マルクス、イタリアのヴィルフレード・パレート、ガエターノ・モスカ、アントニオ・グラムシ等によるもう一つの代表的な国家観は、国家とは少数者による支配機構である、というものであった。ただし、グラムシの場合には、国家制度は集権的でなければならないが、同時に、社会的エリートが卓越した文化を確立し、これによって社会を管理し、多様な価値観の対立を抑止すべきであると強調している。ここで彼が言うエリートとは、法的に身分が認められ、裕福で、特別の教育を受けた者のことである。

しかし、国家はつねに支配的な社会階層の利益を代弁するとはかぎらず、国家が全体として統合されたこともない。国家の社会に介入する力は、時代とともに、地域ごとに、変化した。各地の領邦の制度・政治・軍事組織に対する国家の介入と国家制度の強化は、資源収奪をめぐる抗争を招いた。他方、上級官僚の圧倒的多数は社会的エリートの出身であって、彼らは国家の統治者たちに対して強力な影響力を行使した。しかし同時に、国政をめぐる彼らの主導権争いが新たな抗争の原因となった。

したがって、本書は政治権力についての質問にも答えなければならない。政治権力はなぜそれほど重要なのか？ それはだれによって、だれの利益のために、どのように行使され、どのような結果をもたらしたのか？ たとえば、支配者が領主の権限として、あるいは統治組織を維持するための課税という形で、資源を要求するとき、被支配層はこれにどのように対応したか？ 場合によっては民衆蜂起が発生したが、それらの蜂起は法と権利が認識され、ある程度の組織を背景とし、抗議するチャンスがあるという状況下で、成功の確率と弾圧の程度を予測したうえで、決行されたであろう。蜂起はまた、社会構造と社会内の諸関係の変化、法制度の変化にも関係したと思われる。

しかし、これらはすべて政治的な構造と行動の問題であるばかりでなく、社会システムの問題でもある。実際、社会の秩序は国家だけによって維持されたのではなく、主として国家によって維持されたのでもない。社会秩序は家族やコミュニティー、宗教組織、教育機関、慈善団体、職場などの多様な社会組織によって維持されてきたのである。また、秩序維持のために詳細に練り上げられた総合的プランのようなものはなかった。社会の諸組織による社会化《ソーシャリゼーション》と日常生活の人的交流を通じて、正当とみなされる広範な行動規範が形成され、その遵守が強制される――秩序はこうして維持されてきたのである。また、秩序を管理する方法は、国家と社会的エリートが支配する社会構造と資源、時代の思潮、社会的諸組織の基本的思想といったものから生まれる日常生活の諸傾向によっても左右された。したがって、貧困層が無力感を抱きつつ用心深く行動せざるをえなかったことを考えれば、目に見える紛争がないことは、かならずしも社会的・政治的な緊張がなかったことを意味しない。

歴史研究には人気のあるテーマと軽視されるテーマがある。これまで男性が過半数を占めてきた歴史家たちは、ジェンダーの視点を軽視しているというもっともな非難を受けてきた。本書もまた、ジェンダーをコミュニティーや階級のように独立した項目として扱かっていないが、それはこの観点からフランス史を考察することが難しいからではない。歴史家は「ジェンダーが関係する歴史事象のすべてを経済と社会というさらに広い領域に統合すること」（オルウェン・ハフトン〔デイムの称号を持つ英オクスフォード大学教授。女性史に造詣が深い〕）を目標にすべきであり、ジェンダーもまた文化と歴史に規定される——という立場から本書が書かれているからである。

フランスの地理と景観　本書はまた、歴史における空間というテーマ——すなわち、フェルナン・ブローデルが歴史と地理の関係を重視するフランスの学問的伝統にしたがって見事な成果をあげたテーマ——を軽視していると非難されるかもしれない。そこで、フランス史の根底における継続性を理解する一助として、ここで簡単にフランスの地勢を要約し、その後で、交通・通信のネットワークが政治と経済の活動や思想の普及に果たした決定的役割について述べることにする。

今日の国境内のフランスの地勢が多様性に富んでいることは、地図を見れば一目瞭然である。地理学者フィリップ・パンシュメルはフランスの国土を地勢によって次の五つに区分している。

①温暖な海洋性気候の北西部。この地域はヴァンデからシャンパーニュまで広がる低地帯で、雨量が多く、肥沃な地層に覆われている。
②大陸性気候の北東部。この地域は石灰岩の崖と傾斜地《ケスター》の多い台地で、肥沃な土地が散在するが概して土壌は貧しい。
③南西部。この地域は平野、丘陵、台地からなり、次の南東部と比べれば草木と豊かな土壌に恵まれ、岩石が少ない。
④リムーザンからプロヴァンス地方の平野へ、ルシヨンからサオーヌ地方の平野へ広がる南東部。この地域では、地理学者パンシュメルが「モザイク模様の天然のコントラスト」と形容しているように、地中

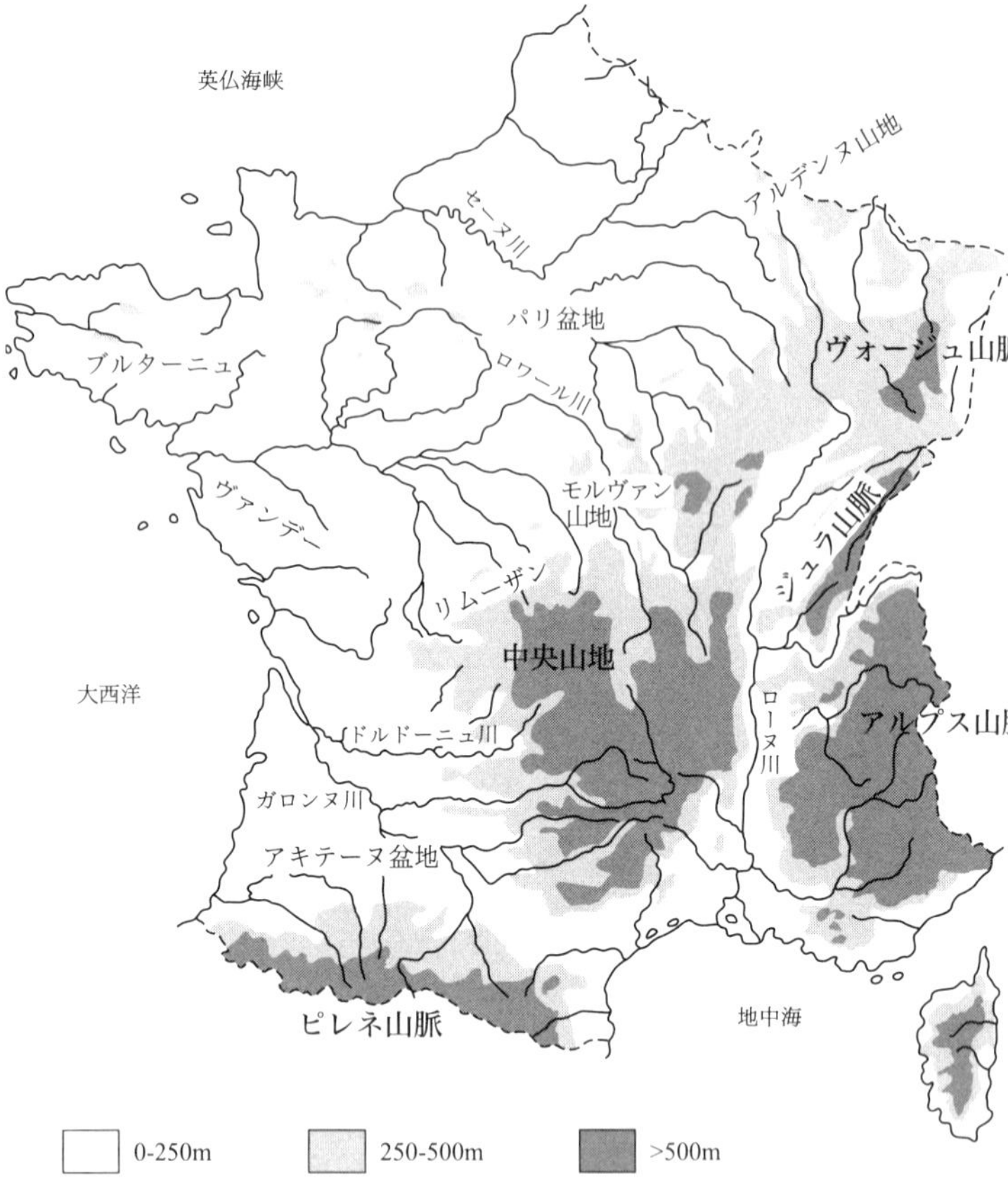

フランスの地勢

海性気候の恵みを受ける数多くの狭い平野と渓谷部の肥沃な土地が、不毛の石灰岩台地と険しい丘陵に区切られて散在している。

⑤山岳地帯。ジュラ山脈、中央山地《マッシフ・サントラル》、アルプス山脈、ピレネ山脈。土壌が貧しく、人と物資の輸送の便が悪いために、この地域は定住には適さない。

しかし、「北部は温暖な気候帯で、南部は地中海性気候で夏は少雨・高温である」とおおづかみに言うことはできるが、山岳地帯のために南部でも北部に似た気候の地域がある。また、内陸部に入るにしたがって気候は大陸性を帯びてくる。そのために、フランスでは地域間で気候が大きく異なり、異常な気温と降雨をともなう異常気象が生じる確率が高い。こうして、はるか昔から一九世紀にいたるまで、北部では夏季の多雨、南部では旱魃《かんばつ》という異常気象が生じるたびに主穀類が不作となり、貧困層が栄養失調もしくはそれ以上に悲惨な状況となり、社会的緊張が高まり、大きな政治問題になった。

しかし、人間社会は特定の気象条件を免れることはできないが、これに適応することができる。実際、今日のフランスの国土の景観は、いかにこの国の人々が自然条件、人口密度や社会的・政治的変化に適応してきたかを示している。国土の景観は、二〇世紀、とくに第二次世界大戦が終わった後、農業の機械化、除草剤や化学肥料の使用、農場の統合によって、どの時代にもまして大きく変化した。しかし、囲い込み《エンクロージャー》された農地と囲いのない広大な開放農地《オープン・フィールド》、という主として中世に形成された対照的な二種類の景観は、とくに渓谷部、平野、丘陵の傾斜地にそって、今なおその形跡を残している。

たとえば、ピカルディ、イル・ド・フランス、ノール県、シャンパーニュ、とくに東部の多くの地方では、かつてこの地域で行われていた共同牧草地による放牧や三圃制の輪作〔耕地を秋畑、春畑、休閑地の三つに分割し、これを順を追って輪作する農法〕は一九世紀の初めから徐々に姿を消したが、今でもいくつかの大きな村落のまわりに、樹木が少なく囲いのない農地が広がっている。地中海沿岸地域でも、農業が輸送革命によって巨大なワイン市場と結ばれて一変した平野部を除けば、岡の斜面を利用した棚田状の農地など、狭い農地面積に対するさまざまな工夫の名残が見られ、かつて農民がいかに生きるための苦闘を強いられたかを示している。幾世紀にもわたる農地拡大がやっと終わりをつげたのは農村人口が減り、同時に村外からの食糧供給のおかげで自給自足が必要でなくなった一九世紀後半のことであった。

他方、西部ではいたる所で、囲い込まれた農地と散在する農家、といった景観を目にすることができる。これは中世に徐々に植民が進行したことの形跡である。この地域では、もちろん表面的な変化はあるものの、基本的な生活様式は驚くほどに中世そのままである。濃い生垣や花崗岩の壁が境界や家畜を守る役目を果たし、農地を行き来するには、複雑に入り組んだ幅の狭い農道——しかもこれらの農道には沈下している個所が珍しくない——をたどらねばならない。最後にバス・ノルマンディ、ブルターニュ、アンジュー、メーヌ、ヴァンデ等の地方に目をやると、渓谷の流域で行われる農業に林業と高地の牧場が結びついているという独特の特徴が見られる。

以上の景観は、農業の進歩というよりも土壌と天然資源そのものが人口を養う地方経済を左右する時代が、長い間続いたことを示している。当然、人口密度にも生活水準にも地域によって大きな差があった。各地の伝統的な建築様式もまた——現代的な付属物がつけ加えられているために見分けにくいことが多いが——過去の地域特性を示している。ただし、鉄道と自動車のために輸送コストが下がり、建築資材が大量生産されるようになったために、都市でも農村でも同じような建物が建てられるようになり、石材と木材のかわりにレンガ、さらにはコンクリートが用いられるようになった。

農業、経済、社会の変化と交通・通信《コミュニケーション》革命　農業が圧倒的に大きな比重を占めていた一九世紀までの伝

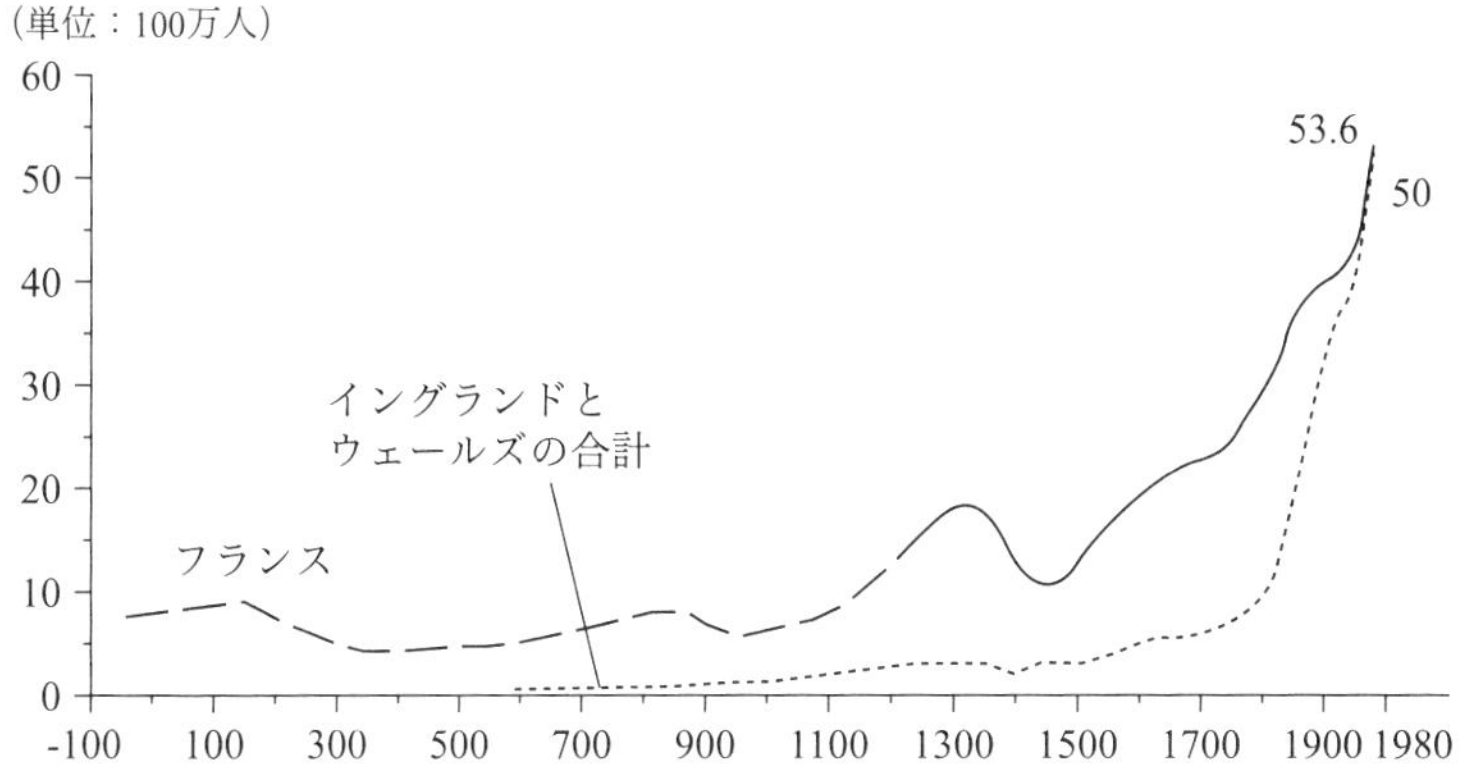

人口の推移

統的社会では、農業生産の拡大を促す最大要因は人口増加であり、農業生産を拡大する主要手段は未耕作地の開墾と、既存の農地の収穫回数を増やすことであった。しかし、輪作農法の改善に長い年月を要したことが農地を疲弊させ、土壌の貧しい土地にも作付けしたこととあいまって、生産性を低下させ、不作の要因ともなった。不作の年には、多くの国民が悲惨な生活におちいり、栄養失調や病気の犠牲になった。いまなお国民の意識に食糧危機に対する強迫観念が見られるのはこのためである。

しかし、近代以降になると、都市化と工業化による繁栄が生み出した食生活の変化が農業生産の拡大を促すようになる。輸入が食糧供給の不安を解消し、さまざまな新しい手段――飼料作物の栽培、化学肥料、除草剤、人工授精、家畜・果樹・野菜の品種改良の研究開発、動力の活用、あるいは特定分野への専門化など――が生産性を向上させた。また、資本が土地と労働に取って代わって生産量を左右し、低コストの大量輸送と情報流布のスピード化が農業に新たなチャンスをもたらすと同時に、農業市場での競争を激化させはじめた。

人口増加はまた、一九世紀後半まで繰り返し行われた大規模な開墾と森林伐採、都市周辺の農村の都市化や都市改造によって、環境に大きな影響をおよぼした。また、これと並行して、一九世紀半ばまでには、都市部への人と物の流入が鉄道と幅広い道路の建設によって容易になり、都市部の近代的建築物と乱雑に交じり合っていた中世中期の建築物は姿を消した。行政、商業、裁判、軍事、宗教、文化の領域で重要な役割を果たしたのは都市住民であった。都市市場はさまざまな分野で社会を活性化させ、交通の要衝に位置したことから、都市の需要が農産物の増産とマニュファクチャーの発展を促し、その過程で後背地も都市の行政機構に組み込まれていった。

しかし、運送に長い時間と高いコストがかかった間は、小規模な市場のネットワークしかなく、ほとんどの都市は小さく、限られた都市周辺のための市場でしかなかった。ただし、もっと大きないくつかの都市では、鉄道が敷かれる以前でも河川や海上水運に恵まれ、多数の荷船や商船が行き来していた。セーヌ川とその支流の水運に恵まれたパリ、地方の大都市リヨン、海港都市マルセイユ、ボルドー、ルーアン等はフランス史で重要な役割を担うことになる。交通の要衝を占めるこれらの都市とその後背地は物資配分の中心地となり、行政と文化に重要な影響を与え、地方エリートや多様な知識人や熟練職人の拠点となり、職を求める多数の貧しい人々もこれらの都市に流入したのである。

しかし、いまだに中世的なこのような状況下で、工業化が始まると、経済が特定分野から加速度的に拡大し始める。都市では、人口が膨張した結果、住宅、雇用、サービス、教育、衛生等の問題が生じ、これを解決するとともに人と物の大量の移動を可能にするための大規模な都市改造が行われた。マニュファクチャーはといえば、業態も技術も本質的には中世と変わらなかったが、一八世紀後半から一九世紀になると、都市や農村に散在する伝統的なマニュファクチャーが機械化された工場と競合するようになった。これはやむことのない加速度的な技術革新の時代が到来する前触れであって、一八四〇年代、一八九〇年代、一九四五年以降には、とくに急テンポで新技術が開発された。

最後に、交通・通信《コミュニケーション》革命の重要性に触れておこう。かつては、水陸交通の便が、交易の可能性、食品・手工業製品の需要構造、都市人口の拡大限度、さらには統治者による情報収集・命令・行政の効力さえも左右した。水運が発達していた島国のイギリスと比べれば、フランスはヨーロッパ大陸に属し、イギリスよりもはるかに面積が広い。そのために、一九世紀の交通革命以前のフランスでは、交通・通信と国内管理の問題がイギリスよりはるかに深刻だったのである。しかし、今日では、交通・通信革命が、かつて政治権力と軍事力によって強制された国民意識の統一に大きな役割を果たしている。一八世紀に着手された水・陸路の改良、さらに鉄道、電信、電話から今日のインフォーメーション・テクノロジーへと進行した技術革新は、義務教育とマスメディアとがあいまって、つぎつぎと社会に衝撃的な影響を与えた。これらの技術革新は、昔は思いもよらなかった人と物の移動、娯楽、教育、社会的管理のシステムを可能にし、これを通じて特定の政治的コミュニティーに属しているという意識を高め、今日的な意味での新しいナショナリズムを生み出している。しかも、今日では、経済、社会、文化、政治などすべての分野が交通・通信技術に依存しているばかりでなく、すべての分野からの要請として、さらなる交通・通信技術の進歩が促されているのである。

現代のフランスを理解する一助となること、これが本書の目的である。たしかに、現在を理解するためには過去を知らねばならないが、過去の影響力が時とともに減退することを考えれば、遠い過去よりも近い過去と現代を詳述すべきであろう。

本書の前半の各章は、経済、社会、政治の進展が歴史の継続性に左右された中世と近世初期を対象にする。中世から近世への長い期間の特徴は、国王、領邦君主、貴族が領土をめぐって抗争したこと、この間の人口が農業の生産性の低さとマルサス的食糧危機を要因とするパターンで抑制されたこと、農村社会に徐々に都市化と資本主義経済の影響がおよび始めたことである。

本書の後半はまず大革命と第一帝政を扱う。この二つは効果的な政治システムの確立に失敗した結果であり、その過程で、すでに近代資本主義への移行局面に入っていたフランス社会に政治の大衆化が生じた。一八一五年から一九一四年までの期間は、経済、社会、政治の急速な変化と、政治改革派対国家を後ろ盾とする改革反対派の長い闘争の時代であり、これに続く一九一四年から四五年は経済と社会の沈滞、悲惨な世界大戦の時代であった。しかし、第二次世界大戦の後、フランスは戦後復興と経済成長による史上例を見ない繁栄と社会変化の数十年を経験する。本書の最終章では、一九七〇年代から始まったポスト工業社会、拡大進化するＥＵの功罪、進行する世界のグローバル化について考察する。

第一部　中世から近代初期のフランス

フランスの社会と政治の仕組みは、中世から一七八九年までに、どのように形成され、変化しただろうか？　いわゆるレーンシュタート（封建制国家）とこれに続くシュテンデシュタート（身分制国家）はこの期間に形成された。この時代の支配層は王、領邦君主、有力貴族、貴族出身の社会的エリートだった。都市は形成され始めてはいたが、まだ農村と農業の占める割合が圧倒的に大きかった。権力掌握の要因は富の所有、とぼしい天然資源の支配、領地と社会的地位の保有であった。この社会的地位——ドイツの社会学者マックス・ウェーバーはこれを「名誉に対する社会的評価」と定義している——においては、人間の救済を祈る聖職者と、社会を守る戦士がとくに高く評価された。そして、これらの観念は教会によって公認され、これらの観念に基づいて社会的な諸関係やさまざまな社会的統制が正当化された。ただし、諸税、地代、封建的貢租、教会の十分の一税等に対する抵抗に対しては、最終的には武力が用いられた。

のちに見るように、フランスという国は徐々に形成され、その間には紆余曲折と中断があった。ローマ帝国が崩壊し、その領土の一部を継承したフランク王国も崩壊した後、この旧王国内に領地拡大と経済的・人的資源支配をめざす政治組織が形成され、国全体の掌握をめざす大貴族間の対立抗争が始まった。戦乱に明け暮れたこの時代には、軍事力を強化する観点から、大貴族の保護のもとに商業がさかんに行われ、交通手段が改良され、都市が成長した。また、臣下の統制と対外戦争のために、軍事力強化とともに官僚制度と社会制度が形成された。しかし、他方では、社会的エリート間の抗争と、管理・搾取に対する非社会的エリート層の抵抗が生じた。

支配される民衆の側には、まだ近代的ナショナリズムと言えるものは生まれていなかった。ただし、中世後期には特定の王朝に対する忠誠心のようなものが、また英仏間の百年戦争の過程で国民意識のようなものが、漠然とではあるが生まれていたかもしれない。しかし、この時期でさえ、地域単位の連帯意識、地域間で異なる習慣や文化のために、社会と政治の変化には地域間で明らかな相違があった。また、住民の大半は家族単位、コミュニティー単位で社会化《ソーシャリゼーション》され、これを通じて行動規範と本質的には自己規制的な社会が形成された。そして、この社会では、現世での安全・生存の保証と来世での救済祈願のために、当然のこととして名門《セニョール》貴族と聖職者に敬意が払われた。

第一章　前工業時代の人口と資源

農業、経済、社会

農業　一八世紀になっても農村人口が全体の八五パーセントを占めていたフランスは、長い間、農業が圧倒的比重を占める農業国であった。進歩は速度が遅いばかりか後戻りすることもあり、農民は自給自足が精一杯で、農民に依存するエリート層や都市住民の分まで生産する余裕はなかった。数世紀にわたるこの長い期間には、農・工業の生産技術が改良され、交通・通商の組織が効率化されたが、商品の生産・流通形態の根本的な構造変化は見られなかった。

大多数の国民が貧しかったために、当然、資本は大して蓄積されなかった。人口増加が生産増加を促した後に食糧危機によって人口が減少する、というサイクルが繰り返されたのはその証拠である。経済・社会の構造的変化と、はるかに生産性の高いシステムの萌芽が生じるには、一八世紀まで待たなければならなかった。

幼稚な技術しかない社会の変化は遅々たるものだったと思われるが、その変化の実態はひじょうに大雑把に推定するしかない。推定に必要な史料が少ないばかりでなく、重要な指針となる農作物の収穫量に地域や年度間で大きな差があるからである。

最近の研究によれば、畑に播く種子の量と収穫量の比率は九世紀と一三世紀の間に、ほぼ二・五倍から四倍へと倍増している。水車の他に一二世紀からは風車の利用も普及し、人の手でひき臼《うす》をまわす製粉の労働はしだいに軽減された。食糧供給もほぼ不足なく、栄養摂取もしだいに改善された。しかし、当時の農業の収穫量は常に不安定で、播種量に対する穀物収穫量の比率がきわめて低かったために、平年より三割収穫が減ると食料供給は半減した。残りの半分は次の播種に使わなければならなかったからである。とはいえ、長期的に見れば、九世紀から数世紀間は食糧生産が比較的安定し、このことが早婚による多産を促して人口が増加し、この人口増加のために一三世紀後半までには食糧が再び不足しがちとなり、一四世紀には明らかに食糧不足となる。一四世紀初期の種播量に対する小麦収穫量の比率は地域によって差があり、たとえばアルプス地方では二・五倍だったが、パリ北部の肥沃な平野ではずばぬけて高く、八もしくは九倍だった。

農業技術は生産性を向上させ持続させるほどには改良されなかったが、当時の伝統的な農業システムは、予想外に柔軟に人口増加や農産物市場の拡大に対応していたと思われる。なぜなら、主要都市の周辺には市場向け菜園、果樹園、酪農場が広がり、パリ周辺の傾斜地はぶどう園となり、王や貴族のみならず都市ブルジョワもしだいに所有し始める大規模な市場向け農場からは、原料として生産された羊毛、亜麻、染料用植物ウォードが穀類とともに栽培され、出荷されていたからである。

しかし、人口密度や社会的・経済的発展には大きな地域格差があり、交通手段に恵まれなかった大半の地域では、外部の市場向けの生産は行われず、現地住民の食糧確保に追われていた。大半の農民は零細な農地《プチット・クルチュール》しか持たない貧農で、将来の見通しもないままに、天然資源を利用できるだけ利用し、土地を買ったり借りたりして増やすことによって生活を安定させ、ひとかどの自営農になろうとした。しかし、結局、彼らは貧しい衣食住から抜け出すことができず、利益を得ることよりも危険を回避することを優先した。すなわち、穀類生産を重視し、家畜は牛乳、食肉、羊毛、および農作業のために必要な頭数しか飼わず、新しい作物や農法については、現状のシステムを変えざるを得ない場合には採用しなかったのである。農民はまた、つねに土地の肥沃度の維持に悩まされていた。家畜の数が少ないために貴重な有機肥料が不足したばかりでなく、毎年農地の三分の一を――やせた農地なら二分の一までも――休閑地もしくは牧草地にしなければならなかったからである。土地の手入れを怠れば、かならず将来ひどい不作が続く。しかし、目先の生活に追われる大半の貧しい農民にとっては、土地を休ませることは耐え難い重荷だった。そのために、農村共同体が強制的に休閑地にすることもあった。また、役畜の数が少なく、軽い鋤しか普及していなかったために、良い収穫を得るためには肉体労働による苦しい農作業が欠かせなかった。

ただし、フランドル地方の農民だけは例外だった。近くに都市の市場がいくつかあったおかげで、都市の廃棄物を肥料に利用することによって収穫量を増やすことができたのである。そのために彼らだけは中世の間に非生産的な農法から抜けだし、休閑地にするかわりに根菜類を栽培し、これを飼料にして家畜の

鋤で耕す農民（12世紀末） 牛、独特の車輪、鉄製の鋤が使われた。馬は何世紀にもわたって高価すぎる家畜と見なされた

数を増やすことができた。

このような過程をへて、さらに多くの雄牛や馬、鋤、鍬、大小の鎌や新型の農機具、それに荷車と馬具や樽が使われるようになり、このために村に農場労働者や職人が必要となり、さらには鉄製の器具をつくるために鉄の増産が促された。とくに一二世紀後半以降の大農場と北部フランスでは、牛と人力による農業から、馬と鉄製の鋤による農業へと徐々に移行し、土地をより早く、深く、反復して耕すことができるようになったために、収穫量が伸びた。ただし、馬は高い買い物だった上に、病気にかかりやすく、雄牛よりもはるかに多量の飼料を必要とした。そのために、農業で馬が一般に使用されるようになるのは、やっと一八世紀から一九世紀の初めにかけてのことだった。

経済 西暦一〇〇〇年頃始まった大規模な開

墾は、一三世紀に最も精力的に行われた。建築資材、燃料、人と動物の食料などの貴重な供給源だった森林は伐採もしくは焼き払われて減少し、湿地は干拓され、丘の斜面は段々畑となり、風景は一変した。それは人口と食糧供給のバランスを維持し続けるための苦肉の策であった。今日約三万五〇〇〇を数えるコミューンのネットワークの大半はこの大開墾時代の産物である。

治安が安定したために交易が活発化したことも、開墾を促した要因だった。北部へのバイキング侵入と南部へのサラセン人侵入に対する戦いが終わり、抗争に明け暮れる貴族たちに対する王権が強化されると、治安の回復が進み、これとともにはやくも一〇世紀には――とくに一一世紀になると明らかに――商業の発展が見られるようになった。主として取引された物産は香料、象牙、中東の絨毯などの奢侈品、ワイン、食品であり、パリやボルドーをはじめとする海上・河川輸送の要地では、ワインは貴重な換金商品だった。交易の活発化は各地の小さな都市を結ぶ陸路の整備を促し、これらの都市のなかで陸路の交差点もしくは地理的な結節点にあたる都市は、堅固に防備を固めた都市として規模を拡大した。その例がマルセイユ、ルーアン、アラス、オルレアン、パリなどであり、これらはかつてローマ人に支配された後、四世紀以降衰退していた都市であった。

これよりも一般的に見られた交易促進の要因は、農民が自給自足の生活を行うことがしだいに不可能になったことである。塩や鉄器具などを購入しなければならず、領主、教会、とくに国に対して貢租や税を金納しなければならなくなったからである。農民はこうして貨幣経済に組み込まれてゆく。しかし、その過程は緩やかで、特定の時期や地域によって異なり、紆余曲折があった。各地で市場が開かれるようになり、これらの市場が都市間、都市と後背地間の交易の拠点となった。とくに一一世紀から一二世紀にかけては、定期市が遠隔地との交易に重要な役割を果たすようになり、トロワ、プロヴァン、バール・シュール・オーブ、シャンパーニュ地方のラニーで開催された大市は活況を呈し、このためにフランス北西部と南部を結ぶ仲介業組織が発達した。現地の領主たちは、これらの大市と仲介業を保護し、現地の貨幣が安定して潤沢に流通することに力を注いだ。一三世紀後半以降には、海路による交易の拡大にともなって新しい交易路が開発された。こうして、貨幣は重要な支払い手段としてしだいに普及したが、今日の感覚からすれば普及のスピードはきわめて緩慢だった。また、貨幣の供給もつねに不足した。金・銀の生産量が少なかったばかりでなく、貨幣を有益な希少品として手放さない傾向があったためである。

都市は生産された食料市場と消費・製造の拠点として重要な役割を果たしたが、今日から見れば当時の都市の規模はごく小さかった。しかし、一三二〇年の人口が八万人から二〇万人と推定されるパリは、当時の人々にとっては巨大な都市であった。パリは国王政府の所在地として、また河川交通網の要として、五、六〇年の間に都市規模を二倍に拡大し、国内最大の商業中心地になった。都市の発展がもっとも顕著だったのは北部、とくにメーヌ川、エスコー川、セーヌ川の盆地周辺で、これらの都市はワイン、塩、羊毛の海上ルートによる交易と結ばれていた。布地生産の中心地として発展したリール、ドゥエ、アラス、海上交易の中心地だったルーアン、ラ・ロシェル、ボルドー、バイヨンヌ、マルセイユなどの人口は、一万五〇〇〇人から四万人程度だった。

他方、農産物の生産増加は交易を活発化させたばかりではなく、都市住民の活動を多様化させ、富を基準とする種々の社会的序列を生み出す要因となった。ちなみに、競争の制限による独占をめざすギルドに加入した商人たちは、暴徒化することが多かった職人、労働者、小商店主のみならず、高い技能を持つ職人よりも格上とみなされた。

社会　人口に関する史料はきわめて乏しい。しかし、人口歴史学者の推計によれば、今日のフランス領土内の人口は一〇〇〇年には約五〇〇〇万人だったが、一三世紀半ばまでに一五〇〇万人から一九〇〇万人位にまで増加していた。人口密度も――人口密度は北部のノルマンディ、ピカルディ、イル・ド・フランスで最も高かった――同期間に約四倍になり、一平方キロ当たり一〇人だったものが四〇人位になった。

この時代は多産多死型社会で、独身を通すものは少なく、結婚年齢が比較的高く、婚前妊娠と婚外妊娠が少なく、核家族が一般的であった。これらのことは結果として人口増加を促す要因となったが、悲惨な生活状況が人口を減少させた。大半の人々の食事は穀類と副菜の野菜で、肉類はめったに口にすることができなかった。そのために、おそらく人口の一五～二〇パーセントは慢性的栄養失調にかかっており、長時間労働する体力はなかったと思われる。歯痛、骨折、リューマチ、呼吸器障害による苦痛も、民間療法に頼るしかなかった。一四世紀の挿絵にメガネが描かれているものがあるが、大半の人々は弱った視力を矯正することもできなかった。不作の年には慢性的な窮乏に拍車がかかり、免疫力が低下し、飢えた人々、とくに乳幼児と高齢者が赤痢、下痢、呼吸器障害その他のさまざまな病気の犠牲になった。天然痘、ペスト、インフルエンザ、腸チフス、発疹チフス、マラリアなどの伝染病も繰り返し蔓延した。死亡率はとくに都市部で高かったが、それは流入し続ける労働者によって巨大化した都市が、ゴミと排泄・廃棄物によって汚染されていたからである。しかも、戦争による荒廃がこれに追い討ちをかけ、兵士たちは住民を殺戮し、食料の蓄えを食いつくし、病原菌をばらまいた。

食糧生産はたえず人口増加に追いつくことができなかった。大半の農民にとっては、混合作による作物の多様化が、異常気候による飢餓から家族を守る重要な手段だった。しかし、人口密度が高くなるにつれて主食の穀類の栽培面積を増やさなければならず、そのために家畜数を減らしたために有機肥料が不足し、結果として一人当たりの生産性の低下を招き、不作の影響を深刻化させた。しかも、これと並行して農地が細分化され、土地なし農民の数が増加した。

とはいえ、比較的平穏だった数世紀ののち一三世紀後半になると、すでに多くの地域で、資源供給量が明らかに人口増加に対応できない兆しが見えてきた。物価、地代、地価が上昇し、賃金が下がって借金が増え、安い労働力を求めてマニュファクチャーが農村に進出した。この時代には地球表面の温度が下がって生産性を低下させたとも推定されている。事実、一三〇九年から一一年にかけて大飢饉が発生し、とくに一三一五年から一七年にかけての飢饉では穀物の生産量が三分の二まで減少し、じめじめした気候のために果樹の実が腐敗し、炭疽菌等による伝染病のために家畜の数が激減した。しかも、投機筋が買占めを行い、消費者が買いだめに走ったことから価格が高騰した。

こうして、すべてが収穫に左右され、人口激減の時期が繰り返される過程で、人々は、すべてが自然界と神の意志に支配されているという思いを深めるとともに、家族や地域社会の結束を重視した。また、食糧危機は貧民を保護する義務に背いたすべての者——余剰食糧を売り惜しみした地主、領主、商人、ある

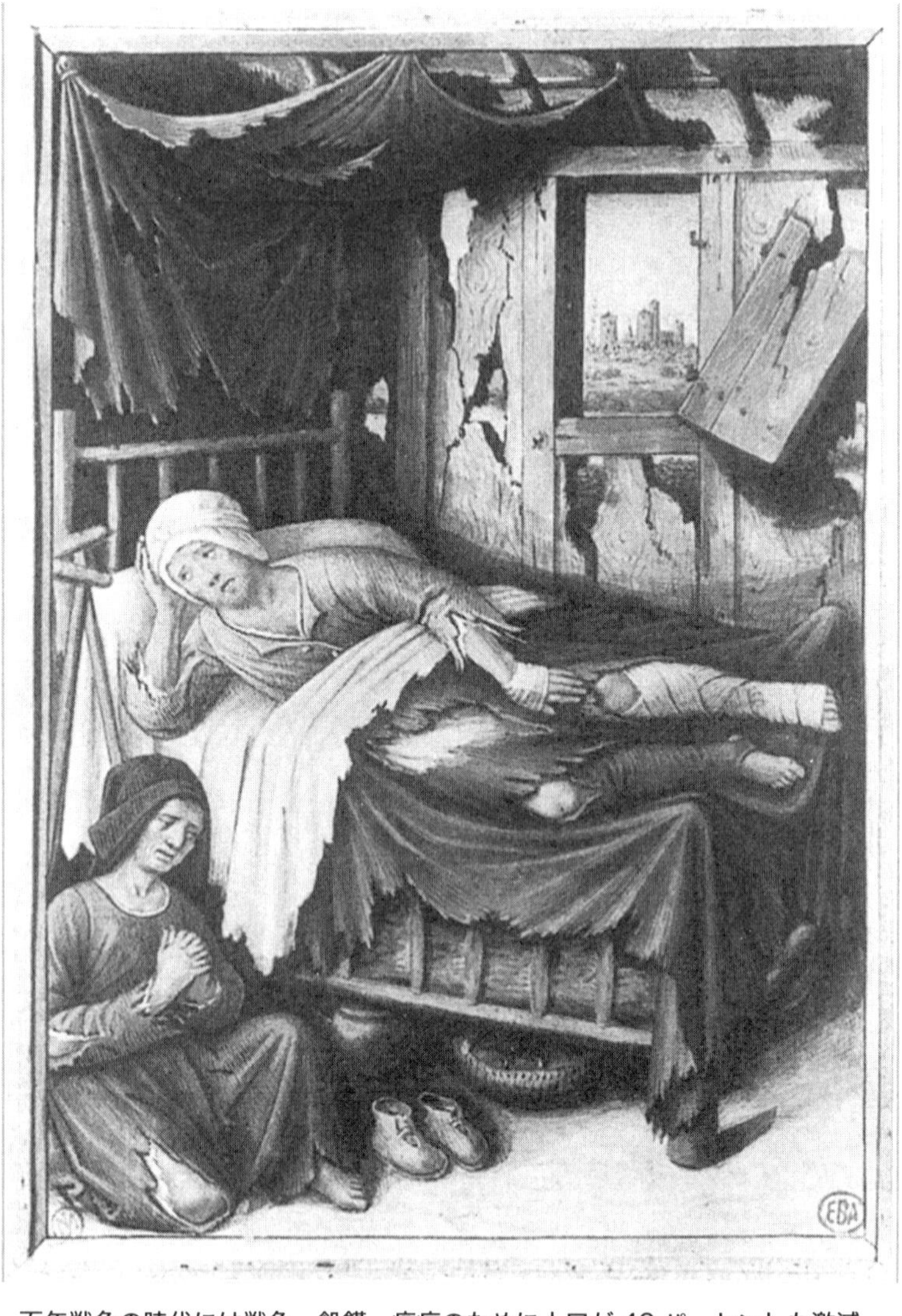

百年戦争の時代には戦争、飢饉、疫病のために人口が 40 パーセントも激減した（上の絵はジャン・ブルディションが描いたものと推定されている）

いは封建君主、司祭、役人など――に対する貧しい人々の怒りを爆発させた。

一三四七年から四八年にかけて猛威を振るった黒死病（ペスト）は死亡率を跳ね上がらせた。黒死病は何度も蔓延したために、多くの地域で人口が三〇パーセントから五〇パーセントちかく激減し、また、交易ルート沿いに蔓延したために、人口密度の高い都市部ほど多くの死者を出した。短期間にこれほど多くの死者を出したことは、当時の人々にはかり知れない衝撃を与えたであろう。黒死病に感染すると、六〇～八〇パーセントの割合で無残な死を迎えなければならなかった。ペストが何度も（パリでは一五九六年までに二二回）蔓延したのは、当時の春と夏が高温多湿で、そのために増えたノミによる感染が原因だったと考えられている。パニック状態が広がり、避難する余裕のある裕福な人々がいなくなった都市では街路は静まりかえり、商店は閉じられ、いたる所に死体の腐臭が漂っていた。これは人間の罪に対する神の罰としか考えられなかった。そこで、人々は懺悔し、神に許しを乞いながら列をなして行進した。アルコールですべてを忘れようとした人たちも多かった。スケープゴート（贖罪《しょくざい》のヤギ）を探す人たちもおり、その場合には、たいていユダヤ人か魔術師の疑いをかけられた人々が犠牲にされた。

しかし、ペスト菌の毒性はその後時がたつにつれて弱まったようである。この現象は人の免疫性が高まったためとも、蔓延を防止するために当局が設置した検疫警戒線《コルドン・サニテール》が効を奏したためとも考えられている。しかし、のちの一七世紀にも全人口の約三五パーセント（約二四〇万人）がペストの犠牲になり、一七二〇年にペストが最後に南フランスで猛威を振るったときにも、マルセイユの人口の半分に相当する約五万人が死んでいる。

一四、一五世紀の度重なる食糧危機、ペスト、戦争は、増加傾向にあった人口を減少へと転じさせたばかりでなく、土地開拓による農村の変化、農作物の栽培法、土地の所有権、社会的関係に大きな影響を与えた。しかし、人口が少なくなると、結婚年齢が下がって出産率が上昇し、乳幼児の高い死亡率によって減殺されながらも人口が緩やかな増加傾向に転じる。また、生き残った貧しい農民は土地を取得し、生活レベルを改善し、自立しやすくなる。彼らは農地を拡大しながら無価値な土地に見切りをつけ、あるいは領主に減税を求めることができた。小作人も借地代を引き下げさせ、農場労働者も賃金アップをはかることができた。こうして、農村地帯の多くの土地が農民に所有されることになった。ただし——とくに肥沃で商業化の進んだ地域では——貴族と都市ブルジョワがその後彼らの土地所有権を回復した。

一四五〇年代以降になると、人口に明らかな増加傾向が見られ始め、一四八〇年から八二年にかけての飢饉と疫病にもかかわらずこの傾向は続いた。ただし、人口は各地で一様に増えたわけではなく、とくに増加が著しかったのは、穀物の収穫が多く、商業ネットワークと結ばれていた北部の平野部だった。一五一五年までには、今日のフランスの国境内の人口は再び約二〇〇〇万人（当時のフランスの国境内で見れば一六〇〇万人か一七〇〇万人位）に達し、以後二世紀の間その水準を一進一退した。

以上のような度重なる災厄からの回復局面は一五六〇年代まで続く。しかし、人口増加、失業者の増加、生産性低下が、農作物の不作の影響をしだいに深刻化させ、さらに「小氷河期」開始による悪天候が一六一八年、一六三〇～三一年、一六四九年、一六六一～六二年、一六九三～九四年、一七〇九～一〇年、一七一二～一三年と繰り返し飢饉を招く。一七世紀にはまた宗教戦争、フロンドの乱、三〇年戦争によって国土が荒廃し、これに加えて戦費調達のために税が引き上げられたことから、民衆蜂起が絶えなかった。しかも、ルイ一四世（一六三八～一七一五四年）晩年の二〇年間には、一六九三年から九四年にかけて（この期間の凶作による死者は二〇〇万人にのぼったと推定されている）と一七〇九年から一〇年にかけて異常な低温が続き、このために大凶作に見舞われ、長い不況が続いた。大半の地域では一七三〇年代に入っても景気は回復しなかった。ただし、フランスではそれ以後には飢饉は起きていない。

一八世紀における人口動態と経済的変化

人口動態　一七三〇年から一七五〇年頃までの間に持続的増加期へ移行したフランスの人口は急速に増え、一七一五年に二二〇〇万人だった人口は一七八九年には二八〇〇万に達した。一七三九～四一年、一七六〇年代の終わり、一七八七～八八年、一九世紀前半の飢饉による食糧危機は、穀物価格を五〇～一五〇パーセント上昇させはしたが、多数の餓死者を出すことはなかった。また、戦争はあったが国外での戦争がほとんどで、宗教戦争ほど人口減の要因にはならなかった。

この人口増加はさまざまな要因によって促された。まず、比較的良好な気候に恵まれて農業の生産性が緩やかに向上し、交通・食料流通が整備・効率化された結果、食料供給が改善された。また、行政が貧民用のパンに助成金を出すとか貧民の雇用を確保するなどの貧民対策に乗り出し、農村で手工業が広く行われるようになり、そのために農民が農作物以外の収入を得ることができるようになった。さらに、医療レベル自体は進歩しなかったものの、食事と保育・介護がやや改善され、当局が伝染病の拡散予防のために検疫警戒線を敷き、とりわけ伝染病の毒性自体が変化したために、伝染病による死者の数が減った。

地域別に見ると、北部、東部、南東部ではとくに生活が向上し人口が増加したが、これと対照的に、ブルターニュ地方と中部フランスの一部（オルレアネ、ベリー、トゥレーヌなど）では一七七〇年代から死亡率が高まり再び人口が激減した。他方、それらの中間に位置するノルマンディ、パリ盆地の多く、中部と南西部のいくつかの地域には、当時すでに人口増を自主的な避妊によって抑えていた形跡が残っている。

また、景気循環の根本的要因はいまだに農産物の出来・不出来であった。しかも、著しく農業の比重が高かったために、人口密度が高くなれば小作人と労働者になる者が増え、これが土地の細分化、賃金の低下、貧困の要因になった。農村マニュファクチャーの発達や季節労働者の増加は、生計維持のための必死の努力の反映だったと考えられる。

経済的変化　国民の大半が貧しい時代が続いたにもかかわらず、一九世紀における構造的変化を予兆するような経済的変化はすでに始まっていた。この変化を促したのは、人口増加、物価上昇、交通網の整備、通貨供給の増加と迅速化と、これにともなう国内商業の成長だった。外国との交易も発展し、アフリカ人奴隷と植民地の物産による三角貿易によって、ボルドー、マルセイユ、ナント、ルーアン、ル・アーヴルではブルジョワ階級の商人が富を蓄え、それらの港湾都市の後背地では造船業、漁業、農業、織物業が栄えていた。また、過去にしばしば見られたように、一七世紀後半から一八世紀初めにかけて人口が減少して食料供給と人口のバランスが回復すると、その後で再び経済が回復・拡大に転じた。しかも、過去とは異なり、この時期の経済活動は――これはフランス以外のヨーロッパ諸国についても言えることであるが――急速かつ持続的に拡大した。

聖職者でもあったイギリスの経済学者トマス・マルサス（一七六六～一八三四年）の人口論によれば、人口と農・工業生産の増加は凶作、疫病、戦争によって一挙に減少に転じる。ところが、もはやそのような危機的現象は生じなかった。たしかに、食料不足の時期は何度かあったが、その影響は以前ほど深刻ではなかった。過去の重大な要因の多くが継続していたにせよ、一八世紀は生産性上昇と都市化の進展によって新時代のスタート（その時期は一七三〇年頃から一八四〇年頃と推定される）を告げた世紀だった。すなわち、この世紀以降、フランスは緩やかに、ときには中断しつつ、しかしスピードを上げて、いずれ人間の生存条件を根本的に変えることになる工業化社会へと移行してゆくのである。

いまだに圧倒的多数の人々が従事し収入を得ていた農業にも変化が生じた。大規模な開墾が行われ、土壌の貧しい中・南部の中央山地《マッシフ・サントラル》とブルターニュ地方ではソバ畑が、南西部ではトウモロコシ畑が広がり、北部ではジャガイモと飼料用作物の畑が広がるようになり、休閑地が減った。最も楽観的推計によれば、一七〇一～一〇年と一七八一～九〇年の二つの期間を比較すると、農業生産は六〇パーセント増加したことになっている。しかし、この推定には若干の疑問が残る。これを証明する史料が乏しいばかりでなく、大半の農場では一九世紀になっても農法の改良が見られず、交通網の未整備のために、市場向けの作物を出荷することができたのは河川流域や平野部にかぎられていたからである。

大地主や裕福な農民はごく少数で、比較的都市化された北部とパリ周辺にまとまって住み、彼ら以外の圧倒的多数の農民は小規模の農地しか持たず、家族を養うことで精一杯で、税、地代、貴族への貢租を支払うために借金することが多かった。大地主たちは、当時の流行だった農業改革論に興味は示しても、農業へはめったに投資しようとしなかった。しかし、人口増加、農産物の商品化、価格上昇があいまって生産拡大を促すにつれて、農民は競って農地を小作にだし、あるいは労働者を雇うようになった。また、以前よりも出稼ぎ、荷物の搬送、出来高払いの家内工業――彼らが都市商人から請け負って製造した品目は布地、釘、刃物など多岐にわたった――などの副業に依存するようになった。このような多様な分野での雇用創出は、新たな生活資源を生み出し、人口上昇を継続させる要因の一つとなる。経済史家はこのような変化を、地域に限定された一定の工業化現象として、「原基的《プロト》工業化」と名づけている。

都市商人たちは当初は農村の安い労働力を利用して資本を蓄積した後、一七八〇年代以降にはイギリスの工業技術をしだいに採用し、製造工程の機械化をはかり始めた。こうして、ある推定によれば、手工業生産量は一七〇一～一〇年（不況期）から一七八一～九〇年の間に四・五倍になった。しかし、これらはほとんどすべて旧来の方式により――マニュファクチャーは圧倒的に人の手と動物の使役に依存し、風力と水力はまれにしか使われなかった――、都市や農村各地の小規模な工房で生産されたものであった。大都市の場合には、工房はギルドと緩やかな関係を保ち、ギルドは特権と独占を守りつつ労働力の専門化と分化による市場の拡大に対応しようとしていた。マニュファクチャー発展の主役は、原材料と完成品の流通を担う商人だった。すなわち、この時期は工業資本主義ではなく、農業生産の伸びに大きく依存する商業資本主義の発展期だったのである。

また、過去の人口増加期に生じたマニュファクチャーの持続的発展と質的変化に重要な役割を担ったのは、当初から一貫して商業と行政の中心でありつづけた都市の発展であった。都市人口は外部からの流入によって増加し、都市規模を大きく拡大した都市もあった。フランスの都市人口は一七八九年までに約五四〇万人となり、全人口の二〇パーセント弱を占めたと推定されている。また、各地の大小の都市間には緩やかなネットワークが組織され、これを通じて商業活動と、しだいに中央集権的となる行政が実施されるようになった。パリを例に取れば、一六世紀に二〇万人から二五万人だった人口は、一七世紀の半ばまでには約五五万人になり、一八世紀の終わりまでには六五万人になっていた。また、パリのみならず全国的に都市化が進み、中世時代の都市壁が撤去され、幅広い街路、大きな広場、貴族の豪華な別邸等からなる新市街が建設され、美しく整備された。こうして、都市はさらに富を蓄積し、奢侈品の需要を高めた。

フランスは一八世紀の間に世界の経済大国となる。ちなみに、フランスとイギリスを比較すれば、フランスのマニュファクチャー生産の成長率は年約一・九パーセントで、おそらくイギリスより高かったと思われる（イギリスは約一・二パーセントと推定されている）。ただし、イギリス人の生活水準の方が高かったことから見て、農業生産ではイギリスがリードしていたようである。交通網と市場の効率的拡大や農業生産性でもイギリスの方が進んでいた。当時のイギリスでは、国民一人当たりの手工業製品需要が高まり、繊維と冶金の分野では生産が対応できないほど需要が急増し、これにより技術革新とその普及の気運が高まり、エネルギー源が水と木から石炭と蒸気へと移行し始めていた。ただし、イギリスの技術がこの時期すでにフランスより進んでいたとしても、その差が大きく開くのはフランス革命からナポレオン帝政期にかけての時代であった。フランスの実業家たちは、イギリスの場合と同様に、国家間競争の勝敗を握る技術革新を全力で推進したが、一九世紀末頃までイギリスに追いつくことはできなかった。

第二章　中世フランスの社会と政治

封建制から国王支配体制へ

中世フランスの形成　のちにフランスと呼ばれる王国は、カロリング朝帝国崩壊後、徐々に形成された。八四三年のヴェルダン条約によってこの帝国がルイ敬虔帝（在位八一四〜四〇年）の息子たちの間で分割された後、分割によって生まれた西部の王国がしだいにフランスと呼ばれるようになったのである。

しかし、この前後の事情については断片的で不完全な史料しか残されていない。その上、史料の大半は聖職者たちが書き残した、政治的・思想的な思惑のために誇張され歪曲された年代記、王の権威を意図的に誇張している国王認可状、大雑把な司法原則が書かれている法律文書などで、かならずしも史実の正しい記録ではない。しかし、西暦一〇〇〇年頃のフリュリ・シュール・ロワールの修道士エモワンその他の年代記作者たちが、「フランク王国（Francia）とはローマ人が征服したガリア地方であり、この国が外敵からキリスト教を守る要塞の役割を果たした」と書き残したことから、これが一般に信じられるように

843年のヴェルダン条約による第1期フランス形成

なった。以後数世紀にわたって近代フランスが形成された背景には、シャルルマーニュ大帝（在位八〇〇～一四年）のフランク王国再建という願望も秘められていたのである。

当時は、いかなる政治単位であれ、領土の拡大はもちろん、領土の存続さえ多くの障害に阻まれた。広い領土を統一するには、あまりにも道路網や情報を得る手段が限定され、人口密度が低く、財源が乏しく、有給の官僚もいなかったからである。そのために、一二世紀まで政治権力の分散と領土の分断という状況が続く。大小領邦の盛衰も社会構造のあり方もほぼ戦争によって決定され、危険から身を守るために、住民は現地の領主を頼り、領主は領邦君主の支配下に入った。領邦君主の多くは――フランドル、ブルゴーニュ、アキテーヌなどでそうだったように――カロリング朝のシャルル一世禿頭王（在位八四三～七七年）が定めた地区制度で長官をつとめた人々の末裔であった。

このような状況は九世紀にすでに明らかだったが、一〇世紀の初め頃から政治権力はさらに分散する。かつての地方長官や地方伯たち、さらには彼らの代理をつとめた城代《カステラン》たちさえもが、それぞれの名目上の主人の抗争につけこんで領地を私有し、各地の独立した勢力になったからである。身分の上下を問わず、だれもが自分よりも強い者に保護を求めたが、ときには強者を競い合わせることによって利益を得るために、たがいに矛盾する契約を複数の強者と結ぶこともあった。一一五〇年頃にフランス王、ブルゴーニュ大公、ランス大司教など一〇人の名門貴族の臣下になっていたシャンパーニュ伯はその極端な事例である。

封建制の成立　領邦君主や地方伯などの大貴族は、他勢力との同盟によって領地の自治権を維持した。また、とくに北部では、弱者が強者の臣下として軍務に服し、助言し、貢納金を納めるかわりに、強者は弱者を守り、公平な裁判を行うという契約関係や保護関係が、さまざまな形で結ばれた。こうして、王や大貴族は戦士層――とくに軍の中核だった騎士層――を掌握し、権力強化をはかった。

広大な領地から上がる富は臣下に対する豪勢な歓待を可能にする。とくに王宮は、こうして名門貴族や名士層を惹きつけることによって軍の総帥としての王の役割を美化し、王は教会に支援を求めた。教会の宗教的儀式によって王の権威を明示してもらう必要があったからである。

主従関係が結ばれると、主君から臣下にたいして封土——すなわち領地とその領地から上がる収益——が授与された。このときにも宗教的儀式が行われ、主従はそれぞれの義務遂行を聖遺物に誓い、両者の主従関係を公にした。

しかし、この時代に城砦の数がしだいに増えたことは、権力の分散と治安の悪化がやむことなく続いたことを示している。ちなみに、当初の城砦は木造の塔で、土塁や小高い丘の上に築かれ、先の尖った柵、掘割、防御壁で囲われた避難所だった。石造の城が築かれるようになったのは一一世紀からのことである。この城砦が騎士たちのベースキャンプとなり、いずれ世襲制となる領主による領民保護と統治の拠点となり、同時に、たえまない領土紛争、略奪、復讐の拠点ともなった。

このような無秩序にたいし、教会はキリスト教徒としての騎士の理想像を説いた。同時に、現実の騎士たちは、自分たちが特定の優れた社会階層に属しているという観念を抱くようになった。実際、彼らは土地の資源の管理者であり、戦場で戦って勝利することが彼らの存在理由《レゾン・デートル》であった。こうして新たな行動規範が生まれ、戦争が英雄的な大事業、栄光と名声の源泉と見なされ、十字軍時代になると殉教の場と見なされるようになった。また、この行動規範と騎士道は、高潔な行為とは何かを定義することによって、貴族や騎士同士の殺し合いに歯止めをかけたが、平兵士、市民、一般に蔑視されていた召使などの階層を守ることにはほとんど役立たなかった。

さかんに行われるようになった政略結婚も、貴族としての階級を強化する手段だったと考えられる。これによって封土の細分化を回避し、連携を強化し、あるいは血統にプライドをもたせようとしたのである。

一二世紀半ばから一三世紀初めまでには、主として世襲制による貴族階級がすでに形成されていた。この貴族階級は――その後貴族でない者も（とくに経済の発展期には）領地を購入し、国王から貴族の称号を授与されて貴族階級に加わりはしたが――しだいに排他性を強めながら一七八九年八月四日の夜まで存続する。かつてのカロリング朝の貴族の末裔や城主《シャトラン》の末裔も、この日の夜まで生き延びたのである。

他方、封土内の農民はさまざまな形式で搾取され、規則に違反すれば領主裁判によって懲罰を課せられた。農民は「保護」と引き換えに税を金納もしくは物納しなければならなかったばかりでなく、領主所有のパン焼きの竈《かまど》や水車、ブドウ圧搾機を使わなければならず、兵役に服し、城砦の建設作業に従事し、領主直営の農場の農作業を行わねばならなかった。しかも、一定の土地の所有を認められはしたが、その保証と引き換えにその収穫を領主に納めなければならなかった。こうして、領主と農民が結んだ相互契約はきわめて不公平な内容であり、一一世紀までには、大半の農民は治安と保護を得るために農奴同然になっていた。

領主による領土管理は人口密度の低い南部では大雑把だったが、北部ではすべての土地が領主の封土とみなされ、「領主のものでない土地はない」という考えが徹底された。農奴は自由に村外に移住することができず、結婚や財産相続も、そのための税を納めて領主の認可を得なければならなかった。領主からすれば、これらは資産保全の手段だった。しかし、領主は無制限に搾取することはなかった。なぜなら、農奴に代々義務を果たさせることがもっとも利益になると考えられたばかりでなく、弱者保護を説くキリストの教えにもある程度従わなければならなかったからである。

経済の繁栄期、もしくは飢饉、疫病、戦争で人口が激減し、農地の労働力が不足した期間には、領主が譲歩せざるをえなかったために、農民や農奴の生活条件は改善された。こうして、農奴解放は早くも一二世紀には始まっており、黒死病（ペスト）蔓延後にほぼ終了している。

ただし、農民は領主への貢納を一七八九年まで続けなければならなかった。その間——これを裏付ける史料はきわめて少ないが——経済的・社会的・文化的に従属させられた農民が、小規模ながら激しい抵抗を断続的に示したと考えられている。抵抗はさまざまな方法で示されたが、それはコミュニティーの伝統、組織力、言葉によるか力を見せるかという判断によって決められたものだった。大規模な農民蜂起《ジャクリー》も何度か起きた。これらの一揆は結局残酷に鎮圧されたとはいえ、蜂起した農民たちの方も残酷な手段で抵抗した。このことは、農民たちの間にいかに鬱積した緊張が高まっていたか、あるいは、いかに飢饉・疫病・戦争の恐怖にさらされていたかを物語っていると思われる。

カペー朝初期のフランス王国　権力が分散していた時代にあっても、理想の王国に対する夢が消えることはなかった。それは伝説的なシャルルマーニュ大帝の王国、キリスト教と騎士道に基づく王国、国民を守り、善悪を峻別し、教会を庇護する王によって統治される王国の再建であった。九八七年にカロリング朝最後の王ルイ五世が死去すると、コンピエーニュとサンリスで聖俗の諸侯会議が開かれ、パリ伯、サンリス伯、ドゥルー伯、オルレアン伯を兼ねる大貴族だったユーグ・カペーが国王に選出された。ユーグ・カペーはただちに諸侯を説得して息子のロベールを後継者として認めさせ、王位の選挙制が世襲制となり、さらに長子相続制が採用されることになった。しかし、このことは王の権威を高め、王位継承にかかわる紛争を防ぎはしたが、王権の低下に歯止めをかけることはできなかった。

ブルターニュ、マッシフ・サントラル（中央山地）、南仏の諸侯は、彼らの領民が民族的・文化的な独自性を保持していたことから、独立した君主であるという意識が強く、王の存在を無視することが多かった。権力は分散しつづけ、王位が他の諸侯の地位とほぼ同等と見なされたために、王みずからも領地と権力の拡大のために戦いつづけざるをえなかった。王国の国境は、戦う相手と同盟する相手が変わるごとに変化した。北部フランスにおいてカペー家が王権を維持する上でもっとも重要だったのは、王領地を確実に支配すること、およびイル・ド・フランスとその近隣の諸侯（たとえばアンジュー伯、ブロワ伯、ソワソン伯）を臣従させることであり、権力の拠点として多くの王城を築くことだった。

一一世紀には、王領地における王権さえモンレリー家やモンモランシー家などの野心的な城主や、アンジュー伯、ブロワ＝シャンパーニュ伯、ノルマンディ公、フランドル公などの隣接諸侯によって脅かされた。概して諸侯の扱いには細心の注意を要したが、ノルマンディ公とフランドル公はとくに手ごわい相手だった。なぜなら、この二人は領国内でカペー家の王よりも封建制と領主権の強化に成功し、臣下に忠誠の誓いと軍役を強要し、領主による裁判権を確立し、教会を監督下においていたからである。

ただし、いずれの領国の状況も、伯や公といった領主の個人的資質に左右された。たとえば、ノルマンディ公領では、一〇八七年にギヨーム公（イングランド王としてはウィリアム一世征服王）が死去すると、彼の二人の息子、ロベール（ノルマンディ公を継承）とウィリアム（イングランド王ウィリアム二世「赤顔王」）によるイングランド王位継承をめぐる抗争が生じた。このために公領における政治が混乱し、為政者たちの権威が失墜し、王に仲裁が求められた。仲裁に乗り出した王はこの抗争を利用し、みずからの権威を高めることができたと思われる。しかし、この二人のノルマンディ公はイングランド王権を盾にして、一二世紀になってもフランス王に臣従を誓うことを拒否し、一一〇九年から一三年、さらに一六年と一一二〇年にはフランス王と激しく対立した。こうして、カペー王朝の存続には諸侯との注意深い同盟が欠かせなくなった。

しかし、このような状況の中で、カペー諸王には聖別された王という独自の特徴があった。フランス最初のキリスト教徒の王クロヴィスは、鳩が天国からくわえて運んできたとされる聖油を五世紀に行われた戴冠式で塗油されたという。以来一一世紀まで、この聖油が使われたのはランスにおけるカペー諸王の戴冠式だけだった。こうして、カペー家の王はある種の聖職者とみなされ、戴冠式の後で王が瘰癧《るいれき》を病む者に触れて十字を切ると病が癒えたとさえ伝えられた。

カペー諸王が脆弱《ぜいじゃく》ながらも王権を確立するには長い年月を要した。そのためには、臣従を装う領邦君主や大貴族たちを軍事的・政治的に支配し、行政・財政・司法・軍事の諸制度の強化によって王権を主張し、確立・維持しなければならなかったからである。カペー諸王が一一世紀後半にこれに着手したことは明らかにされているが、なかなか進展しなかった。諸分野の強化そのものが困難だったばかりでなく、領邦君主が同様の策を講じて対抗したことが王政強化の効果を相殺し、とくに王権の行き届かない国境周辺では、いつ紛争が生じてもおかしくない状態がつづいたからである。

フランスの中世史家マルク・ブロックが封建制の第二期と呼んでいるこの期間は、本質的には、王がみ

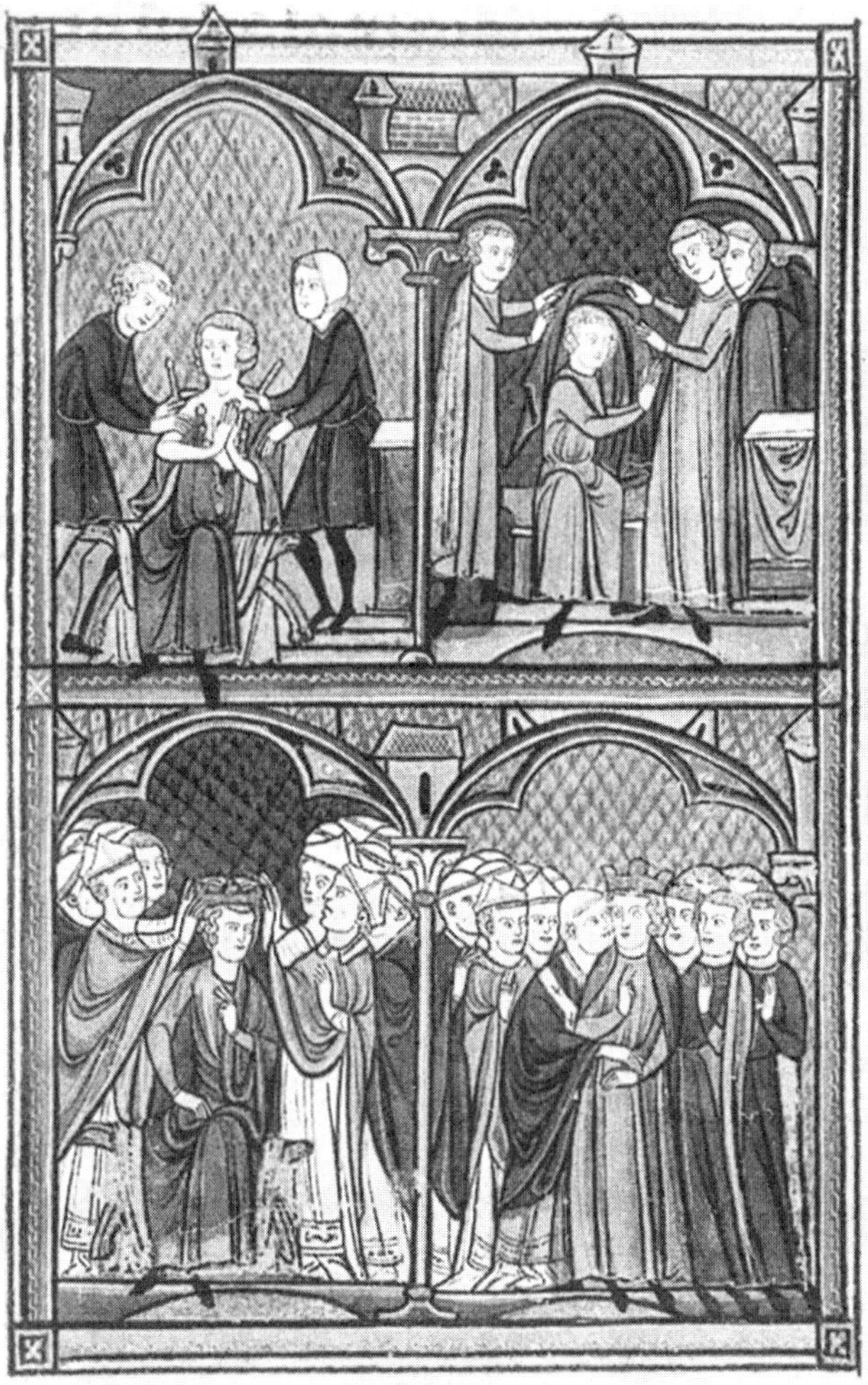

フランス王の塗油と戴冠　カペー諸王は聖油による塗油の儀式により正統な王として他の大貴族と区別された（11 世紀半ばの細密画）

ずからの利益のために封建制度を利用して王権を強化しようとした時代だった。この後、王国の制度は整えられ、混乱は終息する。しかし、それでもなお、王権が弱体化するたびに諸侯は忠誠という観念を多様に解釈し、王との臣従関係に以前とは異なる解釈を加えるのである。

王権の拡充　人口増加と経済成長は、王権の強化にきわめて重要な役割をはたした。このことがとくに顕著に見られたのは一一世紀後半から一二世紀初期と一四世紀、治世別にはフィリップ二世尊厳王《オーギュスト》（一一八〇～一二二三年）、ルイ九世聖王（一二二六～七〇年）、フィリップ四世美王（一二八五～一三一四年）の治世であり、リヨンが最終的にフランス王に帰属した一三一二年にはフランスの人口密度は頂点に達していた。ちなみに、フランスの人口密度がその後再びこれと同レベルに達するのは一八世紀になってからのことである。

カペー諸王はまた、肥沃な王領地で陸路と水路が交差しているという地理的条件に恵まれていたために、王国の諸制度の拡充には交易経済の発展との密接な関係があったと考えられる。

交通網の改善、貨幣流通の迅速化、生産性の上昇による経済活動の拡大がつづくと、王領から上がる収入や、封建的貢租、裁判行政、通行税、税等による収入が増える。同時に、社会の各分野で貨幣経済化が進む。こうして、多数の有給官僚を雇い、軍を増強することができるようになった。すなわち、一定の限度内ではあったが、貴族の宮廷官僚の一部を従順な官僚や下級貴族出身の王室付き騎士と入れ替え、封建制による招集軍を補強するために傭兵を雇い、強力な大槌や大弓による攻撃に備えた石造要塞を築くことができたのである。ちなみに、大砲が初めて歴史に登場するのは一三二四年のメッスの包囲攻撃だが、初期の大砲は威力のある武器というよりも、炎と煙を吐き出して対戦相手を威嚇する道具として使われたと思われる。

戦争は行政改革を促した現実的な要因であった。王の財政は王領地の収益によってまかなう、というのが伝統的な原則だったが、それだけでは諸制度の拡充と招集軍を補強する常備軍創設の資金は不足した。一三〇六年のユダヤ人資産の没収や〇七年のテンプル騎士団の資産の没収は一時しのぎでしかなかった。フィリップ尊厳王とルイ聖王の場合には、十字軍遠征にあたり熱烈にキリスト教守護を唱えて特別税を課すことができた。また、その他の戦争でも、征服が富を増やす手段として正当化され、新税が課せられた。しかし、官僚が増えたために、平時の経費も増大した。そのために、フィリップ美王の治世以降には、イングランドとの百年戦争の戦費調達のために、ほぼ毎年、直接税（とくに人頭税《タイユ》、これは地方により資産に対して、あるいは個人に対して同額が頭割りに課せられた）と間接税（飲料、家畜、塩などに課税された）が同時に課せられた。

貴族、都市ブルジョワ、聖職者の代表者たちからなる全国三部会《エタ・ジェネロー》が招集されるようになったのは、そのような課税の重税感を和らげるためだった。彼らに課税について議論させることを通じて納税者たちを納得させることが狙いだったのである。しかし、全国三部会は断続的に――戦乱が続いた一四世紀には何度も――招集されたが、結局課税の恒久化が承認されなかったばかりか、新税導入の試みがその後の社会的対立の要因になった。また、課税資産の査定方法や貧しい民衆の納税能力などの現実問題にも答えを出すことができなかった。

とはいえ、以上のような状況下で王の支配領域は拡大し続け、行政・司法の諸制度も整えられていった。また、教皇至上主義にたいしてガリカニスム（ローマ教皇の権力に対するフランスの教会の独立主義）が勝利したことにより、王政は教会組織に対する影響力を強め、教会を手段として利用することができるようになった。

こうして、カペー諸王は当初イル・ド・フランス中心だった王領をしだいに拡大した。王権を維持するために、王が側近を引き連れて領内各地の城や荘園を行幸しながら地域行政と裁判をみずから監督することは、すでに伝統行事となっていた。王領地は一一世紀の半ばからプレヴォテと呼ばれる行政単位に区分され、各プレヴォテは王の代理人《プレヴォ》によって管理されるようになった。これらの制度とともに、司法行政もまた、王の権威を高め、王を敬わせ、歳入を増やす手段として、相手の社会的地位に応じて説得と圧力を使い分けながら強化されたと思われる。

国王支配体制への移行　一二世紀から一五世紀の期間は、封建制と領邦君主支配が、法制度と官僚制度の拡充によって、国王支配体制へ移行した時代だったと考えられる。ルイ六世の治世（一一〇八～三七年）には、王の側近による王宮政務が効率化され、王宮が政府の機能を果たすようになり、政治活動の中心として優秀な人材と有力者を引き寄せ、王宮文化が上流階級の生活様式に影響するようになった。ルイ六世と、当時ルイ六世の顧問役をつとめていたサンドニ修道院長シュジェールとヴェルマンドワ伯ラウールは、貴族が特定の役職を世襲として保持することを制限し、官僚制度における貴族の役割を限定することにつとめた。しかし、こうして公権力が明確化され、行政制度が拡充されはしたが、最高議決機関である国王顧問会議から有力な諸侯を締め出すことはできなかった。また、それは賢明な策でもないと考えられた。なぜなら、諸侯との人的関係が依然としてきわめて重要であり、とくに国王が幼少もしくは病弱だった場合には、反国王派が国王顧問会議で勢力を伸ばして王政を麻痺させる危険が目に見えていたからである。

一二世紀にはまた、監査官、裁判官として地方を巡回する地方監察使《バイイ》の制度が新設され、情報・命令の伝達と記録を効率化するために、行政に文書が用いられ始めた。このことから、聖職者ばかりでなく貴族にも高い読み書き能力が求められるようになり、大学の知識と宮廷の教養がしだいに混ざり合った結果、古典文化と騎士道の観念に基づく新たな文化が生まれた。こうして、国王のもとに、聖職者と法律知識のある下級貴族の専門的行政官からなる中央組織が生まれ、王宮が地方を巡回する必要もなくなった。

地の利に恵まれ、すでに商業的・戦略的大都市になっていたパリは、さらに首都として重要な機能を担うことになった。大聖堂の所在地、国王統治の中心地として、パリの要塞機能はフィリップ尊厳王の治世に強化され、道路が舗装され、新しい行政施設も建設された。パリの大学では神学者や弁護士が養成された。また、水陸路の要衝として、ますます多くの読み書きに堪能な交易商人たちがパリを行き交うようになった。パリを中心とする王領地全体を見ても、大規模な修復・建築計画が実施された結果、一二一〇年までには一一三を数える要塞に守られていた。

行政実務が増えて複雑になったために、いくつかの独立した専門的組織が王政内に創設されたのはルイ九世聖王治世下の一三世紀半ばと、とくに一四世紀初めのことであり、その一つが高等法院《パルルマン》だった。「裁判官としての王」という宗教的理念を抱いていたルイ九世によってサント・シャペル教会（十字架にかけられたイエスの聖なる茨の冠を納めるために一二四六年から四八年にかけて建てられた教会）の隣に設置された高等法院は、王領内のすべての国王裁判所のための最高裁となり、一四世紀を通じて、「理性に合致しない」と思われる王令に対して異議を唱える責任を果たした。また、高等法院と、財政監査機関としてその後創設された会計院《シャンブル・デ・コント》の影響を受けて、司法官や行政官の質が専門職として高められた。一五世紀になると、地方にも補助的な高等法院が設置されるようになった。その多くが百年戦争によって獲得した辺境地域に設置されたわけは、新たにフランス国民となった人々の特別な感情を配慮し、彼らを効率的にフランスに同化させるためだった。

しかし、こうしてさまざまな形で王政が拡大する過程で、王政による制度や裁判の方が領邦や教会によるそれらよりも公平で優れていると主張したことが、領邦君主と教会の反発を招いた。すなわち、国王側は、一三世紀には、国王裁判所には諸侯の裁判に対する上訴審としての権利があると主張し、一五世紀になると、権利を濫用する諸侯の裁判所を廃止することは王の義務だと主張したのである。諸侯がこれに反発したのは当然だった。彼らの権威、地位、臣下に対する統制、さらには収入さえも脅かされたからである。教会も、聖職者、宗教的犯罪、婚姻・夫婦関係、財産をめぐる紛争に関しては、教会裁判が国王裁判に優越する、と主張してゆずらなかった。いうまでもなく、教会裁判権を縮小しようとする国王側の動きの背景には、教皇至上主義を主張するローマ教皇とガリカニスムを掲げるフランス王の対立があった。

また、経済と社会の基本的構造が変わらなかったために、王権が強化されたにもかかわらず、王政は各地の法と秩序を統制することができなかった。なぜなら、王政の優先課題は司法制度による秩序の維持だったが、まだ役人の数が少なく、交通手段も限られていたために、各地で増える貴族による暴力沙汰、農民の抵抗、貧困層による犯罪に対処することができなかったからである。そこで、現地の名士や法律家などに協力を求め、各地の共同体《コミューン》の自治権拡大を認め、これと引き換えに共同体の行政、司法、徴税、民兵招集の責任を持たせるようにした。しかし、それにもかかわらず、各地を統制することは困難をきわめた。ちなみに、王の役人は一五三五年になっても七、八〇〇〇人（下級役人を含めても住民二〇〇〇人につき役人一人の割合）しかいなかった。また、大半の貧しい住民はどんな場合も司法制度を利用しようとはしなかった（これは一九世紀まで変わらなかった）。彼らは、彼らの苦しみや、彼らの文化と言語を知らない外部から来た役人に時間と金を浪費して訴えるよりは、地域内部で問題を処理することを選んだのである。こうして、王政下の地方行政は、住民から一定のコンセンサスを得るために、共同体ごとの習慣、序列、組織、地方名士を重んじ続けた。

王領の拡大　この時代にはまた、いまだに統治者の個人的資質が統治の内容を大きく左右した。ここで、強い王がいかに王領を拡大したかを、カペー朝初期のフィリップ二世尊厳王（在位一一八〇～一二二三年）を中心に見ておこう。

ルイ六世（在位一一〇八～三七年）やフィリップ二世尊厳王をはじめとする強い王は、少数の有力な顧問に補佐され、主従関係を強化し、あらためて臣下の序列を認めさせようとした。これらの王は、服従しない領主もしくは忠誠を誓わない領主にたいしては司法に、また必要とあれば軍事力に訴えた。そのために、国王による集権化に抵抗できるだけの軍事力を持たない多くの領主は、司法、徴税、徴兵を担当する王の代理人もしくは教会の保護者になることによって生き延びた。また、王や大貴族以外の貴族は、相続に当たって資産分割を免れることができなかったため、代を重ねるごとに弱体化した。さらに、彼らの多くは好景気になると贅沢の味を覚え、結果として窮乏し、あらためて彼らの主君に忠誠を誓わなければならなかった。しかも、三世紀にわたって続けられた十字軍遠征は人命と資源の莫大な投資だった。多くの若い戦士が武力によって信仰を表現するために十字軍に加わって命を落とし、これによって、国内で王権に反抗する勢力が弱体化した。こうして、分散していた政治権力が王と大諸侯に集中する流れが生じた。

ルイ六世の顧問をつとめたサンドニ修道院長シュジェールは、国王の至上権を「王国内のすべての臣下は、直接仕える主人の臣下である前に封建的階級の最高位たる王の臣下であらねばならない」と規定している（ちなみに、アングロ・サクソンの慣習もこれと同じである）。直接仕える相手を主君とみなしてきた従来の考え方に反するこの思想は、一三世紀になってもなかなか定着しなかった。しかし、それにもかかわらず、フリップ二世は一二〇二年、イングランドの領土となっていたノルマンディとアキテーヌに対する宗主権を主張し、イングランド王ジョンにフランス王に対する忠誠を誓わせることによって、両地域の武将とイングランド王との間の主従関係を断ち切ろうとした。また、紛争を抱えた王領外の領主たちも、直接の主君よりも王に調停を訴えるようになり、この訴えによって、王領外への王の軍事遠征が正当化されるようになった。一一六〇年のマコネがその一例である。戦争は法の執行手段であり、王は法を盾にして権威を押しつけ、領主や場合によっては領邦君主の領地さえ没収した。こうして、もともと権力の分散過程で生まれた封建制度が、王権回復のために利用された。ルイ六世がこれにいかに成功したかは、一一二四年、神聖ローマ皇帝ハインリヒ五世の攻撃から国を守るための出兵要請に対する貴族の反応からも、王宮に出入りする貴族が増えたことからも、明らかだった。一一世紀の間は、大貴族や司教は王宮から遠ざかり、王宮に出入りしたのはイル・ド・フランスの血の気の多い下級貴族だけだった。しかし、ルイ六世が王権を回復しはじめると一変し、だれもが王の良き助言者として要職につき、権力を共有しようとした。こうして、王が地位と身分を決定するようになる。

フランス王国の領土はフィリップ二世の治世（一一八〇～一二二三年）にめざましく拡大した。この領土拡大は、フィリップ二世が封建制度の頂点に立つ王として、また教会の保護者として、有力諸侯の内情に介入することによって成し遂げられたものだった。イングランド王ヘンリ二世に対する干渉もその一例である。一一六五年までには、ヘンリ二世はフランスの半分以上を支配し、その領域はパリから六〇キロ以内にまで迫っていた〔フランスの大貴族アンジュー伯アンリが一一五四年にヘンリ二世としてイングランド王に即位することによって巨大な海峡国家としてアンジュー帝国が出現していた〕。しかし、ヘンリ二世とその息子たちの内紛がフィリップ二世に有利に働いた。フィリップはリチャード一世（一一九九年没）に敗れはしたが、優柔不断な王ジョンがリチャードを継いだ後、ノルマンディを征服し、一二一四年にはラ・ロシュ・オー・モワンヌで勝利し、さらにブーヴィーヌの戦いで神聖ローマ皇帝オットー四世、フランドル伯、イングランド王ジョンの連合軍を打ち破った。

これらの勝利はヨーロッパ諸国の勢力均衡を著しく変化させ、イングランド王の権力を弱体化させ、フランス王国に新たな領土の莫大な富と人的資源を与えた。ちなみに、フランス王の収入は一一八〇年から

ブーヴィーヌからパリへ凱旋するフィリップ２世尊厳王（15世紀の細密画）

一二〇三年の間に一・六倍に増えている。そして、以上の状況が王政の制度拡充をさらに促したのである。尊厳王《オーギュスト》と呼ばれたフィリップ二世は、その尊称とワシの紋章によって、古代ローマ皇帝のような印象を与えた。彼は、王位は神のみによって授けられたものであり、当然、王権は教皇権の上位に立つと考えていた。

他方、宗教が領土拡大のために利用されることもあった。ルイ八世（在位一二二三～二六年）はポワトゥーを完全に掌握した後でラングドックを制圧したが、これは教会がこの地方のカタリ派を異端として糾弾したことに乗じ、

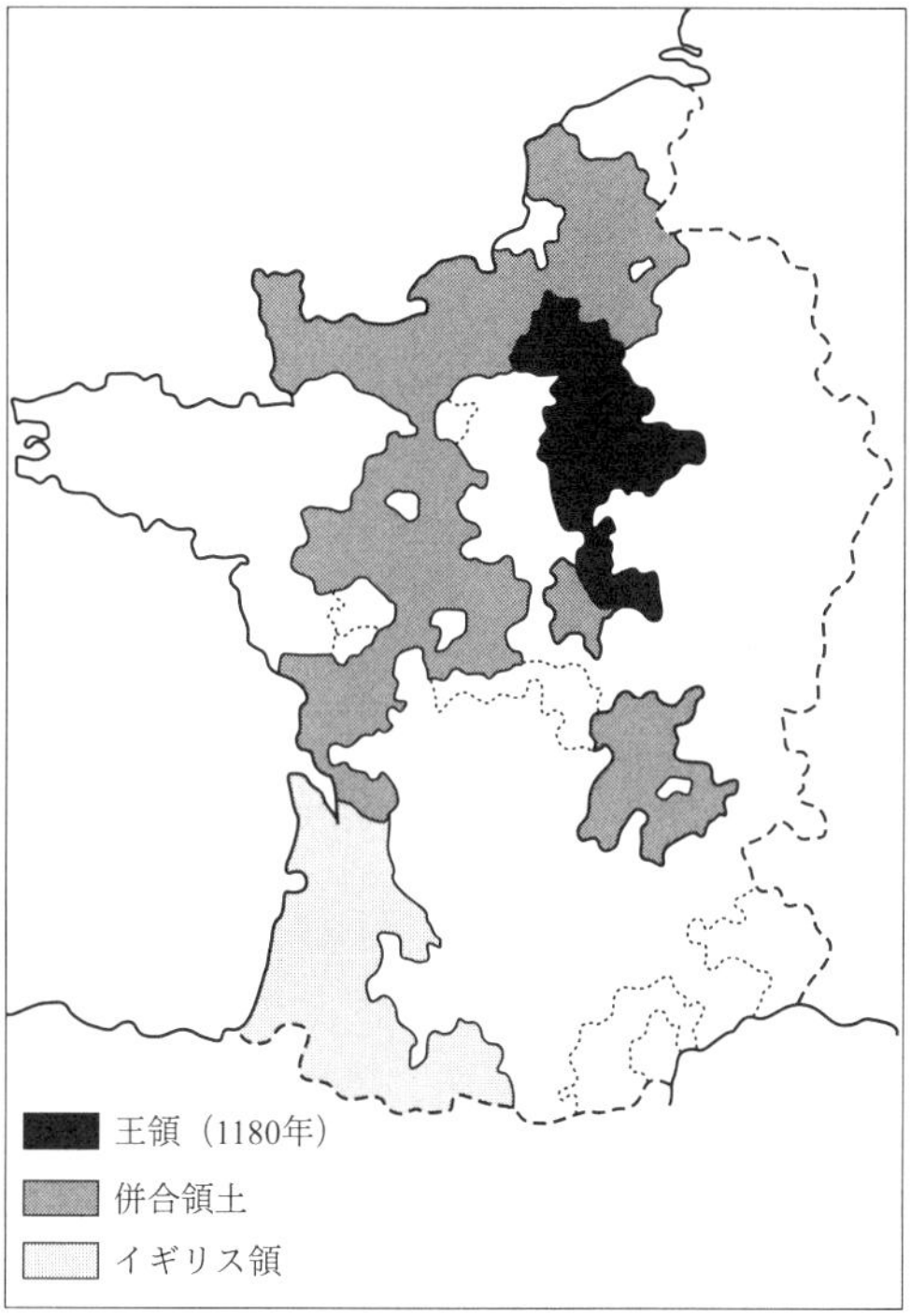

フィリップ２世尊厳王治世(1180〜1223年）下の第２期フランス形成

信仰保護の名のもとに行われたのである。結婚と、そのための持参金も、王領拡大の手段だった。たとえば、一一八〇年にフィリップ二世がブルノワとアルトワを王領に加えたのは、フランドル伯の姪との結婚によるものであった。また、一二七一年にトゥールーズ伯領が王領になったのも、一二二九年にルイ聖王の弟が結婚した相手、トゥールーズ伯を継承した女性が子を産まなかったからであり、一二九一年にフィリップ四世美王がシャンパーニュとブルターニュを得たのも結婚によるものだった。ただし、ドーフィネは例外で、一三四九年に購入によって王領に加えられた。

カペー朝後半の状況と英仏百年戦争

教会とガリカニスム　教会は社会秩序の確立を願い、王に神聖な権利と義務の履行を求め、王権の強化を支持した。ただし、教会が国王にもっとも求めたのは、教会の保護と、異端的宗派、信仰心のない者、とくにユダヤ教徒に対する処罰であった。一〇世紀後半になると、教会は「神の平和」を唱え、教会、聖職者、弱者を無法な暴力から守るよう訴えたが、あまり効果はなかった。また、教会は王権が弱体化すると伝統的な王政に力を貸し、王権が強化されると大いにその恩恵に浴した。すなわち、パリ、ランス、シャルトルの大聖堂ばかりでなく、多数の教区教会が修復され、これらの建造物の規模、芸術的な彫刻、ステンドグラス、天井画は、大きな宗教的感動を与えずにはおかなかった。教会はまた、教区を張りめぐらせ、住民の日常生活に入り込み、宇宙成立の真理と、富者も貧者も守るべき行動規範を教えた。

神は「祈る者」、「戦う者」、「働く者」という三種類の人間をおつくりになった――と教会が説いて、社会制度を正当化したのもこの頃のことである。この言葉は社会の三身分をあらわす用語として、アンシアン・レジーム期を通して広く使われることになる。教会によれば、社会と政治が安定するには三つの身分の者がたがいに依存しなければならず、「働く者」は、祈りと保護を得るために、他の二つの身分の生活に奉仕しなければならなかった。なぜなら、来世での救済とはこの義務を果たした者に対する報償だったからである。さらに教会によれば、王は軍の統帥者として「正義」のための戦争を行い、神の名において

「悪」を処罰しなければならず、王がこの神聖な義務を果たすためには王国は男性的でなければならなかった。女性は、肉体的にも精神的にも権力者としてふさわしくないと見なされたのである。

しかし、このように王と教会が相互に依存し、多数の聖職者が王宮内の職務に従事していた（当初は読み書きができるのは彼らだけだったからである）にもかかわらず、両者の関係は険悪化する。王は叙任権をかかげて修道院長や司教を任命し、保護の名のもとに修道院や司教区の領地と富を支配しようとした。しかし、教会はこれに反発し、教皇は神の代理人として現世における至上権を主張したのである。

教皇グレゴリウス七世とその後継者たちが一一世紀後半に着手した改革には二つの狙いがあった。その一つは、あらゆる生活地域に教会を建設し、聖職者にあくまでも独身主義を貫かせることによって悪徳を排除し、信仰心をさらに高めさせることであり、他の一つは、世俗の干渉から教会がさらに独立し、王を破門もしくは罷免する教皇権によって、俗界においても教皇権が王権に優ることを明らかにすることだった。フランス国内の教会領に対しても、交通手段の改善にともない、教皇による統制が強められた。

しかし、王権を強化しつつあった王にとっては、このような事態は容認できるものではなく、とりわけフィリップ美王と教皇ボニファティウス八世は、聖職者に対する課税権と懲罰権をめぐって激しく対立した。この対立による論争で国王側について活躍したのは、ローマ法に通じた大学出の新進の法律家たちだった。そして、この論争の過程で、教皇側の神権政治の理念に対抗して、現世においては国家とフランスの教会はローマ教皇の束縛を受けない、とするガリカニスムが唱えられ始めたのである。王冠は神から直接授けられたものである、というフィリップ美王の主張は、一三〇二年にパリのノートルダム大聖堂に招集された全国三部会《エタ・ジェネロー》で承認された。また、一四世紀に教皇の権威が弱まり、とくにアヴィニョンにおける「教皇の捕囚」（一三〇九～七七年）と、一三七三年から一四一八年までの複数の教皇が並立したことは、ガリカニスムをさらに勢いづかせ、ついには一四三八年のブールジュでの聖職者会議は「ブールジュの国事詔勅」を発布し、フランスにおける教皇権の縮小と教会諸税の減税を容認した。

王政の危機　以上に見てきたように、フランス諸王は三世紀にわたり、軍事的にも教皇とのイデオロギー論争でも優位に立つことができたが、これによって王権存続への脅威が解消したわけではなかった。まず、地域ごとに異なる慣習や法のために問題が生じた。各地の公領が王領化されるときにも、その地の旧来の慣習と法制度を維持することは容認され、一一、一二世紀までの政治的分裂を示す法制度の地域的差異は「大革命」まで解消されなかった。南部では法律文書とローマ法が重視されたが、北部では慣習法が最優先された。とくに重大な事態を招いたのは相続制度の相違だった。均等相続制のために財産がすぐに細分化される地域があるかと思えば、とくに南部で多く見られたように、財産保全のために父親が一人の子どもに有利に相続させることができる地域もあった。また、たいていの貴族には、少なくとも財産の三分の二を長子に相続させることができるという特権があった。その上、北部がオイル語圏に属し、南部がはるかにラテン語に近いオック語圏に属していたことが、この法制度の分裂に拍車をかけた。これらのことから、有力諸侯や都市と農村の共同体が王権に異議を申し立てる危険が生じたのである。

しかも、これらの異議申し立てがイングランドによる介入と結びつくと、無政府状態に陥る恐れがあった。一三一四年にブルターニュ、ピカルディ、ブルゴーニュ、シャンパーニュで結成された「封建連盟」

が地域慣習の尊重と課税反対を唱え、これらの地域の代表者が集結したときには政治危機が高まった（ただし、このときは彼らが戦略を統一できなかったことが国王に幸いした）。さらに、英仏百年戦争（一三三九～一四五三年）は、これとは比較にならないダメージを王政に与えた。

これに加えて、一三三五年から約一三〇年間にわたる一連の飢饉と疫病は、国民を四世代にわたって貧困と絶望に突き落とし、王朝と王国を存続の危機に直面させた。飢饉は人口が増えて食糧不足となっていた王国を直撃し、一三四七年に西ヨーロッパに上陸した黒死病（ペスト）は人口のほぼ三分の一を奪い去り、その後も約一五年毎に蔓延した。また、百年戦争は、大きな戦争が少ないかわりに小競り合いが果てしなく続いた戦争だった。そのため各地の行政や経済・社会活動が麻痺したばかりでなく、兵士たちはまともに戦おうとせず、夜盗化し、家々を略奪して婦女を陵辱し、家畜や穀物を奪い、病気を伝染させた。また、このような情勢は、一一世紀がそうだったように、治安の強化と要塞の再建を促し、各地の地方主義を強めた。すなわち、さまざまな「擬似封建制度」や保護関係が生まれ、都市が軍事拠点、避難所、資金源として以前よりはるかに重要な機能を果たし、弱者が強者に保護を求めるようになった。そして、当然、これらは王権を弱体化させたのである。

中世の軍隊の規模はその後の時代と比べればものの数にも入らないが、利用できる資源からすればそれでも相当な大軍であった。一三四〇年の夏には当時としては最大規模の一〇万人が徴兵されたが、戦費調達のための課税はつねに危険をはらんでいた。多くの貴族は王政で役職につくことができず、王は王領による収入以外に財源を求めるべきではないと唱えていた。しかも、王の政策に反対したのはこれらの貴族ばかりではなかった。フランス王ジャン二世（在位一三五〇～六四年）がイングランド軍の捕虜となり、クレシーとポワチエでイングランド軍に大敗して王政が権威を失った一三五六年から五八年の間には、王太子シャルル、のちのシャルル五世（在位一三六四～八〇年）の政策にたいして、パリ商工会議所会頭エチエンヌ・マルセルに率いられた商人たちと、パリとトゥールーズで開かれた地方三部会《エタ・プロヴァンシオ》までもが異議を唱えた。三部会についていえば、これに先立つ一三四三年と、一三五五年から五六年にかけても、貴族、都市ブルジョワ、聖職者の代表を懐柔するために全国三部会と地方三部会が開催されていた。これらの三部会は王政の独断を制限すべきであるとし、三部会の定期的開催、課税と徴兵に関する三部会の事前承認、国王官僚任命への三部会の関与を要求した（王太子シャルルはこれらの要求を受け入れなかった）。農民蜂起も多発した。国王による課税、貴族による搾取、頻発する盗賊集団と化した兵士たちの略奪に対する無策に抗議して立ち上がったのである。

しかし、以上のような状況にもかかわらず、王権は一時的に回復する。貴族、都市ブルジョワ、聖職者、農民の利害がそれぞれ異なっていたために、まとまって王政に抵抗することがなく、逆に王政強化による秩序回復への願望が広がったためである。ところが、一三八〇年にわずか一二歳で即位したシャルル六世（在位一三八〇～一四二二年）は、まさにヨーロッパ全体が人口激減と経済危機に直面した時期に精神に異常をきたす。このために、再び戦争、反乱、殺戮が繰り返され、一三九六年にイングランド王家と休戦協定が結ばれた後、一四一五年に英仏戦争が再開された。

英仏百年戦争　もともと英仏百年戦争（一三三九～一四五三年）は英仏王家による宗主権とフランス王

位継承権をめぐる戦争だった。一二九三年から九七年にかけて、フィリップ四世美王はイングランド王エドワード一世とフランドル伯を打倒しようとする。当時フランスのギュイエンヌ公領を領有していたエドワード一世と、フランドル諸都市の商工業繁栄を権力基盤とするフランドル伯との間で、危険な反仏同盟が結ばれようとしていたからである。この戦いの結果、エドワード一世はなんとかギュイエンヌ公領を手放さずにすんだが、フランス王に対する主従関係を認めざるをえず、フランドル公は軍事力と財源の多くを失った。ところが、フィリップ四世が一三一四年に死去し、彼の三人の息子も一三二八年までに相次いで死去したために、カペー朝の直系が断絶する。そこで、フィリップ四世の娘イザベルと甥のヴァロワ伯シャルルの間で王位が争われるが、ヴァンセンヌで開かれた聖俗諸侯会議はヴァロワ伯シャルルに継承権を与え、フィリップ六世（在位一三二八〜五〇年）として即位させた。ヴァロワ伯シャルルが成人男子であるというのが表向きの理由だったが、実際には、これによってイングランド王がフランス王となる可能性を排除したのである。なぜなら、イザベルとイングランド王エドワード二世との子がエドワード三世（在位一三二七〜七七年）としてイングランド王に即位したばかりだったからである。

この時期のエドワード三世は、イングランド国内の秩序回復とギュイエンヌ公領維持だけで精一杯で、一三二九年には、アミアンで行われた儀式でフランス王への忠誠を誓っている。しかし、このエドワードが、一三三七年、フランス王位の継承権を要求しはじめた。その要因は、武力による資源収奪、フランドルとの毛織物の通商保護、フランス南西部のプランタジネット王家の財産維持、さらには好戦的なイングランド貴族の力のはけ口を国内から大陸に向けさせること、などだったと思われる。しかし、いずれにせ

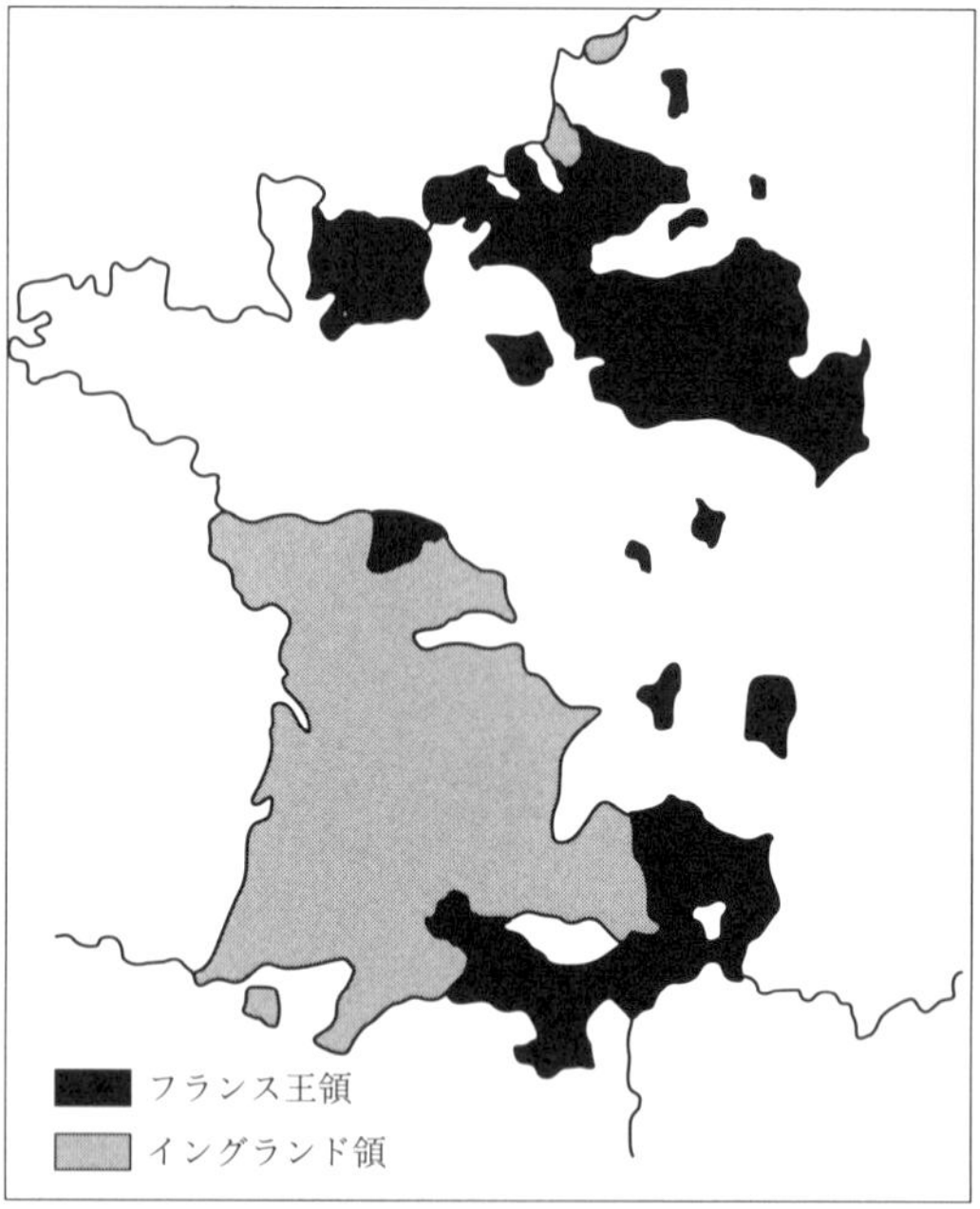

ブレティニー条約（1360 年）による第 3 期フランス形成

よ、このエドワードによるフランス王位継承権要求を契機として、一三三九年から英仏間で戦端が開かれ、この戦争がほぼ一〇〇年にわたって続いた。

フランス軍は一三四六年のクレシーの戦いでも、一三五六年のポワチエの戦いでも、神罰としか思えないほどの大敗を喫した。ポワチエの戦いではジャン二世善良王（在位一三五〇〜六四年）がイングランド軍の捕虜となる。エドワード三世は、ジャン二世の解放条件として、フランス王位を要求しないかわりにノルマンディを含むフランスの半分をジャン二世に放棄させた。しかし、王太子シャルル――のちにジャン二世を継いでシャルル五世（在位一三六四〜八〇年）となる――はこの協定を断じて認めなかった。結局、一三六〇年、長い戦争に疲弊した両国はブレティニーで会談して歩み寄り、ブレティニー条約を結ぶ。この条約によってジャン二世は解放されたが、フランスはそのために莫大な金貨を支払い、南西部の広大な地域を失った。

ただし、アンジュー伯領とノルマンディ公領は保持することができた。

しかし、平和は長くは続かなかった。一三六八年、イギリス王がアキテーヌに集権的行政を押しつけて増税しようとしたため、現地の貴族たちが反発、宗主たるフランス王に訴えた。この機をとらえ、シャルル五世が再び戦端を開いた。激戦は数年間続き、今度はフランス側が優位に立ってアキテーヌの大半を徐々に掌握した。かくて、ワイン貿易でイングランドと結ばれていたボルドー、バイヨンヌなど、ガスコーニュ地方のわずかな地域がイングランド領として残されただけで、九六年に休戦協定が結ばれた。

ところが、この休戦による平和が比較的長続きした後、一四一五年に両国は戦争を再開する。イングランド遠征部隊による一四一二年のノルマンディとアンジューの略奪に続いて、ヘンリ五世が一四一五年にフランス本土に侵攻したからである。当時のフランスでは、シャルル六世が断続的に精神異常をきたし、親王たちが王位継承をめぐって争っていた。これによって有利に立ったヘンリ五世は、アザンクールの激戦でフランス貴族を潰滅させ、一四一七年にはさらに内陸部に軍を進めた。その結果、一四二〇年にトロワで和約が結ばれ、これによってヘンリ五世がシャルル六世の娘カトリーヌと結婚し、フランス王位を継承することになった。こうして、一四二二年、父ヘンリ五世を継いだ若いヘンリ六世がイングランド、フランス両国の王として即位した。

しかし、この二重王国の基盤は弱かった。フランスの西部、中部、南部を掌握していた王太子シャルル(のちのシャルル七世)は断固としてトロワの取り決めを認めなかった上に、イングランドの軍事力はフランスのブルゴーニュ大公に大きく依存していた。また、ジャンヌ・ダルクによる戦勝に奮い立ったフランス側が一四二九年に急激に勢力を回復した。しかも、ブルゴーニュ大公フィリップが一四三五年、領地が戦禍をこうむることを恐れ、単独でフランス王と休戦協定を結んだ。翌年の一四三六年には、首都パリがフランス軍によって奪還された。フランス王を兼ねるイングランド王に対するフランス国民の敵対意識も高まりつづけた。こうして、以後十数年間イングランド軍は各地で敗北を重ね、一四五三年のカスティヨンの戦いの敗北とボルドー降服によって、最終的に百年戦争の幕が閉じられたのである。

戦後は、それまでイングランドの統治に服してきた地域は、比較的穏便な条件のもとに、再びフランスの王政を受け入れるよう勧告された。また、王国に統合されて間もない他の地域と同様、直接税に対する承認権を持つ地方三部会もしくはパリの制度にならった高等法院を開設することが許された。

以上見てきたように、少なくとも一三〇年間、止むことのない飢饉、疫病、戦争の時代がつづいたために、フランスの人口は一六〇〇万人もしくは一七〇〇万人から約一二〇〇万人に激減し、きわめて農村的な社会構造はほとんど変化しなかった。しかし、長期間にわたって危機的状況に対応しなければならなかったために、経済の商業化と国の官僚制度が確実に進展し、都市が経済と政治にいっそう重要な機能を果たすようになった。他方、戦争を通じて国王への忠誠心が高められ、また国王による対英戦争支持の訴えを通じて、漠然とした国民意識が形成された。一四五〇年代以降の一〇〇年間は、生活環境がやや向上し、秩序が回復され、人口が再び上昇に転じ、貿易が活況を呈し、諸々の資源投入によって国の制度が強化され、その過程で封建制国家から君主国家《エタ・ロワイヤル》が形成される。しかし、この国家の本質的な構成要素――君主政体、宗教、貴族的名誉、保護関係――は厳しい試練にさらされ続ける。

Comme il se mettoit a labry.
Pour regarder dessus la ville.

Si luy vint dire ung de ses gens.
Monseigneur vous povez a plain.
Veoir vre ville dorleans.
Comme sil la tint en sa main.
Et tout acoup soudainement.
Ung canon si vint lors ferir.
Ledit conte si rudement.
Que tost apres le fist mourir.
Quant la ville sceut les nouvelles.
De la mort qui ainsi advint.
Len sen esbayt a merveilles.
Car len ne sceut dont cela vint.
Ou le canon vers lui jecta.
Len ne peut scavoir ne congnoistre.
Mais quoy quil en fust proffita.
Car cestoit le grant caem et maistre.
Ja pour la mort ne le trespas.
Dudit conte qui estoit le chief.
Les angloys nen bougerent pas.
Ains sentretindrent de rechief.

オルレアン攻防戦　フランスで最も富裕で、要塞化されていた都市の一つだったオルレアンはジャンヌ・ダルクの活躍によって解放された。15 世紀後半の細密画

第三章　近代初期のフランスの政治と社会

絶対王政の成立と破綻

絶対王政への移行　長年の英仏戦争のために国土が荒廃し、秩序が崩壊すると、理想的な善政や秩序を守る強い政体の理念が追求された。そして、その過程で、フランスは最も敬虔なキリスト教徒・戦士・教会の保護者・国民の救済者である王によって統治される「美《うま》し国」として、歴史家、芸術家、建築家によって美化され、そのイメージが国家儀礼、宗教儀式、法律、礼拝を通して一般国民に伝えられた。貴族対策としては、危険な不満分子に官職を与えることによって懐柔する手段が採用され、激しい論争がつづいた国王課税についても、「公共の利益」を目的とするという条件で是認された。

シャルル七世（在位一四三五～六一年）とルイ一一世（在位一四六一～八三年）のそれぞれの治世の後半には、経済成長のおかげで歳入が大幅に増え――一四三九年に約一七〇万リーブルだった税収は一四四九年には二三〇万リーブルに、一四八二年には五一〇万リーブルに達した――、これによって王国は再び国力をめざましく拡大した。

戦争が必然視された時代に税制が制定されたおかげで、一四三九年以降には常備軍が増強され、これが火砲を備えた一万二〇〇〇人から一万五〇〇〇人規模の軍隊となり、封建性による徴兵軍への依存度が低下した（封建性による徴兵制は一六九七年まで続いた）。これは国家による軍事力独占の第一段階であり、この政治権力集中過程の最大の特徴は、軍備拡大を背景に行政や司法の役人が増えたことだった。一五一五年までには、人口一六〇〇万人のフランス王国は、兵士や従者も含めれば六〇万人（約四パーセント）を擁する行政機構を通じて統治される国になっていた。

しかし、法と秩序の維持については、貴族が重要な役割を果たし続けた。王領内であれ領邦内であれ、基本的な行政単位は城主支配圏《シャトランリー》であり、一つの城があり、城主が圏内の土地と諸権利を掌握し、「慣習」が単一であることが一般的特徴だった。一五〇〇年のポントワーズには四三の行政区があった。裁判は重犯罪から中・軽度の犯罪、財産紛争、軽傷害にいたるまで城主と市の評議会の管轄下におかれたが、地域共同体そのものによって裁かれることもあった。しかし、王の代理人の数が少なく、警察力が初期段階だったために、「自主的処理」の習慣があり、暴力によって処理されることも珍しくなかった。

王の強いリーダーシップ、とくに貴族の権力闘争に歯止めをかけ、権力の求心力を保つ王の能力によって、統治が効果的に行われるようになった。「国王は王国の皇帝である」という観念が広められ、国王裁判の至上性が再び主張され、司法が合理的に簡素化され大衆化されたことは、王権が回復されたことの明らかな証拠だった。ルイ一一世などの王は直属の官僚を自分で選ぶようになる。地方総督については、当

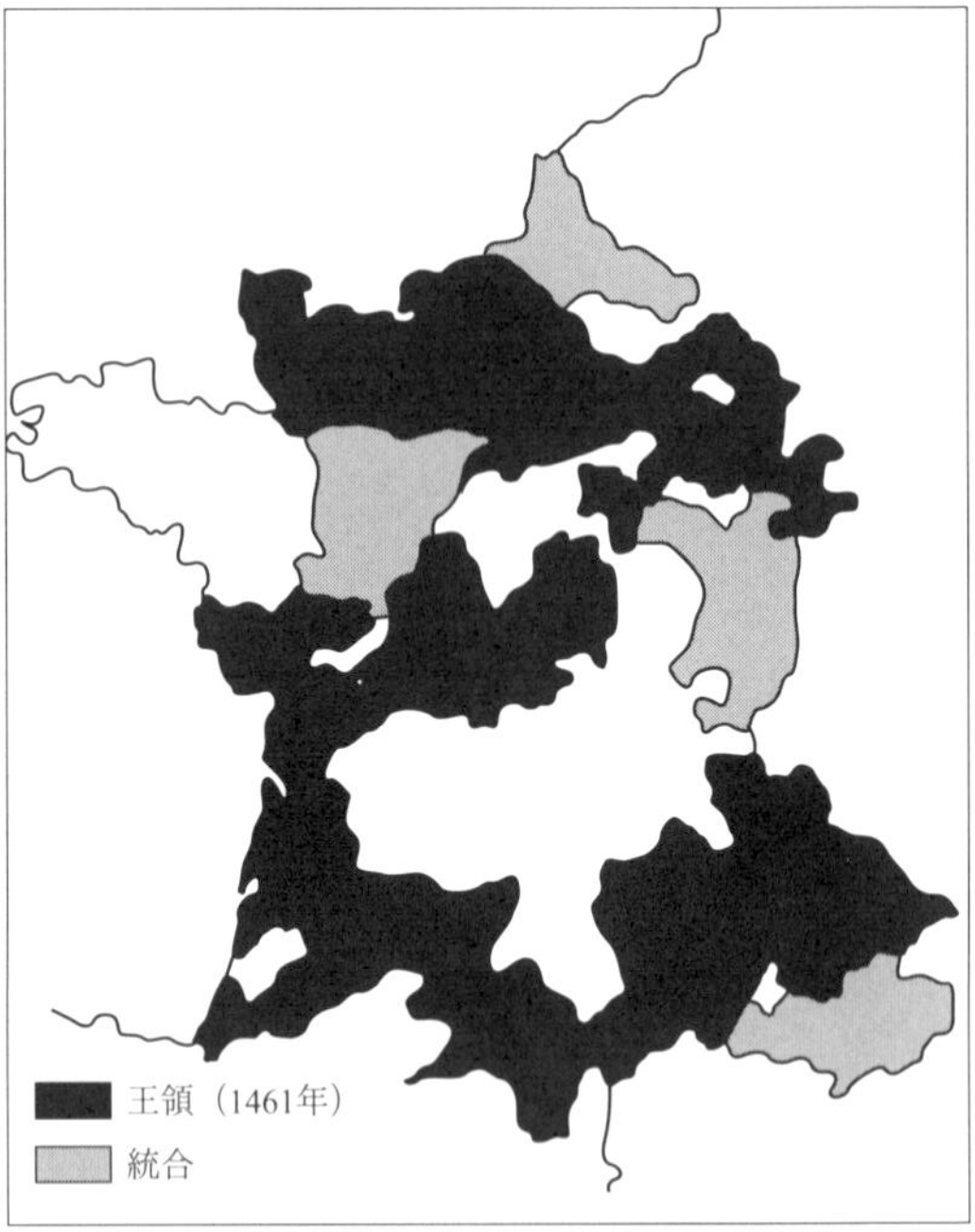

ルイ11世治世下（1461～83年）における第4期フランス形成

初は中流貴族から選ばれたが、結局はこれに反発した大貴族がこの地位を占め、保護関係とそれに付帯する軍事力を手にするようになった。しかし、旧貴族の多くは度重なる戦争の間に没落し、このことが戦功を立てた兵士やブルジョワが社会的上昇をとげるチャンスとなった。貴族の数は一六世紀半ばには約二万五〇〇〇人を数えた。貴族間には、富、文化、影響力において個人差があったが、個人と家族の「名誉」を重んじ、根強い騎士道精神に由来する社会的優越感を抱いていることでは共通していた。

　王領も拡大された。一五世紀の終わりにはブルゴーニュ大公領が王領に統合された。一四七七年にブルゴーニュ大公シャルル豪胆公が継承権のある男子を残すことなく死去したからである。ただし、その後の取り決めで、フランスはフランドルの大部分を失うことになる（シャルル豪胆公の娘マリと、のちの神聖ローマ皇帝マクシミリアンの結婚により、ハプスブルク家の領土となった）。一四九一年には、ブルターニュ公女アンヌがシャルル八世（在位一四八三〜九八年）に嫁いだことにより、国内最後の領邦ブルターニュ伯領も王領となり、この地方が英仏間の争いを利用して王権に抵抗する恐れもなくなった。こうして、フランスは権力が各地に分散していた一〇〇〇年当時や、王国が崩壊の危機に瀕した英仏百年戦争当時とはまさに対照的な、統合された広大な領土を持つことになった。

もちろん、権力の行き届かない地域、地方の分離主義、貴族特権の擁護は依然として王権の障害でありつづけた。しかし、未成年のシャルル八世を後見した姉のアンヌ・ド・ボジュには王権に対する自信があった。そこで、彼女は一四八四年に全国三部会をトゥールに招集した。この三部会は、全国の行政単位《バイヤージュ》ごとに各身分から一人の代表者が選ばれた、初めての本格的な全国三部会であり、一七八九年の全国三部会もこれをモデルにして招集されることになる。また、三身分の各代表者が国王への請願書《カイエ・ド・ドレアンス》を三部会に提出し、三部会が政策を討議する権利を持つということが決議されたのも、この時の三部会だった。ただし、この三部会が国王による課税をおとなしく承認したにもかかわらず、国王は翌年三部会を再招集するという約束を守らなかった。国王は、神の前では国家に対する義務を果たすことを誓っていたが、国民の前でそれを実行するつもりはまだなかったのである。

その後のアンリ四世（在位一五八九〜一六一〇年）やとくにルイ一四世（在位一六四三〜一七一五年）のような優れた王がそうだったように、フランソワ一世（在位一五一五〜四七年）の長い治世の特徴は、王自身が強い信念と決断力を持ち、少数の近臣から提言を受けつつ自分の意志を実行したことだった。フランソワ一世は首都パリの復興につとめつつ、のちのルイ一四世がそうだったようにロワール渓谷を愛し、シャンボールに王宮を造営させた。フランソワ一世が造営上もっとも重視したのは、王宮がその細部にいたるまで王の栄光を象徴していること、および王の生活の場、王の恩寵が下賜される場としてふさわしいことだった。こうして、王宮が権力執行と忠誠心披瀝の場となり、報償金や軍・行政の要職を得ようとする者たちを引き寄せた。

忠誠の観念はなお重視されてはいたが、封建的主従関係は長い戦争の間にほぼ消滅し、主従関係ほど公的でない保護関係が結ばれるようになった。この保護関係を王と結んだ者たちは、王と権力を共有し、個人的利益を守ることが許されたばかりではない。彼ら自身も同様の保護関係を目下の者たちと結んで武装組織を持ち、領地からの収入以外に官職による収入を得ることができ、優れた王宮文化を通じて、新しい貴族的な趣味や生活様式を生み出すことができた。こうして、王宮は、高価な衣装代が苦にならない野心家たちの最終目的地となった。

また、一五三九年のヴィレール・コトレ法令によって、公文書がラテン語でなくフランス語で書かれることが義務づけられたために、地方のエリートが日常生活でフランス語を話すようになり、通商分野でもフランス語が国際語として使われはじめた。ただし、フランス語の普及には一〇〇年かかった。義務教育を通じてしだいに国民共通の言語となり、教会のミサにもフランス語が使用されるようになったのは一九世紀の終わり頃である。

こうして、フランスの王たちは徐々に国家というべきものをつくり上げ、行政機構をつうじて統治するようになった。フランソワ一世の時代には、学者たちは古代ローマ皇帝、シャルルマーニュ大帝、聖書を引用し、フランス王は「皇帝」であり国家と教会の守護者である、という王の主張を援護していた。ただし、王は絶対的な権威者ではあるが暴政を行ってはならない、とする理論も展開されていた。たとえば、クロード・ド・セセルは一五一五年、王の権限には神の法則と自然の法則、および——高等法院による解釈に従えば——王国の法律体系によって定められた限度があることを強調している。

しかし、一六世紀初期のこれらの人文主義者《ユマニスト》たち——彼らは誇らしげに古代ギリシャ・ローマ文化を再発見し、その後の時代の野蛮性を拒否していた——は、あまりにも楽観的だったと言わねばならない。たしかに、国民の多くは繁栄を享受し、不自由のない暮らしをしているように見えた。しかし、実際には、この時代の国内の安定は人口増加、戦争、宗教対立によって脅かされる脆弱なものでしかなかったのである。

戦争は君主にとって名声・名誉を高め領土を拡大する好機だった。臣下は武勲を上げるために当然、戦争を歓迎するものとみなされた。戦争では、めざましい勝利と惨憺たる敗北が、つねに際限なく繰り返された。フランソワ一世と神聖ローマ皇帝カール五世はヨーロッパの覇権をめぐって対立し、このために起きた国外での戦争は一六六一年まで続いたが、国内の混乱と治安の悪化を招き、国境地帯を荒廃させたこの戦争によって獲得できたのは、東部のメッス、トゥール、ヴェルダン、およびイギリス領だったカレーだけだった。この戦争はこの他にも重大な事態を招いた。軍備増強による巨額の軍費が財政を悪化させたばかりでなく、その後の王が未成年もしくは病弱だった——しかも一五五九年から八四年までのフランス王はアンリ二世とカトリーヌ・ド・メディシスの息子たちで、彼らはいずれも王として未熟で無力だった――ことが、要職を占めていた大貴族の野心を助長し、宮廷のみならず行政組織全体における派閥形成を促したのである。派閥のリーダーたちが王に反旗をひるがえすだけの武力を保持していることは明白だった。そして、宗教対立がこの派閥抗争に重なることによって、残忍非道な戦争が続くことになる。

宗教戦争　カトリック教会はいぜんとして旺盛な生命力を保持しているように見えた。莫大な経費を投じて聖堂がつぎつぎと新築・修復され、いたるところで敬虔な信者たちによる行列や巡礼が行われ、各地に信心会がつくられ、聖遺物や殉教した使徒への崇拝、とくに聖母マリア崇拝が広まっていた。しかし、その反面では、教会刷新と聖職者教育の改善を求める声も高まっており、知識人の間では人文主義的な聖書研究が重視され、聖職者の「地位の乱用」が批判されるようになっていた。このような教会改革への気運の中で、プロテスタントが勢力を拡大した。

当時は日常生活のほとんどすべてがカトリック教会の影響下にあったために、カトリックとプロテスタントの宗教論争は熱を帯び、必然的に既存の社会的・政治的分裂と結びついた。フランソワ一世は宗教問題には懐疑的で、彼を継いだアンリ二世（在位一五四七～五九年）は敬虔なクリスチャンだったが、二人とも教会を重要な政治的手段であり収入源であるとみなしていたために、カトリック教会を保護しようとした。しかし、宗教論争が政治的不満を助長し、あるいは政治的不満の口実に使われる危険な兆候が生じていた。げんに中央の派閥抗争が地方に飛び火し、対立する派閥の領袖と保護関係にある地方の貴族勢力間で、政治的・宗教的名目による卑劣な抗争が始まっていた。

プロテスタントは聖書を重視し、抑圧的なカトリック組織からの解放を求めた。しかし、保守主義者にとっては、正統的な宗教と倫理によって社会的秩序を守ることが最も重要であり、これこそが王の最大の責任であり、その責任を果たすことのできない者に王の資格はなかった。一五七六年にカトリック強硬派のリーダー、ギーズ家の率いる派閥が「異教撲滅」をかかげて旧教同盟《リーグ》を結成したのは、プロテスタントのナヴァル公アンリ(のちのアンリ四世)が王位に就くという悪夢のような予想をくつがえすためだった。

プロテスタント勢力の拠点は全国に広がり、その地域分布はカトリック勢力の盟主、ギーズ家と、これに対立しプロテスタント支持の中心となっていた大貴族、モンモランシー・シャティヨン家とブルボン家の勢力範囲、およびそれらの地域の宗教対立の激しさを反映していた。当初は、大半のプロテスタント教会はラングドックの農村地帯、ピカルディ、ノルマンディ、パリの周辺地域、東部のシャンパーニュやブルゴーニュにあった。プロテスタントは、一時は人口の二〇~二五パーセントを占め、とくに比較的識字率の高い都市の専門職や職人層に多かったと思われる。貧民層は宗教対立には無関心のようだった。農民は圧倒的多数がカトリックを支持しつづけていたが、十分の一税の廃止を改革目的の一つにかかげたためにプロテスタントの数が多かったセヴェンヌ地方のような例外もあった。

また、当初は諸宗派に分裂していたプロテスタントはジャン・カルヴァンに指導され、迫害される過程で合同し、効果的に組織化された。一五五九年には、プロテスタントの教会会議がパリで開催され、この会議で「信仰告白」が起草され、その後は地域単位、全国単位で定期的に教会会議を開催することが決議された。こうして、プロテスタントの妥協を許さない布教が強化された。人類の救済が前もって神によって定められていると確信していた彼らは、救済を得るためと称するカトリック教会の儀式を神への冒涜であるとみなし、それらを廃止し、説教、祈り、賛美歌による簡素な礼拝を行うべきであると説いた。彼らの「偶像」敵視によって、各地で聖像が破壊された。

しかし、その後プロテスタントはしだいに南部のモントーバン、ニーム、ラ・ロシェルの周辺地域に追いやられる。これは武力闘争の敗北とその後の迫害の結果だったが、これらのプロテスタントの敗北にはいくつかの要因があった。それはまず、王権がプロテスタンティスムに反対したことだった。フランス王はすでに一五一六年にローマ教皇と政教協定《コンコルダ》を結び、教会に対する優位性を認めさせ、高位聖職者の叙任権や、教会による課税に厳しい制限を設ける権利を得ていた。したがって、プロテスタントによるカトリック教会への異議申し立ては国家の聖俗の秩序を脅かすと考えられたのである。また、プロテスタンティスムはカトリックの「真実」に異議を唱えたが、ドイツと比べると、フランスの出版界と大学が新思想の普及に熱心ではなかったことも影響した。さらに、フランスのカトリック聖職者が他の国に比べれば腐敗の度合いが少なかったこともあり、カルヴァン派があまり一般大衆の宗教心に訴えることができなかった、とも考えられる。

実際、プロテスタントによる異議申し立てはカトリック教会を再び活性化させた。地区教会は洗礼、結婚と埋葬の場、さらに懺悔、贖罪、聖餐を通して司祭から永遠の救済が与えられる場だった。再び多くの人々がこの独自の文化的役割を果たす地区教会に引き寄せられるようになり、パンフレットや恐ろしい最後の審判の壁画を見せられながら、カトリック以外の宗派は悪魔をあがめる異端であり、一八五六年から五八年にかけての飢饉と疫病は明らかに神の怒りのあらわれであり、神の怒りと裁きを恐れる者はすべて他宗派に寛容であってはならない、と説教されたのである。この後フランスの王政を危機に直面させる宗教戦争が起きた背景には、以上のような事情があった。

一五五九年にアンリ二世が死去すると、あとを継いだ王が未成年だったことから、王政はあきらかに崩壊の兆しを見せ始めた。対立する大貴族たちは派閥抗争を激化させ、軍備を増強したが、これを宗教によって正当化したことから真摯な信仰上の対立が貴族の野心や親族への忠誠と一体化した。こうして、一五六二年に始まった宗教戦争は九八年まで続き、いかなる妥協も両勢力から拒否され、国王殺害も宗教によって正当化され、行政も司法も派閥に支配されたために、王政はほとんど機能不全におちいった。

この内戦による暴力と終末論的恐怖の象徴となったのが、一五七二年八月二七日から始まった聖バルテルミの虐殺であった。ことの起こりは、ナヴァル公アンリとヴァロワ家のマルグリートとの結婚祝賀祭で——おそらくシャルル九世の命令によって——主だったプロテスタントが殺害されたことだった。事態はたちまち収拾不能となり、わずか四日間でパリと一二の地方都市で約一万人が虐殺され、両勢力による暗殺、婦女陵辱、拷問、略奪が相次ぎ、宗教の名のもとに文明の価値観が完璧に忘れ去られた。また、激戦地、とくにスペイン軍が旧教同盟を支援するために介入した東部では、兵士の移動が絶えなかったために、食料不足と疫病蔓延の危機にさらされた。

ちなみに、このような状況下で二つの著作が発表され、たがいに相反する見解を表明している。その一つは著者不明の『暴君に対する反抗の権利』(一五七九年)で、臣下との契約を侵犯した君主に対する抵抗を正当化している。他の一つはジャン・ボダン著『国家論六編』（一五七六年）で、家族においても国家においても主権者はただ一人でなければならないとし、これに反するいかなる説も「暴君による悪政にも劣る放埒なアナーキー」を招くとして断罪している。

　危機的状況はその後も悪化し続ける。歳入が断たれたために戦場の国王軍への補給が難しくなると、反王勢力は異端撲滅に失敗したアンリ三世の国王としての資格に異議を唱え、アンリ三世はついに一五八八年五月一二日の「バリケードの日」〔この日パリ市民が市内にバリケードを築いて国王に反旗をひるがえした〕にパリから逃亡する。しかも、ブロワでの全国三部会では、パリの代表者たちが三部会の定期的開催と課税・戦争承認権を要求し、王国の「基本法」と教会を守ることのできない国王を罷免することは三部会の義務である、とさえ主張した。この要求に対するアンリ三世の回答は旧教同盟の領袖、ギーズ公アンリとギーズ枢機卿ルイの暗殺だった。しかし、その後アンリ三世もまた「邪悪なヘロデ王」としてカトリック修道士によって暗殺された。

　アンリ三世を継いでアンリ四世（在位一五八九〜一六一〇年）として即位したナヴァル公アンリは、アンリ三世の従兄弟にあたる正統な継承者ではあったが、プロテスタント勢力の軍の総大将でもあった。そのためにカトリックの貴族たちが信仰と既得権益を失うことを恐れ、すなおに新国王の継承権を認めようとしなかったために、財政・軍事・行政の回復は容易ではなかった。しかし、妥協による解決の達人だったアンリ四世はカトリック側の慰撫につとめた。また、秩序回復を求める声が広がったこと、一般世論が正統な王位継承者としてのアンリ四世に味方し、スペインによる旧教同盟支援と介入に反発したことが、アンリ四世を後押しした。とくに貴族と都市のエリートはスペインと旧教同盟に反感を抱いていた。北部諸都市における旧教同盟の過激化と農民蜂起のために、明らかに無政府状態となる危険が生じていたからである。

こうして、情勢は収拾に向かいはじめる。一五九三年にはアンリ四世がみずからのカトリック改宗を決断し、一五九四年三月には旧教同盟が、それまで拠点にしていたパリを明け渡し、その後アンリ四世が敬虔な王の装いをこらしてパリに入城した。そして、ついに一五九八年にナントの王令が発布され、長い宗教戦争に一応終止符が打たれた。

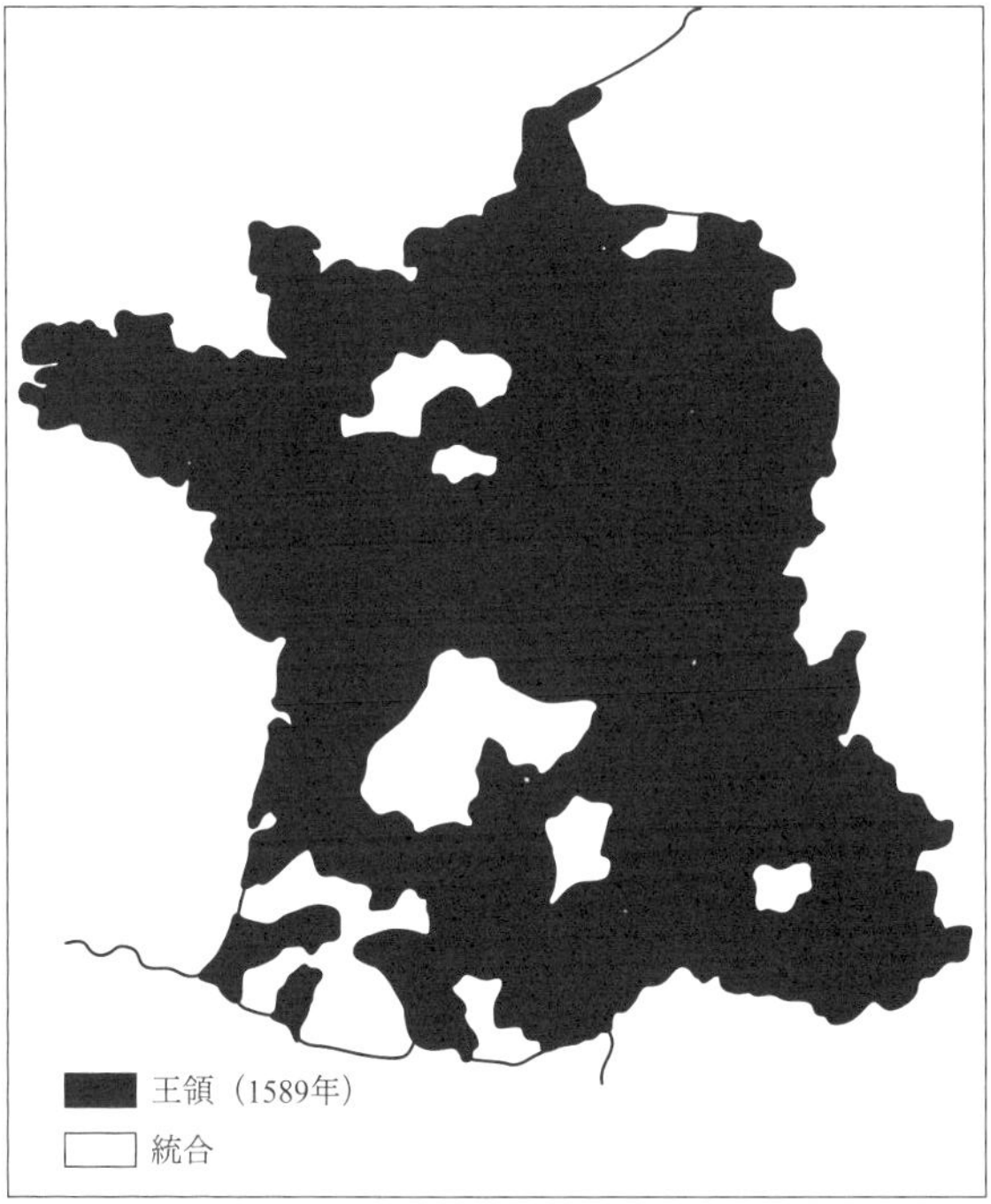

アンリ４世治世下（1589～1610年）の王領拡大による第５期フランス形成

しかし、この王令による和平は双方の妥協の産物だった。プロテスタントは二〇〇弱の都市――その大半はプロテスタント側が支配していた南部の都市――において礼拝の自由が行政と軍によって保障される、という内容でしかなかったからである。

官職売買、宗教戦争の終息、コミッセール制度、フロンドの乱、民衆蜂起

一六〇四年に制定されたポーレット法もまた重要な結果を招いた。この法令は、一定の納付金を納入することを条件に、官職の遺贈もしくは売却さえも公認するものだった。官職の売買は国王の収入を増やす手段として一四世紀から始まり、フランソワ一世の治世にはたびたび行われるようになっていた。官職を買えば一定の報酬、免税特権、社会的地位ばかりでなく、場合によっては貴族の地位を得ることができた。すなわち、官職売買は購入者にとって理にかなった投資だったばかりでなく、「社会を流動化する道筋をつけ、官僚の人材と国王の重要な収入源を生み出した」(ウィリアム・ドイル〔英ブリストル大学教授。一八世紀のヨーロッパ、とくにフランス史の専門家として著名〕)。

官職売買は、短期的には、大貴族たちの官僚に対する影響力を弱め、彼らの保護関係を弱体化させることに役立った。しかし、長期的には、官職を得た者が半永久的に貴族であり続けたために、司法・財政改革の重大な障害になった。しかも、一七世紀には、戦費捻出のためにヨーロッパでも類を見ない多くほど多数の官職が売却された。売却された官職数は一五世紀前半では約五〇〇〇だったが、一六六〇年代半ばまでには四万五〇〇〇に達し、一七八九年までには七万を数えた。成功したブルジョワ階層は、この制度によって貴族になり、商業界から官界に転じた。彼らは既存の貴族から苦々しい目で見られたが、その反面では、彼らの存在によって社会的な上昇志向とエリート層の刷新が恒常化し、有産階級がある種の共通した利害意識を持つようになった。

王権を強化して効果的に統治したアンリ四世が一六一〇年に暗殺されると、再び長期間にわたる内戦の

危険が生じた。こうした事態を恐れた第三身分の代表者たちは、一六一四年の全国三部会に招集された際、「国王は国家の主権者であり、王冠は神によってのみ授けられる」ことを王国の基本法とすべきだ、と主張した。ルイ一三世（在位一六一〇〜四三年）の治世には最悪の事態が予想された。ルイ一三世が幼年だったためにマリ・ド・メディシスが摂政をつとめた期間も、その後ルイが成年に達した後も、貴族の派閥抗争によって国内が再び無政府状態になったのである。この事態が収拾されるためには、一六二五年から四二年にかけて二人の枢機卿、リシュリューとマザランが中央権力の強化に取り組むまで待たなければならなかった。リシュリューはロアン公をはじめとするプロテスタント貴族、プロテスタント勢力の軍事指揮官をつとめたロアン公の弟スービーズ公、さらには一六二一年から二二年にかけての南西部の蜂起に悩まされた。しかし、彼が一六二六年にラ・ロシェルの包囲に成功した〔ラ・ロシェルは一六二八年に陥落した〕後、プロテスタントの政治的・軍事的特権が剥奪され〔アレスの王令〕、最終的に宗教戦争は終息した。

　これと同じ時期に、国王直属の「コミッセール（親任官僚）」が任命されるようになった。のちの「アンタンダン（地方監察官）」制度の前身である。結果として地方総督《グヴェルヌール・ド・プロヴァンス》の権限を縮小したこの制度は、さまざまな保護関係を国王のもとに一元化するというそれまでの政策の一環だった。コミッセールは特定の期間と任務が定められた官僚で、国務会議の代理人として強力な監査・改善命令権を持ち、既存の官僚とは異なり国王に直属し、この役職は売買の対象とはされなかった。また、コミッセールは地方総督に協力し、地方のエリート層との関係を密にし、「裁判、治安、財政」にとくに重要な責任を果たした。コミッセール制度は急速に地方行政に定着し、一六三五年以後の一〇年間に実質税収を二倍にすることに貢献した。このおかげで、三十年戦争（一六一八〜四八年）中、フランスはかつて例のない規模で常備軍を増強して参戦することができ、大貴族と都市の民兵への軍事力依存度を低め、国王軍への応募奨励によって、王を頂点とする保護関係を強化することができた。しかし、この制度には、大増税によって民衆蜂起を再発させたというマイナス面もあった。

民衆蜂起と重なったフロンドの乱（一六四八〜五二年）では、リシュリューとマザランの強権的手段と、両家の家族の目にあまる蓄財に業を煮やした大貴族たちと高等法院の法官の請願書提出によって、さらに緊迫した事態となった。三十年戦争による荒廃をとくにパリ東北部で長引かせたフロンドの乱は、増税に反対する民衆、高等法院、貴族の抗争が複雑にからみ合った反乱だった。一六四三年に即位したルイ一四世がまだ五歳だったために、王権は再び弱体化していた。オルレアン公、コンデ公、コンティ公、ロングヴィル公などの大貴族は王政に異議を申し立てるだけの軍事力をなお保っていた。増税と官職売買による既存の官職の価値低下に苦々しい思いをしていた高等法院その他の官職保有者の多くも、少なくとも当初は、それらの大貴族を支持していた。こうして、王政が「暴政」であると非難され、全国三部会を招集せよという声が高まった。四八年八月にはパリの民衆が蜂起し、市街にまたもやバリケードが築かれた。幼いルイ一四世は翌年一月に首都パリを脱出したが、彼はこの体験を生涯忘れなかった。

しかし、これらの反乱は一つにまとまることがなく、しだいに終息した。反乱の主導者たちがたがいに敵対したためばかりではない。大貴族たちは傲慢だっただけでなく、スペインに援軍を求めようとした。これに唖然とした反国王派の官職保有者たちが彼らから離反し、下級貴族たちや高等法院も、当初は民衆の不満を利用しようとしたが、その後で反乱が手に負えなくなることを恐れ始めたからである。

一七世紀の社会のもう一つの特徴は、風土病のように慢性的な貧困と全国的に見られた暴力行為だった。農作物の不作は国民をさらに困窮させ、大領主、教会、とくに国王の課税に対する抵抗を激化させた。民衆はさまざまな形で不満を表明した。「搾取者」と見なされた者は罰として石を投げつけられ、あるいは家を破壊され、あるいは手足を切断され、死刑に処せられることさえあった。家畜が痛めつけられ、あるいは干し草に火をつけられることもあった。領主や王の代理人が袋叩きにされることもあった。犯罪者と見なした者に対する軽蔑心もさまざまな形で表現された。下品な歌を聞かせたり、家の前で騒ぎ立てたり（いわゆる「シャリヴァリ」）、謝肉祭でその者の肖像を燃やしたりしたのはその事例である。謝肉祭での行為に対しては、当局はあまり干渉しなかった。それが苦情や抵抗を示す宗教的儀式として慣習化しており、当局にとっては民衆の怒りを発散させるための便利な手段だったからである。また、地方の警察が手薄だったばかりでなく、以上のような行為が住民の連帯のもとに行われたために、領主や十分の一税などの徴税役人は慎重に行動せざるをえず、国王への義務感と、彼らの属する地域の住民から尊敬されなくなる恐れの板ばさみになっていた。

しかし、不作の年には地域共同体の大半の階層は税の重圧に耐え切れず、通常は裕福な農民や職人までも徴税官を恐れ、貧困層は生存そのものが脅かされた。彼らは不安と怒りの虜となり、当局に弾圧されることも忘れて激しく抗議し、ときにはそれが大規模な民衆蜂起になった。蜂起の大部分は農民によるものだったが、都市の職人、商人、貧しい下級貴族、知識層の一部が加わることもあった。多くの蜂起は駐屯部隊のいないときや、兵士たちが戦争のために国境周辺へ移動した間に起きた。なかでも有名な蜂起は一五四八年のギュイエンヌとその他の西南部の蜂起、一五七〇年代後半のドーフィネの蜂起、一五九〇年代のノルマンディとブルターニュの蜂起および西南部の再蜂起、一六二四年の西南部の再再蜂起（ケルシーの蜂起）だったが、もっとも激烈だったのは、ロワール川とガロンヌ川の間の広い地域で一六三六年から三七年まで続いた「クロカンの蜂起」と、一六三九年にノルマンディで起きた「ニュ・ピエの蜂起」だった。

一六三五年から六〇年にかけて起きた蜂起は二八二件を数えたと推定されている。蜂起は、地域共同体や経済的ネットワークを土台に組織され、地域慣習や宗教によって正当化された。新税が課せられると、あるいはそのような噂が流れただけでも、教会の鐘が打ち鳴らされ、各地の共同体の使者が会議に招集され、デモ行進が呼びかけられた。当時の農村経済に占める零細農民の割合がいかに大きかったかを思えば、貨幣で収めねばならない税金がどれほど彼らを苦しめたかを想像することができるだろう。彼らは必死になって何かを売ろうとし、あるいは金のために働き口を探したが、結局日々の食事さえ口にできないほど貧窮し、借金に頼らざるをえないことが多かった。多くの蜂起が戦争中に起きたのは、農民にはほとんど理解できない理由で他所者《よそもの》が勝手に決めた増税が課せられたからである。

しかし、これらの蜂起は社会的秩序の深刻な脅威ではあったが、社会制度を揺るがせることはほとんどなかった。たしかに、蜂起者たちは重税の緩和と「公平な裁き」を要求した。また、重税のために地代や封建的賦課を得られなくなることを恐れた貴族の大半も、蜂起者たちと同様に国の増税策に反対した。しかし、農民は地主と聖職者への依頼心から脱することができず、社会変革のビジョンもなかった。彼らにあったのは地域主義と、蜂起による目先の目的だけだった。そのために、いざまとまった規模の軍が招集され、地方のエリート層が暴徒の襲撃を恐れて再び国王政府の役人に協力し始めると、彼らは簡単に鎮圧された。

ルイ一四世の時代　一六五四年には、苦難の時代が終わったことを祝うかのように、ルイ一四世の戴冠式が行われた。行政制度は反乱や民衆蜂起にもかかわらず何とか機能していたために、結局、既存の制度のもとに、再び王権が強化された。また、国王政府は戦争目的による増税に反対した地方三部会や地方の代議制組織に苛立ちをつのらせ、官僚の専制的姿勢が目立つようになっていた。

一七世紀後半には、大規模な武装蜂起は事実上見られなくなり、国家による抑圧体制が強化された。その要因としては、以前ほどの重税が課せられなかったこと、宗派間の緊張が緩和されたこと、教育が普及し、とくにカトリック側の反宗教改革を通して民衆が効果的に社会に適応させられたこと、が考えられる。ただし、その後は食料価格の高騰が民衆蜂起の最も深刻な要因となり、市場で暴動が起き、食糧輸送車両が攻撃され、食料買い占めの疑いをかけられた商人が襲われるようになった。このような事件は一八世紀になっても増え続けた。商業化進展による利益追求が、伝統的な経済倫理に背いて貧困層をさらに逼迫させたからである。民衆蜂起の沈静化のためには、交通手段が発達し、市場が近代的機能を果たし始め、食糧供給が安定化する一九世紀半ばまで待たなければならなかった。

ルイ一四世の治世の実態を解明することは難しい。なぜなら、ルイ一四世にかかわる史料にはアンリ四世の場合と比べてさえフィクションが多いからである。しかし、ルイ一四世の業績はその治世の初期に国内を平定したこと、権力分散に終止符を打ったこと、およびフロンドの乱に象徴される社会的アナーキーを終息させようとしたことだった、と言ってもまちがいではないと思われる。

一六六一年に親政を開始したときのルイ一四世はきわめて精力的で、同時に、名誉のためには危険を顧みない王のように見えた。ヨーロッパの覇権をめぐるハプスブルク家との長い戦争では、フランスは民族的均質性が比較的高く、国内の交通網が整備されて資源を効率的に集中させることができたために有利に戦いを進め、前半戦での戦果として、七八年にフランシュ・コンテとフランドルの戦略的諸都市を、八一年にはストラスブールを併合した。しかし、このことはフランスの覇権を恐れるヨーロッパ諸国をさらに警戒させ、結果として、長年の臨戦態勢が国内を疲弊させた。とはいえ、その後少なくとも当分の間は、外国の軍隊はフランスの国土からほとんど排除された。また、この時代のフランスの軍隊は以前より定期的に手当てが支給され、訓練が行き届き、また、どの時代より多くの貴族が軍や王宮政治に従事していた。リシュリューとマザランの時代から始められた貴族の城砦と都市の非武装化も継続された。こうして、フランス史上初めて国王による軍事力の独占が成し遂げられた。

多くの点から見て、ルイ一四世は先代の王たちの統治システムを踏襲し、聖なる塗油を授けられた王として、国家統合の象徴であり、要として統治した。貴族について言えば、上級貴族は地域的権力を失ったかわりに十分な年金、宮廷での名誉職、地方の統治職、軍の要職、および彼らが当然の権利と見なしていた司教職を与えられ、下級貴族の好戦的エネルギーは軍務によって発散させられた。大貴族の軍事的影響

1660年に22歳を迎えたルイ14世　すでに王の風格が見られる。ワルラン・ヴァイヤン画

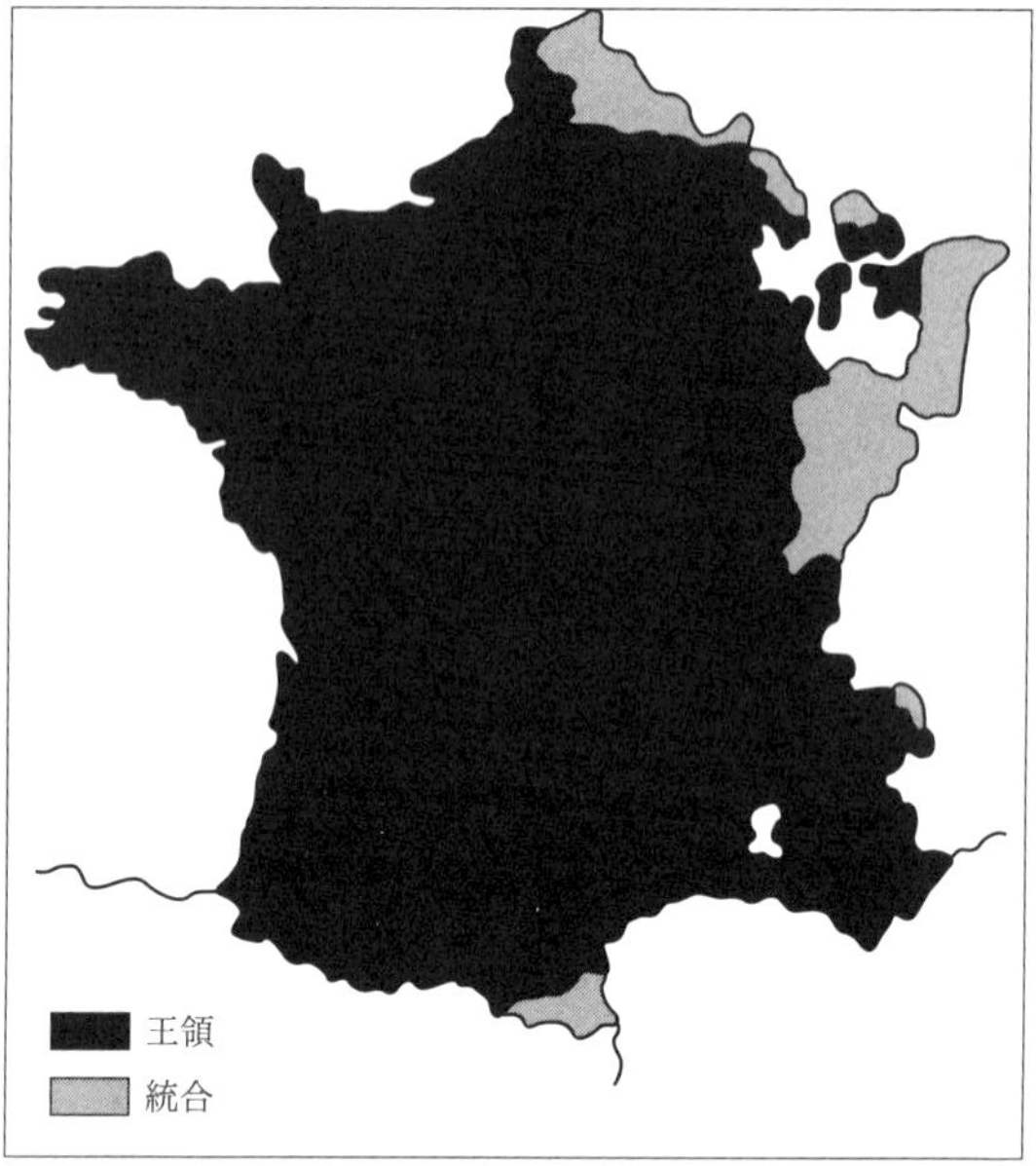

ルイ14世治世下における第6期フランス形成

力は低下していた。フランス軍の規模が一八世紀の初めまでに約三六万人にまで拡大され、国王の統帥権が強化されたからである。また、戦争が繰り返される過程で、貴族はあらためて中世的な軍人階層として自己を意識するようになった。国王は保護関係と軍を慎重に管理することによって国家のエリート層を従わせ、さもなければ強権を発動することができた。

建築と装飾の贅をつくしたヴェルサイユ宮殿では、さまざまな儀式や式典、バレエや仮面舞踏会が行われ、壮麗な宮廷生活にさらに花が添えられた。司教ボシュエは「この宮殿の輝くような威厳と威風が、見る者たちすべてに、華麗で偉大な国王の力を知らしめますように」と祈りを捧げている。さらに、彫像や彫刻、小冊子や歴史物語、教会の説教、いたるところで表現された「太陽王」ルイ一四世のイメージによっても、権力の図像化と王政崇拝が促された。

また、王の力と栄光を象徴したヴェルサイユ宮殿は貴族文化の中心となり、ここから生まれた新しい節度、礼儀作法、上品な趣味が、社会の隅々まで伝えられた。貴族たちの宮廷への伺候は、地位、高級官職、年金、権力共有の保証を得る手段だった。こうして、ヴェルサイユ宮殿の建築に莫大な金額を投じたことは、国王側に十分な見返りをもたらした。その上、上級貴族たちの国王への依存度が高まったために、彼らを細かく管理し、彼らと下級貴族との絆を弱めることができた。しかし、コルベール家、ル・テリエ家、フェリポ家のような目先の利く一族は、国王に献身的に協力するふりをしながら自身の蓄財に励んだ。また、現実離れした王の環境や誇張された王への恭順は、王権神授を確信していたルイ一四世が現実に生じている社会の変化を感知することができず、個人的栄光と王家の勢力拡大に執念を燃やし続ける要因になった。

もう一つ政治的にも象徴的にも重要だったのは、プロテスタントが再び迫害されるようになり、一六八五年にナントの王令が廃止されたことであった。ただし、これはおそらく必然の帰結だった。一六二二年以後には、プロテスタントの支配地域はラ・ロシェルとモントーバンだけになり、二九年にはアレスの王令により、ナントの王令の継続は認められたものの、ラ・ロシェルとモントーバンの安全保障都市としての権利も取り消されていたからである。その上、プロテスタント勢力は多くの離脱者——王の庇護を失うことを恐れたリーダー格の貴族たちの離脱が目立った——のために、すでに弱体化していた。

ローマ・カトリックの巻き返しも重大な影響をおよぼした。フランスに反宗教革命の波が押し寄せたのはやっと一七世紀の初頭のことだったが、この波は、宗教戦争の時代に没収・略奪された資源の大半をすでに回復していたフランスのカトリック教会に対し、新しい秩序と異端撲滅の精神を強制した。その結果、カトリックとプロテスタント間の緊張がつづいた宗教戦争後の数十年間、プロテスタントの集会には特別税が課せられ、同時にプロテスタント教会の四分の三以上が閉鎖された。しかも、プロテスタントの家庭に竜騎兵を宿泊させて無理に改宗させるなどの手段さえ用いられた。

「ただ一つの信仰、ただ一つの法、ただ一人の王」の原則を確信していたルイ一四世による一六八五年のナントの王令廃止によって、プロテスタントは改宗するか、さもなければ地下に潜行するか亡命するしかなかった。これが経済にも大きな影響を与えた。およそ一四万人から一六万人のプロテスタントが亡命の道を選んだが、そのなかに多くの商人や工場主が含まれていたからである（ただし、これはアイルランドのカトリック移民流入によってある程度相殺された）。

プロテスタントにつづいてジャンセニスムに対する抑圧も強化された。ジャンセニスム〔一七世紀半ばスペイン領フランドルの司教ジャンセニウス（ヤンセン）が説いたキリスト教思想。後にローマ法王庁によって異端とされた〕を信じる人々は教会内部の腐敗を攻撃し、信仰の実践に完璧さを求めていたが、彼らに対する抑圧の動機は、ジャンセニスムをカトリックが異端として敵視し、ルイ一四世が王権の妨げになると判断したことだったと思われる。ちなみに、一七一三年には、パリ高等法院はジャンセニスムを断罪する教皇勅書「ウニゲニトゥス」の登録を拒否している〔ルイ一四世はこの年にローマ教皇からこの勅書を得たが、ジャンセニスムに同調する者が多かった高等法院はその受理を拒否した〕が、これは当時もなお国家とローマ・カトリック教会の権力闘争が続いていたことを示している。

ルイ一四世が効果的に政治制度を利用することができたのは、彼が個人的資質に恵まれていたためばかりではなかった。富裕層が国内擾乱を避けたいと熱望したこと、ルイ一四世が大貴族を宮廷政治の場から遠ざけ、若手の従順な貴族官僚を重用したこと、ルイ一四世も貴族もかつての王と貴族より明確に序列と相互依存関係を意識していたこと、そのためにルイ一四世が絶対的権威者として序列の頂点に立って貴族の名誉と忠誠心に訴えることができたことも、ルイ一四世に有利に働いた。

こうして、国王を中心とする愛国心がつくりだされ、国王への奉仕が理想化され、すべてに優先された。さらに、国王に対する細かい礼儀作法が編み出され、これによってルイ一四世と貴族との間の「社会的距離」が広げられた。また、国内に紛争が生じることがあっても、王政にあまり影響しなくなった。王権が強大だったばかりではなく、大半の貴族が——古い家柄の「帯剣貴族」も平民出身で官職を購入して爵位を得た「法服貴族」も——王政に関与していたからである。したがって、貴族たちが、王政に歯向かうよりも協力した方が身のためになる、と確信するようになったのは不思議ではない。そして、この国王と貴族の関係は、王政がみずからの利益を守り続けてくれるとエリート層が信じている間、変わることはなかったのである。

行・財政の破綻　ルイ一四世は自らを絶対君主と信じ、多くの高名な歴史家もまたそのように述べてきた。たしかに、絶対王政の発展は国家形成のきわめて重要な局面であり、その発展過程では、官僚制の拡大によって中央権力の地方政治への介入が進められた。しかし、ルイ一四世とその後継者たちは、先代の王たちと同じように、地方との地理的距離、未発達な交通・通信、不十分な資源などによる多くの障害や、前工業化社会における各地の異なる法と慣習に、対処しなければならなかった。

そこで、主として「アンタンダン（地方監察官）」によって中央政府の政策を実施させることになった。アンタンダンは枢密会議の野心的な若手のメンバーから選抜され、それぞれが全国の三三の「総徴税区《ジェネラリテ》」

のいずれか一区を担当し、補佐官を採用することができた。補佐官はたいてい現地の貴族で、アンタンダンの指示にしたがって一つの「徴税区《エレクシオン》」を管理した。国王の代理人としてアンタンダンは当初は地方行政全般を管理していたが、その後しだいに裁判や課税評価・徴税などに重点をおくようになったが、少人数だったために現地の名士たちの協力を求めるようになった。これらの名士には貴族もいれば平民もいたが、いずれにせよ彼らが官職による権限、資産、所有地によって現地に大きな影響力を持っていたからである。また、当時は地方裁判所に相当する役割を果たしていたのは、都市の独裁的な特権団体と、とくに全国に七万を数えた領主裁判所だった。こうして、中央政府の代理人を名乗ったとしても、それらの人々はたいてい代理人を代行する現地の住民であり、彼らは現地の事情に左右されたために、官僚を中心とする行政制度の発展はつねに現地の人間関係と地域主義によって妨げられた。

また、この時代には裁判をめぐる紛争や役所同士の勢力争いが絶えなかった。しかも、つぎつぎと新しい官職がつくられ、その多くが売却されたために、紛争がさらに深刻化し、行政と司法に金と時間がかかることになった。また、昔のような公然たる王政への反抗は見られなかったが、人目につかない抵抗が行われたために、政策は指示通りには実施されなかった。しかも、警察官の数が足りなかったことが、アンタンダンの立場をさらに弱くした。たとえば、人口一五万人の都市リヨンに、わずか八四人の警察官しかいなかったのである。農村部の治安はといえば、近衛騎兵隊《マレショセ》の受け持ちだったが、隊員が全国で四〇〇〇人しかおらず、重大な混乱が予想されるときには陸軍の派遣を申請するしかなかったが、その申請に時間がかかった上に、軍の指揮官たちはなかなか軍を出動させようとしなかった。こうして、一七八〇年代までは、アンタンダンがしだいに権威を失うとともに貴族が勢力を回復し、官界進出を通じてみずからの特権を主張するようになった。

また、行政制度の欠陥が明らかとなり、とくに司法行政にはしばしば不公平や残酷さが目立ったにもかかわらず、制度改革は容易ではなかった。官職が売買できたことから、官職保有者《オフィシエ》の勝手な言動が目立つようになったが、政府は官職売却制を廃止することも、購入者から官職を買い戻すこともできなかった。専制君主ルイ一四世でさえ、保護関係を通じて地方三部会や高等法院に影響力を行使する以上のことはできなかった。しかも、一六一五年から一七八九年までの間、どの国王も全国三部会を招集しなかったばかりでなく、全国三部会以外には全国の代表者からなる諮問機関もなかった。このことが国王政府と国民各層の指導者たちの関係を疎遠にする重大な結果を招くことになる。しかも、行政は本質的に「国王と地方のエリート、行政組織、社会的団体の間の、それぞれが自らの伝統と申し分ない既得権益に固執しつつ行われる対話」(ロジャー・メッタム)でありつづけた。都市では、さまざまな社会的団体が一定の納付金を収めて行政の一翼を担い、それと引き換えに特権を得ていた。農村部では、領主貴族があいかわらず重要な役割を果たしており、地方行政も由緒あるエリートと、それらのエリートが支配しようとしていた社会的団体によって左右されていた。

このような状況からとくに深刻な影響を受けたのは、国家にとって最も重要な財政部門だった。アンシアン・レジーム下のフランスでは戦争が終わることはなく、国家予算に占める戦費の割合が三割以下のことはめったになく、五割を超えることが多く、戦時中には七割にまで達した。ルイ一四世の時代には、当初八万人程度だった軍が一六九六年には三四万人規模となり、軍備、訓練、戦法、兵士の手当てが改善され、技術将校ヴォーバンの考案による最新式の要塞群が国境地帯に築かれた。戦争はこの時代に長期間にわたる消耗戦となった。また、戦費調達のための重税は、貴族と聖職者には免税特権が与えられていたために、その大部分がもっとも生活に余裕のない農民に押しつけられた。しかも、税の徴収に高いコストがかかったことが事態をさらに悪化させた。税の徴収は官職を購入した者か、間接税の場合には徴税請負業者——政府と契約を結んだ民間の企業体——によって行われたが、彼らがそれぞれ数千人の代理人を使って徴税させたばかりでなく、公務を通じて私財を蓄えることに熱心だったからである。

財務総監コルベールは、ヨーロッパ最強のフランス軍を維持するためにマニュファクチャーと植民地貿易を奨励し、税収増をはかった。しかし、その成果は国家予算や経済規模と比較すれば微々たる額にすぎなかった。そのために、財政はしだいにパリの金融市場での国債発行に頼らざるをえなくなり、借金に借金を重ね、特定のフィナンシエ（御用金融業者）への依存度を高めた。債務支払いはほぼ一八世紀を通じて国家予算の一五〜二〇パーセントを占め、一七八八年には支払い能力を超える四九パーセントに達した。他方、フィナンシエ——とくに貴族の称号を得て間もないフィナンシエ——と大貴族は大半の資本をこの利益率の高い財政システムに投資し、たがいに共通した利害関係によって結びつき、つねに財政改革を妨げた。

こうして、「太陽王」の治世の末期には社会的緊張が危機的に高まっていた。一六九四年には異常気候による再度の飢饉に見舞われ、一七〇八年と一〇年の間には戦禍と天災が度重なり、いずれの場合にも人口が激減したが、そのような状況においても重税が課せられた。また、交戦各国を疲弊させた戦争は、一七一三年にユトレヒト条約、ついで一四年にラシュタット条約が結ばれるまで二五年間つづいた。一七一五年八月、死を前にしたルイ一四世は、沈痛な思いを込めて、彼の幼い後継者（のちのルイ一五世）に言い聞かせている――「あなたの幸福のすべては、あなたが神に従い、あなたが心を配って国民に安堵をもたらすかどうかにかかっている。すなわち、あなたはできる限り戦争を避けるべきである。戦争は国民を破滅させる。私が示した悪い手本に従ってはならない。私はあまりにも軽薄に何度も戦争を行い、虚栄心から戦争をつづけた。私の真似をしないで、平和を守る国王になりなさい」

変化する身分社会における貴族、ブルジョワ、農民

身分社会の変化　一八世紀は、この世紀中の悲惨な数十年間を別にすれば、とくに一七四五年から七〇年にかけて経済が回復し、人口が増加に転じ、国内の平和と秩序が長期間維持された世紀だった。経済は明らかに成長し、国内商業が急速に拡大し、社会全体で市場経済化が見られ、余裕のある中間階級のなかに消費者層ともいうべき階層が生まれた。海外貿易も急速に拡大し、植民地からの奴隷、砂糖、インディゴ、タバコ、コーヒーがボルドー、マルセイユ、ナント、ルーアン、ル・アーヴルの商人に富をもたらした。カリブ海の植民地は莫大な収益をもたらすと同時に、イギリスとの紛争の種となった。

しかし、戦禍にさらされ、凶作が予想されるごとに繰り返し経済危機におちいったことは、いまだにこ

道路建設（1774年、J・ヴェルネ画） 1738年に道路整備の賦役制度が制定され、1750年に土木工事隊（コール・デ・ポン・エ・ショセ）が設立され政府も多額の投資をしたために人と物資の移動が容易になった

の時代の社会的・政治的システムが脆弱だったことを示している。すなわち、農業にもマニュファクチャーにも技術革新の兆しが見られたばかりでなく、比較的良好な気候と交通手段の発達による食糧供給の改善によって食糧危機が軽減したにもかかわらず、経済と社会の構造はいぜんとして前工業社会の域を脱してはいなかった。この時期のフランスはなおも農業の比重が圧倒的に高い農業国であり、都市にも農村部にもマニュファクチャーが散在していたが、その経済は農作物の収穫状況に支配されていた。

このような情勢下で、「祈る者」、「戦う者」、「働く者」という社会的身分は一〇〇〇年当時と同様に法的に認められていた。したがって、地位は法的には名誉によって規定されていた。ところが、地位の相違が富によって左右され、社会全体で貨幣経済化が進むにつれて、地位も売買できると考えられるようになった。

また、当時の――多少の社会的流動性が見られたとはいえ――厳格な身分制社会にあっては、貧困層はみずからの階層から抜け出すことができなかった。それが生計の手段を失うことを意味したばかりでなく、従属階層であるという意識、劣等感、処罰への恐怖心を植えつけられ、他の階層に敬意を表することを強制されていたからである。しかも、既得権益を守ろうとする者たちがことさらに前例を重視したために、アンシアン・レジーム期の政治制度の変化はきわめて緩慢だった。しかし、それにもかかわらず、以上のような社会構造が時代遅れと見なされるようになった。

また、今日の歴史家は、没落する貴族と勃興するブルジョワ間の階級闘争という周知のマルクス説に代わって、貴族とブルジョワは利害が共通していたこと、また、それぞれの内部で相反する利害関係を抱えていたことを重視する。すなわち、一七七六年にテュルゴ（フランスの経済学者、政治家）が「いまや特権とは平民に対する貴族の特権ではなく、貧困層に対する富裕層の特権を意味する」と言っているように、経済的繁栄によって「名士層」が拡大し、貴族もまたこの階層の一部にすぎなかった。また、当時の身分社会においては、さまざまな社会階層の頂点に立つグループが富、地位、権力によって他との差別化をはかろうとした。また、貴族と裕福な平民は、広大な所有地、貴族的生活、特権を維持する上で利害が共通していた。さらに、裕福な平民は本質的に前工業社会レベルにとどまり、彼らは主として地主、専門職、フィナンシエ（御用金融業者）であり、貴族に敵対するどころか最終目標として貴族の称号を得ることに専念し、その多くは公認の地位につき、自由職、ギルド、地方自治体に法的に認められていた自主管理、特定利益の保護特権、免税特権を認められていた。

貴族　フランスの貴族階級はけっして社会的に衰退してはいなかった。多くの貴族が農・工業革新のために主導的役割を果たし、事業や専門分野で成功した平民の最終目標は貴族の称号を得ることだった。また、零落した古い家柄の貴族がそれらの富裕な新参貴族に苦い思いを抱くことが多かったにせよ、貴族階級は比較的開かれたエリートの世界であり、新陳代謝が絶えることはなかった。さらに、貴族の最大の収入源は土地であり、大半の貴族は土地と官職という伝統的投資対象から手を広げなかったおかげで、一七三〇年頃から始まった物価上昇によって利益を上げることができた。

しかし、オルレアン家のような一部の名家が繊維業、鉱業、冶金業のような当時最も活況を呈していた経済部門に投資しはじめたように、他の社会的階層と同様、貴族階級もまたその内部が二分化した。すなわち、富裕な貴族と貧しい貴族、宮廷貴族と地方貴族、古株の貴族と新参の貴族、大貴族とその保護下の貴族に分化した。そして、それぞれが利害を異にしたのである。貴族の多くは地方貴族だったが、彼らは名のある宮廷貴族（約四〇〇〇人）に反感を抱いていた。これらの宮廷貴族が権力を誇示し、年金、国王の愛顧、軍や官職での高い地位を独占し、王に直言できる特権を利用して人事を左右しつつ自らの地位を高めていたからである。教養と礼儀作法でも、これらの宮廷貴族が模範を示していた。気取った新米の貴族が古い家柄の貴族の嘲笑をかったことはいうまでもない。しかし、これらの新参貴族は、伝統的な帯剣貴族とは異なる法服貴族でありながら、しばしば戦場に赴き、これによって二、三世代のうちに既存の貴族に十分同化したことを証明した。

　外面を装うためには、派手な消費をし、地方の領地とは別に都市に邸宅を構え、最新流行の家具や衣装を持たなければならなかったが、貧しい貴族にはそのような余裕はまったくなかった。彼らが農民との間の「社会的距離」を保つために何を所有していたかといえば、名誉を重んずるプライド、ブーランヴィリエ伯爵の著作『フランス貴族に関する考察《エセ・スュール・ラ・ノブレス・ド・フランス》』（一七三二年）によって歴史的信憑性らしきものを与えられた特別階級に属するという意識、剣を帯びる権利、村の教会での彼らの家族の指定席だけだった。しかも、貧しい貴族のなかには貴族位喪失（デロジャンス）の憂き目にあう者もいた。

　しかし、大多数の貴族は、このような貧しい貴族と大貴族を両極端とする中間層に属していた。彼らはまずまずの収入、教育、教養によって貴族としての品格を整え、高くつく上に気苦労の多い宮廷生活を避けて領地の城と都市の邸宅を行き来し、領地を管理し、地方行政の役職につき、慈善に励み、領民を「保護」した。日常生活では、目上の者は親しげに「テュ（おまえ、君）」と言い、目下の者はかしこまって「ヴゥ（あなた）」と答える言葉遣いや、帽子を取って敬意を表する習慣などによって上下関係を象徴的に示すことが重視された。世襲財産を維持する手段としては、綿密な計画に基づいて結婚相手を選ぶことがもっとも重視されたが、長子の相続を増やすことや、未婚の娘を尼僧院へ入れることも行われた。貴族としての体面を保つ上では、明らかに女性が重要な役割を果たすようになった。性の評価についての二重基準にもかかわらず、また女性の社会的地位が父親や夫の地位によって規定されてきた事実にもかかわらず、時代の風潮と家庭生活が女性中心になったため、男性中心の公的生活と私的生活がそれほど区別されなくなった。

一七八九年前後のフランスの貴族数の推定値には一一万人から三五万人（人口の一から一・五パーセント）と大きな隔たりがあるが、国土の四分の一もしくは三分の一が貴族に所有されていたと推定されている。イギリスとは異なり、フランスでは爵位は子ども全員によって継承され、フランスの貴族は、他の社会的階層と比べれば、特権と独自の価値観による団結心が強く、階級に対するプライドが高かった。貴族の伝統的使命は戦場で戦うことだったが、教育制度が向上するにつれて、軍人ではなく官僚になる貴族が増えた。ただし、軍人として戦場に出ることは、生命を犠牲にすることによって経済的・政治的特権を正当化する、貴族の最も名誉ある使命と考えられた。他方、はるか以前からそうだったように、貴族が教会と国家の要職を独占していた。また、一七一八年から八九年の間には合計六五人が閣僚的地位に就任したが、そのほとんど全員が比較的新しい貴族で、貴族でない者はわずか三人だけだった。こうして、貴族階級は、専制的王権の代理人と、地方で強硬に王権に異を唱える者に分裂し、彼らに団結を余儀なくさせるには大革命まで待たなければならなかった。

ブルジョワ ブルジョワ階級のなかにもきわめて多様な社会階層が含まれていた。ブルジョワとは、(選挙権のある市民という専門的な用語として使われる場合を除けば) たいてい有産階級か金利生活者のことで、「ブルジョワのように生活する」とは、主として不労所得によって生活することだったが、「下品な」蓄財活動、卑屈な商店経営、あるいは肉体労働の従事者に対する軽蔑心をあらわすために主として貴族に使われるセリフでもあった。ブルジョワは官職を通じて貴族化した者たち専用の特権的なクラブ――これに所属するには資金、人脈、親族間のつながりが必要だった――に所属し、出費のかさむ教育を受けることが多かった。これによって官職につけば安楽な生活を送り、余暇に教養をさらに深め、ある程度の独立性を得ることができたからである。

ブルジョワ階級の構造は各都市の経済的・行政的性格に応じて異なっていたが、いずれの場合にも、ブルジョワのなかの富裕層は比較的少数で、彼らはまとまりのあるグループをなし、同一地域で最新流行の家具を備えた新築の豪邸に住み、社交に精を出し、たがいに婚姻関係を結んだ。この階層の下にはそれほど裕福ではないネゴシアン (卸商)、マルシャン (交易商人、マニュファクチャー経営者、小売商)、専門職従事者、商店主、自営職人などからなる下位の階層があり、この階層内での相互の連帯感はほとんど見られなかった。職人層について言えば、自営職人 (親方) は、長い徒弟奉公によって体得した技術に対する誇りを持っていた。また、親方と彼に雇われている職人の倫理観が同じだったために、親方と弟子との争いが生じることはあまりなかった。彼らは、自分たちが独自の階層に属しているという意識を持ち、奉公人、未熟練労働者、失業者、病人などは生計を維持することも困難で、しばしば軽犯罪をおかし、あるいは売春に身を落とす者たちであるとして見下していた。

ブルジョワの多くは貴族階級入りを目指して貴族を模範にしたが、貴族の傲慢さに苦い思いを味わうことが多かった。彼らはたいてい官職購入を通じて貴族になった。ジャック・ネッケル〔一七三二〜一八〇四。スイス生まれのフランスの銀行家・政治家。ルイ一四世時代の財務総監〕によれば、そのような官職は約四〇〇〇を数えた。しかし、彼らは貴族になれば、「下品な」蓄財活動から身を引き、生活様式を貴族化しなければならなかった。その上、既存の貴族層に同化するまでに二、三世代にわたる努力を要した。しかも、官職を得るためのコストが大幅に上がり、好景気と富の増加が爵位、利益、免税特権を約束する官職の購入競争を激化させ、高等法院をはじめとする国家機関の貴族が排他性を強めたために、官界入りの道が狭められた。こうして、社会的上昇のチャンスが明らかに減少した結果、既存の貴族階級に対する敵意が高まったが、その敵意は主に地方で高かった。貴族の傲慢な振る舞いがとくに地方で目立ったからである。

とはいえ、ブルジョワ階級が一七八九年より前に階級意識にめざめていたというわけではない。しかし、教育を受けて自意識にめざめた地主、商人、金利生活者、専門職従事者のなかには、貴族特権への怒りをつのらせ、実力主義と平等主義を支持した人々がいたことだけは確かだった。

こうして、収入と社会的・職業的階層に基づく階級的構造のようなものが生まれた。しかし、社会的関係は名誉や位階といった古い観念に左右されつづけ、貴族はあくまで法的・社会的特権を要求した。また、一方の弁護士、地主、役人、ネゴシアン、金利生活者などのブルジョワも、本質的には保守的な考え方しかできず、彼らがやっと政治に対して怒りを表明し始めたのは革命前の危機的状況になってからだった。

彼らはいわゆる「貴族の反動」に対しても、役所と軍の要職を貴族に限定しつづける策として反発した。しかし、貴族からすれば、もともと貴族だけに国王に提言する資格があり、国王に奉仕することは彼らだけの権利と義務であり、貴族特権はその奉仕に対する正当な報酬だった。また、一七八一年にセギュール王令が発せられ、少なくとも四世代にわたる貴族でなければ軍の高官に任命されないことになったが、その真の狙いは伝統的な軍人精神に基づく将校団を創設することだった。しかも、この法令は現実にはほとんど無意味だった。なぜなら、王令が発せられる前でさえ将校の九五パーセントが貴族だったからである。にもかかわらず、この王令は貴族が貴族以外の者、とくに平民から新たに貴族になった者を排除するために発せられたと解釈された。

農民　一八世紀末頃には、フランスの国土は貴族が約二五パーセント、聖職者が六～一〇パーセント、ブルジョワが約三〇パーセント、農民が四〇～四五パーセントを所有していたと推定されている。土地は物価上昇期の魅力的な投資対象となったばかりでなく、その所有者の社会的地位の保証ともなった。貴族と聖職者の土地の多くは肥沃な北部の平野に集中し、これに対し農民の土地所有率は南部で高いという傾向があった。すなわち、北部のカーンと東部のリヨンを結ぶ線の北方のフランス北東部では、貴族が土地の三〇パーセントを所有していたが、南西部では貴族の土地所有率が二〇パーセントを超えることはめったになかった。また、いくつかの地域、とくに大都市の近辺では、貴族の土地所有率はこれよりずばぬけて高かった。

多くの貴族地主にとって、農業投資は——とくに土地の賃貸料の値上がり期や、領民からの貢租や官職による副収入がある場合には——あまり魅力がなかった。他の階層に比べればわずかな数の貴族地主は、賃貸料、貢租その他さまざまな手段によって、全農地収益の約四分の一を手にしていたと思われる。また、貴族地主にはこの経済力に加えて、領主裁判権によって影響力を行使することができた。しかも、たとえ領民との間に紛争が生じたとしても、行政制度そのものが社会秩序を守る決意を固めていた貴族階級によって維持されていたために、つねに貴族地主の言い分が認められた。

農民は人口の四分の三を占めていたが、借地代、領主へ収める貢租、十分の一税〔教会がその教区の農民から収穫物の一定の割合を徴収する。通常は十分の一以下であった〕、国の税金を払った後には農作物収入の三分の一くらいしか残らなかった。領主への貢租や領主裁判権が存続したことは、いまだに農民が農奴的状況におかれていたことを示している。農民は領主と国の双方に労働奉仕をしなければならず、収穫期にはその一部を領主と教会に納め、領主の水車とブドウ圧搾器を使用しなければならなかった。また、土地所有にも制約が課せられ、農地を売る場合には一定金額を領主に納めねばならなかった。領主は土地を優先的に買い取り、その土地で狩猟を楽しむこともできた。たしかに、中世史家が国王文書や特許状によって明らかにした農民の義務はなくなっていたが、それはいわば領主による事業合理化の結果であり、見方によっては搾取の強化だったのである。

農民の状況を規定したその他の重要な要因としては、具体的な土地所有形態、生活環境、地域的慣習、伝統文化、さらには法的地位がある。たとえばフランシュ・コンテとニヴェルネでは、約一〇〇万人が法的に農奴と見なされていた。また、家族を養うことができるだけの土地を所有していた農民は、おそらく三分の一程度にすぎなかった。その他の農民は、なんとか生き延びるために、借地農になるか、農業労働者になるか、急速に拡大していた農村マニュファクチャーに職を求めるしかなかった。人口増加は土地を細分化させつづけ、これによって農民はさらに貧しくなり、地主は所有地を拡大し、短期契約の借地農が増えた。

他方、かつての人口回復期がそうだったように、商業活動が活発化し、販売のための生産が拡大して原材料が値上がりしたために資源の獲得競争が激化した。地主たちのなかには、新たな手段によって彼らの経済的資源からさらに大きな利益を得ようとする者もいた。彼らは農法を改良し、農作物の商品化に励み、地上と地下の原材料（主として水、樹木、石炭）の開発に投資し、土地賃貸料と領主貢租による収益アップ策を試みた（土地の査定、測量、会計システムの発達がこれらを容易にした）。

しかし、人口の増加過程では一人当たりの資源が減少する。そのために、貧しい農民がますます増え、彼らは借地代と物価の高騰に苦しみ、なりふりかまわず土地や職を得ようとし、最後には慈悲を求めた。このような状況は必然的に民衆の心に憎悪を生じさせ、その憎悪は――貴族、ブルジョワ、聖職者、富裕農を問わず――農村社会を犠牲にして所有地を拡大し、乏しい資源を支配して利益を上げていると思われる者たちすべてに向けられた。

領主特権は複雑な経済的・法的問題を生じさせ、たえず領主と住民間の紛争の種になった。領主による共有地の囲い込み、森林の習慣的な入会権に対する制限、犯罪的行為の増加――この時代には識字率が向上し、教会が自制心の大切さを説いていたにもかかわらず、残酷で野蛮な社会的特徴が残されていた――に対し、農民はさまざまな手段で抗議し、裁判にも訴えた。抗議行動がとくに激化したのは、農作物が不作の年、民衆の衝動買いと商人の投機的買い占めによって食品価格が高騰し、そのために農民が地代、領主の貢租、十分の一税、税金――これらは豊作のときでさえ農民の総収入の三割もしくは五割を奪っていた――の負担に耐え切れなくなったときであった。

たしかに、貧困層が個人的問題として困窮を訴え、とくに商人、領主、聖職者の寄生的搾取を非難したこと自体は昔と同じだった。また、裁判にかかわる領主特権、領主による貢租賦役、狩猟等のさまざまな独占権、領主の豪勢な生活がとくに顕著だったのは北部、東部、中東部で、マッシフ・サントラル（中央山地）と南部ではあまり目立たなかった。しかし、それにもかかわらず、領主がもはや住民を犯罪から守ることをせず、裁判における領主の機能が地方の法律家に賃貸され、あるいは国に委譲されるようになると、もはや領主は必要ないと思われたのも不思議ではない。平民が裁判での諸機能を果たすことも多くなったが、領主は法制度へ重大な影響力を行使し続けた。領主特権が最も住民を苦しめた地域においては、大資本による土地取得と最大利益の追求による資本主義型経済が最も強力に推進され、資本主義化が遅れた南西部では、収穫高の一〇～一二・五パーセントもの教会の十分の一税が課せられていた。ちなみに、十分の一税の全国平均は収穫高の七～八パーセントだった。その上に、農民は国の重税の大部分を担わされ、さらに道路工事、宿舎提供、物資輸送にかかわる労働奉仕、民兵となる義務を負わされていたのである。

ただし、農民はこの国税、とくに塩税のような間接税に対して怒りをつのらせてはいたが、一八世紀には反税を掲げた大規模な農民蜂起は見られなかった。すなわち、農民の抗議行動が、重税への反対よりも、地主、領主、商人、農場主の資本主義的搾取から居住地域の利益を守ることを重視するようになったのである。

財政改革の挫折

財政危機と高等法院　アンシアン・レジームに致命傷を与えたのは、なんといっても財政問題であった。ルイ一四世の死後、オルレアン公フィリップ二世（在位一七一五〜二三年）が摂政になったが、売却されたすべての官職を買い戻す、というスコットランド出身の投機的財政家ジョン・ローが提案した破天荒な政策が、この時期に推進された。一七一六年にローは民間銀行を設立し、国家債務の償還の責任、銀行券発行の権利、植民地貿易の独占権、間接税徴収権がこの銀行に与えられた。しかし、この政策は惨憺たる結果を招いた。破綻に瀕したローの複合的な事業を救うために大量の銀行券と株式が発行され、これが熱狂的な投資ブームを生みだし、このバブルに踊った人々が一七二〇年五月にバブルがはじけて大打撃を受けたのである。ただし、すでに売り逃げていた少数の投機家は莫大な利益を上げ、国も銀行券の価値を引き下げて債務を償還することができた。

その後の一七二六年から四三年まではフルリー枢機卿が宰相としてルイ一五世（在位一七一五〜七四

年）に仕えた。対外戦争が比較的少なく、行政制度が再編され、国の支出が減ったために税も軽減されたこの時代は、戦争に明け暮れた太陽王ルイ一四世時代から新たな大動乱の時代への、比較的平和な移行期だった。とはいえ、宿敵ハプスブルク家打倒のためにプロイセンと同盟してオーストリア継承戦争（一七四一〜四八年）へ参戦せよと主張する廷臣たちに抵抗するには、ルイ一五世はあまりに意志が弱く、フルリー枢機卿はあまりに高齢（九〇歳）だった。五六年には、フランスはそれまでのプロイセンとの同盟関係を覆してオーストリアと同盟し、七年戦争（一七五六〜六三年）に突入した。その結果、フランスは植民地をイギリスに奪われ、六三年に屈辱的なパリ条約を結ばざるをえなかった。

しかも、この一七六三年までに国の債務残高はじつに二二億リーブル〔一七九五年まで通用していた複数の貨幣の一つ。革命後、フランに統一された〕に達しており、増税によって財務状況を改善するための増税の試みは、ことごとく特権階級の反対に阻まれていた。この特権階級の意志は、各地の法院、とくにフランス全土の三分の一を管轄するパリの高等法院によって表明された。当時のフランスには最高裁の役割を果たす法院が合計一三あり、専門的事項とくに財政問題を審議する法院が二五あった。高等法院の官職を購入した者たちは罷免されることがなかったために、伝統的に国王政府と対立し、「建白書《レモントランス》」によって政策に批判を加え、ついには法案登録を拒否することもあった。高等法院が登録しなければ法令が執行できなかったために、国王はいわゆる「親臨法廷」によって登録を強制した。しかし、いずれにせよ、高等法院はこのようにして法令の執行を遅らせ、同時に、法令に対する反対意見を公表することができたのである。

しかし、いざ国王側が断固たる手段をとると、高等法院はこれに対抗することができず弱体化した。な

オーストリア継承戦争でのフォントノワの戦い（1745年5月11日） サックス元帥がルイ15世に敵旗を献上している（オラス・ヴェルネ画）

ぜなら、広い管轄地域の行政にかかわり、国王政府の官僚と対立することが多かった高等法院の内部で、歴史的に二つの勢力が対立していたからである。ところが、この弱体化していた高等法院が一七五〇年代以降にいちだんと政府批判を強めた。この高等法院の権威回復の要因の一つは、ジャンセニスムにかかわる抗争の再燃だったと思われる。ジャンセニスムをカルヴァニスムの偽装とみなし、これを根絶することが自分の使命であると考えたパリ大司教クリストフ・ド・ボーモンは一七五二年、終油の秘蹟をジャンセニスム信者に対して行うことを聖職者に禁じ、これを国王政府側は支持した。これに対し、パリ高等法院は終油の秘蹟拒否という極端な手段を認めた国王政府を弾劾し、これによって再び「王国の基本法」の守護機関としての権威を回復したのである。ただし、王政に対する世論の不満表明、とりわけ貴族階級の不満表明の役割を果たした高等法院の法官の大半はその官職を親から相続した貴族であった（ちなみに一七七五〜九〇年の各地の高等法院を見ると、彼らがトゥールーズでは九七パーセント、グルノーブルでは九〇パーセント、パリでは八二パーセントを占めており、その他の地域ではこれよりかなり低い比率だった）。しかも、その他の法官も、法官職を得た時点で爵位を得ていたのである。

彼らは、自分たちには王権の「専制主義」から国を守る義務がある、という漠然とした理念を抱いていた。そして、この特権意識と自由主義的理念を併せ持つ高等法院に対し、多くの民衆が支持を与えた。なぜなら、六三〜六四年度の税に対し、パリ高等法院はその確認の権利を要求し、これに追随して地方の高等法院も政府の方針に反対し、ついにはストライキにさえ訴えていたからである。

六九年末には、財政は六三〇〇万リーブルの歳出超に陥っていた。この絶望的状況に直面したルイ一五世は、反対を斥けるために、ついに断固とした行動に出た。七一年二月には、大法官モプーによって、パリ高等法院を地方へ追放し、官職を買って法院の委員になった者たちを政府に従順な有給の官僚に代えるという決断が下された。さらに七四年までには、財務総監テレによる税務改革の着手によって、財政はほぼバランスを回復し、国家の信用も回復されようとしていた。ところが、まさにこの七四年にルイ一五世は天然痘で死去し、改革は頓挫する。

ルイ一五世を継いだ若いルイ一六世は、廷臣に操られた性格の弱い人物であった。彼は国民の人気を失うことを恐れるあまり、大法官モプーの改革がまさに効を奏し始めた矢先に、その改革を撤回した。そのために、宰相モールパは、一七八一年の死にいたるまで、ルイ一六世と高等法院の本来の協力関係の回復と貴族階級の慰撫につとめた。こうして、王政は政治のリーダーシップを失った。高等法院は、モプーの改革によって懲罰的な処置を受けた後、長い間、王政を批判するにしても低姿勢に終始した。しかし、それは好機をうかがっていたにすぎなかった。好機到来と見るや、高等法院は、全国三部会もしくは少なくとも地方三部会を招集することによって税の承認を得るべきだ、と繰り返し主張し始めるのである。

啓蒙思想とカトリック教会　思想界においても、一八世紀半ばから批判的潮流が勢いを増していた。一七五一年から七二年の間には、最も注目すべき著作『百科全書』全三五巻が出版された。ディドロとダランベールが共同編集したこの書物に寄稿した一五〇人の執筆者は、人類は理性によって進歩することができると信じており、慣習や宗教という伝統的権威を否定し、既存の体制と行動様式に対する理性的批判の重要性を強調した。啓蒙思想家コイエ神父も『商人貴族論《ラ・ノブレス・コメルサント》』(一七五六年)を著し、昔の貴族が果たした戦士としての役割によって貴族特権を擁護する無意味さを嘲笑して注目を集めた。ヴォルテールは、当初はイギリスの議会制の王権抑制機能を高く評価していたが、その後では、開明的な王権の行使が改革の理想と考えるようになった。ルソーは『社会契約論』を著し、共同体の一般的意志のために個人としての権利と特権を放棄すべきである、という過激な提案をした。また、当時のたいての知識人は古代ギリシャ・ローマの古典的教養を身につけており――当時の文学や美術が明らかに示しているように、また画家ダヴィッドの感動的な作品「ホラティウス兄弟の誓い」を見ればよく分かるように――古代ローマの市民権や愛国心に関心を高めていた。

フィロゾーフ（哲学者）と呼ばれたこれらの啓蒙思想家は、具体的な政治的構想にまで踏み込むことはなかった。彼らは、王政は社会的に有用であり、他の政体に優る、と考えていた。しかし、多くの貴族と専門職のブルジョワが官界入りを希望したために、モンテスキューが『法の精神』で論じた原理によく似た考え方が広まった。その結果、高等法院はその権限を拡大し、法と課税の認可と「基本法」の擁護という二つの役割を担うべきであり、専制政治は王政の堕落した形態として弾劾しなければならない、と考えるようになった。

実際、一七五〇年代以降に新しい政治文化が生じ始めたと思われる。この新しい文化の主唱者たちは自分たちが革命家だとは思っていなかった。彼らは既存の価値観を蔑視するという危険なゲームをし、政府の義務や有産階級の役割というような新しい概念を紹介したが、自分たちの意見が現実の社会にいかなる事態を招くかということはほとんど考えなかった。彼らは社会的平等よりも実力を重視し、市民の自由の拡大、行政の規制や組合的団体の経済的束縛の撤廃を支持し、到達すべき目標として「幸福」を、そのための手段として「理性」を唱えた。現実問題としては、彼らの多くは法改革を支持し、万人が公平な裁きを受けられるように司法機関間の対立と複雑な裁判手続きを解消すべきだと考えていた。また、彼らがとくに厳しく批判したのは教会だった。彼らの目から見れば、教会はまさに理性の敵に奉仕する不合理と迷信の権化だったからである。

啓蒙思想の影響の度合いを評価することは容易ではない。たしかに啓蒙思想は貴族にかぎらず教養のある人々の間で流行し、とくに若い世代、公的に認められた地方の学術文芸団体、上流階級のサロン、多様な社会階層を含むフリーメーソンの支部、読書クラブ、カフェでもてはやされた。また、識字率が上がり、すでに教養のある専門職のブルジョワ階層が形成されていたために、以前よりも新思想を理解する読者層が拡大していた。書物の年間出版点数は一七一五年には一〇〇〇点以下だったが、八九年には四〇〇〇点以上に増えていた。新聞の種類も一七〇〇年には三種類しかなく、そのいずれも官製だったが、八五年までには国外で出版されたものを含めると八〇を超えていた。

とはいえ、新思想がどれくらい下位の階層まで浸透したかを見極めることは難しい。啓蒙運動は少なくとも一般大衆を対象とした運動ではなかった。啓蒙運動の指導者たちは大衆に対して懐疑的で、大衆の暴動を恐れてさえいた。しかし、彼らが人類や正義といった明らかに普遍的な言語を使用したために、新思想は小冊子によって、あるいは口から口へと——単純化され、あるいはしばしば歪曲されつつ——文字の読める中間階級や職人層に広がっていった。地下出版もさかんに行われ、有力者の特権と堕落が啓蒙思想の用語によって厳しく批判されていた。検閲制度がないわけではなかったが、ほとんど効果はなかった。

しかし、ここで注意しておかなければならないのは、全体としてみれば国民の大半が新思想に無縁で、多くの教養のある人々さえ——とくに古い世代や知的なサークルに加わらなかった人々は——新思想に冷淡もしくは敵対的だったことである。当時もまだ思想界は伝統的・宗教的思想に支配され続けていた。国民の大半はまったく、あるいは役に立つほどには、読み書きができなかった。出版界では、影響力を弱めていたとはいえ宗教的著作が群を抜いて多かった。保守的思想が啓蒙運動時代においても支配的だったことは、この事実だけからしても十分想像することができる。

一七八〇年代の約一三万人の聖職者のうち約五万人が、裕福な家庭、農村の読み書きできる階層、中間階級、職人層から選ばれた教区司祭と助任司祭（カトリックで教区司祭とは司教の管理下で活動する司祭の総称。在俗司祭ともいう。助任司祭は司祭の代理または助手）だった。過去の時代と比べれば高い教育を受け、キリスト教神学の精神性を身につけていた彼らは、善行に励む修道士や修道女の助力を得ながら、宗教、倫理、さらには政治的な教えをも説き、民衆から敬愛されていた。しかし、これとは裏腹に、一部の聖職者の人を見下す傲慢な態度、倫理に反する行為、とくに性的不品行が民衆の怒りをかっていた。このように聖職が質的に低下し、煉獄にある魂のために以前のように安心して祈ることができなくなったことは、宗教界が大きな問題を抱えていたことを示している。聖職者たち自身も貴族による上位聖職の独占（一七七四年から九三年までに任命された司教のうち貴族でない者はわずか一パーセントだった）と十分の一税着服に不満を高じさせていた。このような教会内部の緊迫した状況も一七八九年の革命に重要な結果を招くことになる。

他方、聖職者たちは政治的には保守主義者であり、彼らの説教壇からの説教――これが当時もなおニュースと思想を伝達するための最も効果的な手段だった――はつねに「良き王（父なる王《ロワ・ペール》）」としてのフランス王を印象づけた。したがって、何か間違いが生じた場合、とくに食料価格が値上がりしたような場合には、それは国王の責任ではなく無能な大臣もしくは悪意ある大臣の責任とみなされた。一七七〇年代の財務総監テュルゴの改革の挫折は、これと同じ運命をたどった。テュルゴはギルド的組織による規制を縮小し、穀類の国内流通を自由化し、さらには経済活動を活性化する広範な枠組みをつくり、これによって歳入の増加をはかろうとした。この改革は、社会不安を恐れた官僚と高等法院の反対を押し切って実施されたが、七五年に農産物が不作で物価が値上がりすると暴動が広がって「小麦粉戦争」が起き、その後テュルゴは罷免され、規制緩和も撤廃されたのである。

財政改革の挫折　啓蒙思想の王政への影響によって、王領内に最後まで残っていた農奴制が一七七九年に廃止され、尋問のための拷問が禁止され、プロテスタントに対しても市民権が与えられた。八九年の革命後に実施される大きな法改革も当時すでに議論されていた。また、批判そのものが尊重され、主だった批判者たちが既存の体制に取り込まれていた。それにもかかわらず、高等法院のような諸法院の貴族たちが既得権益を守るために王政の「専制化」を批判したために王政批判が広まり、結果として、国民の大半は王政が硬直していると感じていた。しかし、実際には、国王政府は悪化し続ける財政建て直しに躍起となっていたのである。

　国王政府は三つの財政課題を抱えていた。すなわち、免税の実施、非効率で腐敗した徴税制度の改革、銀行などの安定した信用機関の設立である。しかし、これらの改革は挫折を繰り返した。

　たとえば一七七五年、テュルゴは選挙によって土地所有者からなる地方議会設立を提案し、この議会を通して地税などを徴収させ、主たる歳入を確保しようとした。彼はまたギルドと道路賦役《コルヴェ》を改革しようとした。しかし、これらの改革案はいずれも既得権益を持つ人々から反対され、結局、テュルゴは、軍事支出を批判したことから国王政府内の立場を弱め、失脚する。その後、スイスの銀行家ネッケルが財務総監に任命された（在職一七七七〜八一年）。ネッケルはアメリカ独立戦争に参戦する戦費捻出で国庫借り入れに手腕を発揮した。また、実験的に二つの州で推挙制による州議会設置に成功し、この議会で第三身分の数を二倍にし、採決は身分別ではなく個人別の多数決によって行うという先例をつくった。ところが、ネッケルの後の財務総監たち――ジョリ・ド・フルリー、ドルメッソン、およびカロンヌ――は、ネッケルによる特権階級の比重引き下げの先例を撤回したばかりでなく、特権階級の免税特権を縮小しようとして猛反対にあった。

戦争のなかった一七八八年について政府支出の構成を見ると――財政が包括的に管理されていなかったために、推定による概算的な数字だが――軍事関係の二六・三パーセント、非軍事関係の二三・二パーセントに対し、債務返済がじつに四九・三パーセントを占めていた。世論はしばしば王妃マリ・アントワネットをはじめとする王室関係者の浪費を非難した。しかし、たしかに王室関係費は全政府支出の五パーセントを超えてはいたが、財政危機を招いた最大の要因は明らかに軍事費であり、国を立て直すには戦争を回避するしかなかった。ところが、ルイ一六世は、七年戦争での敗北の借りをイギリスに返すためにアメリカ独立戦争に参戦した。フランス軍は勝利したが、それはネッケルが主として国債発行によってまかなった軍事支出のおかげであり、これがさらに財政の大きな負担となった。そこで特権階級に対する増税が提案されたが、これは高等法院に阻止された。さらに、その後さまざまな改革が提案されたが、その大半が短期的に歳入減少を来たすものだったために、政府はますます改革への熱意を失った。しかも、閣僚たちがしだいに危機感を高めても、ルイ一六世と陸・海軍の二閣僚は惜しみなく予算を使いつづけた。こうして、一七八八年の夏に財政は破産状況となり、財務総監ランベールはこの年の八月、負債の利子支払いの一時停止に追い込まれた。

財政と税制の近代化が急を要することは明らかだった。大幅な税収の増加を図るためには、聖職者、貴族、都市の種々の団体などの直接税の免除額を引き下げ、民間の業者に請け負わせていた間接税の徴収を国が直接管理するしかないということも、かなり以前から分かっていた。また、主要な直接税だったタイユ〔もともとは庶民にのみ課せされる人頭税〕はほとんど農民だけに押しつけられており、このことが増税のかわりに生産性アップによって歳入増をはかるという政府の方針を妨げる要因になった。これらの改革の障害は、テクニカルなものと社会的なものに区分することができると思われる。テクニカルな障害は、フランスはおそらくオランダやイギリスよりも税が軽かったにもかかわらず、フランスの民衆はその反対だと思い込んでいたことである。その主たる要因は、きわめて複雑で、地域によって異なる税制のために、民衆が理由なく税を負わされていると感じたことだった。

また、フランスはオランダやイギリスより信用制度が遅れていたために、この両国ほど低利で国債を発行することができなかった。社会的な障害は、まず何といっても貴族が改革に反対したことである。しかし、貴族の多くは、自分たちの政治権力を強めることができる改革なら相談に乗ってもよいと思っていた。ところが、大臣たちによるいかなる提案に対しても、地位の低下を恐れる何らかのエリート層がつねに反対した。そして、これらの反対をやみくもに押し切ろうとした最後の試みが大革命を勃発させることになる。

第二部　近代から現代のフランス

フランス革命の原因は果てしなく議論され続け、二〇世紀に二つの有力な学説があいついで生まれた。第一の学説はジョルジュ・ルフェーヴル〔一八七四～一九五九。フランスの歴史家〕とマルクス主義歴史家たちによるもので、フランス革命はブルジョワ階級が勃興し貴族の社会的特権と政治支配に断固として異議を唱えたことによって成し遂げられた、というものだった。また、この学説によれば、フランス革命は歴史の「転換点」であり、遅ればせながら最終的に封建制度に終止符を打った画期であり、その後のフランス資本主義経済の発展に重要な役割を果たした。

しかし、その後長期的観点による研究が進むにつれて、この革命の歴史的意味が疑問視され始める。たしかに、革命家たちは市場経済発展の障害となる幾つかの制度を取り除こうとした。しかし、一八一五年〔ナポレオンが最終的に敗北し、ルイ一八世による第二復古王政が始まった年〕のフランスは一七八九年とあまり変わってはおらず、いまだに本質的に前工業化段階にとどまり、広大な地所を所有するエリート層に支配されていた。フランスの社会は、一九世紀になって社会的・経済的変化が加速するにつれてようやく根本的に変化し始めたのであり、また、フランスの工業化社会への複合的進展はイギリスやドイツよりもずっと緩慢だった。こうして、革命後の時代におけるこのような継続性が明らかにされるにつれて、「修正主義」の歴史家たちによる第二の学説が有力になった。

この第二の学説は、社会的・経済的要因よりも政治的要因、イデオロギー、革命の影響度を重視する。この学説によれば、一七八九年につづく数十年の革命動乱期に、明らかに近代的な政治文化が生まれて普及し、同時に、主権が国王から国民に移譲されたことから、「国民」をどのように定義すべきか、「国民」

はどのような方法で政治を担うべきか、という最大の難問が生じた。そして、革命動乱期以後も一貫してこの難問に答えるために多様な制度改革が繰り返されたというのである。

本書はこれらの学説を折衷した立場をとる。一七八九年の大革命から社会的・経済的革命と政治的革命という二重の革命が発生し、この革命がその後も継続している、と考えることが最善と思われるからである。第二部ではこの二重の革命の衝撃を見てゆくことになる。

第四章　フランス革命とナポレオン帝国

革命勃発の状況

フランス革命の学説　フランス絶対王政の崩壊は当時の世界に大きな衝撃を与えた。その後のフランスの約二〇年間は、深刻な国内不安がなかったそれまでの約一世紀とは一変して、革命、戦争、動乱による未曽有の変化の時代だった。フランス革命は当時のヨーロッパ諸国の社会と政治を脅かしたばかりでなく、革命の過程で生まれた新しい政治文化は、今日もなお我々の思想や行動に影響を与えている。このために、フランス革命とその後の激動期が多種多様に解釈されることになった。

フランス革命のブルジョワ革命論は、一八二〇年代にミニェやギゾーなどの自由主義的な歴史家が唱え始め、その後マルクスによって磨きをかけられ、一九三九年の革命一五〇周年式典当時までは最も有力な学説だった。その間ジョルジュ・ルフェーヴルの著作『一七八九年《クァトル・ヴァンヌフ》』も出版された〔日本では『一七八九年フランス革命序論』として出版されている〕。

ルフェーヴルによれば、フランス革命とは、革命より一世紀前から進んでいたフランスの資本主義が生みだしていたブルジョワ階級による権力掌握であった。また、彼らが権力を掌握し、貴族特権を廃止し、平等な市民権を確立することができたのは王政が崩壊したからであり、それは地主貴族が貴族特権を守るために財政・制度改革を本気で考えようとせず、これに加えて、ブルジョワ階級の政治指導者たちが農民とパリをはじめとする大都市の貧困層の不満を利用し、貴族と国王の反動を打倒したからであった。ルフェーヴルはフランス革命には四つの革命――すなわち、王政改革を阻止しようとする貴族の革命、ブルジョワ階級の革命、バスティーユ襲撃に象徴される都市の革命、農民の革命――があったことを明らかにし、それぞれの革命がたがいに関係しつつ独自の目的を持っていたと主張した。

　ルフェーヴルの学説は約二〇年間歴史学会で支配的地位を保ったが、イギリスの歴史家アルフレッド・コバンが一九五五年に「フランス革命の神話」と題する講演を行い、ルフェーヴル説に異議を唱えた。すなわち、コバンは、フランス革命が「封建制度をブルジョワによる資本主義的秩序に交替」させたという学説を否定し、フランス革命は伝統的な地主と専門職の中間階級が官職と政治権力を得るために起こした革命であり、この革命は資本主義の発展を促すどころか著しく阻害したと主張した。ルフェーヴルはただちにこれを反動的学説として批判したが、コバンによるルフェーヴル説批判は、さまざまな研究分野での議論をさらに活発化させ、階級論に基づくルフェーヴル説が再検討されるようになった。

　アメリカの歴史家ジョージ・テーラーは一九六七年に、一七八九年の大革命は「本質的に政治革命による社会的変化であって、社会革命による政治的変化ではない」と主張した。また、フランスの指導的な修正主義論者フランソワ・フュレはその労作『フランス革命を考える《パンセ・ラ・レヴォリュシオン・フランセーズ》』（一九七八年）のなかで、政治行動を本質的に決定したのは階級ではなくイデオロギーだったと主張した。しかし、このような見解に従って議論を進めれば、革命期のイギリスの保守主義者エドマンド・バークやフランスの王政主義者ド・メストルの主張とすぐに重なってしまう。すなわち、フランス革命は（そしてすべて革命というものは）狂信的な人々の扇動によって、必然的に生じた血なまぐさい混乱であり、不必要な、純然たる災厄だった、ということになってしまうのである。

　こうして、近年では「修正論」自体が知的行き詰まりとして批判され、政治理念の普及について包括的な研究が進められた結果、再び革命の重要な要因は社会的階級であると主張されるようになった。ただし、この場合の社会的階級は硬直したマルクス論的階級ではなく、「流動的な状況の中に生じた好機をとらえた」（ジェレミー・ポプキン）利益集団だった、と定義されている。

　国王による名士会議《アサンブレ・デ・ノタブル》の招集、一七八九年の全国三部会をめざす準備といった政治的出来事の影響については、歴史家の意見は一致している。これらの出来事は私有財産や政治権力をめぐる社会的緊張を再燃させ、貴族に対する中間階級、都市労働者、農民の怒りを結集することによって革命の口火をきった。ただし、革命の根本的な原因は、フランス社会の構造と政治制度に深く根ざしていたのである。

王政末期の宮廷政治　フランスの政体は、少なくとも理論的には、絶対王政だった。王権は神によってしか制約を受けず、国王はすべての法律と行政権力の根源として、全官僚の任命権、宣戦・講和の決定権、課税権を持っていた。ルイ一五世は一七六六年にこう言明している――「主権は私一人にある。私はすべての法的権利を持ち、他に対していかなる責任を負うことも、権力を分かつこともない。国の秩序はすべて私の威光の所産であり、国民の権利・利益は必然的に私自身の権利・利益と一体化し、私のみによって所有される」。このことは神の意志であると見なされ、あらゆる市町村の聖職者がこの神の意志を住民に思い出させた。のちに見るように、ルイ一六世が国民の国王に対する畏敬の念を大いに弱めたことは、むしろ彼の重要な「業績」の一つだったというべきかもしれない。

他方、現実には、国王政府にはさまざまな制約が課せられていた。行政と軍の要職、高等法院をはじめとする国の法機関の法官の多くは社会的エリートであり、前章で見たように、国王と社会的エリート層はたがいに依存しあう関係にあった。また、政府直属の官僚の数は少なく、官職購入者はその官職を自分本位に利用してもよいと考えていた。しかも、道路網は一八世紀にかなり整備されてはいたが、広い国土から情報を集めて統治することは物理的に容易ではなかった。換言すれば、国王の諸々の政治責任に対し、彼がそれを果たすために利用できる資源はあまりにも乏しかったのである。

統治とは国王、社会的エリート、官職保有者の間の妥協を成立させることであり、そのためには卓越したリーダーシップが不可欠だったと思われる。しかし、ルイ一六世が矢継ぎ早に財務総監を更迭したことは、実力のある閣僚を選んで支え続ける性格の強さが彼に欠如していたことを示している。

絶対王政のこの根本的な弱点――すなわち、いかなる人間であれ王位についた者の能力と意志に過度に依存するという弱点――に輪をかけたのは、各閣僚の活動調整や国王への情勢報告の仕組みがなかったことだった。まともな情報が与えられなかったルイ一六世は、政治に適切に関与することができず、宮廷の陰謀に惑わされ、狩猟に出かけるとき以外にはヴェルサイユ宮殿から出ることもほとんどなかった。この

戴冠式服をまとうルイ16世　ジョセフ・シフレド・デュプレシス画

ために、彼は物理的にも心理的にも国の実態から遠ざかった。また、生来愚鈍だったためか、それとも激しい鬱《うつ》がつづいたためか、いずれにせよ王の権威を明示することができず、少数の貴族の側近グループによって操縦され、軽蔑されていた。しかも、これらの側近グループは、自分たちの社会的地位、派閥、権力が脅かされることのない改革だけに興味を示し、彼らの派閥抗争の結果次第で大臣の交代や政策変更が決定された。王妃マリ・アントワネットの介入もこれに輪をかけた。彼女は、貴族による非集権的な立憲政体にすべきであるという彼女の側近の進言を聞き入れ、ルイ一六世が重用していたカトリック絶対王政主義者を排除することを決意していた。

カロンヌ、ブリエンヌ、ネッケルの改革　一七八六年八月二〇日に、財務総監カロンヌは財政の危機的状況をルイ一六世に警告している。カロンヌの計算（その根拠は不明であるが）によれば、一七八六年の歳入四億七五〇〇万リーブルに対し歳出は五億八七〇〇万リーブルに達すると見込まれ、これほど膨れ上がった赤字を長期間補填することは不可能だった。経費削減をはじめ、さまざまな対処方法が検討されたが、それぞれに明らかな限度があった。しかし、借金と利息を返済しなければ財務システムの信用が失われ、軍事予算を削れば国際的地位が脅かされ、王室費や公共事業費を減らすことは可能だが、その程度では巨額の赤字はとても解消できないと思われた。増税できれば問題は解決されるが、それは政治的に危険な選択肢だった。すでに重税感が蔓延していた上に、特権階級の反発が目に見えていたからである。

結局、カロンヌはこう結論を下す――「これ以上の増税は不可能であり、つねに借金を重ねることは破滅につながり、経済改革だけでは不十分である、という現状において財政を再建するには、国政上のすべての制度欠陥を改善することによって国全体を再活性化させるしかない」。カロンヌは「財政改善計画の概要」を国王に提出し、以前のテュルゴとネッケルの計画を踏襲しつつ合理性を原則とした大幅な制度改革を提案した。一七八六年秋にルイ一六世の認可を得たこの提案は、それまでの貴族の免税特権は据え置く一方で、収穫期に物納する地税を新設し、身分を問わずこの新税を納めさせようとするものだった。また、これに対するエリート層の不満を解消するため、地主層から選ばれた議員からなる地方議会を各地に創設して税と公共事業を管理させる――ただし、これらはつねにアンタンダン（地方監察官）による厳重な監査を受ける――ことや、穀物取引の規制緩和、国内関税の撤廃、道路網の整備などの経済活性化策も提案された。差し迫った負債の返済についても、改革が効果を上げ始めれば容易に返済できるとして、短期的な公債増発が提案された。

つぎにカロンヌは名士会議《アサンブレ・デ・ノタブル》の招集を提案した。先の政策に対する支持を固め、予想される高等法院の反対に対処しようとしたのである。国王によって選ばれた一四四人の議員は「国民に信頼されるにふさわしい有力者で、彼らの承認を得れば世論もこれに大きく影響されると思われる」人々だった。カロンヌは、このお手盛りの諮問機関なら道理を理解し、彼の提案がとくに貴族の負担になるものでも、貴族の社会的・政治的優越性を損なうものでもないことを理解するだろう、と考えたようである。じっさい、ルイ一六世と国王政府にとって、この名士会議がカロンヌの提案に反対するなどとは思いもよらないことだった。

王族、司教、大貴族、法務官、地方三部会と都市の代表者からなる名士会議は、一七八七年二月二二日、ヴェルサイユで開会した。しかし、すぐにカロンヌが情勢判断を誤っていたことが明らかとなる。前の財務総監ネッケルの財政評価がそれほど悲観的でなかったこともあり、議員たちはカロンヌを信用せず、具体的な財務状況の報告を求めた。特権階級の代表者である彼らは、彼らの経済的特権の縮小については受け入れる気でいた。しかし、受け入れるための必須条件として代議制に基づく政治改革を要求したのである。カロンヌは文書によって彼の提案の正当性を主張したが、このことがさらに名士たちを離反させ国王の機嫌を損じた。ルイ一六世は今度もまた彼の閣僚を宮廷の陰謀と大衆の敵対的批判から守ろうとはしなかった。カロンヌは罷免され、その後任にトゥールーズ大司教ロメニ・ド・ブリエンヌが任命された。

　ブリエンヌは改革案が名士会議から支持されるよう努力するが、カロンヌ同様に失敗し、名士会議は解散される。そこで、今度はパリ高等法院に支持を求める。しかし、高等法院の法官たちも、自分たちの権益を守るために、さらには増税に猛反対する民衆に後押しされて、反政府側に加わって政府案を批判した。彼らはいくつかの改革案――穀物取引の自由化、道路賦役《コルヴェ》の代替税、地方議会の設置――は受け入れようとしたが、肝心の財政案に対しては反対し、新税を承認することができるのは全国三部会のみだと主張した。彼らが想定していたのは一六一四年に招集された最後の三部会のような形式だった。それならば身分ごとの投票を採用し、貴族と聖職者によって議事を安全に進行することができると考えたのである。

　高等法院を服従させようとしたルイ一六世は、自らの意志を強制することのできる「親臨法廷《リ・ド・ジュスティス》」を開廷し、新法案は「合法的である、なぜなら私がそれを望むからだ」と言明した。このことは王政の専制化への恐れをかきたてた。対立を恐れたブリエンヌは彼の新税案を撤回し、これによって全国三部会の開催要求も立ち消えになると思われた。ところが、高等法院に対してさらに強硬な措置がとられた。一七八八年五月八日、国璽尚書《こくじしょうしょ》ラモワニョンが強制的に登録させた王令によって、「全員法廷《クール・プレニエール》」を設置して高等法院の機能の多くを代替させることになり、結果として高等法院が無力化されたのである。

これに対して、いわゆる「貴族の反乱」が各地で起きた。貴族と地方三部会の議員たちが政府による「暴政」に対する抗議を煽り立て、政府を批判し国政改革を求めるおびただしい文書がばらまかれた結果、世論も沸騰した。とくにレンヌとグルノーブルでは暴動が大規模化し、軍の出動が求められた。しかも、明らかに、王政に対する国民の信頼がさらに失われようとしていた。げんに国王軍の貴族将校たちの無軌道な行為がめだつようになり、財政破綻が迫っていたにもかかわらず、だれも新たな公債にあまり購入意欲を示さなかった。

一七八八年八月、ブリエンヌは全国三部会開催要求を受諾し、その開催日を具体的に八九年五月一日とすると決定した後、みずからの失敗を認めて辞任した。同月、ブリエンヌを継いでネッケルが財務総監となって進行中の改革計画を断念し、高等法院はもとの権限を回復した。こうして、王政は完全に信用を失墜した。もはや国王と側近の顧問官たちは改革にも統治にもまったく意欲を示さず、権力に危険な真空状況が生じた。予定される全国三部会では大幅な国政改革の討議が予想された。その三部会の議論の行方を制する者は誰か――いまや状況はこの一点にかかっていた。

凶作、不況、暴動　一七七〇年代と八〇年代には、何度も穀物が不作となり危機的状況に輪をかけた。なかでも八八年には、旱魃に加えて異常な嵐が農作物に壊滅的な被害を与えたために最悪の事態となった。収入が減ったために食費が家計を圧迫し、そのために建設、繊維製品、あるいは農村にも都市にも多く見られるようになっていた工房で製造される商品に対する需要が落ち込んだ。しかも、八六年に結ばれた英仏貿易協定のために、まさに最悪のタイミングで工業製品の供給が増え、多くの国民が職と収入を失い、物価騰貴にさらされた。当時の賃金労働者は収入のほぼ七〇パーセントを食費に費やしていたと推定されている。ところが、労働者の日給が二〇スーから三五スーだったにもかかわらず、八八年八月のパリで九スーだった重さ四ポンドのパンの値段が、八九年二月までに一四・五スーに跳ね上がった。これに加えて、その年の冬は例年になく冷え込みがきびしかったために、食費ばかりでなく暖房費も捻出しなければならなかった。こうして、貧困層ばかりでなく、それまで恵まれた生活をしていた職人や農民までも不安定で貧しい生活を余儀なくされた。

このような状況下で、政府から援助を得るために、苦情申し立てという伝統的手段が頻繁に用いられるようになった。一七八九年になると、とくに三月から収穫によって食糧供給が始まる頃までの間に、いたる所で民衆暴動が頻発した。蜂起した民衆は市場、パン屋、穀物販売店を襲撃し、あるいは強制的に「正当な」価格で穀物やパンを販売させた。八六年のリヨンの絹織物工のように、都市労働者がストライキを組織することもあった。ただし、これらのストライキの目的は、当時においてもまだ賃金アップではなく、生活に直結する食品価格の引き下げだったと思われる。政府が最も危険視したのはパリで起きたレヴェイヨン事件による暴動だった。ことの発端は壁紙製造の工場主だったレヴェイヨンが選挙集会で不用意に発言し、これが歪曲され、彼が労働者の賃金カットを主張したという噂となって広がったことだった。八九年四月二七日から二八日にかけて起きた激しい民衆暴動は軍が出動してやっと鎮圧されたが、約五〇人の死傷者を出した。他方、この年の春には、暴動の予防と鎮圧のために軍の出動がたえず要請されたために、兵士たちは疲労し、政府の意図に疑念を抱くようになり、士気も低下していた。

　一部のパン屋、商人、農場主、地主などが民衆の困窮につけこみ、穀物を買い占め、価格をつり上げて利益を得ているように見えたことは、社会的緊張をさらに高めた。穀物価格の地域差から利益を上げようとする商人たちの行為は、穀物産地の利益を奪うものとして非難された。また、食糧不足のために穀物輸送が増えるのは当たり前だったが、多くの人々はこれを邪悪な目的のための輸送と解釈した。商品投機と消費者のパニック買いのために、穀物の不足よりも穀物価格の方がはるかに大きな割合で上昇したが、これもまた邪悪な陰謀の結果と解釈された。ここで留意しておかなければならないのは、当時はまだ交通網と経済システムが発達していなかったこと、および都市における成功した商人や工場主と労働者の間、農村における地主や富農とその他の農民の間に、資本主義経済の進展にともなって大きな生活格差と所得格差がすでに生じていたことである。

　一七八九年三月、来るべき五月の全国三部会のための陳情書《カイエ・ド・ドレアンス》を準備するために、各地で聖職者、貴族、平民の三身分の代表者たちからなる会議が開催された。これらの会議では、蔓延する不正に対する疑念と怒りが噴出した。政府が実施した食糧危機対策は、穀物取引を保護奨励し（これは消費者の目には投機家の保護と映った）、追加措置として輸出停止、大量の海外買い付け、輸入に対する補助金支給によって国民の不安を静め、パリに対する食糧供給をとくに重視する、というものだった。ところが、この危機対策のために、閣僚たちが「飢饉の陰謀」を企てているという噂が広がった。民衆はどの蜂起でも、権力者たちが穀物商人と組み、民衆を犠牲にして巨利を得ていると唱えていたが、槍玉に挙げられた首謀者は地域によってさまざまだった。しかし、ついに政治が危機的状況におちいると、すでに強い批判を浴びていた閣僚たちに非難が集中し、彼らが国民を餓死させるという究極の社会的犯罪を企てていると見なされたのである。経済の繁栄を自画自賛してきた国王政府も民衆の窮乏の責任を問われた。また、このような状況下で国税、領主貢租、十分の一税の滞納者が急増したために、歳入が激減した。

全国三部会の準備　パリ高等法院は一七八八年九月二五日、翌年五月開催予定の全国三部会は一六一四年の先例に従うべきである――すなわち、身分ごとに討議と投票を行い、各身分が他の身分の提案に対する拒否権を行使できるようにすべきである、と宣言した。この宣言は「愛国派《パトリオト》」と、パリ上流社会のサロンの常連がこの派内に結成した「三十人会《ソシエテ・デ・トロント》」を失望させた。たいていの貴族は、高等法院、地方三部会、全国三部会のような伝統的に貴族が支配してきた機関を強化し、これによって絶対君主の権限を制約しなければならないと考えていたが、愛国派は、貴族エリートに限定しない富裕層が政権を掌握すべきであり、そのための自由主義的で効果的な手段として、イギリスの立憲王政にならうべきだと考えていたからである。したがって、この愛国派をとくに支持したのが裕福で教育のある階層だったことは驚くにあたらない。愛国派はパンフレットや模範的な陳情書《カイエ・ド・ドレアンス》を配布して全国三部会の制度改革を訴え、第三身分の数を聖職身分と貴族身分の合計と同数にすべきだと主張した。こうすれば全体の多数決で採決され、貴族身分が拒否権を行使できなくなると考えたのである。

これに対して、何人かの王族の署名入りの警告文が出された。この警告文は、貴族の経済的特権の放棄をやむをえないとする一方で、愛国派の提案は国王に非礼であり、「貴族である諸君の属する勇敢で由緒ある階級を犠牲にし、辱めるもの」として愛国派の提案を弾劾した。また、国王に対しては、王政の諸原則をくつがえして財産の所有権を否定する革命が起きるかもしれない、と警告していた。経済的特権は放棄してもよいが社会的地位と権力は守り抜かねばならない――という貴族の決意を示したこの警告書は、貴族にもその敵対者にも、貴族階級のマニフェストとみなされたにちがいない。一七八八年の終わり頃には、高等法院も特権が脅かされることに明らかな懸念を示し、以前よりも国王寄りの姿勢を見せるようになっていた。

要するに、多くの貴族は専制的王政に対する反対運動を支持し、自分たちの特権がいくらか失われても仕方がないと思っていたが、彼らの大半は全国三部会における貴族優位を放棄するつもりはなく、彼らの権力を誰かと分かち合うつもりはなかったのである。こうして、パリ高等法院は、全国三部会の第三身分の人数を増やすことに譲歩する姿勢を見せる一方で、身分を区別しない多数決制に反対した。また、一七八八年一一月にネッケルが招集した第二回名士会議は、高等法院とは逆に、身分を区別しない多数決制は受け入れたが、第三身分を増やして第一身分、第二身分の合計数に等しくすることは拒否した。第三身分を増やさないかぎり、全国三部会で彼らを少数派にしておくことができる、と考えたのである。

この議員数配分をめぐる論争は、党派再編と政争の激化を招いた。貴族の排他主義のために、愛国派は、高等法院をはじめとするあらゆる特権階級への敵意をつのらせた。他方、第三身分のなかで教育のある人々は急速に政治にめざめ、「公共の目的」という観念を抱くようになった。なぜなら、ますます多くの決議文、請願書、小論文が発表されるようになったが、それらは、のちに名をなすシェイエス、ヴォルネ、ロデレール、ラボ・サンテティエンヌのような人々ばかりでなく、多数の無名の平民によっても書かれていたからである。

当時最も重大な影響を及ぼしたのは、おそらくアベ・シェイエスの書いたパンフレット「第三身分とはなにか」だった。これに対するシェイエス自身の答えは「すべてである」だった。なぜなら、シェイエスによれば、第三身分とは、他の二つの身分なしにでも生きてゆくことのできる「完全な国民」であり、「第三身分なしには何事も機能することができず、反対に、他の二身分が存在しない方が何事もはるかによく機能する」からだった。さらに、シェイエスはこう書いている――「第三身分はこれまでいかなる政治的地位を占めてきたか？　無である」と。また、「それではなにを要求するのか？　なにものかになることを」と。シェイエスは結論として、第三身分の議員は全国三部会の開催にあたっては他の二身分とは別に会議を開き、これによって単独で国事全般を討議・議決する権限を持つ「国民議会《アサンブレ・ナシオナル》」を構成すべきであるということまでも提案している。このシェイエスの小論文は「愛国派」の政治綱領の役割を果たしたと思われる。

愛国派のメンバーも各地の、とくにパリの政治クラブに出入りしていたが、そのような政治クラブでは、すでに危険な政治活動家として知られていたブリソのようなジャーナリスト、コンドルセのような啓蒙思想家、ラファイエット、ラ・ロシュフーコー、タレーラン、ミラボーのような自由主義的貴族が演壇に立っていた。ミラボーが「プロヴァンスの人々に訴える」を発表したプロヴァンスの中心都市エクスや、ロベスピエールの小論文「アルトワの人々へ訴える」が刊行されたアラスなどの地方都市でも同じように政治状況が沸騰していた。

一七八八年六月にドーフィネに招集された地方三部会は議論をさらに沸騰させた。ヴィズィーユで開催されたこの地方三部会が、今後は、三部会議員は身分とかかわりなく選挙で選ばれ、決議は全体の多数決によって行い、第三身分は他の二身分の合計数と同数とする、と決議した。しかも、この決議が政府によって承認されたために、このことが他の地方三部会のみならず全国三部会でも先例になるのではないかと考えられたからである。

このような状況は貴族と聖職者の態度を硬化させ、ブルジョワ階級の怒りを広域化させ、過激化させた。こうして、社会的・政治的分裂が急速に進んだ。一七八八年末、ネッケルは「一二月二七日の国務会議の結果」として、第三身分の議員数を聖職者と貴族の議員の合計数に等しくすると発表した。しかし、いかにも愛国派の主張を受け入れたかのようなこの発表に対し、愛国派は猛反発した。なぜなら、全体の多数決による決議については、三身分それぞれが同意した場合に限るとされており、それは事実上ありえないことだったからである。そして、これに対するシェイエスの答えが、市民の権利を認めようとしない貴族と聖職者を弾劾する小論文「第三身分とはなにか」だったのである。当時ジャーナリストだったマレ・デュ・パンが不吉な言葉を残している――「公開討論の内容が変わってしまった。もはや国王、専制主義、政体は副次的テーマにすぎない。要は、これはまさしく第三身分と他の二身分との戦争なのだ」と。

プロヴァンス、ギュイエンヌ、フランシュ・コンテ、アルトワ、ブルターニュの地方三部会でも、第三身分の代表者たちが他の二身分の合計数と同数にしようとした。そのために、ブルターニュのレンヌで一七八九年一月、法学生たちと貴族支持グループが街頭で大乱闘を演じた。事態がブルターニュでこれほど過激化したわけは、ブルターニュの貴族たちが妥協を拒否する傲慢な姿勢を露骨に示していたからである。彼らはすでに「ブルターニュの高等法院の貴族に関する論考」と題する小論文（一七八八年一二月）で、第三身分の動向を「第三階級の危険な反乱」として警告していた。

したがって、一七八九年五月に開催された全国三部会でブルターニュの第三身分議員が貴族にとくに敵意を示したことも不思議ではない。彼らは同じ考え方の愛国派と「ブルトン・クラブ」で意気投合し、定期的に会合を開き、郷土の選挙人と手紙のやり取りをしながら、のちの国民議会でもブルターニュの主要都市でも、議論の過激化をリードすることになる。

全国三部会　政府は一七八九年一月二四日、五月に開催される全国三部会の議員選挙に関する政令を発した。選挙は「バイヤージュ」もしくは「セネショセ」と呼ばれた基本的な行政単位を選挙区として、身分ごとに行うこととされたが、選挙規約は複雑で、地域によって多くの点で異なっていた。しかし、大部分の地域では、第一、第二身分の議員は全員参加による選挙集会で直接選ばれた。他方、彼らよりはるかに数の多い第三身分については、まず二五歳以上の納税者を参加資格とする予備選挙集会が開かれ、ここで一〇〇世帯につき二人の代表者が選出された後、これらの代表者によって、バイヤージュもしくはセネショセごとの選挙集会で議員が最終的に選出された。大半の選挙集会は八九年の三月から四月にかけて、経済危機、社会不安、政治的混乱が拡大するさなかに行われた。また、政府が選挙に干渉しなかったため、これらの選挙の結果を左右したのは地域情勢と、多数の小論文によって普及した政治理念だけだった。

選挙の投票数に関しては断片的な史料しか残されていない。推定によれば、ルーアンでは、近郊の農村部の投票率はわずか二三パーセントで、都市部でさえ四〇パーセントだった。アルザス地方では、ストラスブールとコルマールでの投票率は五五もしくは六〇パーセントだった。また、驚いたことに、パリの投票率もわずか三〇パーセントくらいだった。このことは有権者の政治意識が一部の歴史家が説くよりもはるかに低かったことを示している。必然的に、第三身分の議員の圧倒的多数は教育のある裕福な人々であり、彼らを選出した選挙集会の討論を支配したのも、公開演説に必要な技能を身につけた人々、すなわち弁護士や行政官僚だったのである。

五月に全国三部会で顔を揃えた議員は一三一八人を数えた。そのうち三二六人が第一身分すなわち聖職者だったが、教会内部の分裂を反映して、その多数（二二〇人）が下位の聖職者すなわち教区司祭であり、貴族出身の司教や修道院長、上位聖職者《カノン》、修道士などの教会組織の支配層ではなかった。

第二身分の貴族は三三〇人で、そのうち一六六人がもとは軍の将校だった。このことは、かつての無力な二流の地方貴族が、もはや宮廷貴族や高等法院の法官を頼らず、みずから発言する決意を固めていたことを示している。前職が高等法院の法官だった議員は二二人しかいなかった——彼らを選出した選挙集会ではしばしば議論が過熱し紛糾した——ことにも注意しておく必要がある。また、このときの貴族議員の約九〇人が自由主義的政治思想の持ち主で、その他は保守主義者だった。さらに、爵位を得て間がない貴族の代表者たちはといえば、彼らは屈辱感にさいなまれていた。彼らの席が第二身分ではなく、第三身分の席に設けられていたからである。

議席数が倍増した第三身分の議員は六六一人を数えた。そのうちの二一四人は自由業（うち一八〇人は弁護士）で、実業家は比較的少なく（商人《マルシャン》が七六人、マニュファクチャーの経営者が八人、銀行家が一人だった）、残りの議員の大半は地主と称していた。ただし、いずれにせよ、第三身分の議員のほとんど全員が大地主だったことは間違いない。また、これらのうちの法律を学んだ議員たち――彼らの多くは官職を購入していた――が学歴、教養、利害で共通していたことからグループとしてまとまり、この全国三部会の第三身分を主導することになった。

陳情書《カイエ・ド・ドレアンス》 全国三部会とその代表者選出のために、各地で陳情書《カイエ・ド・ドレアンス》が準備された。ところが、この陳情書が政治討論を過熱させ、新しい政治理念を農村部に浸透させ、危険なまでに高い期待感を農民に抱かせることになった。陳情書を提出せよと言うからには、国王は我々のために何かして下さるつもりにちがいない――この期待感から領主貢租、十分の一税その他の税がすぐに廃止されるという思い込みが生じ、納税を留保する事態が頻発した。また、陳情書の準備段階で、自由主義的制度、平等主義的社会、生活水準の改善がすぐにも実現するという思い込みが急速に広まり、必然的にこの思い込みが政治制度の安定を脅かした。

しかし、実際には、大革命直前のフランス国民は当時の社会と政治をどのように見ていたのだろうか？この問いに答えるには、当時作成された約四万通の文書からなる陳情書そのものに注意深く目を通さなければならない。

第一身分の陳情書で圧倒的に多かったのは、教区司祭たちによるものだった。彼らは多くの選挙区《バイヤージュ》で積極的に発言し、長い間胸に秘めていた司教や修道士に対する苦情を表明し、十分の一税の個人的流用、教区司祭の俸給の低さ、上位聖職者による聖職兼務、不在司教などの実状を非難し、教区管理は選出された聖職者からなる会議を通じて行うべきであり、彼らにも上位聖職者への門戸を広げるべきだと主張していた。

しかし、彼らの陳情書では、これよりも全聖職者の意見が一致していた諸問題に重点が置かれている。たとえば、カトリック教会はあくまでも不動の地位と教育管理の資格を維持すべきであると主張されている。また、プロテスタントに対する規制緩和への反対と、世俗主義的な「啓蒙主義」思想に対する明らかな懸念も表明されている。さらに、教会の経済的特権の縮小については、これを受け入れるという姿勢が多く見られる。

第二身分の集会に提出された陳情書を見れば、聖職者と同様、貴族も経済的特権を放棄してもよいと考えており（貴族の陳情書の八九パーセントがこのことを示している）、絶対王政を何らかの形の立憲王政に変えたいと思っていたことは明らかである。また、既存の政体は専制的で腐敗しており、その責任は国王にはなく、国王に誤った情報を伝え、資源を浪費し、官職を独占する大臣や廷臣にある、と主張されている。また、その解決策として、全国三部会を定期的に開くこと、選挙による議会を創設して政府と国王が議会に責任を負うこと、個人の自由を保護するために法改正を行うこと、が示唆されている。しかしながら、そのような新体制においても主要な役割を担うのは貴族であり、貴族があくまでも行政、軍、聖職の要職を独占すべきである、というのが貴族一般の考えだった。

また、貴族の大半の陳情書は、重要な制度改革が議題となるはずの全国三部会での投票は——貴族代表者の一人だったデプレメスニルの言葉を借りれば、「貴族と聖職者の特権を守る手段として」——身分ごとに行うべきであると主張している。しかし、これよりは少数だが無視できない数（三八・七六パーセント）の陳情書は、身分別投票のかわりに全体の多数決にすることもやむをえないとしている。しかし、投票において機会均等の原則を採用した方がよいとする「陳情書」の割合は、都市の第三身分の七三パーセントとは対照的に、貴族身分ではわずか五パーセントにすぎない。これは、おそらく大半の貴族にとって、機会均等などとは思いもよらない考え方だったからにちがいない。

領主貢租については、その廃止による収入減が苦にならない富裕な貴族と、貢租を名誉のしるしと見なしていたそれほど裕福ではない大多数の田舎貴族《オブロ》との間で、意見が二つに割れていたように思われる。しかし、驚くべきことに、自由主義的な立憲政体にすべきだと主張している点では、貴族の陳情書の多くが第三身分の陳情書と一致していたのである。

都市の第三身分の陳情書は、都市のギルド、社団、市評議会などの組織において、三部会代表者選挙を通じて著しく政治意識を高めたブルジョワ階級が現地の窮状をまとめて作成された。これらの陳情書を見ると、全国三部会の定期的招集と全議員の多数決による裁決、貴族の経済的特権と官職独占の廃止、経済活性化のための国内関税廃止を求めているが、領主貢租、官職売買、ギルドの廃止、あるいは十分の一税廃止と教会資産の没収の要求については、きわめて用心深い姿勢を示している。私有財産権廃止についても消極的で、改革についても抜本的な改革よりも部分的な改革を求めている。

大都市から提出された陳情書は政治をもっとも重視し、立憲政体、選挙で選ばれた議会による税の承認、税負担の公平化を求め、領主制を廃止すべきことも示唆している。職人や親方などのギルドによる陳情書はどうかといえば、ほとんどの特権を非難する一方で、競争激化を防ぐために業界への新規参入を規制し品質を管理する彼らの権利は維持されるべきである、といういつもの主張が繰り返されている。

陳情書の大多数を占める農村の第三身分の陳情書を見ると、都市にならって作成されたにもかかわらず、その内容の大半は現地特有の窮状と、領主貢租、十分の一税、その他とくに過酷な税に対する重税感の具体的な記述である。農村のブルジョワや富農によって作成されたために、これらの文書には農村社会における富裕層と貧困層の対立についての記述はあまり見られない。しかし、公有地の囲い込みや、貧困層が入会権を行使できないことに対しては、多くの陳情書が抗議している。しかも、これよりさらに多い陳情書が、都市に居を構えて農民を搾取する徴税人、商人、「寄生的」聖職者、不在地主を非難している。しかし、それにもかかわらず、アンシアン・レジームそのものを問題視する記述はまだ見あたらない。

このように陳情書を概観して結論として言えることは、各身分の代表者たちは驚くほど意見が一致していた、ということである。したがって、財政と司法の制度改革、官職の門戸解放、何らかの代議制による政体が認められさえすれば、おそらく大半の国民は満足したと思われる。それでは、このようなコンセンサスが生じていたにもかかわらず、なぜ革命が起きたのだろうか？

国民議会　一七八九年五月四日、全国三部会の議員として全国からヴェルサイユに集まった代表者たちは、開会を前にして明らかに緊張と相互不信をあらわにしていた。しかし、開会演説で、国王とネッケルはいかなる方針をも示さなかった。彼らはあいまいな言い回しで何らかの改革が必要かもしれないことを認め、性急な行動は慎むべきであると警告しただけで、投票方式をどうするかという緊急問題にはふれなかったのである。この場違いな演説のために議場に失望と怒りが広がった。

身分間の対立のために議事はなかなか進行せず、そのために対立が悪化して議事をさらに遅らせた。まず第三身分の議員たちはドーフィネとブルターニュの代表者たち――彼らは過去一年間政府当局と対立し、とくに貴族特権を敵視していた――に説得され、投票方式に政府が方針を示さない以上、各身分が合同して代表者の資格認定作業を行うべきである、と決議した。第一、第二身分はこれを彼らの名誉にかかわるとしてただちに拒否したが、その後も議事進行の交渉は続けられた。

しかし、この交渉は五月二〇日に決裂した。貴族代表者たちが、身分別投票と身分別拒否権は王国の安全と自由の保護のための最も基本的かつ重要な権利だ、と議決した（賛成二〇六、反対一六）からである。ついにシェイエスが六月一〇日、第三身分の会議で、身分間の合意が得られない場合には第三身分の会議が単独で全代表者資格を認定することを提案し、この提案が賛成四九三、反対四一で可決され、六月一七日には、以後は第三身分の会議を「国民議会《アサンブレ・ナシオナル》」と呼ぶことが議決された（賛成四九一、反対九三）。この議決は第三身分の議員たちの改革意欲を燃え上がらせ、国民議会が課税認可権を持つことも決定された。彼らの大半はもともと穏健な意見の持ち主だったが、このような過程で、第三身分が力を発揮して政治改革を行わなければならないと決意し、それならば絶対的な王権と貴族の特権をも問題として取り上げねばならないと考えるようになった。

　他方、明らかに権威を脅かされたたルイ一六世は、六月二三日に国王が出席する親臨議会として全国三部会を開くと声明する。そこで方針を発表し権威を回復するつもりだったのである。しかし、彼はこれにさえ失敗する。第三身分の議員たちの会議場が親臨会議開催日まで閉鎖されることを、役人が通達することを忘れたために、六月二〇日、閉鎖された会議場にやって来た第三身分の議員たちが議場閉鎖を国王の陰謀と解釈し、かわりに近くの球戯場に集まり、憲法を制定するまでは議会を解散しないことを誓ったのである。

　ルイ一六世は、当初はネッケルの提言に従い、重要事項に関しては三身分合同の投票方式を採用するつもりでいたと思われる。また、全国三部会を定期的に招集してこれに新税認可権を与えること、税制の改革、地方三部会を各地に定着させて地方分権をはかること、個人の自由の保証、官職の門戸解放などについても親臨議会で認めるつもりでいたと思われる。もしこれらの妥協案が示されれば事態は沈静化したであろう。ところが、彼は王妃と弟たち〔プロヴァンス公のちのルイ一八世とアルトワ伯のちのシャルル一〇世〕の圧力に屈して考えを変えていた。

　このために、六月二三日の親臨議会での国王演説は第三身分を幻滅させ、以前にもまして王政に抗議する決意を固めさせた。ルイ一六世は、六月一〇日と一七日の第三身分による決議は無効であるとして拒否したばかりではなかった。彼はつねに、絶対君主の権利と義務、特権階級の権利と義務の存在を前提にものごとを判断した。したがって、いかなる改革案にも明らかに反感を示した。しかも、あくまで身分別に投票を行わなければならない、万一合同会議を開く場合にも、第一、第二身分議員はつねに身分特権として拒否権を持つ、と宣言した。この親臨議会に欠席して注目されたネッケルは七月一一日に罷免された。

大半の貴族代表者は親臨会議の国王演説を歓迎した。しかし、あたかも王政に異を唱えるかのように国民議会と称している第三身分の会議に対し、当局が解散を命じないことは、彼らを動揺させた。しかも、聖職者議員の大部分が国民議会に合流し、六月二五日には、自由主義を支持する四七人の貴族議員もこれに合流し、二日後の二七日には、ルイ一六世自身が残りの聖職者と貴族全員に国民議会への合流を命じた。

パリ市民はこのニュースを熱狂的に歓迎した。しかし、ルイ一六世にとっては、それは軍隊をパリ周辺に移動させるまでの時間稼ぎだった。絶対的王権を手放す気など毛頭なかった彼は、軍による議会鎮圧を決意していたのである。国王のこの計画は、もし民衆が決起することがなければ、また軍内部の規律が乱れていなければ、さらには反体制勢力が力をつけていなければ、成功していたかもしれない。

バスティーユ要塞攻略と農村の「大恐怖」　すでに有産階級は政府批判を強めていた。一七八九年の春から夏にかけて食糧危機による暴動が広がり、政府がこれを抑えることができなかったからである。陳情書による窮状表明を国王が聞き届けてくれるにちがいないという思い込みは、民衆蜂起、領主貢租、十分の一税等の税不払いに拍車をかけた。民衆はデモ行進を行い、彼らを援助しないばかりか、貧民を餓死させようとしているとしか思えない商人や投機家を保護しているとして政府を非難した。また、食品価格がますます値上がりするにつれて、民衆の多くがこれを貴族の陰謀とみなすようになり、この陰謀の狙いは貧民を罰することと、生活を改善してくれるはずの全国三部会の活動を阻止することである、と解釈した。

しかも、政府が外国人傭兵をかき集めてパリ駐屯隊を強化することを決定した、という噂が流れた（ちなみに、この間、国王と側近たちは、休む間もない出動と指揮官のリーダーシップの欠如のためにパリ近衛連隊をはじめとする国王軍の規律が乱れ、兵士の士気が低下していることに危機感をつのらせていた）。これに加えて、七月一一日にネッケルが罷免されたことが、ついにパリの民衆に自制心を失わせた。ネッケルは愛国派から、財政問題を解決することができる唯一の人物、本気で改革に取り組んでいるただ一人の大臣、とみられていたからである。七月一二日、パリで暴動が起き、日頃市民の怒りをかっていた入市税門に火がかけられ、商店主、小売り商、労働者からなる群集は国王軍に対抗するために武器を得ようとした。七月一四日には、これらの群衆に近衛連隊から脱走した多くの兵士たちが合流し、武器弾薬の引き渡しを求めるためにバスティーユ要塞へ向かい、銃撃戦の末に要塞守備隊を降服させた。

この民衆によるバスティーユ攻略は多くの人々に王政崩壊を印象づけた。しかし、これよりも国王側に衝撃を与えたのは、中間階級に属するパリ市民たちによって、王政下のパリ市議会にとってかわる「常設委員会《コミテ・ペルマナント》」と、秩序を維持し市民を保護する目的で市民軍（のちに国民衛兵と称された）が創設されたことだった。

市民軍創設に、秩序の維持、国王軍の攻撃からのパリ防衛、という二つ目的があったことは、有産階級のあいまいな立場をよく示している。すなわち、有産階級は民衆の暴動を恐れると同時に、国王と国王軍に対抗するためには厄介な民衆を当てにせざるをえなかったのである。

パリの情勢が伝わると、地方各地であらたな暴動がつぎつぎと突発した。中央権力が崩壊したことから、

バスティーユ要塞の攻略（1789年7月14日）　画家不詳

不安とともに一種の期待感が生じ、これに加えて以前から噂されていた貴族による飢饉の陰謀に対する恐怖感が高まったためである。とくに激しい暴動が起きた地域はノルマンディ、メーヌ南部、フランドルの諸地域、アルザスとフランシュ・コンテの北部、マコネ、ドーフィネであった。農民たちは自分たちの村の利益を、地主、領主、税と十分の一税の徴収人、金儲け主義の富農や商人などの搾取者から守ろうとした。したがって、税と領主貢租がそれほど重くなく、商業主義もあまり発達していなかったラングドックのような地方では、激しい暴動ははるかに少なかったようである。

蜂起した農民たちは、人に対して暴力を振るうことはほとんどなかったが、貴族の城に押し入り、隠されていた穀物を探し、領主貢租の記録文書を破棄した。こうして何百もの貴族の城が略奪され、燃やされたが、農民たちは彼らの行為を正義の勝利とし

炎上する城（1789年夏）　作者不詳の銅版画

て祝い、お祭り騒ぎを繰り広げることが多かった。彼らの直接行動は、国王と貴族が彼らの窮状と陳情書をかえりみず、自分たちの排他的な権利を守りぬこうとしているからだ、として正当化された。

こうして、パニック状態が各地の農村に広がり、とくに七月二〇日から八月六日にかけては、のちの歴史家が農村の「大恐怖」と名づけたヒステリー症状を呈した。徘徊する野盗が城に火をつけてまわっている、彼らは人を殺し、略奪し、婦女を陵辱しているばかりか収穫期の作物にも狙いをつけている――というような噂も急速に広がっていた。これに対し、各地でパリと同じような常設委員会と民兵隊が秩序を回復するために創設された。民兵隊に必要な武器弾薬は、武器庫から調達されるか、軍の兵士から無償で提供された。

地方のエリート層はといえば、明らかに彼らは、王政はもはや秩序維持という基本的責任を果たす力を失ったと考え、国王と貴族の政治改革に対する真意を疑っていた。常設委員会のような新組織の構成は地域によって異なっていたが、それは各地のエリート層の性格、政治グループ間の勢力バランス、民衆が圧力を行使した度合いによるものであった。しかし、いずれにせよ、それらの組織が未来への指針を、王政ではなく、国民議会から得ようとしたことは、地方の人々の秩序維持の決意とともに、すでに王政が崩壊したことをも示していた。

革命の進展

憲法制定国民議会、人権宣言、一七九一年憲法　一七八九年七月一六日に陸軍大臣ブロイ公爵はルイ一六世に対し、もう軍を頼りにしないほうがよい、と忠告している。もはや王政が軍事力を独占している状況にはないというのである。そこで、絶望したルイ一六世は事態を沈静化させるためにネッケルを復職させたばかりか、パリ市庁舎に出向いてその階段に立ち、武装した群集の目の前で三色の帽章をつけてみせさえした。それはパリ市の色である赤と青にブルボン王家の色である白を加えた帽章であった。さらに彼

封建制度廃止を決議する憲法制定国民議会（1789年8月4日夜）　シャルル・モネの絵をもとにヘルマンが制作した銅版画

は愛国派のバイイをパリ市長とすることも、いまやその政治的意味を含めて「国民衛兵《ガルド・ナシオナル》」と改称された市民軍の司令官にラファイエットを任命することも承認した。

「憲法制定国民議会《アサンブレ・ナシオナル・コンスティテュアント》」と改称された国民議会では、八月四日、デギヨン公爵、ノアイユ子爵をはじめとする貴族と聖職者が中心となって、領主制廃止の必要性が承認された。議場は熱狂的雰囲気となり、封建的制度の全面的廃止が宣言され、農奴身分、労役、領主の裁判権と独占的狩猟権、その他の因習的制度の廃止が決議された。当然、すべての領主貢租と十分の一税の廃止——ただし、その内容はのちに骨抜きにされるのであるが——も決議された。これらのことは、ジョルジュ・ルフェーヴルの言葉を借りれば、まさに「アンシアン・レジームの死亡証明書」のように思われた。

実際には、このような議決が行われたのは、地方の騒擾を沈静化させるためだった。しかし、熱狂からさめた多くの議員たちは心変わりした。なぜなら、彼ら自身が旧制度から恩恵を受けており、彼らが求めたのは改革であって革命ではなく、彼らを選出した選挙人たちもこれほどの制度変化に唖然とするにちがいないと思われたからである。そこで、委員会が創設され、人格的隷属をともなうすべての制度については廃止が確認されたが、領主の土地を保有している農民にかかる地代については、農民はそれを買い取らなくてはならないということになった。この領主地代はある種の「契約関係」に基づくものであり、土地の物的所有権は領主にある、というのがその根拠だった。買い取り価格は地代二五年分、しかも、過去三〇年にさかのぼって滞納金があればそれも支払わなければならないと定められた。

このために再び貴族の城がつぎつぎと攻撃される事態となった。領主から土地を買い取る財産もなければ、その意志もなかった農民たちは、議会の心変わりを無視した。こうして、この法律が執行されることも土地が買い取られることもめったになかった。結局、領主地代は九三年七月一五日、国民公会《コンヴァンシオン》によって無償による廃止が最終的に決定された。この背景には、当時は不作と「貴族の陰謀」疑惑のために再び農村各地で大規模な暴動が起きており、しかも政府が戦争のために農民の支持を必要としたという事情があった。

一七八九年八月二六日、議会は「人間および市民の権利の宣言」いわゆる「人権宣言」を採択し、公表した。この宣言は人権の原則を高々と掲げると同時に、革命の意図を全世界に明確に伝えようとする決意を示すものだった。主としてラファイエットによって起草されたこの人権宣言には、アメリカの独立宣言と共有する多くの思想基盤と、ヨーロッパの伝統的な「自然法」の影響が見られる。法による支配、法の前の平等、代議制、法による制約内での言論の自由、官職の門戸解放の原則が確認され、特権と絶対王政の法的根拠は否定された。また、「人間生来の絶対的権利」であり社会的政治的秩序の基盤として、個人の所有権が保証された（この点では、つまるところ、憲法制定議会は有産階級の集まりだったのである）。一七九〇年六月一九日には、貴族の世襲制廃止が議決された。このことは、議会において貴族議員と聖職者議員の影響力がしだいに低下したことを示している。貴族たちはその後も資産の多くを維持し、重要な社会的階層であり続けたが、これらの議決から受けた屈辱と怒りを忘れることはなかった。

議会はまた、行政・司法にかかわる新しい法律をつぎつぎと審議決定したが、その理念は、国民だれもが他人に害をなさない限り自分の才能と資産を自由に活用することができる状況にすることだった。経済活性化の政策としては、穀物取引の規制が撤廃され（一七八九年八月）、利付き債権に関する法律が制定され（同年一〇月一二日）、商工業ギルド廃止とマニュファクチャーに対する官僚統制が撤廃された（一七九一年三月二日のアラルド法）。また、領主裁判権と官職売買がわずかの補償とひきかえに廃止された（一七八九年八月一一日）ことによって、司法・行政制度再編の障害が取り除かれた。旧制度の複雑な行政区分と司法管轄区域と、コストのかかりすぎる裁判も、行政単位が最小としての市町村（コミューン）、県の下位区分としての郡（ディストリクト）、県（デパルトマン）に合理的に再編されることによって改善された。また、権力の分散化と官職の公選制の方針も議決され、王権と執行権がさらに弱められた。

国民を主権者とする選挙制度については、すでに一七八九年一二月一四日の法令によってその骨子が定められていた。これによって国民議会の議員と官僚は三日分の賃金に相当する税を支払うことのできる「能動市民」によって選出されることになった。貧困層は財産がなく、投票資格とされた自立性がなかったために、能動市民からは除外された。ともあれ、こうして全国で四三〇万人、パリだけでも七万七五九〇人の有権者層が誕生した。しかし、本質的に政治参加への妨げとなったのは、能動市民が直接議員を選出せず、選挙人を選出するという間接選挙だったことと、選挙人になるにはさらに高い税（一〇日分の賃金）を支払わねばならないことであった。このために、中央でも地方でも政治が裕福な名士たちに支配されることになった。労働者の協同組合結成とストライキを個人の自由への拘束とみなして禁止するル・シャプリエ法が制定された（一七九一年）ことも、国民議会の急進性の限界を示すものだった。

「人権宣言」によって崇高な理念が掲げられはしたが、そもそも全国三部会招集の目的だった現実的な制度改革と財政問題に答えを出すことは容易ではなかった。すなわち、すぐに明らかになったのは、政体を転覆させるよりも、それにかわる新政体のあり方について同意に達することの方がはるかに難題である、ということだった。政体をめぐる論争から、必然的に権力闘争が生じ、政界の新しい有力者たちの間の対立が激化した。しかも、革命に干渉する周辺諸国との間で戦争になることが目に見えていた。実際、これらのことが政治的党派に再編成をうながし、民衆の政治意識を高め、彼らが政治的要求を掲げて蜂起する要因になった。

急を要する最大の問題は、憲法によって政体と政府をどのように規定するかということだった。憲法制定議会の討論は、議員それぞれの出身階層を色濃く反映していた。大半の議員はかなり裕福で、いまだに彼らが信じていた農村的な社会秩序と、その秩序を保証してくれる政体である王政を何らかの形で守ろうとした。このために、一七九一年に制定された憲法では、国王はかなりの公権力を持つ行政府の長と規定された。ただし、同時に、国王の権力行使に制限が加えられ、王令は大臣の署名がある場合にのみ有効とされ、大臣が国王と代議制議会に責任を負うこととされた。さらに、国王は議会が可決した法案に対する拒否権を持つが、この拒否権は法令執行を遅らせる（二年から六年）ことしかできず、財政に関する法案には適用されないこととされた。これらの憲法条項から読み取れるように、議員たちは国王に対して根本的な不信感を抱いていた。

教会領の没収、アシニャ債券、教育と福祉、聖職者市民法　一七八九年一一月二日、オータンの司教タレーランが教会領の没収を提案し、採択された。革命前後の混乱と税不払いの拡大のために財政状況が深刻化していたために、議会は非常措置をとることもやむをえないとしたのである。九〇年三月には財政がさらに悪化したために、国有資産《ビアン・ナシオノ》とした教会領を担保とする債券（これはアシニャ債券と呼ばれた）発行が決定された。しかし、この債券はその後紙幣として乱発されたために急速に価値を下げ、さらに事態を悪化させた。

教会に関する議会の方針は、道徳的基盤としての教会の存続を脅かすことではなく、聖職者も聖職者による教育・慈善事業も、ともに国家が管理すべきである、というものだった。しかし、無益で金ばかりかかるとして多方面から批判されていた瞑想修道会《オルドル・コンタンプラティフ》などの教会による教育・慈善施設については、結局廃止されることが決まった（一七九〇年二月一三日と一七九二年八月一八日の法令）。

革命期に招集された種々の議会は教育と福祉を重視したが、残念ながらいかなる成果もあげることはできなかった。対外戦争の戦費調達が急を要したために、どの議決案もすぐに実施不能になったからである。ただし、福祉国家の理念、啓蒙思想、市民的美徳、言語と国民の統合を促すための無償義務教育の理念は、この当時から一九世紀を通して左翼勢力に受け継がれ、主張され続けた。

教会問題に話を戻せば、一七八九年一〇月から、議会は教会の組織再編を審議しはじめ、このことが八月の「人権宣言」に盛り込まれた信仰の自由の保証とあいまって、カトリック聖職者の自治と排他的権利を脅かすことになった。九〇年七月に制定された「聖職者市民法」は、教区司祭と司教は（適性や資格がチェックされた後）行政単位ごとに選挙集会の選挙で選ばれなければならない、というものだった。すなわち、行政改革の原則が教会組織にまで拡大されたのである。

教会は国家と市民社会に従属しなければならないというこの法令は、ローマ教皇としては受け入れ難いものだった。当初は、教皇ピウス六世は態度を保留していたが、聖職者すべてが国家の公務員と規定され、国家に忠誠を宣誓しなければならない（一七九〇年一一月一七日の法令）と定められると、それらの法令を一七九一年三月から四月にかけて非難した。聖職者たちの多くは、当初は教会の民主化を歓迎し、全体の約五〇もしくは六〇パーセントが国家への忠誠を誓っていた。しかし、こうして教皇が態度を明らかにすると、彼らの多くは宣誓を撤回した。

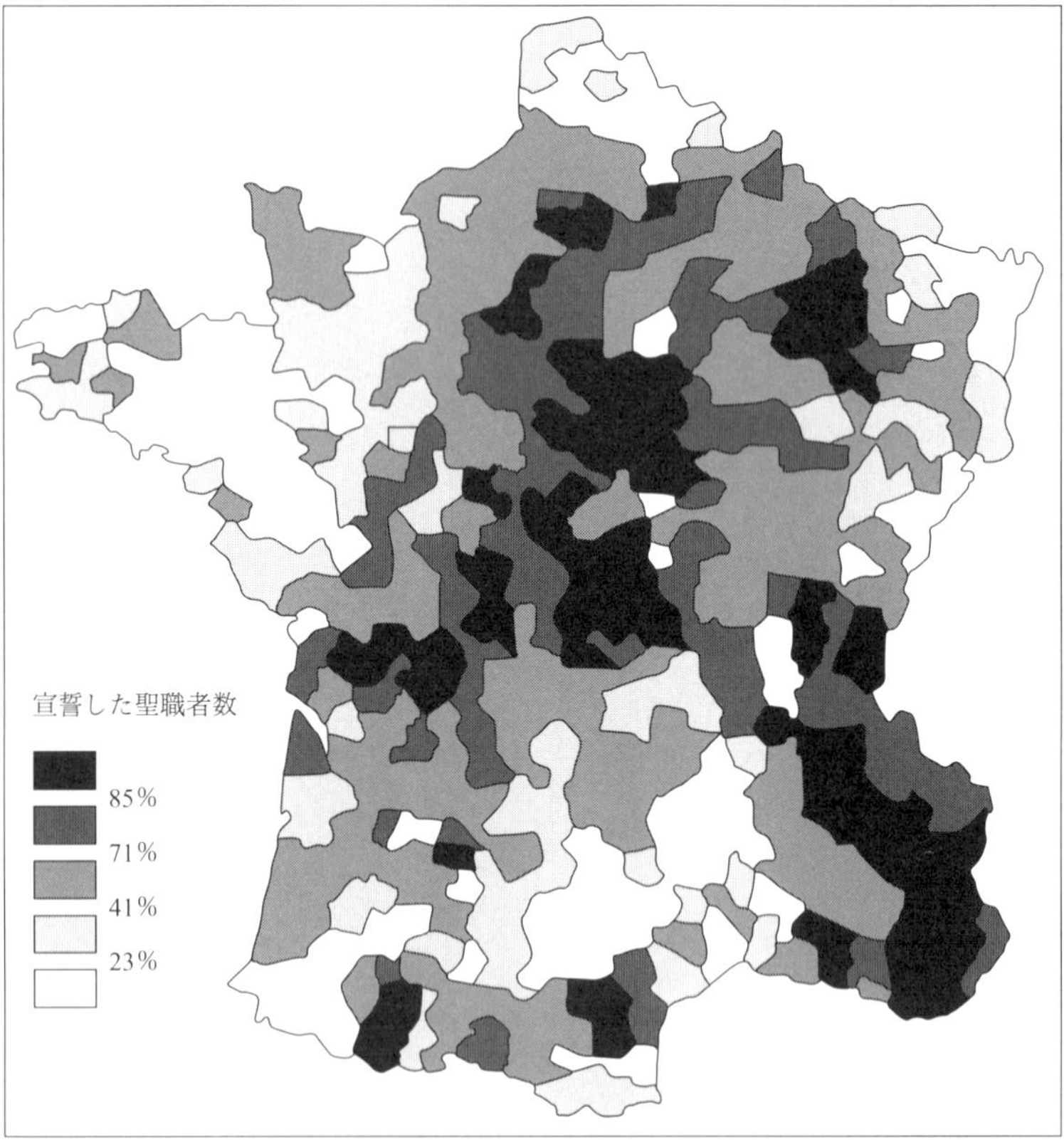

国家への忠誠を宣誓した聖職者の地域分布

当初は、教区司祭が宣誓するか否かは教区住民の革命政体への姿勢に左右された。このために、一八世紀末から一九世紀を通して変わることのなかった政界の左右両派の勢力分布が、宣誓した聖職者の一七九一年時点の地域分布と同じようなパターンを示すことになる。また、国家が教会を支配下に置こうとし、反聖職者的、反宗教的な法令がつぎつぎ制定されると、多くの地域住民は、神と彼らの仲介者である教区司祭を守ろうとした。このことが、各地の民衆を反革命勢力に向かわせる重要な要因になった。

土地政策　没収された教会領と、その後一七九三年六月三日の法令によって没収された亡命者たち（貴族はその半数を占めたにすぎない）の土地の合計は、フランス全土の一五パーセントに達した。政府は当初、貧困層がこれらの土地を容易に購入できるようにしようと考えていた。そのために、土地は小区画に分けられ、一二年間の分割支払いが認められた（一七九〇年五月一四日の法令）。しかし、九一年五月には、国庫収入を増やすことが急を要したために、競売で最高値をつけて落札した者は土地価格の三〇パーセントの預託金を準備し、その後四年半で完済しなければならない、と改められた。こうして、必然的に、富裕層が国家による大規模な土地売却で最も有利な立場を占めた。

土地売却による社会的影響は、売却された土地の量に応じて地域ごとに大きく異なっていた。教会は肥沃な北部の平原地帯でとくに広大な土地を所有しており、ピカルディでは全体の三〇もしくは四〇パーセントに達していたが、フランス南部では約三パーセントにすぎない地域もあった。貴族はどうかといえば、その大半（おそらく五分の四くらい）は革命から距離を置いていたが、領主貢租の廃止以外にはほとんど物的損失をこうむることはなく、のちに帰国した亡命貴族たちは、もとの所領をかなり取り戻すことができた。

しかし、階層別に見れば、貴族階級が革命のために何らかの理由で広大な土地を失ったことは明らかだった。国境に近いノール県の事例はこのことをよく示している。表4-1はジョルジュ・ルフェーヴル

表 4-1　ノール県の階層別土地所有状況 単位：%

	1789 年	1802 年
聖職者	20	0
貴族	22	12
ブルジョワ	16	28
農民	30	42

の推定によるノール県内の階層別土地所有状況である。この県では他地域に比べれば農民が土地を購入した割合は非常に高かったが、それにもかかわらず競売地の三分の二を購入したのはブルジョワ――既存の地主、知的専門職、商人、小工場主など――だった。このために、県内の都市周辺の農村地帯の多くが以前よりも都市経済に支配されるようになり、土地を取得したブルジョワは土地によって収入を増やし、景気変動から身を守り、社会的地位を高めることができた。

富農の多くは土地を購入したが、大半の農民の生活は革命後もほとんど変わらなかった。彼らはこのために革命に幻滅し、公有地の囲い込みや分割をうながす一七九三年六月一〇日の法令などに猛反対した。これらの法令は、彼らにとって、貧困層の生存に欠かすことのできない地域慣習に対する攻撃に他ならなかったからである。所有権は拘束されることのない個人的権利である――という革命理念を支持した農民はほとんどいなかった。また、農民の革命に対する対応は分裂しつづけた。その上、農民は領主貢租や十分の一税復活のきざしが見えるごとに猛反対したが、彼らの大半は新政体を積極的に支持すべきだとも思わず、彼らの生活を短期間で改善してくれそうもない政治に対し、たちまち以前のように無関心になった。

革命の急進化　明らかに、革命は後戻りできない状況となり、すでに法の前の平等、国民主権、代議制政体を基本的原理とすることが宣言され、新しい政治文化が形成されていた。ただし、王権を大幅に弱めるという議会の方針が明白だったにもかかわらず、いまだに国王との妥協点を探ろうとする議員もいた。

以前の王政にかわる具体的な選択肢をまだ見出すことができなかったからである。しかし、一七九一年九月三〇日の憲法制定議会の最終日の時点では、まだほとんどの議員は、革命による過激な制度変化にもかかわらず革命を好意的に評価していた。

他方、すでに不吉な前兆が生じていた。一七九〇年初期には、事態の進展を嫌悪した貴族と聖職者の多くが会議に欠席するようになっていた。ルイ一六世はといえば、とりあえず譲歩によって時間稼ぎをしながら、ヨーロッパ諸国の介入が臣民の頭を冷やしてくれるのを待つつもりだったと思われる。しかし、彼の弟のアルトワ伯を中心とする廷臣と旧政体下の司教や高等法院の法官は、みずからの境遇に我慢できず、最初の亡命者たちの波に加わって国外へ逃れた。その後すぐに貴族の将校で亡命する者が増えた（結局約六〇〇〇人に達した）。彼らは軍の規律が乱れたことと、九一年から忠誠を誓う対象から国王という言葉が削除されたことを不満としたのである。しかし、彼ら以外の多くの将校は国内にとどまり、若き日のナポレオンがそうだったように、昇進のチャンスがふえたことの恩恵に浴した。

フランス革命の「創造的な」第一段階が政治的・社会的に急進化し、ついには「恐怖政治《テルール》」へ移行する。この時期についてはさまざまな評価がある。たとえば、伝統的に「正統」と見なされた歴史家——フランス革命史を講じた歴代のソルボンヌ大学教授マティエ、ルフェーヴル、ソブールなど——は革命による民主的・平等主義的業績を評価している。しかし一九七〇年代以降になると、フュレのような「修正主義」の歴史家は、一七八九年の革命はその後の独裁的・破壊的急進性を生み出した不必要な歴史的逸脱だった、と主張している。内外の敵から革命を守ろうとした共和歴（革命直後に使われた暦法。キリスト教に由来するグレゴリオ暦（西暦）を廃止するために採用。西暦一七九三年一一月二四日〜一八〇五年一二月三一日の約一二年間使用された）

二年の兵士たちについても、一部の熱狂的愛国者にすぎなかったと考えられるようになった。しかし、革命を急進化させた要因は、何よりも反革命勢力の脅威（これについてはのちに述べる）と、特権階級への反抗をつうじて生まれた期待感、政治的エネルギー、社会的緊張の拡大だったのである。

ルイ一六世は、憲法制定議会内で対立する諸勢力を統率する能力を欠いていたために、議会の提案はつねに議会外勢力に左右された。議員たちは当初は何らかの形で王政を維持することで意見が一致していたが、国王が「神の恩寵」のみならず「国家の憲法」に基づいて統治すると定められた後では、王政の性格、国王と議会の権限、国政上の最高権力の所在について、意見がなかなかまとまらなかった。ラファイエット、バイイ、シェイエス、タレーラン、ミラボーのような保守的な政治家たちの大半は、国王と妥協して革命を早く終わらせたいと思っていたが、急進的な議員たちは議会外勢力とパリの民衆に支持を求めるようになった。

パリの民衆がしばしば決起するようになった要因は、旧コルドリエ修道院や旧ジャコバン修道院などを拠点として政治クラブが活発に活動し、マラの『人民の友《アミ・デュ・ピョプル》』やブリソの『フランスの愛国者《パトリオット・フランセ》』など、多数の小論文や新聞が刊行されたことだった。フイヤン派、ジロンド派、ジャコバン派などのブルジョワ勢力が競って民衆の支持を得ようとしたことは、民衆の政治意識をめざめさせ、政治闘争を激化させ、闘争の場を全国へと拡大した。同時に、その過程で、政治クラブの演壇に立つジャーナリストや知識人の影響のもとに民衆クラブが結成され、その支部が各地に設置され、選挙権拡大、国民投票制度、議員の罷免権を唱えるようになった。民衆クラブの中心メンバーは主として中間階級の下位に位置する商人、職人、熟練労働者だったが、彼らはしだいに民主主義思想に傾倒し、議会の穏健主義を軽蔑し、国王の言動を疑い始めた。

一七八九年一〇月五日のパリの民衆の行動は、民衆クラブの影響を明らかに示していた。彼らは国王を侮辱したばかりか、強制的にヴェルサイユ宮殿からパリのテュイルリ宮へ移転させた。議会もこれにつづいてパリへ移された。そしてこれ以降、パリの民衆は政治について学び、日常生活のあらゆる場で政治を議論し、国王と議会に圧力を行使し続けるのである。

国王逃亡、立法議会、干渉戦争、テュイルリ宮襲撃　おそらくルイ一六世にとって、貴族によるイギリス式の王政以上に急進的ないかなる政体も思いも寄らぬものだったにちがいない。一七九一年六月二三日、国王一家は一通の弁明書を残して国外へ逃亡しようとした。その弁明書には、官職任命権、立法に対する拒否権、外交権などの王権の制約と、急進的政治クラブの影響力の高まりに対する不満が述べられていた。

しかし、国王一家はヴァレンヌで捕捉され、パリへ連れ戻された。こうして、国民の多くはついに絶対王政の正体を見た。国王が、国内の反革命勢力ばかりでなく、亡命者や外国の為政者と密かに手を組んでいたことは明らかだった。パリに連れ戻された国王一家は「豚の家族、再び食卓へ」などとして、さまざまな銅版画に描かれ、これによって多くの国民が国王を軽蔑するようになった。

外国軍の侵攻と貴族の裏切りが予想され、地方各地が再びパニック状態となり、これに対して国民衛兵が動員されるという緊迫した事態となった。ところが、この事態をよそに、憲法制定議会の多数の議員が信頼を失った国王との和解を求めつづけた。議会では、バルナーヴなどの穏健派は、共和政ではアナーキーに陥るのではないかと恐れ、強力な王政を維持すべきであると主張し、他方のダントン、デムラン、ロベスピエールなどの急進派は、国王の祖国に対する裏切りと偽証罪は明白であり、国王を裁判にかけることを要求した。七月一七日には、国王復帰に反対する請願書に署名しようとする人々がパリのシャン・ド・マルス広場に集まったが、ラファイエット指揮下の中間階級からなる国民衛兵によって残酷に蹴散らされ、約五〇人が殺害された。しかし、他方、かつての自由主義者たちの多くは、共和政確立のために第一歩を踏み出すべきだと考えていた。

一七九一年九月一三日、このような状況下で憲法制定作業を終えた憲法制定議会が新憲法を公布し、その後を立法議会《アサンブレ・レジスラティブ》が引き継ぐことになった。この立法議会が開催された期間(一七九一年一〇月一日から九二年九月二〇日)は短かったが、この短期間に王政の廃止、戦時下における革命の急進化、反革命勢力の脅威の高まり、不作とインフレーションによる民衆騒擾が集中した。

立法議会の議員に選ばれたのは、すべて中央政界に馴染みのない人々だった。憲法制定議会の議員たちが彼ら自身の再選を禁じる法案を可決していたからである。立法議会議員は以前の議会と比べると貴族と聖職者が少なく、大半は裕福な地主や知的職業の中間階級で、それまでに何らかの地方政治に携わる経験をしており、明らかに穏健な方針を支持しそうな人々だった。したがって、七四五人の議員のうち二五〇人がフイヤン・クラブに加わったが、一三六人しかジャコバン・クラブに加わらなかったのは不思議ではない。このジャコバン・クラブに加わった議員がジャコバン派の議会内勢力としてジロンド派と呼ばれることになる。ちなみに、この党派がジロンド派と呼ばれたのは、ヴェルニオ、ゴーデ、ジャンソネ、デュコなどの主要メンバーの多くがジロンド県出身者だったためである。

立法議会の議員たちは、意見や立場は異なっても、圧倒的多数が一七八九年に定められた諸原則を守らなければならないと考えていた。そのために、穏健派に属する議員たちでさえ、亡命貴族と宣誓拒否聖職者に対する強硬な措置をとることは合法的であり、しかも急を要すると信じ、慎重な行動を主張するフイヤン・クラブではなくジャコバン・クラブを支持した。当時、国境地帯には亡命者とこれを支持する外国の「圧政者たち」の軍勢が集結していた。一七九二年四月二〇日、これらの勢力に対して軍事行動をとることが議決されたが、このときも穏健派は賛成票を投じた。事実上ヨーロッパ諸国に対する宣戦布告となったこの議決は、国内の政争と密接に関係していた。

国王がこれを承認したのは、革命軍が敗北して革命勢力が壊滅するだろうと思ったからである。他方、ラファイエットとその一派は、戦争に勝って権力を握り、ジャコバン派を踏みつぶすつもりでいた。これに対し、ブリソとジロンド派はどうかといえば、ヨーロッパ諸国が陰謀をくわだて、軍事介入によってフランスの旧体制を復活させようとしていると確信し、同時に、フランス革命軍には敵を圧倒する力があり、ヨーロッパを専制体制から解放することができるとも確信していた。しかし、このようなヨーロッパ解放の夢を抱いていた大半のジロンド派やジャコバン派に対し、ロベスピエールだけはジャコバン・クラブでただ一人これに反対し、戦争から生じる危険な事態を警告していた。

将校の大半が亡命して軍が弱体化していたために、戦争が始まると戦況が急速に悪化し、七月までには、非常事態宣言「祖国は危機にあり《ラ・パトリ・アン・ダンジェ》」を発する状況になった。この戦争が国内政治の状況をさらに緊迫させた。国王との妥協策を探る議員たちと、いかなる犠牲を払っても戦争に勝たねばならないとする議員たちとの間には、もはやいかなる意見の一致も見出せなかった。フランスを攻撃するプロイセン・オーストリア連合軍司令官ブルンスヴィック公は八月、革命政体に対する脅迫的な〔フランス王室に危害を加えればパリを戒厳令下において破壊するという〕宣言文を発表した。これに対し、フランス国内では、国王をはじめとする危険分子、腐敗した政治家を排除せよ、という民衆の声が高まった。しかも、フランス革命軍が東部戦線でプロイセン軍に敗れたニュースが伝えられ、反革命勢力の陰謀への恐怖が増すにつれて、議会、パリ自治組織《パリ・コミューン》、急進的政治クラブ間の対立が激化した。一七九二年八月九日から一〇日にかけて、政治クラブのメンバーと民主主義を信じるようになった国民衛兵からなる約二万五〇〇〇人の群集によって、テュイルリ宮が襲撃され、王宮を守るスイス人傭兵六〇〇〇人が殺害され、国王が監禁された。このとき、ラファイエットは軍によってパリを制圧し立憲王政を回復させようとしたが、彼の試みは兵士の逃亡によって挫折した。さらに九月二日から六日にかけて、外国軍侵攻が近いという危機意識と、敵に寝返るに違いないという恐れから、パリの牢獄に収監されていた約一四〇〇人の政治犯が群衆によって虐殺された。

戦時状況、国民公会、一七九三年憲法　立法議会では、ほとんどの保守派議員が逃亡したために、つねに民衆の圧力のもとに置かれていたジロンド派が多数派となり、王権の停止が宣言され、これにともない自由と国民主権を保証する新憲法を制定するために国民公会《コンヴァンシオン》を招集することが決議された。国民公会の選挙は、男子による普通選挙制が採用された（ただし、召使は自立が認められないため除外された）が、過

テュイルリ宮襲撃（1792年8月10日）　ジャック・ベルト画

激な結果を防ぐために再び間接選挙で行われることとされた。

その間、数週間の内に、宣誓拒否聖職者の国外追放、領主貢租の無償による最終的廃止、亡命者の土地売却――それらはすべて以前国王が拒否した法案だった――がジロンド派の主導する立法議会で議決された。しかし、同時に、革命遂行を唱える勢力間で政治的・軍事的戦術をめぐる対立が生じ、党派間で相手を裏切り者として非難しあう状況となっていた。ジロンド派について言えば、先のように急進的な決議を主導して議会に決議させたにもかかわらず、過激化したパリの民衆のジロンド派に対する風当たりはますます厳しくなった。なぜなら、ジロンド派はすでに八月一〇日のパリの民衆蜂起に反対したばかりでなく、国王の最終的退位にも反対し、食糧供給の統制法案にも難色を示していたからである。

外国との戦争のために、大規模な徴兵、軍備と兵士の糧食が調達され、財政赤字が増大し、インフレが高進していた。とくに国民を反発させたのは、国民総動員《ルヴェ・アン・マッス》の名のもとに例のないほど大規模な徴兵が行われ、それでも義勇兵の応募が不足し始めると、さらに徴兵活動に拍車がかけられたことだった。ただし、その結果、一七九二年の夏までには、フランス軍はすでに四〇万人規模になっていた。兵士の大半は一七八九年以降に登録された兵士たちで、将校の大部分は革命期に独力で昇進した職業軍人だった。したがって、フランス軍が九二年九月二〇日のヴァルミの戦いに勝利し、革命体制を守り、ライン左岸を「解放」することができたのは、新しい戦術や兵士の革命的信念によるものではなく、ブルンスウィック公指揮下の敵軍よりも兵士の数が多かったためである。

一七九二年九月から九五年一一月までのフランスを統治したのは国民公会《コンヴァンシオン》だった〔国民公会は一七九二年九月二二日に共和政を宣言し、この第一共和政は一八〇四年まで続いた〕。ただし、民衆がいまだに政治意識が低く、選挙に無関心だったために、国民公会の議員選挙で投票したのは有権者七〇〇万人のうちの約七〇万人にすぎなかった。また、こうして選ばれた議員には、過去の議会と同様に、裕福なブルジョワが目立って多かった。

フランス軍はその後ジェマップでも勝利し、オーストリア領だったネーデルランド（今日のベルギー）を占領した。しかし、イギリスとオランダがこれを自国の戦略的・商業的利益に対する脅威とみなしたことから、九三年二月、国民公会はこの両国に対しても宣戦を布告した。

一七九三年の春から夏にかけて、ヨーロッパ諸国との戦争での敗色が濃くなったために、国内にいる共和国の敵を是が非でも撲滅しなければならないと考えられた。デュムリエ将軍が祖国を裏切りオーストリアに寝返ったというニュースが伝わると、怒った民衆はパリ市内をデモ行進し、この民衆の圧力のもとに、国民公会は主だったジロンド派議員の追放を議決し、「国民の敵」に対する恐怖政治を日程にのせた。最も急進的だったジャコバン派は、革命を「金持ち」の裏切りから救わなければならない、と「人民」に訴えた。

一七九三年八月一〇日のテュイルリ宮襲撃一周年記念日に、「一七九三年憲法」が国民公会によって公布された。戦況が危機に瀕していたために施行されることがなかったとはいえ、この憲法は民衆の支持を得るための決意と努力の結晶だった。立法府は男子による直接普通選挙により選ばれた議員による一院制とされ、行政府はこの議会によって選ばれるとされていた。また、憲法の前文では、一七八九年の「人権宣言」による自由に加えて、公的扶助と教育に対する権利、さらには圧制に対する蜂起の権利さえも保証されていた。

しかし、当時の世界で最も民主的だったこの憲法は、その後すぐに党派対立のために忘れ去られた。とくに激しく対立したのは、右派のジロンド派と左派の山岳派《モンタニャール》（左派勢力の議席が急角度の議場の左側の最も高いところにあったため、フランス語で山岳地帯の住民を意味する「モンタニャール」と呼ばれた）で、この山岳派はジャコバン・クラブを拠点とし、ロベスピエール、ダントン、マラのような卓越したパリ選出議員に率いられていた。議会の多数派となったのは「平原派《プレンヌ》」と呼ばれた中間派で、ジロンド派も山岳派もきそって平原派を味方にしようとした。これらの党派は今日の政党のように組織化されていなかったために、党派の構成メンバーは流動的だった。議員たちは基本的問題——私有財産権の保護、革命体制の

ルイ16世の処刑（1793年1月21日）　それはアンシアン・レジームとの決別の最終的象徴であると同時にヨーロッパ諸国の君主たちへの不敵な挑戦だった

維持、圧政下のヨーロッパの人民に「友愛と援助」を提供するための強硬な外交政策の採用など――では一般に意見が一致したが、その他の問題では激しく対立した。山岳派は他党派に対し、反革命勢力撲滅に不熱心だと非難し、ルイ一六世を裁判にかけ、最終的に処刑することを支持する姿勢に曖昧さがあると追及した（裏切り者とも殉教者とも見なされたルイ一六世が処刑されたのは一七九三年一月二一日だった）。他方、ジロンド派の方は、山岳派が過激化したパリの民衆を利用して地方に対する独裁体制を固めようとしているのではないかと疑っていた。

恐怖政治、食糧危機、キリスト教否定運動

「恐怖政治《テルール》」の解釈次第でフランス革命の評価が識者の間で分かれる点では、革命当時も今日も変わらない。

恐怖政治による手段の多くは、一七九三年春のフランス軍の敗北、外国軍と反革命軍の侵攻の脅威、さらにはパリの政治クラブや民衆クラブが要求した強硬手段への対応だった。恐怖政治は非常時における応急処置だったのである。九三年一〇月の法令に、フランス政府は「平和が到来するまで革命的である」と明記されているように、国民公会は異例の中央集権体制をしいた。国民公会内に二一の委員会がおかれ、国防・行政を担当する「公安委員会」と治安維持を担当する「保安委員会」にとくに重要な権限が与えられた。また、各閣僚のこれらの委員会への報告義務が定められたが、とくに公安委員会と保安委員会に対する報告義務が重視され、非常事態がつづくかぎり公安委員会と保安委員会が国民公会を代行することとされた。

これらの委員会は、地方議会、革命委員会、ジャコバン派の民衆クラブを通じて地方を統制し、同時に、国民公会の代表者として「派遣議員《ルプレザンタン・アン・ミシオン》」が地方に派遣された。しかし、この派遣議員にはあまりにも強力な権限が与えられていた。彼らは必要とあれば軍、国民衛兵、あるいは全県の約三分の一に配置されていた革命軍《アルメ・レヴォリュシオネール》と呼ばれた民兵隊を使った。また、都市部出身の熱狂的なジャコバン信者が多かった革命軍は、保守色の濃い農村部に共和主義と革命思想を押しつけた。

恐怖政治はけっして計画的に行われたものではなかった。しかし、非常手段はつねにさらなる非常事態を生みだす。とくにパリその他の大都市周辺、外国軍の侵攻が予想された国境地帯、中部・南西部の諸地域では、反革命の容疑をかけられた人々に対する恐怖政治が猛威をふるった。ある推定によれば、一万七〇〇〇人が「法によって」処刑され、二万三〇〇〇人が法によらず処刑された。ヴァンデ地方の四県の反乱では、約二〇万人がゲリラ戦や武力弾圧で命を落としたと推定されているが、実際の数字はこれよりもっと多かったと思われる。これらの反乱では、反乱勢力とその支持者たちを農村から一掃するために、中立的立場の者は裏切り者と見なされ、軍がしばしば無差別に殺傷したからである。しかし、反革命勢力が軍に徹底抗戦を挑んだために、軍の側も多数の死傷者を出した。死者の大多数は職人と農民だったが、階層別にみれば貴族の死者の割合が最も高かった。このような情勢に加えて、いたる所で反革命容疑による拘束が相次ぎ（約五〇万人すなわち成人人口の三パーセントが拘束された）、さまざまな噂が流れたために、恐怖政治に対する不安と恐れは辺鄙な村落にまで広まった。

この時期にはまた、深刻な食糧危機が何度か生じた。増強された軍の兵士のための糧食供給量が増えたために食糧供給システムが破綻し、これに民衆騒擾、インフレ、不作が重なったためである。しかも、戦争のために海外市場が失われたため、ますます国民の購買力が低下し、失業者が増えた。このためにさらに社会的緊張が高まり、民衆騒擾が広がった結果、多くの市場が暴徒に襲撃され、食糧取引が妨げられ、都市部への食糧供給に支障を来たしかねない事態となった。とくに貧困層の間では、生存を保障することのできない政府に対する敵意が高まった。

国民公会はこのような状況で経済の自由を優先していたが、ついに一七九三年の五月と九月、穀類に最高価格を設定し、投機的買い占めを行った者を死刑にするという法令を発した。この背景にはいくつかの事情があった。ロベスピエールは「生存権はすべての権利に優先する」と主張していた。戦時下だったために、国内情勢をこれ以上悪化させてはならないとも考えられた。さらに、パリの商店主、職人、労働者などからなるサン・キュロットの圧力にも何らかの譲歩をしなければならなかった。ちなみに、これらの人々が「サン・キュロット」と呼ばれたわけは、彼らが膝までの長さのキュロット（当時の支配層はたいていこれをはいていた）ではなく、労働者であることが分かる長ズボンをはいていたからである。

しかし、暫定的な措置だったとはいえ、穀類の価格統制の実施は容易ではなかった。商人と農民が闇価格の利益につられて統制の裏をかき、多くの農村部の地方議会が統制政策を妨害した上に、それらの行為を防止する効果的な方法がなかったからである。しかも、価格統制のための穀類徴発を実施すると、つねに農民が猛反対した。そのために革命政府もこの暫定措置を中止したいと考えるようになり、価格統制はロベスピエールの勢力が没落する前に緩和された（一七九四年一二月二四日に最終的に廃止された）。

恐怖政治期のもう一つの注目すべき出来事は、いくつかの地域で一七九三年秋から九四年春にかけて行われたキリスト教否定運動である。この運動は、知識人の反宗教感情と国民一般の反教権主義が結びついたものであり、宣誓拒否聖職者を反革命的狂信者とみなして激化した。司祭に辞任の圧力がかけられ、聖像が破壊され、教会が閉鎖され、異を唱える聖職者が狩り立てられた。さらには、市民道徳と人間性回復の一環として、「理性」と「最高存在」を崇拝する革命的な宗教の創造の試みがなされ、将来の「幸福」の名のもとに、革命の敵を殲滅することが正当化された。また、日常生活から宗教を取り除く試みもなされ、一七九三年一〇月には、キリスト教と結びついたグレゴリウス暦にかえて、前年九月を元年とする日曜日のない共和暦が政府によって採用された。

この運動は国民公会が派遣した議員のイニシアティブのもとで行われたため、運動の強度には派遣議員の熱意と地域による差があった。たしかに多くの地域で——とくにパリ周辺、ノルマンディ、ローヌ川流域の諸地域、すでに教会の権威が低下していた中部の諸地域——で憲法で保障された教会の信頼性が失われ、宗教的習慣が弱まった。しかし、伝統的な宗教的慣習への攻撃の反動として、聖職者が以前にもまして支持されるようになった地域も少なくなかった。

サン・キュロット

国民公会は諸政策の決定に当たってパリの民衆、とくにサン・キュロットに大幅に譲歩せざるをえなかった。彼らはバスティーユ攻略以来すべてのデモに参加した労働者や職人であり、革命は、彼らの助けなしには維持することができなかった。また、外国の干渉と反革命勢力に対抗するために、革命の指導者たちが過激化し、同時に、民衆運動に依存するようになった。このために、国民公会の各党派もパリの民衆の支持を求めざるをえなかった。一七九三年の五月三一日から六月二日の間には、パリ市政、セクション〔一七八九年にパリはセクションと呼ばれる四八の行政単位・選挙区に区分された〕、市議会のそれぞれの代表者たちが請願書を提出し、ジロンド派主要メンバーの逮捕と、戦争努力の強化を要求した。さらに、九月四日と五日には、パリの民衆が「革命政府」樹立を求めて激しいデモを組織した。また、国民公会は食糧徴発や政治的弾圧のために各地の民衆クラブや革命軍を利用せざるをえなかったが、これらの民衆クラブの会員や革命軍兵士の多くもサン・キュロットで、「圧政者を倒せ」、「貴族を倒せ」、「悪徳商人たちを倒せ」と叫んでいたのである。

政治クラブの数は増加の一途をたどり、共和暦二年までには多くの農村にまで広がっていた。大づかみな推定では、全国の政治クラブの数は五〇〇〇から八〇〇〇に達し、全体の会員数も五〇万人から一〇〇万人に達していた——すなわち成人男子の六人もしくは一二人につき一人が政治クラブに所属していた。

もちろん、つねに活動に加わっていた者の数は、これよりもずっと少なかったと思われる。また、彼らは依然としてブルジョワ階級の知的専門職や地主を指導者に仰いではいたが、民衆レベルでの政治意識が高まった結果、民衆クラブの運営はある程度民主化されていた。

サン・キュロット──とくに闘争的なサン・キュロット──は社会的に多様な階層の集まりであり、それぞれ利害も異なっていた。彼らは主として親方職人、職人、商店主などの比較的裕福で、文字を読むことのできる人々だった。民衆の最貧困層は革命に無関心であるか、自分たちは除外されていると感じていた。民衆運動でとくに積極的に活動したのは錠前屋、建具屋、高級家具職人、靴屋、洋服の仕立屋だったと考えられている。彼らは技能や居住地が同じ人々ごとに団結し、いくつかの地方都市やパリの多くの街角で集会やデモを通じて政治活動を行った。とくにパリでは、セクションごとに定期的に開催された会議が彼らの活動の場になった。

サン・キュロットが激しく非難したのは、革命に対して消極的と思われる者、なかでも「腐敗した金持ち」、さらに貧民を搾取していると思われる貴族、御用金融業者、地主、商人、投機家などだった。サン・キュロットが示したこの敵意は、ある程度は階級闘争理論が広がったことに由来していた。しかし、彼らが信じていたのは明確な政治思想ではなく、平等主義的な価値観だった。ある市民層が十分な資産を持つかたわらで他の市民層がたえず不安定な生活に耐え、ある消費者層が十分な飲食料を買うことができるかたわらで他の消費者層にはそれができない、という現実は、明らかにあまりにも不公平だと思われた。

サン・キュロットの理想とは、すべての人が労働し、すべての家族が小規模の資産を持つとともにその資産によって地位と安全を獲得し、貧困層を助けるために金持ち層の過剰資産が没収される、というような社会をつくることだった。彼らは私有財産権を認めてはいたが、この侵すべからざる所有権も「人民の必要」によって制約されるべきだと信じていた。その典型的な例がパン価格の問題であり、パンはすべての人民に手の届く価格で提供されるべきである、と彼らは考えた。

サン・キュロットがさらに要求したのは、政府の決定に彼らの意見を反映させる権利だった。彼らはこの権利を行使するために、選ばれて議員になったにもかかわらず選挙民の意見にそむいた議員の罷免を要求し、議員に圧力をかけて決議を左右しようとした。そればかりではない。民衆がみずから主権者として請願デモを行うという、明らかに代議制議会の諸権利を脅かす権利をも要求した。こうして、民衆は、政界で対立する諸党派のスローガンや理念をそのまま、もしくは修正して口にするようになり、民衆運動が一つの独立した政治勢力となった。しかし、パリでも地方でも、民衆運動のリーダーたちは個々の運動を何らかの手段で連携させようとはしなかった。このために、民衆運動は本質的に特定地域だけの運動にとどまることになる。

反革命勢力の実態　民衆運動もジャコバン派も、革命を反革命勢力から守り抜くという決意で一致していた。まず革命に反旗をひるがえしたのは亡命貴族たちだった。彼らは一七八九年にニース、トリノ、ローザンヌ、マンハイム、コブレンツ、ブリュッセルに集結し、ヨーロッパ諸国に支持を求め、フランス各地に秘密組織をつくり始めた。ところが、これに民衆による革命反対運動の広がりが重なったために反革命の脅威がさらに高まり、エロー・ド・セシェル〔一七五九～一七九四。貴族出身のジャコバン党員〕の言葉を借りれば、「フランスの自由、人類の未来への自由に対する巨大な陰謀」とみなされるようになった。

他方、民衆による反革命運動が激化し拡大した背景にはいくつかの事情があった。まず、革命によって各地を担当することになった新しい行政官たちが、現地住民の怒りをかきたてた。住民の多くが早くも一七九〇年には、革命から得た利益よりはるかに大きな犠牲を求められていると感じていたにもかかわらず、これらの行政官が軍、都市の国民衛兵、革命軍の力を借りて、アンシアン・レジーム期の役人よりも高圧的に現地の問題に介入したからである。ただし、ジャコバン派の革命推進に反対した民衆は、もとを正せば革命自体に異を唱える反革命勢力ではなかった、ということにも留意しなければならない。

また、地域住民の運動が反革命武装勢力に味方した地域があったが、それらはたいてい深刻な宗教問題を抱える地域と重なっていた。たとえば南部、とくにモントーバンとニームでは、一七九〇年春までには、公的役割を担うプロテスタントが増えたことに対する反動が生じ、カトリック教徒がいまにも虐殺されるという噂が流れ、このために宗教対立がさらに激化していた。また、その他の地域では、カトリック対プロテスタントの対立以上に、住民が「聖職者市民法」と宣誓を拒否する聖職者を守りぬこうとしたことが、結果として革命体制の脅威となった。信仰心の強い地域では、宣誓拒否聖職者は地域住民の宗教的理想の象徴であり、地域住民に大きな影響力を持ち、重要な役割を果たしていた。したがって、よそ者たちが聖職者を排除しようとすれば、当然住民は反対して立ち上がった。さらに、激化したキリスト教否定運動による教会の閉鎖、聖像の破壊、聖職者の迫害は地域住民を大きく反発させずにはおかなかった。

農民を反革命に追いやった要因としては、重税、徴兵、食糧・馬の徴用（その代わりに受け取った紙幣の価値は下落し続けた）などがあったが、革命政府による土地政策もまた大きな要因となった。農民がいかに土地を渇望していたかは、宣誓拒否聖職者を守ろうとした地域の農民でさえ、没収された教会領地が売りに出されるやいなや買い取ろうとする農民が多かったことからも分かる。政府の土地政策が有力な農民グループに有利だった場合には、彼らは革命を支持するか、少なくとも積極的に革命に反対することはなかった。しかし、その反対に、土地購入の機会が奪われたと感じたときの彼らの怒りは大きかった。土地購入者はたいてい近隣の都市の投機的なブルジョワだったからである。また、十分の一税が廃止されても、その分が借地代に加えられ、結局借地農の利益にはならなかったことも農民の怒りを高めた。

一七九一年の春から夏にかけて西部で暴動が広がり始め、九三年にはヴァンデ地方とアンジュー地方南部で大規模な反乱が起き、これより規模は小さいがブルターニュとノルマンディのいくつかの地域でも反乱が起きた。この事態は九六年まで続き、九九年以降にも反乱が散発的に起きた。

農民の怒りの火に油を注いだのは徴兵、とくに一七九三年二月二四日の法令〔共和国軍増強のため独身男子を対象にくじ引きで三〇万人の徴兵を行うことが定められた〕だった。このために反乱が拡大し、没収地を購入したブルジョワや官僚に対しゲリラ攻撃が加えられた。これらの反乱で最も危険だったのは、戦争経験のある貴族が農村の職人や農民に迎えられて指揮を取ったケースだった。ただし、その場合、貴族と農民の関係はしばしば緊張した。農村の職人や農民は、表面的には貴族と同じ目的のために戦っているように見えたが、実際にはかならずしも旧体制《アンシアン・レジーム》を復活させた方がよいなどとは考えていなかったからである。

さらに革命政体を脅かしたのは革命の急進化に対する「連邦主義者《フェデラリスト》」による反乱だった。革命の過激化とともに、穏健派の目には、国民から選出された大多数の議員の権利がパリの民衆に支持される少数派に奪われたかのように見えた。地方でも、議会に民主思想が押しつけられ、民衆に「極端な」ジャコバン思想が強制され、既存の社会関係が脅かされていた。このためにも、一七九三年春に恐怖政治に対する反乱が起きて拡大したのである。これらの反乱に加わったのは、自由主義的な王党派は比較的少数で、大部分が保守寄りの共和主義者だった。反乱の首謀者たちは上位の中間階級出身で、ボルドー、リヨン、マルセイユ、ニーム、モンペリエ、トゥーロン、カーンなどの都市を拠点とし、是が非でも国をアナーキーから守らなければならないと考えていた。なぜなら、土地の再配分と同時に「富裕層」に土地代金の分割支払いを強制する農地法を断行した革命政府のなかに、彼ら自身の自由、秩序、財産の敵を見出していたからである。

ジャコバン派は、対外戦争とヴァンデ地方の反乱による政府側の軍事物資の不足をみすかすようにして起きたこれらの反乱を、共和政存続に対する新たな脅威として、とくに憎悪した。結局、追い詰められた連邦主義者たちは、リヨンとマルセイユでは王党派に軍の指揮をゆだね、トゥーロンではイギリスに来援を求めてフランスの艦船の多くをイギリス軍に引き渡したが、これに対する革命政府の報復は残酷をきわめた〔リヨンは二カ月にわたる攻囲戦で一七九三年一〇月に陥落し、トゥーロンも一二月に英艦隊から奪回された〕。

一七七三年八月の時点では、全国約二〇県で王党派と連邦主義者による反乱が起き、兵士の数が足りなかったために多くの地域が反乱軍に占拠されていた。しかし、それにもかかわらず、共和国が生きのびることができたのは、連邦主義者に率いられた反乱軍が統制を欠いていたためだった。ヴァンデ地方の約三万人規模の民衆反乱の方はもっと手ごわい相手だったが、これも九三年末までにはほぼ壊滅させることができた。

ただし、ヴァンデ、ブルターニュ、ノルマンディなどの地域では、その後も「フクロウ党《シュアヌリ》」と呼ばれたゲリラ勢力が活動を続けた。地理にくわしく、住民から支持されていた彼らを根絶やしにすることが容易でなかったために、政府軍とゲリラ勢力の間で虐殺と報復の悪循環が繰り返された。

革命政府の崩壊　革命の擁護者たちは、革命が脅威にさらされていた間は一枚岩であり続けた。しかし、一七九三年の秋から冬にかけて、対外戦争にも国内の敵にも勝利したことが彼らの分裂を招き、党派抗争を激化させた。早くも九三年の秋には、恐怖政治の緩和を求めるダントンの党派と、反対にその強化を求めるエベールの党派が対立し、九四年三月と四月に、ロベスピエールによって孤立化された両党派の指導者がギロチンにかけられた。

公安委員会は首都パリにおける革命政府の権威を回復するために、政府に圧力をかけ続けるパリの民衆運動を鎮圧した。鎮圧は容易だった。なぜなら、かつて革命を成立させた活動家たちの多くは新政体の官僚制度と軍に取り込まれ、その他の活動家は恐怖と幻滅あるいは疲労のために政治活動から身を引いていたからである。一七九四年の一月から四月の間にかけて運動組織が解体させられ、幹部が逮捕され、その他のとくに過激な革命主義者の組織も解体された。その後、サン・キュロットの生き残りの闘士たちが民主主義の理念を守るため武装闘争に訴えたが、これもすぐに粉砕された。しかし、これらはすべて裏目に出た。なぜなら、ジャコバン派はまさにこれらの鎮圧によって、九三年夏に彼らを権力の座につかせた民

ロベスピエール逮捕（1794年7月28日） 国民公会に忠誠を誓う兵士たちはロベスピエール逮捕のためにパリ市庁舎に集結した。シャルル・モネの絵をもとにしてヘルマンが制作した銅版画

衆の支持を失ったからである。

大半の国民公会議員が恐怖政治を承認したのは、一時的な応急措置としてであった。しかし、一七九四年六、七月の対外戦争に勝利して敵軍侵攻の危機が去ると、彼らは革命主義のテロリズムを許し難いと思いはじめ、ロベスピエールを嫌悪するようになった。彼が新しい秩序創造の名のもとに恐怖政治を永続させようとしていると思われたからである。こうして、大半の議員は、次は自分の番かもしれないと思い、同僚やダントンの処刑は法を悪用した暗殺として反対した。

公安委員会までも人事と政策をめぐって二つに分裂した。一七九四年七月二六日、ロベスピエールは国民公会でカンボン、ビヨその他の議員を弾劾したが、多くの議員が声を上げて賛意を示したのは、弾劾したロベスピエールに対してではなく、弾劾に対して熱烈に弁明した議員たちに対してだった。翌二七日、国民公会はロベスピエールとその一派の逮捕を票決し、ただちに処刑する処置を講じた。

ロベスピエール一派をスケープゴートとすることによって、あらためて最高権力が議会にあることが示されると、恐怖政治を遂行した国民公会内の委員会の権限は縮小された。行政と国民衛兵内でジャコバン派もしくはサン・キュロットと見なされる者はすべて粛清され、民衆クラブは弾圧され、閉鎖させられた。同時に、政治犯が釈放され、生き残りのジロンド派と連邦主義の議員が議会に復帰した。こうして、共和暦二年のテルミドール（熱月）に起きたこれらの事件を境として、フランスの政体は保守化し始める。

総裁政府時代　一七九四年の不作は一七〇九年以来最悪の食糧危機を招いた。その上、国民は九四年から九五年にかけてのとくに長く厳しい冬に苦しまなければならなかった。九五年四月一日と、五月二〇日から二三日にかけて、切羽詰まったパリの民衆がパンの値段だけでも引き下げさせようとして立ち上がった。しかし、「パンと九三年憲法」をスローガンにかかげたこの民衆蜂起は、軍と、パリ西部の裕福な区域の国民衛兵によって簡単に鎮圧された（これ以降約三五年間、サン・キュロットが重要な政治的役割を演じることはなかった）。八月二三日には、生き残っていた政治クラブと民衆クラブが法令によって閉鎖された。政治犯に対しては、しばしば軍事法廷で独断的に判決が下された。九六年五月には、バブーフによる政権転覆の陰謀が発覚し、バブーフは逮捕され、この事件を新たな口実として多数の容疑者が拘留された。

このような背景のもとに、一七九五年八月、「共和暦三年の憲法」と呼ばれる新憲法が国民公会によって制定された。この新憲法の内容は、九三年夏に採択されていた民主的な「九三年憲法」とは対照的だった。施行されることのなかった九三年憲法の平等主義が危険視されたためである。新憲法では、立法府は「元老議会」と「五百人議会」からなる二院制とされ、これらの議員は二段階の間接選挙で選出することとされた。すなわち、有権者は全国の納税者約六〇〇万人――のちに実施された選挙で実際に投票したのはその二〇パーセントにすぎなかった――とされ、彼らに選出される合計三万人の選挙人によって最終的に議員が選ばれることとされた。ただし、選挙人は一〇〇日から二〇〇日間の労働所得に相当する税を支払うことのできる富裕層に限られていた。普通選挙は必然的にアナーキーもしくは独裁政治をもたらすと考えられたからである。また、選挙の結果王党派が議会の多数を制することを防ぐ措置として、当初の選挙では元老議会と五百人議会の議席数の三分の二は国民公会の議員から選ぶべきこととされた。他方、法の前の平等は以前どおり明記されたが、所有権の解釈が以前よりも拡大強化され、かつてジャコバン派が重視した労働、公的扶助、初等教育の権利に関する条項は削除された。これらは国家の責任ではなく個人の責任とみなされたのである（恐怖政治期に決定された経済的統制は、あたかも国家は国民の苦しみとは無関係だとでもいうように、食糧危機と冬の寒さのさなかの一七七四年一二月に撤廃されていた）。

他方、行政権は五人の総裁〔総裁は五百人議会が提出する候補者リストから元老会議によって選ばれた〕からなる総裁政府に与えることとされ、恐怖政治のような独裁政治が二度と繰り返されないよう、権力は厳重に分割されていた。ところが、総裁政府は九五年一〇月二七日に発足したが、総裁として選ばれた五人はともにルイ一六世処刑に賛成票を投じた「国王殺し《レジシッド》」だった〔この五人は王党派勢力が増大すれば罪を問われて処刑されるにちがいなく、さりとてロベスピエール一派を処刑した以上、政権維持のためにジャコバン派と連合することもできなかった〕。

実際、ロベスピエール一派を打倒した国民公会とその後の総裁政府は社会的・政治的基盤がなかったために、つねにジャコバン派と王党派という左右の両勢力に目配りし、危険な綱渡りを余儀なくされた。しかも、その危険はすぐに露呈した。一七九五年一〇月五日、王党派が国民公会の権力維持に異議を唱えてパリで蜂起し、国民公会は余儀なく左派の力を借りてこれを鎮圧した〔国民公会はバラスを蜂起処理の責任者に指名し、バラスによって副官に抜擢されたナポレオン・ボナパルトが軍によって蜂起を鎮圧した〕。ところが、このことはそれまで国民公会を支持していた名士層を離反させた。

これと同様に、左派との連携戦術はつねに長続きしなかった。たしかに、王党派の脅威が高まったときには、政権側に同じ共和主義者として左派との連合を図る動きが何度かあった。しかし、そのたびに、再びジャコバン派と民衆が結託するのではないかという恐れが政権内部に生じ、左派を弾圧する結果に終わった。

他方、右派との連合についても、信仰の自由を定めた一七九五年二月二一日の法令の場合がそうだったように、あまりにも多くの制約に妨げられた。

パリでは、奇妙な服装をして、キザで傲慢な「金持ちの道楽息子《ジュネス・ドレ》」と呼ばれた青年集団が、王党派の脅威をまざまざと実感させた。地方でも、西部方面の反乱はなかなか収拾されなかった。この反乱がやっと鎮圧されたのは、軍を増強してオッシュ将軍が指揮を取り、一〇万もの兵からなる遊撃隊に農村地帯を掃討させた一七九五年春のことだった。ローヌ川流域の農村部と南東部一帯では、ジャコバン派に対する白色テロが吹き荒れていた。かつて過激な改革を断行したジャコバン派は「テロリスト」もしくは「血を飲む連中」として追放され、威嚇され、しばしば殺害された。この「白色テロ」は九五年に最高潮に達し、一八〇二年まで続いた。

王党派による公然たる政治運動も行われていた。一七九五年六月二四日は、イタリアのヴェローナで、ルイ一六世の弟のプロヴァンス伯が「旧政体」復活を要求する宣言を発した〔プロヴァンス伯はみずからルイ一八世と称し、旧秩序再建と革命勢力の処罰を要求した〕。しかも、その後行われた選挙の結果、多数の選挙人が王党派を支持している事実が判明する〔一七九七年三月から四月にかけて両院の三分の一を改選する最初の選挙が行われたが、二一六人の改選議員のうちで再選された者は一三人にすぎず、新人議員の大多数は王党派を支持する傾向があり、総裁の一人も王党派が選ばれ、王党派が政権を制する危機が生じた〕。このため、総裁政府はやむなく半数以上の県の投票結果を無効とみなし、亡命貴族と宣誓拒否聖職者を排除する法令を復活させ、国政内部で新たな粛清を断行する〔これらは軍の支援下で行われ、五三人の王党派議員が国外追放処分を受けた〕。この「共和暦五年フリュクティドール一八日（一七九七年九月四日）のクーデタ」は総裁政府そのものが憲法を破ったことを意味した。

総裁政府時代は今日にいたるまで低く評価されているが、総裁政府が対処しなければならなかった困難な状況を軽視してはならない。恐怖政治が終わった後も、内乱、対外戦争、農産物不作による危機的状況は続いていた。総裁政府はアシニャ紙幣〔聖職者の没収財産を担保とした不換紙幣〕暴落によって生じた財政不安をかなり改善したが、度重なる官僚と議員の粛清によってみずからの権威を失い、しだいに孤立した。総裁政府が九九年まで命脈を保つことができたのは、バラスやカルノのような有能な人材がいたことと、とくに敵対勢力が分裂して弱体化したためにすぎなかった。

また、孤立から免れるためにも、外国との戦争のためにも、総裁政府は軍への依存度を高めた。このことから危険な状況が生じる。リヨン、マルセイユ、多くの農村地帯には戒厳令がしかれていた。他方、軍の大半は戦勝によってフランスに統合されたロー・カントリーズ〔ベルギー、オランダ、ルクセンブルクにあたる地方〕、ラインラント、イタリアにつくられた「姉妹共和国」にとどまって組織的に略奪を行い、この略奪によってフランスの財政危機がある程度緩和され、現地の軍も維持されていた。しかも、軍の高官たちは王党派からもジャコバン派からも距離を置き（王党派が政権をとれば彼らの地位が奪われ、ジャコバン派が政権をとれば再びシビリアン・コントロールに服さなければならなかったからである）、政府による統制をしばしば拒否した。かつての革命軍は、すでに市民社会から分離した職業軍人からなる軍へと変貌していたのである。

ナポレオン帝国

統領政府とナポレオン・ボナパルト　一七九〇年代の終わりまでには、論争に明け暮れる共和政体はすでに威信を失っていた。議員たちさえ強い政府を待望し、さもなければ秩序を維持することも、八九年に勝ち取った個人の自由と法の前の平等を守ることもできないのではないか、と考えるようになっていた。しかし、そのための方法となると意見が分かれた。いくつもの政治グループは有力な将軍たちを後ろ盾にしようとした。最有力候補はベルナドット、ジュベール、モロー、ボナパルトであった。

一七九九年六月に総裁政府がネオ・ジャコバン派によって刷新された〔一七九九年四月の選挙の結果、ネオ・ジャコバン派と呼ばれた勢力が議会を支配し、軍事力を背景に政府を刷新した〕ことに恐れをなしたシェイエスとその一派は、ボナパルトを最適任者とみなした。軍人として有能だったばかりでなく、知識層や政界のエリートにも有益な人脈を持ち、イタリア戦争の若き英雄として兵士や市民にも人気が高かったからである。ボナパルトは、陰謀に加担するために、軍をエジプトに残して帰国する。つづいて、両院がジャコバン派による陰謀を口実にパリ郊外のサン・クルーに移され、その直後に軍に包囲される。こうして、九九年一一月九日から一〇日（共和暦八年ブリュメール一八日から一九日）にかけて、軍の圧力のもとに、シェイエス、デュコ、ボナパルトの三人の統領からなる統領政府樹立が両院によって承認された。

このクーデタはもともとシェイエスの党派が権力奪取のために企てたものだった。しかし、現実に権力を手にしたのは軍を掌握するボナパルトだった、ということがすぐ明らかになる。九九年一二月に制定された「共和暦八年憲法」の定める三人の統領のうち、強力な行政権を持つ任期一〇年の第一統領に就任したのはボナパルトだったからである。この憲法では、選挙は普通選挙で行うことと定められてはいたが、そこにはある種の間接選挙の壁が設けられていた。有権者が選出するのは立法府の議員候補者であり、最終的な議員はこれらの候補者の中から元老院によって選出されるとされていたからである。

差し迫った問題は、政府の権威を確立し、蜂起や野盗の跋扈で荒廃した地方の行政を強化することだった。まず、秩序を回復し、新政体に対するコンセンサスを得るために、南部と西部の王党派の反乱の鎮圧、日曜礼拝の認可によるカトリック教会への譲歩、王党派とジャコバン派の双方に対する寛大な大赦が並行して実施された。これにつづき、中央集権的「官僚制国家《エタ・ビュロクラティック》」創造をめざす制度改革が実施された。すなわち、一八〇〇年二月七日の法令で県知事制が定められ、各県における官僚は国家の代理人として国家機構に組み込まれ、地方の官僚は革命期のように選挙で選ばれるのではなく、第一統領によって任命されることになった。

ただし、一八〇〇年から一四年までの間に任命された延べ二八一人の県知事の四割は旧体制《アンシアン・レジーム》下の貴族たちであった。この事実はボナパルトによる政体の重要な性格を示唆している。また、この制度改革によって中央政府の方針を地方に徹底させることができたとはいえ、交通・通信があまり発達しておらず、地方の官僚の数もまだ多くなかったために、中央の高級官僚があいかわらず地方情勢にうとかったことに留意しなければならない。ナポレオン時代の官僚は、国の人的・経済的資源の評価に役立つ統計情報の収集に熱心だったが、情報の多くは正確なものではなかったのである。

ボナパルトは行政にも財政にも無知だった。そのために、彼はルブランやゴダン――財務相をつとめたゴダンはもとネッケルの協力者だった――のような行政経験の豊かな政治家の改革案を積極的に受け入れた。一七九九年一一月二四日の法令による徴税の効率化と、中央銀行の設立によって、財政への信頼が回復された。フランス最初の包括的法体系が編纂され〔「フランス人民法典」いわゆる「ナポレオン法典」として一八〇四年に発布された〕、これによって八九年に宣言された個人の自由と法的平等が確認され、家父長制的家族が理想とされ、私有財産の相続の諸原則が定められた。ただし、植民者と商業エリートを懐柔するために、共和暦二年に廃止された植民地における奴隷制が息を吹き返した。

諸外国との戦争に連勝したことは統領政府の権威をさらに高めた。一八〇一年二月八日にはリュネヴィルでオーストリアと講和条約を結び、これによって北イタリアとライン左岸を再びフランス領とすることを認めさせた。イギリスとの間では翌年の三月二五日にアミアンで講和条約が調印された。ボナパルトは、オーストリアとイギリスがあまり長くフランスの覇権を許さないことを承知の上で、とりあえず諸外国と講和して軍を国内に戻し、軍事力にものをいわせて国内の宥和政策を進めようと考えたのである。さらに、同年四月には、一〇〇〇人を除くすべての亡命者に対し、国家への忠誠を誓うこと、および革命期の土地政策を認めることを条件として、大赦が与えられた。

また、この年の復活祭には、強気の交渉によって教皇庁との間で結ばれていた政教協定《コンコルダ》が公表された。この政教協定を結んだボナパルトの狙いは、宗教に社会の管理を担当させること（これはボナパルトのシニカルな一面を示している）、カトリック教徒に新政体の容認を促すこと、および王党派から統領政府に反対する根拠を奪うことだった。カトリックはフランスの大部分の国民が信じる宗教として認知されたが、同時に、教会は広い分野で国家の統制に服すべきことと定められていた。しかし、フランスのカトリック教会はこの協定を歓迎した。なぜなら、これによって、宗教基盤そのものを脅かす国家と教会の対立を終わらせ、教会の権威を回復することができるだろうと考えたのである。このために、一八〇九年にナポレオンが教皇領を占領して教皇から破門されたときにも、フランスの国家と教会の関係はすこしも揺るがなかった。

第一帝政　一八〇二年五月二日、元老院はボナパルトの業績に対する感謝の表明とともに第一統領の任期をさらに一〇年延長することを決議し、参事院《コンセイユ・デタ》は第一統領を終身制とすること、第一統領の後継者の指名権を第一統領みずからに与えることを決議し、さらにこれを国民投票に付すことを決議した。裕福な有産階級を代表する議員たちは、ナポレオンに権力を与えることによって、選挙と議会政治に内在する危険を防止しようとしたのである。一般民衆はといえば、すでに数年間の抑圧によって政治意識を麻痺させられていたために、この政変に対しても関心を示さなかった。

さらに一八〇四年五月一八日、立法府は第一統領ナポレオン・ボナパルトを世襲のフランス皇帝とすることを議決した。この帝政樹立は、ボナパルト体制によって地位・財産を守ることができた立法府の議員たちにとって、王党派がたてつづけにボナパルト暗殺を企てた当時の状況から身の安全を確保する手段だった。

政治制度は帝政期となってもほとんど変わらなかったが、これを期に革命時代が終わったことは明らかだった。かつて共和政が保守化した時期がそうだったように、この政体は専制的かつ抑圧的な手段によって現状を維持しようとした。世論は検閲と帝国賛美によって操作され、反体制勢力はしばしば証拠なしに逮捕され、反体制運動は憲兵隊によってただちに鎮圧された。皇帝ナポレオン・ボナパルトが最重要視したのは効果的な統治体制の確立、ヨーロッパにおけるフランスの軍事的・政治的覇権の確保、王家としてのナポレオン家の確実な存続だった。しかし、同時に、彼は社会的序列の強化にもつとめた。富裕層に加えて、国家に対する貢献度に対応する新しい地位の序列がつくられ、優れた業績を上げた者に対してはレジオン・ドヌール勲章（一八〇二年五月制定）や帝国貴族（一八〇八年制定）の称号が授与された。さらに、この新しい階層の未来の担い手を国家の監督下で育成するために、中・上流階級の子弟を対象とする中等学校《リセ》（一八〇二年五月一日の法令）が開設された。

フランス帝国が拡大しつづけたために、多様な経歴の人々がこの帝国に貢献して恩恵にあずかろうとした。ちなみに、帝国貴族という新種の貴族に叙せられた人々の内訳を見ると、二二パーセントがアンシア

アウステルリッツの会戦（1805年12月2日）　ウィーン占領後、フランス側がこの戦いに勝利したことはプレスブルクの講和条約で確認された。敗北したオーストリア・ロシア連合軍は3万7000人の戦死者を出し、3万人の兵が捕虜となった。フランス軍も8000人の兵を失った。J・ルジェンダスの銅版画

ン・レジーム期の貴族、二〇パーセントが一般庶民、五八パーセントがブルジョワ階級だった。この時期に政治的分裂があまり生じなかったのは、このように多様な社会階層が目的を共有していたためだった。旧貴族はといえば、少なくとも当初は、このような情勢とは距離を置いていたが、時とともにその大部分が行政もしくは軍の将校団に加わった。新政体が成功を収め、長続きすると思われるにつれて、多くの旧貴族は「帝位の強奪者」ボナパルトに対する当初の軽蔑心を捨てた。他方、ブルジョワ階級は、アンシアン・レジーム期がそうだったように、社会的上昇の手段として官職を重要

ヨーロッパを兄弟に配分するナポレオン　ゴーティエの銅版画

視していた。さらに、かつての共和主義者について見れば、彼らの多くは社会秩序が再び安定したことを評価し、ブルボン王朝の復活よりボナパルトの方が害は少ないと考えていた。

しかし、行政が効果を上げるにつれて、独裁政治の傾向が強まってゆく。議員を選出する各県の選挙人——一八〇二年に「共和暦一〇年憲法」が制定されて以来、各県の最高納税者からなる六〇〇〇人に限定されていた（彼らの大半は地主、商人、弁護士だった）——は社会的地位として尊重されたが、議員の意見自体は、自分と異なる意見を聞き入れなくなったナポレオンによって軽視され、シャプタル、タレーラン、フーシェのような有能な閣僚も罷免された。こうして、帝国の運命はしだいに独裁者の意志と能力のみに左右さ

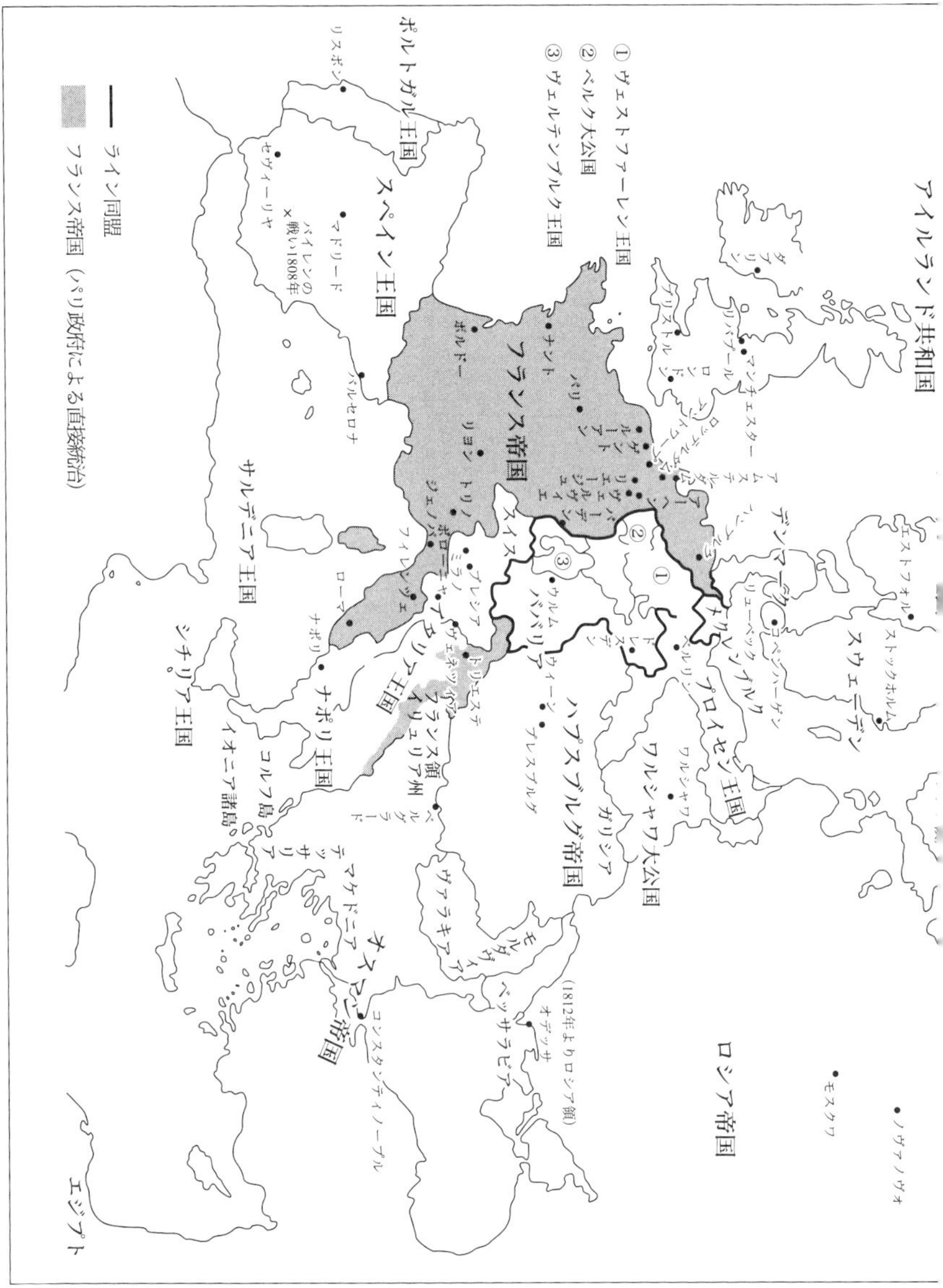

ランス帝国の最大版図（1812年）

れてゆく。実際、ナポレオンはみずからが理想的な「英雄」もしくは「運命を操る者」であるという空想に没入し、そのような肖像を多くの画家や作家に表現させている。

たしかに、当時のフランスでは、政教協約によって国家は教会と和解し、社会秩序は回復し、経済は繁栄を謳歌し、ナポレオンが戦争で連勝したことから、ナポレオン体制に反対する勢力は弱体化していた。また、年齢制限、扶養家族、くじ引き等によって兵役から免れた労働者たちは、労働力不足による賃金上昇の恩恵に浴することができた。さらに、一八〇二年から一〇年にかけては毎年豊作で、これが都市の消費者と大半の農村人口を潤したために、この期間の経済はとくに繁栄した。しかも、行政府はこれを政策の成果と主張し、この主張をしばしば国民に受け入れさせることができた。しかし、これらすべては帝国の運命とともに短期的な現象に終わるのである。

帝国の崩壊　結局、果てしなく続けられた戦争が帝国の命取りとなった。ナポレオンがヨーロッパにフランスの政治的覇権を強制したことはヨーロッパ諸国を対仏大同盟に結束させた。また、一八〇六年の大陸封鎖令は、フランス占領軍による占領国での政治介入と人的・物的資源の搾取とあいまって、さらにヨーロッパ諸国の反発を招いた。

ナポレオンにヨーロッパの完全制覇という以上の長期的目標がなかったことは、彼を実力以上に背伸びさせた。一八一二年にナポレオンが周囲の反対を押し切ってロシアに侵攻した最大の理由は、大陸封鎖令からの離脱を宣言したロシア皇帝を何としても懲らしめねばならない、というものだった。しかし、この戦争では、過去四年間にわたる軍の再編成も、ナポレオンの天才的戦術も、一時的な優位を保つことにし

モスクワから悲惨な退却をつづけるフランス軍に壊滅的打撃を与えたベレジナ川渡河（1812年11月25～29日）　ヴィクトール・アダムの石版画

か役に立たなかった。ロシア軍は後退を繰り返したが、惨めな後退を繰り返しながら勝つための教訓を学び、それを後で実行した。これに対しフランス軍の方は、併合諸国でも徴兵したために当初は軍の規模で敵に優っていたが、ロシアからの撤退時にその優位性を失った。また、併合諸国に戦費を負担させることが難しくなったために、フランス国内での兵士と軍費の調達が重大な負担となり、このことが国内の反ナポレオン勢力を拡大させた。ところが、ナポレオンはその反対勢力の強さを判断することができなかった。ほとんどの行政報告書が、国民はナポレオンを愛し忠誠を誓っているといったような、ナポレオンとその取り巻きを喜ばせることを強調しつづけたからである。

これに対する反体制勢力の動きはどうだったかといえば、ナポレオンが政権を掌握した初期の弾圧と一八〇一年の一連の逮捕の後では、共和主義者と民衆活動家たちは表立った活動から身を引き、当局の目の届かない所で「くたばれナポレオン！」と叫ぶとか、旧ジャコバン派同士で議論する以上の動きは見せなかった。しかし、王党派の諸グループは活発な動きを示し、ナポレオン暗殺を企てたり、秘密組織を通じて亡命者やイギリスと連絡を取り合っていた。上流階級はどうかといえば、帝政に対する軽蔑をあらわに語るのは彼らの自宅に限られていた。新政権に取り入って官職についた者たちは、その官職にうまみがあり、とりあえずそれに代わるものが他になかったからそうしたにすぎなかったのである。軍内部でさえ、ベルナドット、モロー、ピシュグリュのような将軍たちは以前からナポレオンを信用していなかった。ナポレオンが一七九九年のエジプトについで一八一二年にロシアでも軍を見捨てたばかりか、ナポレオン自身の個人的栄光のために軍に過度の要求を強いているように見えたからである。

ロシア遠征が失敗した後、一八一三年から一四年にかけて防衛戦争が続くと、フランス国内はますます疲弊し、その結果、国民のナポレオンに対する怒りが高まった。一八〇九年には大幅に税率が引き上げられ、重い間接税が貧困層を直撃し、一一年から一二年にかけては、イギリスを封鎖したことが不作による経済危機をさらに深刻化させていたからである。富裕層は身代わりを立てて徴兵を免れることができたが、大規模な徴兵も国民を苦しめ、徴兵を忌避する者も増えた。ただし、きびしい監視体制とナポレオンの威光が功を奏した結果、帝政期の徴兵忌避者の数は共和政や総裁政府の時代ほど深刻ではなかった。また、一八〇〇年から一四年までの徴兵数は人口の約七パーセントに達したが、のちの一九一四年から一九一八年の間には人口の二〇パーセントが徴兵された事実にも留意しておかねばならない。

一八一三年末までには、同盟軍がライン川を渡河し、イギリスのウェリントン将軍が南フランスへ侵攻した。一二月には、つねに従順だった立法院さえナポレオンに反抗し、フランスの「自然国境」（基本的には一七九二年の国境）に基づく講和条約を結ぶことを決議した（賛成二二九、反対三一）。一四年になると死傷者が激増して士気が低下し、青年層の兵役忌避が再び急増した。西部では慢性的なゲリラが息を吹き返し、中部の多くの地域では、祖国を守れという遠いパリからの呼びかけに応える者はほとんどいなかった。とくに治安組織の手薄な農村部では、食糧危機と失業者の急増のために無法状態が広がる傾向が見られた。敗戦と無法化した国内情勢は、社会の秩序と経済の繁栄が守られるという条件つきでナポレオンを支持していた有産階級に、ナポレオンへの忠誠心を失わせた。防衛戦争は、ナポレオンが何度も見事な手腕を示したにもかかわらず、同盟軍に対するフランス軍の劣勢が明らかになった。

一八一四年三月三一日、ついに同盟軍がパリに入城すると、四月二日と三日に元老院と立法院がナポレオンの帝位剥奪を議決し、四月六日、ナポレオンはフォンテーヌブローでみずからの元帥たちによって退位を強制された。こうして、立法府、名士層、有産階級は、ナポレオンによる帝国継続を拒否した。ほとんどの国民は事態の進展に無関心だった。ただし、ナポレオンは先を見通していた。なぜなら、「あなたがいなくなれば国民はどうするでしょう?」と以前に質問されたときの彼の答えは「皆は言うであろう、やれやれ（これで一息つける）、とな」というものだったからである。

元老院はただちに新憲法策定にとりかかった。元老たちは帝政のお偉方、高級官僚、地主たちであり、その多くはかつての革命期の議会の議員だった。新憲法草案の内容は、一七九一年に制定された立憲王政の憲法によく似ていたが、それよりも国王に大きな権力を与えると同時に、法の前の平等、宗教と出版の自由、革命期の土地政策の保証など、一七八九年に勝ち取った重要な内容を確認していた。選挙で選ばれる下院も創設されることとされた。ただし、有権者は非常に限定され、「現実に社会に関与している」富裕層だけが政治に参加できる仕組みになっていた。

五月三日には、ルイ一八世――彼はルイ一六世の弟プロヴァンス伯だった。ルイ一六世の若い息子が一七九五年に獄死していたからである――がパリに帰還した。ヨーロッパ諸国の圧力のもとに正統な王家の再興として国王に即位したルイ一八世は、新憲法の内容に妥協せざるをえないと考えた。この憲法は「シャルト・コンスティテュシオナル（憲章）」として一八一四年六月四日に公布された。

その後ナポレオン人気が再び高まったのは、この復古王政の為政者たちが国民掌握の能力を欠いていたためだった。敗戦国フランスは失った領土の分だけ行政と軍の規模が縮小され、軍はさらに平時に必要とされる規模にまで縮小された。ところが、これに乗じて軍と行政内の危険分子とみなされた人々が粛清され、これによって空きのできた要職が、国王に信頼の厚い者たちに報奨として与えられた。さらに、あたかも一七八九年の革命を完全に否定するような政策が示されたことも国民を反発させた。農村地帯では、王政は旧亡命貴族に元の土地を返却するばかりか領主貢租と十分の一税も復活しようとしている、という噂が広がった。

ナポレオンは、このような国内情勢と、軍内部ではいまだに自分に人気があることを利用することができた。一八一五年三月一日に彼がエルバ島を脱出してフランスに上陸したことは、さぞ国民の反貴族・反聖職者感情と愛国心を高揚させ、ネオ・ジャコバン派を勢いづかせ、有産階級のお偉方を震え上がらせたことと思われる。名士層はナポレオン個人ばかりでなく、彼が外国との戦争を再開することを恐れていた。しかし、ナポレオンにとっては、名士層は政権の中枢に欠かすことのできない人材だった。そこで、ナポレオンは彼らを安心させるために、ルイ一八世の憲章によく似た内容の「帝国憲法付加令」を公布し、これによって憲法に基づく議会制とすることを彼らに約束した。

しかし、ナポレオンの帰還はけっして全国民に歓迎されたわけではなかった。同盟軍の侵攻で最も被害を受けた北部と東部では熱烈に歓迎されたが、その他の地域では無関心もしくははっきりと反対の姿勢が示されることが多かった。たとえば再び大陸封鎖令がしかれることを恐れた港湾地帯がそうであり、南部と西部ではとくにその傾向が強かった。これらの地域は、かつて革命期の宗教政策に猛反対し、その後は徴兵に対して最も激しく抵抗した地域だった。また、「ナポレオンの百日天下」がワーテルローの流血のクライマックスで幕を閉じた後、ナポレオン支持者《ボナパルティスト》たちに対して残忍な報復が行われたのもこれらの地域だったのである。

ワーテルローで決定的に敗北したナポレオンは一八一五年六月二二日、再び、そして最終的に退位させられ、二度と本国に帰還することがないよう大西洋の孤島セント・ヘレナに幽閉される。しかし、その後のナポレオンがこの孤島でみずからの行動を正当化する作業に没頭したことから、ナポレオン神話が生まれ、この神話がのちの政治に大きな影響を及ぼすことになる。

革命動乱期の意味　ナポレオンの帝国が完全に崩壊した後も、一部の国民はナポレオンを賛美し続けた。今日でも、一部の歴史家はこの皇帝を神聖視している。しかし、ここで留意しなければならないのは、名誉、犠牲、栄光という観念のとりことなった利己的な独裁者による政治を直視し、彼を英雄視するかわりに彼の業績を批判的に観察しなければならない、ということである。いかにおびただしい血が戦争で流されたかという事実を考えれば、軍事指揮官としてのナポレオンとフランス軍の栄光にも一定の制約が加えられるべきであろう。実際、当時のフランス軍の戦歴を概観すれば、輝かしい勝利を収めるより惨めな敗北を味わった回数の方が多かったのである。

革命からナポレオン時代へと続く長い革命動乱期が終わった後、さらに長い政治的混乱が続いたのも不思議ではない。この動乱期は旧制度を破壊し、国民の政治観に決定的な衝撃を与え、まことに劇的な変化を生じさせた。自由主義と民主主義の原則が確認され、国民主権が認められた。王政が廃止され、国王と王妃が処刑され、教会と貴族が攻撃され続けた。そして、これらが先例となり、その過程で形成されたさまざまな主義・信条がのちの世代に引き継がれた結果、この動乱期の人々の恐怖と希望がその後の一九世紀の政治課題となったのである。

この時代には、大衆がはじめて政治の舞台に登場した。彼らは政治が日常生活に関係していることを知り、政治運動を組織することを学んだ。この時代の警察力はきわめて優秀だったが、にもかかわらず、民衆を後戻りさせることはできなかった。国民の危機感は恐怖政治を招いたが、同時に、不完全だったとはいえ多くの国民に政治意識をめざめさせ、フランス人としての国民意識を高めさせた。当然、その過程で、革命を支持するか否かで政治的対立が先鋭化した。国家権力についていえば、かつてこれほど国家権力が露骨に発動された時代はなかった。とくに恐怖政治期とその後の保守反動期には、介入を強化するためにさまざまな制度改革が行われた。

近年では――保守的な政治観を持つ「修正主義」の歴史家以外にも――フランス革命の（さらには革命といわれるすべての出来事の）重要性を軽視する考え方が人気を博している。すなわち、歴史の継続性を認識すれば、フランス革命とこれにつづく動乱期は一過性の副次的現象にすぎず、革命の成果はほとんど永続せず、永続したとしても本質的にネガティブな方向に働いた――という考え方である。そして、たしかに、このような主張にも根拠があると思われる。

この時代にはギルドの廃止、労働組合の禁止、国内関税の撤廃によって、企業や経済の障害が除去された。多くの地主と農民は十分の一税と領主貢租の廃止によって利益を得た。農村の余剰作物は増え、多くの農民はこれを販売するか将来の自己消費用に蓄えることができるようになった。平均寿命も延びた。しかし、マニュファクチャーを主体とする経済にあっては、たえまない動乱による不安な情勢は堅実な企業活動よりも投機的活動を促した。戦争のために再び経済に統制が加えられ、インフレが高進して国が麻痺する恐れが生じ、資本が商工業に投下されるかわりに安全策として土地取引に投下された。こうして、おそらく一七九六年には、工業生産は最低レベルに落ち込んだ。その後国内の安定が回復され、領土が拡大されたことから、経済状況も上向いたが、イギリスに完全に制海権を握られたために、以前は最も活況を呈していた港湾都市とその後背地域が壊滅的打撃を受けた。したがって、帝政初期の経済的繁栄――ただし、その規模は革命期における損失を補った程度のものにすぎなかった――は、限られた地域だけの、つ

蒸気機関により排水が行われていたリエージュに近い炭鉱で、事故を知って心配した人々が集まっている

ねに脆弱な体質のものでしかなく、これが一八一〇年の不作と戦況の悪化によって息の根を止められたのは当然だった。

テクノロジー革新について見ても、フランスはライバル国イギリスにますます遅れをとった。たしかに、特定の地域では、イギリスとの戦争によって苛烈な経済競争から守られたおかげで、テクノロジー革新と経済成長がみられた。その代表的な地域がパリ、ルーアン、リール、ミュールーズだった。しかし、フランス経済の前工業化的構造は変わらなかった。大部分の地域で農業生産性は非常に低く、他国と比べれば交通・運輸システムはスピードとコスト面で見劣りし、商業はあまりネットワーク化されず、工業は小規模のマニュファクチャーの段階にとどまっていた。すなわち、商業化の進展と生産性の向上をはじめとする、すでに一七世紀に明らかに始まっていた緩やかな変化は、この時代に促進されるどころか、むしろブレーキをかけられたのである。

革命前の時代から一九世紀までの社会についても、その継続性を強調する歴史観はきわめて正しいと思われる。革命と帝政は社会的エリートの構造に強烈な衝撃を与えたが、これによってその構造が大きく変化したとは言えない。身分制社会はすでに革命以前から凋落し始めていたのであり、貴族特権の廃止はその凋落を早めたにすぎなかった。また、大規模な土地所有権の移動は貴族と教会の経済的・社会的権力を弱めはしたが、これがもたらした主要な結果は、既存の土地所有形態の強化と、多くの貴族を含む富裕層と耕作農民の格差の確定だった。社会的エリートや名士層は、多数の非貴族の参入を受け入れて階層として拡大したが、それにもかかわらず、革命前の多くの特徴を持ち続けた。なぜなら、当時はなお本質的に農業社会だったために、主として土地から得られた富によって、身分にふさわしいライフスタイルを維持し、専門職や官職につくための経費をまかなうことができたからである。たしかに、社会的上昇の気運は、一七八九年以後から帝政期にかけて、とくに官界、軍部、土地投機の領域で高まった。しかし、新時代到来としてこの時代の人々が抱いた願望そのものが、旧時代の鋳型から脱することができなかったのである。また、一九世紀初期になっても、社会的エリートは、由緒ある一族と野心的な一族との複雑な結合関係にあるという点では一八世紀と変わらなかった。ただし、革命による不安定な情勢、政治的対立、権力闘争を通じて、このエリート層内部に分裂が生じていた。また、エリート以外のさまざまな階層も、同じ過程を経ることによって、ある程度明確な政治的信条を持つようになっていた。

このように見てくれば、たしかに、「革命のコスト」は高かったと言えるだろう。国民が大きな苦しみを味わったにもかかわらず、社会的・経済的構造はあまり近代化せず、変化したことよりも変化しなかったことの方が圧倒的に多く、このために、一八一五年のフランスはいまだに本質的に前工業化社会にとどまっていたからである。にもかかわらず、この時代に新しい政治文化が生じたこと、そして新たに創設された制度が、人権の概念にもとづき、社会的結合関係ともいうべきものを根本的によい方向へ導いたことを認めなくてはならない。また、「歴史に不可欠なエンジン」とみなすマルクス主義の誇張された見方は当然退けなくてはならないが、同時に、政治的動乱と長い戦争が国民意識に与えた衝撃を軽視することがあってはならない。

第五章　一九世紀における継続と変化

一八一五年にルイ一八世として即位したのは一七九三年に処刑されたルイ一六世の弟だった。しかし、この政体はけっして革命前と同じ王政へは復帰しなかった。なぜなら、ルイ一八世が国民に授与した「シャルト・コンスティテュショナル（憲章）」に、一七八九年の革命がもたらした立憲王政、代議制、法の前の平等の原則が認められていたばかりではなく、一七八九年から一八一五年までの革命、内乱、戦争が残した課題が一九世紀を通じて政治の場で議論され続けたからである。

また、革命期を体験した人々の精神は彼らの子どもたちに語り継がれ、大衆が政治に参加することによって、すでに新しい政治文化が生まれていた。また、その過程で、反動的カトリック王政主義、一七八九年の自由主義、サン・キュロット的平等主義、ジャコバン的ナショナリズム、ボナパルティズムといった多様な政治信条を唱える勢力が勃興し、革命の本質として根本的に異なる価値観を示すシンボル（人権宣言、ルイ一六世処刑、ロベスピエールとボナパルトによる独裁、その他）をかかげて党派を結成し、政体の正当性に対する再確認もしくは異議を唱えて国民に支持を訴えた（ただし、フランスで今日的な政党が結成されるには一九〇〇年代まで待たなければならなかった）。

この時代の国民の思想と行動は、革命から帝政までの時代をどう解釈するかによって大きく左右され、この解釈に対し、政治、社会、経済の変化に応じて、多少なりとも意図的な修正が何度も加えられた。したがって、フランスの一九世紀は、この世紀に生じた産業革命と政治革命という二つの視点から考察しなければならない。

経済、社会、政治

経済と農業　経済成長は戦争のために変則的なパターンを強いられた。たとえば、順調だった貿易はナポレオンの大陸封鎖令のために衰退したが、国内産業はナポレオンの戦争による軍需景気と新領土獲得によって活況を呈した。しかし、一八一五年に領土が縮小すると、本質的に革命前の経済成長パターンが復活した。

アンシアン・レジーム期の経済的・社会的構造は、多くの面で一八四〇年代まで存続し、不作の年には、食糧価格の急騰と手工業製品の需要低下のために何度も危機的状況が生じた。しかし、人口増加と一人当たり所得の緩やかな上昇による需要拡大と、農産物と手工業製品の供給面における技術革新が、構造的変化を促した。まず冶金、機械、繊維産業が成長し、一八四〇年代に入ると鉄道のおかげで輸送コストが下がり、識字率向上、メディアの発展、電信網の拡大によって情報のコストが下がった。いうまでもなく、これらの発展に最も貢献したのは蒸気エネルギーだった。

一八世紀とは異なり、一九世紀の経済成長は持続的・累積的だった。このために、表5-1が示すように、一人当たり国民所得は増え続けた。しかし、成長を持続させるには伝統的社会における悪循環――すなわち、実質収入が低いことから需要が低迷し、そのため資本があまり投下されないことから一人当たり生産性は上昇せず、その結果実質収入が上がらない、という悪循環を断ち切る必要があった。しかし、成長の初期段階では、この悪循環が深刻化した。なぜなら、経済成長が農業の生産性に依存し、経済成長のスピードが緩やかだったにもかかわらず、人口増加の傾向が強まったからである。

表 5-1　国民所得と 1 人当たり国民所得

1905-1913 年を基準とした実質価格

年	国民所得（100 万フラン）	1 人当たり国民所得（フラン）
1825-34	10,606	325.6
1835-44	13,061	380.5
1845-54	15,866	443.0
1855-64	19,097	510.9
1865-74	22,327	602.0
1875-84	24,272	644.2
1885-94	26,713	696.6
1895-1904	30,965	794.7
1905-13	34,711	876.4

経済革新のためには長期間にわたる需要拡大、多様な技術の開発、資本、質の高い労働力が必要だった。また、当初は、新しい技術の導入は地域ごとに、その地域の生産システムに適しているかどうか、小資本でまかなえるかどうか、自己投資だけで間に合うかどうか、によって決定されることが多かった。このために、経済の近代化は「近代的経済」が「伝統的経済」に取って代わるのではなく、この二つのさまざまな特徴が交じり合いながら進行した。

しかし、鉄道による輸送システムが輸送コストを下げて潜在的マーケットが拡大したために、需要の構造は大きく変化した。フランスよりもずっと面積が小さいイギリスでは、海上・河川交通網を張りめぐらすことによってフランスよりも容易に市場を統合することができた。しかし、ドイツと同様に大陸の中で広い面積を持つフランスでは、市場の構造を大きく変えるには鉄道が必要だったのである。

鉄道建設は、機関車、車両、線路、その他の資財の巨大な需要を生み出した。また、莫大な資本が調達され、鉄道会社が設立され、輸送の安全と利益確保のために官僚主導の複合的組織がつくられた。一八四三年にはパリ－オルレアン間とパリ－ルーアン間を結ぶ重要な区間が開通したが、その後の建設スピードは遅く、世紀中葉には国内危機のために長い間建設が中断された。しかし、四七年末に一八三〇キロにすぎなかった鉄道営業キロは、七〇年には二万キロ、一九一四年には四万〇七七〇キロに達し、狭軌道と木製軌道の鉄道営業キロ数も七〇〇〇キロに延びた。物資の輸送量も増え、一九〇五年から一四年までの期間における物資輸送量の増加を見ると、道路と河川路による輸送量の増加がそれぞれ二九億キロトンと三八億キロトンだったのに対し、鉄道輸送量の増加は二一〇億キロトンを記録している。

また、交通の発達は経済活動の空間的構造にも大きな影響を与え、都市が資本と労働力の集積拠点として、また農・工業製品の市場として、以前にも増して重要な役割を果たすようになった。

農業生産の需要を左右する基本的要因は人口増加と一人当たりの消費量だった。左図が示唆するように、フランスの農業の生産性にははるか以前から地域格差があり、生産性が目立って高かったのは土壌が豊かで市場が近い地域、とくに北部だった。すでに農耕地は何世紀にもわたって拡大され、その間には、家畜・役畜の数が増やされ、これによって肥料と牽引力が確保され、農機具が改良され、きめ細かい輪作が行われるようになっていた。しかし、交通革命以前には、一般大衆の所得がなかなか上がらなかったた

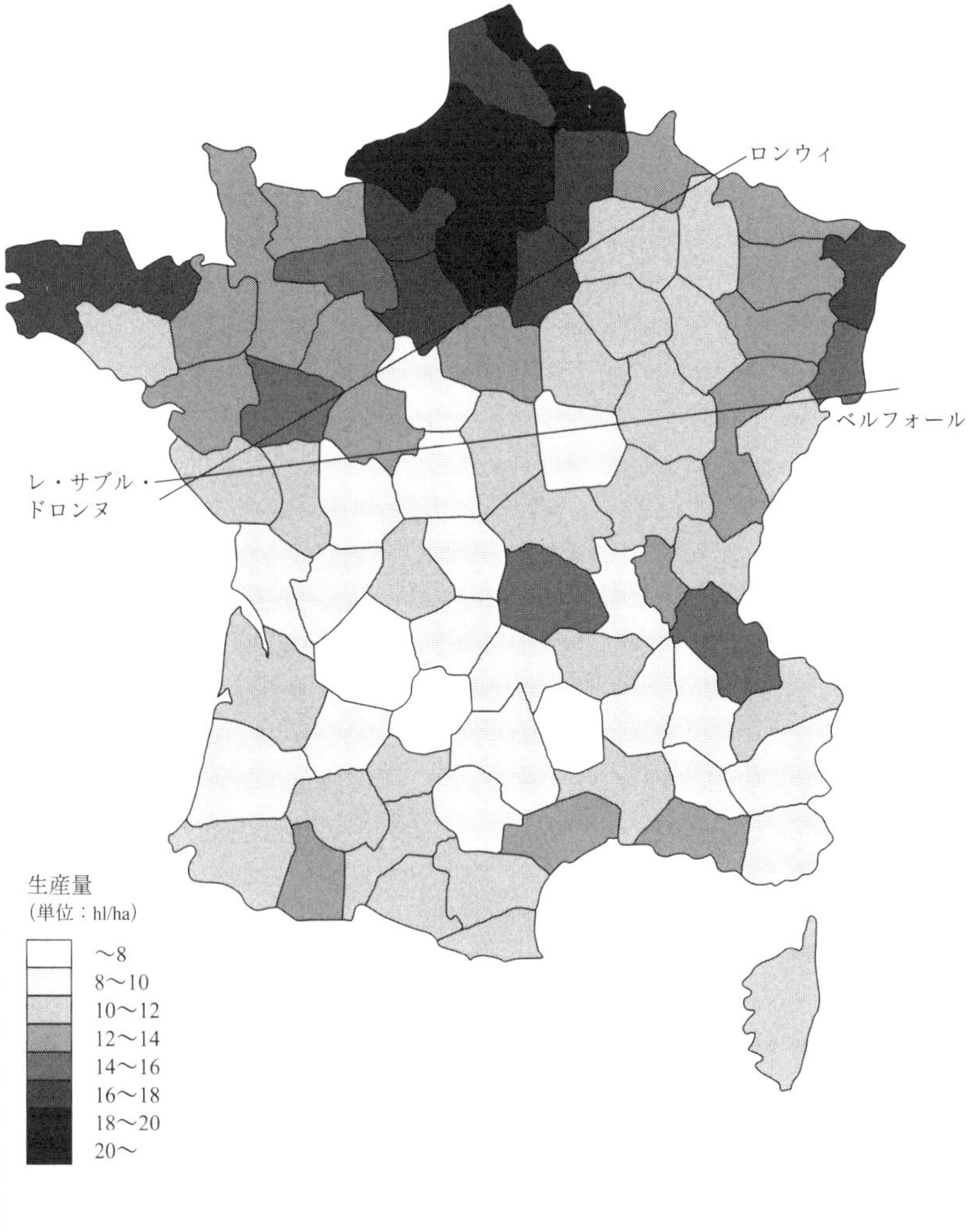

県別小麦生産効率（1840 年）——フランスの先進地帯と後進地帯（2）

めに、食事内容と農産物需要のパターンの変化はきわめて緩慢だった。

伝統的な農業で重視されたのは、どの季節にも労働量が偏らないように栽培作物の種類を選ぶことと、混合作によって多様な作物を栽培することだった。そして、後者がとくに重視された。万一いずれかの種類が天候不順のために不作だったとしても、生長サイクルの異なる作物を栽培することによって損害をある程度補うことができたからである。また、新しい農法が開発されなかったわけではないが、それはまず既存の栽培システムで部分的に試され、全体に悪影響がでないことを確かめられた後でなければ採用されなかった。さらに、多くの農民は家族を養うことで精一杯の零細農だったために、誰かがやってみて効果が証明されないかぎり新しい農法に手を出さなかった。彼らにとっては、利益を得ることよりも危険が少ないことの方が重要だったからである。こうして、農業の改良には長い年月がかかり、また、リスクをおかすことができるほど十分な土地と資本のある大農場主が最初に新しい農法を取り入れることになった。

交通が不便で作物を市場へ出荷することが困難な地方の農民さえ、現金収入を得る方法を考えざるをえなくなった。これによって生活の安定をはかり、税金を支払い、他地方で生産される生活必需品を購入しなければならず、場合によっては、金をためて土地を買い増しする夢をかなえようとしたのである。こうして、辺鄙な村でさえ、どの農家も換金作物を栽培したばかりでなく、家族のだれかが臨時雇いで農場やマニュファクチャーで働き、あるいは季節労働者として村を離れるというように、さまざまな仕事に従事して収入を増やすようになった。

一九世紀前半の主要作物は依然として穀類だった。農業生産性が低く、各地の市場がネットワーク化されておらず、食糧供給システムが脆弱だったために、何度も食糧危機が生じたからである。しかし、輸送手段が改善されて食糧供給システムが安定すると、大半の農民が危機感から解放され、需要の構造的変化と急成長する都市市場の需要に対応し、栽培品種を生育に最適な品種に絞り込み、穀類の他に食肉、酪農製品、ワインなどを専門的に生産するようになった。また、都市への人口流出のために少なくなった人口で生産を確保せざるをえなかったことから、生産性の向上が促され、都市市場への輸送手段が革新され、生活水準が上がったことから、農業においても革新が促された。また、一八四〇年代と七〇年代に集中的に鉄道網と道路網が整備されたことから市場への商品輸送が容易になったことに加え、農産物価格が高水準を維持しつつ上昇したために、農業経済が活況を呈した。

しかし、一九世紀末の約三〇年間には、価格が下落する一方で生産コストが上昇し、さらにはフィロクセラ（ブドウ虫病）蔓延によってワイン生産が壊滅的打撃をうけたことから、農業経済が深刻な不況に陥り、生産増加率も低下した。また、交通・輸送革命と一八五九年と六〇年の保護関税の引き下げによって国内・海外市場がさらに統合され、農業生産の拡大が促されたが、結果として、このことがとくに小麦とワインの生産過剰を招いた。農業経済は九〇年代半ばから回復の兆しを見せるが、一定の限度を一進一退した。さらに、七〇年代から保護関税が再び大幅に引き上げられ、輸入産物との競争が弱められたことから、農業改革への意欲が低下した。

こうして、第一次世界大戦が始まるまで、フランス農業はいまだに多くの面で近代化されておらず、零細農が多く、自然条件のために孤立していた諸地方が革新から取り残されていた。しかし、このように限られた変化ではあったが、一八四〇年代以降の三、四〇年間における農業の変化は、その後一貫して進歩しつづける農業にとって決定的な役割を果たした。この間に農作業が質的な変化を遂げ、その後は昔から繰り返されていた食糧危機がまったく起きなかったからである。

工業 当時しばしばフランスの実業家に対して下された評価は、農民と同じように進取性に欠ける、というものだった。しかし、実際には、フランスの工業化はフランス特有の社会的・経済的構造に対処しつつ、フランス流の合理的なやり方で成し遂げられた。

大づかみな推定によれば、一九世紀のフランスの工業生産は年率一・八パーセントから二・九パーセントで増加した。フランスの工業は一八一五年から四六年まで一貫して緩やかに成長し、四六年から五一年までの政治的・経済的危機の後、五二年から五七年にかけて急成長したが、五八年と五九年に不況に見舞われた後の六〇年から八二年の間は――一八七〇年のプロイセンとの戦争と政治危機により多少影響されたものの――再び緩やかに成長した。そして、その後八二年から九六年にかけて再び不況の影響を受けるが、この不況は九七年に終わり、その後は一九一四年の第一次大戦まで好景気が続いた。

この時代の工業の発展の要因は、技術革新と資本投下によって経済構造が大きく変化し、特定の産業部門の生産性が急激に高まったことだったと思われる。さらに、市場環境の変化、新事業の創出、競争の激化などによって、さらなる技術革新と工業化が促された。こうして、一八九〇年代後半には「第二次」産業革命が到来し、とくに電気冶金と化学業界、内燃機関と自動車の業界が発展した。製鉄業界の冶金・製鉄の一貫生産による鋼鉄の大量供給と、当時の先端技術を導入した鉄道による低コストの大量輸送は、経

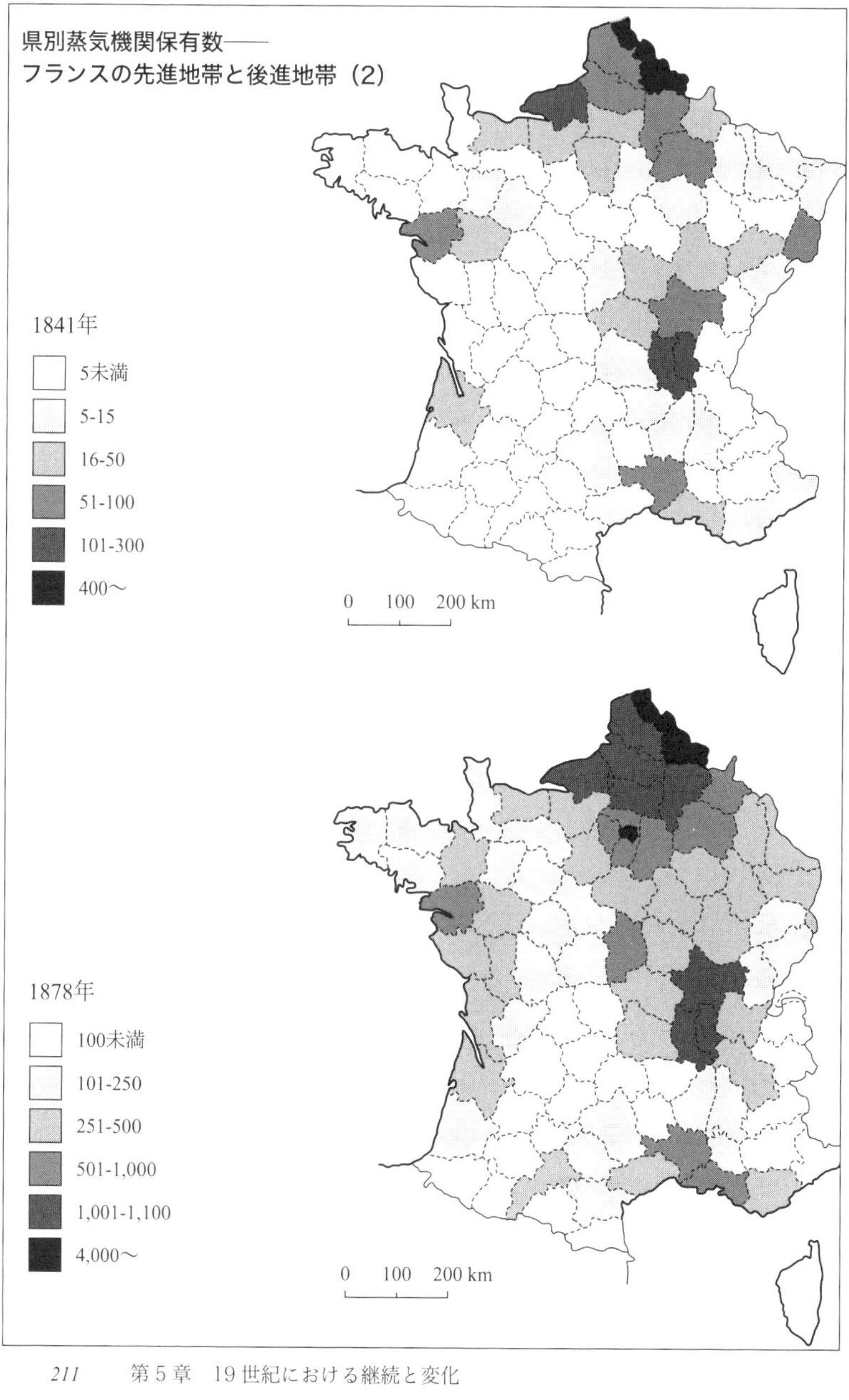

県別蒸気機関保有数——
フランスの先進地帯と後進地帯（2）

済全体に大きな波及効果を及ぼした。

しかし、フランスの工業はけっして短期間で構造的変化を遂げたわけではなかった。安い労働力が豊富にあり、市場が分散していたために、需要が高まったときにも既存の方法で増産を図るという時代がすくなくとも一八五〇年代まで続いた。また、輸送網が整備されるまでは、職人も商人も一定の後背地市場だけを対象にして生産、販売を行い、高い輸送コストのために他地方の業者と競争することもなかったことから、非効率で高コストの生産が続けられていた。

一九世紀になって輸送網が整備されると、商業が急成長し、農場収益が増加し、鉄製品や綿製の衣服などの需要が拡大し、これにともなって均一で大規模な市場が形成され、規格化された商品に対する高水準の需要が生じた。しかし、工業製品の需要拡大は、長い間さまざまな問題によって制約を受けた。まず、人口増加が他国に比べて緩やかで、生産性の低い小規模農業が存続し、都市化の水準が低いという問題があった。また、低賃金を維持してコストを下げることができた。これが購買力を弱めて社会不安を生じさせ、一八一七年から五一年にかけての農産物価格下落が事態をさらに悪化させた、という問題もあった。さらに、一九世紀を通して製造収益の大部分が不動産経費、利子、配当金の支払いに当てられたばかりでなく、政府によって個人所得の増加を制約する政策が実施されたことが、ブルジョワジー独特の奢侈品需要を温存させた、という問題もあった。この奢侈品需要が大量生産の拡大を阻害する要因になった。

他方、国内需要の限界は海外の輸出市場によってかなり補われた。しかし、一八世紀に拡大しつづけた輸出は革命期と帝政期の戦争のために中断を余儀なくされ、その後は主としてイギリスの工業製品と競合しない絹製品や「パリ特産品《アルティクル・ド・パリ》」のような高級品市場に活路を見出していた。ただし、これらの高級品は伝統的に小規模生産であり、景気後退に対する抵抗力がきわめて弱かった。

しかし、このような制約にもかかわらず、変化のスピードは加速した。まず、熟練労働者による小規模生産に対しては大工場による大量生産が、農業に対しては工業が、圧倒的に優位に立ち始めた。パリ、リヨン、リール、ルーアン、ミュールーズ、マルセイユなど、資本、労働力、原料を容易に得ることができ、水運や鉄道の輸送手段に恵まれ、市場にも近い大都市周辺が経済成長の拠点となった。資本集約型の大工場が各地で操業するようになると、専門分野に特化できなかった多数の小規模製造業者は苦境に陥り零落した。一八三五年から四四年にかけての一〇年と、五五年から六四年の一〇年を比較すると、機械化された大工場による工業生産は全工業平均の二倍の速さで成長し、その生産が工業生産全体に占める割合は二〇年間で当初の四分の一から三分の一以上になったと推定されている。

経済的変化のもう一つの特徴は、交通・運輸と金融・商業のネットワークが発展し、それとともにサービス産業が成長したことだった。生産と販売が大規模化するにつれて、商業構造と商習慣が多様化し、生産量と投下資本が増えるにつれて製造企業みずからが市場に介入するようになり、新規顧客の開拓――一八二〇年代には商用旅行者が登場している――や商品の宣伝活動を行うようになり、当時増えていた大部数を誇る新聞・雑誌がこれに大きな役割を果たした。国民一人当たりの所得が増えるにつれて小売り業態も変化し、百貨店、チェーンストア、とくに小さな雑貨店の数が増え、辺鄙な地方にも通信販売のカタログが配布されるようになった。

社会　一九世紀半ばまで続いた前工業化経済・社会が大きく変化し、生活環境と福祉制度が改善されると、出生率と死亡率がともに低下し、都市人口の割合が高まった。一九世紀の工業先進国の人口を比べてみると、フランスは比較的はやく「近代」型の人口動態モデルに移行し、人口増加率は低かった。その要因は、避妊の習慣が一八世紀以来広まり、既存の行動規範を覆そうとした動乱の革命期に急速に普及したことである。人口一〇〇〇人に対する出生数が三〇以下に落ち込んだ一八三〇年代までには、地域間や階層間でバラつきはあったものの、避妊は国民一般にとって当たり前の習慣になっていた。

一八一五年から一九一四年までの人口動態は大きく三つの期間に分けることができる。第一の期間は一八一五年から四八年までで、この期間には経済的変化は緩やかで、農業生産性は上昇したものの人口増による資源圧迫が強まった地域が多く、食物摂取のレベルは上がらなかった。これは本質的に一八世紀後半の継続であり、死亡率も出生率も低下してはいるがなお高い。この状況は、一九世紀半ばに経済、社会、政治が危機的状況に陥ったため、一八四六年から五一年にかけて頂点に達している。第二の期間はほぼ第二帝政期に重なる。この時代には工業化が加速し、交通・輸送革命が起き、都市化が急速に進み、農村から都市への人口移動が増えた。この期間に生活水準が上がったことは明らかだと思われるが、低下傾向にあった出生率はこの期間に横ばいになっている。第三の期間は一八七一年から一九一四年までで、出生率は再び下がっている。しかし、この影響は、経済発展による生活水準の向上から、死亡率とくに幼児死亡率が低下したことによって、ある程度相殺された。農村人口の流出が以前にもまして激化したこともこの期間の特徴である。とはいえ、以上はあくまでも全国的概況であって、地域別の人口動態にさまざまな相違があったことはいうまでもない。

都市は当初は小規模で、本質的にほとんど中世と変わっていなかったが、都市化が進むにつれて近代国家の拠点に変貌した。この都市の変貌の質と規模は、おのおのの都市の社会的・経済的構造と地域経済の変化によって複雑な影響を受けた。しかし、他の西ヨーロッパ諸国に比べるとフランスの都市化のスピードは遅かった。革命から帝政までの動乱期には都市化が停滞し、一九世紀前半の五〇年間の都市化のスピードも一八世紀全般より遅かったと思われる。にもかかわらず、フランスの都市人口が全体に占める割合は一八五一年に二五・五パーセント、一九一一年までには四四・二パーセントに達していた。

表 5-2　人口増加(1750-1911 年)

単位：100 万人

年	人口
1750	21.0
1801	27.3
1821	30.5
1831	32.6
1841	34.2
1851	35.8
1861	37.4*
1872	36.1*
1881	37.7
1891	38.3
1901	38.9
1911	39.6

注：領土の変化による増減が含まれている

最もめざましい発展をとげたのはパリだった。首都パリとその周辺の人口は一八五一年には全人口の三パーセントだったが、一九一一年までには一〇パーセントに達していた。パリの経済構造もしだいに複合化した。一九世紀初期の数十年間のパリでは熟練職人層による小規模生産が主流を占めていたが、その後、北部と東部の近郊に機械工作や化学品製造などの大工場が進出し、依然として種々の小規模工房が多い市内にも、行政に関連した企業、金融会社、商社がぞくぞくと誕生した。

とくに第二帝政期には、大規模な都市改造によって最悪のスラム街の多くが一掃され、道幅も車の往来——万一の場合には軍の移動――が楽にできるよう広げられ、パリは劇場や商店やカフェのある衛生的な都市に生まれかわった。一八七〇年代以降には人の大量輸送手段が進歩し、郊外にも鉄道が敷かれ、路面電車さらにはバス、一九〇〇年にはメトロが運行されるようになり、その結果、仕事場からある程度離れた地域に住むことができるようになった。

都市化の進展は都市への人口流入を促したが、大半の低賃金労働者は家賃が高いために人口稠密で不衛生な場末に住まざるをえなかった。いつの時代にも、都市への人口流入の最大の要因は農村の貧窮だった。この時代にはまた、農村マニュファクチャーで働いていた貧しい農民の多くが、新たに建設された大規模工場へ転職した。こうして、都市環境は一八四〇年代まで悪化しつづけたが、工業化と商業化が急速に進んだために大きな雇用が生み出され、それまで仕事らしい仕事につけなかった都市労働者もまともな雇用機会に恵まれ、生活を安定させ、多少の余暇を楽しむことができるようになった。とくに女性の場合には、都市での労働は農村ほど過酷ではなかった。その上、五〇年代以降には都市の生活環境が徐々に改善されたばかりでなく、交通も発達した。そのために、農村の人々は都市生活と農村生活の格差を痛切に感じるようになり、このことがさらに都市への人口流入を促した。

このような社会的・経済的変化とともに、民衆の文化と行動に大きな変化が生じた。まず、労働者が生計の苦しさ、社会的不平等、雇用主の搾取、国家の弾圧などへの怒りを共有したことから、労働者階級という概念を信じるようになった。大衆の識字率も上がった。また、学校教育での脱宗教化が推進され、商工業と政治の近代化にともなって学校教育の実用的価値が認められるようになった。ただし、同時に、学校教育への投資決定者である為政者たちからは、教育とは大衆を「教化」し、彼ら自身の権力を守るための最も有効な手段であると考えられた。

政治　一七八九年に貴族特権の法的基盤が廃止されると、富が社会的地位を示す最も重要な指標となった。しかし、富を増やすために伝統的な手段が重視されつづけた結果、一八一五年時点のフランスは依然として前工業化時代の社会的エリート、すなわち、その多くが公職に従事していた地主層と、知的専門職と事業家に支配されていた。このエリート層の内部では――とくに貴族とブルジョワの間で――社会的地位、政治信条、職業、出身地をめぐる対立が続いた。これらの「名士」たちによる政治支配は、経済的変化の影響による伝統的な社会構造と行動パターンの緩やかな変化に対応しつつ、一八七〇年代までつづいた。

立憲王政期（一八一五年〜四八年）を通じて名士支配体制を維持するために中心的役割を果たしたのは、資産のある者のみに選挙権を与える選挙制度だった。これらの選挙制度は一般国民を主権者とすることを避けるための手段であり、エリートもしくは名士のための自由とキリスト教文明を脅かす無知で貧しい者たちを排除する手段だった。財産は能力の象徴であり、財産がないということは知力と道徳心が欠如している証拠だとみなされた。また、名士たちはこれらの選挙に最大限に影響力を行使することができた。

たいていの名士は、地域社会内の名門としての評判と、彼らなら中央政界に顔が利くという地域社会の思惑によって、その地位についた人々だった。社会的地位があり、独自のライフスタイルを保持し、都市と農村に邸宅を持ち、高等教育を受けていた彼らは、地域の社交界ばかりでなく全国の有名人からなる社交界にも出入りした。社会的資本を蓄積する手段を持っていた彼らは、圧倒的に男性の多い社会的組織に参加して人脈をきづき、今日的な政党組織がなかったために、その社会的組織を拠点として政界に、ひいてはパリの桧舞台に乗り出した。

ほとんどの名士は政治的権利を貧民にまで与えることに反対し、有産階級の権利に対するいかなる脅威をも排除するつもりでいた。彼らは「抵抗派《レジスタンス》」〔革命進展の阻止を主張した勢力〕と呼ばれた保守勢力の中心メンバーとなり、政治家、高級官僚、地主、雇用主、慈善事業家（福祉制度はまだ整備されていなかった）として、富と教育の力で大きな影響力を行使し、この多面的な影響力によって政界で優位に立つことができた。

名士たちには――いや、おそらく大半の国民もこの点では彼らと同じだったと思われるが――かつての革命が災いの種だと思われるようなった。彼らにとっての革命とは、土地の没収、懲罰的課税、徴兵、教会への攻撃、恐怖政治、終わりのない社会的混乱に他ならなかった。ところが、一九世紀はまたもや革命が起きる可能性を内包していた。その主たる要因は、かつての革命がめざした政治的・社会的改革が不完全であることに対する不満が広がったことだった。そのために、一八三〇年、四八年、七〇年代後半に危機的状況が生じた。これらの危機において、いわゆる「運動派《ムーヴマン》」〔革命のさらなる徹底を主張した勢力〕を支持した人々は三〇年の七月革命による有権者の拡大、四八年の二月革命による普通選挙制度の導入、さらには七〇年代に共和政となり選挙で勝利したことで、段階的に不満を解消した。

これに対し、既存のエリート層はこれらのいずれの危機においても社会的影響力を駆使し、政治の変化に適応することができた。その上、金融と工業の集中化によって富を蓄積する新たな状況が生じたことから、エリート間でも格差が拡大し、経済成長の波に乗って少数のエリートがさらなる社会的上昇をとげた。富の集積規模も巨大化した。こうして、一部の金融業者や大実業家が「大有産階級《グランド・ブルジョワジー》」として経済界を支配するようになり、裕福な事業家からなるかなり閉鎖的な階層が生まれた。

フランス社会は依然としてきわめて不平等な社会だったが、政治制度が民主化されるにつれて、低位の社会階層、とくに中間階級の専門職が政治権力の多くに関与するようになった。しかし、たいていの場合、政治的意思決定の鍵を握っていたのは、依然として、閣僚を中心とする有力者グループ、高級官僚、とくに有力議員、有力な圧力団体の代表者だった。したがって、この時代に起きたドラマチックな政治的出来事に目を奪われて、政治における継続性を見逃してはならない。政府、議会、行政の要職につくことができるかどうかは、依然として政治家にふさわしい収入と教育があるかどうかで決まった。

また、これらの有産階級による政治的・文化的支配に対して抗議運動が起きたが、それらはつねに挫折を余儀なくされた。有産階級の特権は、必要とあれば、一八四八年六月の蜂起や七一年のパリ・コミューンに対するように残酷な鎮圧によって守られた。フランスは一九世紀を通じて政治的安定を求めつづけた。フランスの政治がやや安定するには、一八七〇年代の集権的な第三共和政まで待たなければならなかった。第三共和政下では、行政の近代化、大衆の効果的な政治教育、反体制勢力の体制内への取り込み、共和政の正当化を通じて、反政府的な地域やグループに対する統制が強化されたからである。

一九世紀のフランスはまず何よりも「憲兵隊国家《エタ・ジャンダルムリー》」であり、警察組織が拡大され、しばしば武力による弾圧が行われ、法と秩序を守ることが最優先された。また、国家機構は出身母体の利益代表であるエリート出身の高級官僚に管理され、これらの官僚によって諸政策が準備された。彼らは国家主導による新しいコミュニケーション・テクノロジー（鉄道や電信）の開発・拡大の必要性を主張したが、それは彼らの利益にかなう政策が効果的に遂行されるためであった。大衆教育の制度も整えられた（一八三三年、五〇年、八二年の教育制度改革はとくに重要である）。大衆教育は文化を均質化し、社会管理を強化する手段と考えられ、国民意識の涵養がつねに最重要視された。じっさい、大多数の子どもが初等教育を受けることができるようになったが、その教育目的は社会的流動性を促すことではなかった。また、中等教育については、生徒数は一九一四年になっても男子の五パーセントにすぎなかった。

復古王政、七月王政、第二共和政

ルイ一八世の時代　一八一四年から一五年にかけてのブルボン王政復活は、フランスが敗戦国となり、戦勝諸国が現実的な代案を見出すことができなかった結果であり、フランスにとってけっして幸先のよいスタートではなかった。したがって国民にもあまり歓迎されなかったが、これによって少なくとも戦乱に終止符が打たれたことはたしかだった。しかも、ルイ一八世は社会的・政治的エリートの不安を解消する必要があるという考えを受け入れた。そこで、国王の慈悲により臣下に授与されるという形式で、きわめて曖昧な内容の憲章《シャルト》が公布された。

この憲章によれば、国王は一七九一年の憲法の規定よりもはるかに大きな権力を持つこととされた。すなわち、国王は法を発議し、議会を随意に解散することができ、「国王の人格は神聖不可侵であり、行政権は国王のみが有する」こととされた。しかし、同時にこの憲章は、議会の課税認可権をはじめとして王権を制約する自由主義的条項を前憲法から踏襲した。さらに、個人の自由と法の前の平等が認められた一方、議会は上院と下院からなる二院制とされ、上院は世襲の貴族からなる貴族院とされ、下院は財産・教育・余暇によって理性的判断力が保証されている有権者によって選出されるとされた。これに加え、基本的な政治活動の自由と、既存の地位、革命期に没収された教会と亡命者の土地を購入した者の所有権を含む既存の所有権が認められた。

要するに、この憲章は国王側による社会的エリート層への妥協であり、旧体制《アンシアン・レジーム》に復帰しないと同時に国民に主権を与える危険もおかさない、という保証だった。そこで大半のエリートはこれを受け入れた。こうして、軍の高官と政府内の王党派の支持を得て、大した支障もなく王政が復活した。大衆はこれで徴兵が終わったことを歓迎し、重税からも解放されるだろうと思った。港湾都市の事業家をはじめとして、大方の事業家も景気回復を期待した。なかでもこの立憲王政を歓迎したのは、貴族の黄金時代の復活を夢見ていた貴族たちだった。ナポレオンの「百日天下」も、これによって国民の一部に愛国的な革命の気運と初期のジャコバン主義が復活したことも、為政者たちに社会秩序を強化させた以外、王政にはほとんど影響しなかった。

反体制勢力はなかなか形成されなかった。その第一の要因は、ワーテルローでナポレオンが敗れた後、大規模な粛清が行われたことだった。ブルボン王族はナポレオン時代に皇帝への権力集中を批判したにも

ブルボン王族（1814年5月） 左から右へ、ルイ18世の弟アルトワ伯（のちのシャルル10世）、ルイ18世、ルイ18世の姪アングレーム公妃（ルイ16世の娘）、ともにアルトワ伯の息子アングレーム公とベリー公

かかわらず、ナポレオンの残した監視・統制機構を粛清のために利用することにはやぶさかではなかった。第二の要因は、政治に目覚めていた人々が当初この復古王政の性格を理解していなかったことだった。名士たちにとっては何よりも平和と秩序が重要だったために、彼らの大半は、立憲王政なら一七八九年以来続いた極端な内外政策を避けるだろうと考えていた。貴族以外の多くの人々も――地主も知識人も事業家も、また、ブルボン王朝復活をあまり歓迎しなかった人々でさえも――自分たちの望みが尊重されるなら復古王政を受け入れるつもりでいた。

第三の要因は貴族・聖職者とその影響下にある人々がこの政体を熱狂的に歓迎したことだった。ルイ一八世の弟のアルトワ伯（のちのシャルル一〇世）とその側近グループに率いられていた彼らは、ついに革命期にこうむった損害を償わせ、行政と軍を支配する時がきたのだと信じた。彼らの多くは、ジャコバン主義者の残党と無神論者をフランスから駆逐することと、ルイ一六世処刑の責任者たちを処罰することは神の意志である、と確信していた。また、彼らにとっての「貴族の義務《ノブレス・オブリジェ》」とは、貴族独自の生活様式と作法を守り、貴族専用の社会的組織に加わり、低位の社会的階層を軽蔑し、どの村落にも貴族の城館があるような理想的なキリスト教社会をつくることであり、この義務に忠実なことが彼らの理想だった。

一八一五年八月に最初の選挙が行われた結果、「またと見出しがたい議会《シャンブル・アントゥルヴァブル》」として知られる恐るべき状況が生じた。約五万〇九〇〇人の有権者によって四〇二人の議員が選出されたが、彼らの七八パーセントは明らかにきわめて保守的な人々であり、その五二パーセントはアンシアン・レジーム期の貴族たちだった。しかも、残りの大半の議員も王政を支持する人々だった。この議会では、秘密結社めいた組織「信仰の騎士《シュヴァリエ・ド・ラ・フォワ》」を結成していた「ユルトラ（超王党派）」が勢力を伸ばした。しかし、議員の多くは彼らの極端な主張に同調せず、もとナポレオンの閣僚だったフーシェに感化されていたルイ一八世も、国内を分裂させかねないユルトラの提案を受け入れなかった。この議会は一八一六年九月に解散され、その後行われた選挙の結果、政府の介入が功を奏したこともあり、前回とは対照的に穏健派が大多数を占める議会が誕生した。この議会は一七年に新たな選挙制度を成立させた。これにより有権者の資格が三〇〇フランの税を支払う者とされ、その結果、主として地主からなる一〇万人が選挙権を持つことになった。ただし、立候補の資格が直接税一〇〇〇フランを支払う四〇歳以上の者とされたため、立候補できる者はわずか約一六五〇人にすぎなかった。この新選挙制度に加えて、政府はユルトラを行政から追放し、さらには政治的理由で国外に逃れていた人々の帰国を認めた。

しかし、政府はその後融和策を撤回する。選挙のたびごとに〔新選挙制度により毎年議員を部分的に入れ替える選挙が行われた〕自由主義者が勝利し、これに危機感を抱いたドカーズ率いる政府は選挙制度の制限を強めた。一八二〇年に王位継承者ベリー公が暗殺されると、情勢は一挙に緊迫する。すでに公妃が懐妊しており、のちに男子を出産したとはいえ、その時点ではブルボン家直系の男子が途絶えたからである。しかも、軍隊内部におけるボナパルト派の陰謀が発覚した。このために、非常事態に対する当然の措置として、裁判抜きの三カ月間の拘留、検閲強化、選挙制度の制限強化などの抑圧的な手段が実施された。結果として、ユルトラ対自由派の対立、エリート層内部の貴族対非貴族の対立、西部・南部対その他の地方の地域的対立が激化した。しかし、この危機的状況を修復することはそれほど難しくなかった。一八二三年のスペインへの軍事介入に成功したことが王政の権威を大いに高めたからである〔翌一八二四年ルイ一八世は他界し、ユルトラのリーダーであるアルトワ伯がシャルル一〇世として王位についた〕。

シャルル一〇世の時代

一八二四年九月にシャルル一〇世が即位すると、情勢は再び根本的に変化した。まず、シャルル一〇世と側近たちは、国王の権利と義務は立憲政体とは両立し難いと考えていた。しかも、ベリー公暗殺事件の後で二四年に行われた選挙の結果、ユルトラが支配する議会とヴィレールを首班とするユルトラ内閣が誕生していた。議員の四分の三は貴族で、その半数は以前の亡命貴族だった。彼らは要職を求めてたがいに争い、貴族・聖職者による王政を唱えるラ・ブルドネらの勢力と、シャトブリアンをリーダーとする立憲王政派に分かれて対立していた。

この議会は、革命期に没収された亡命貴族の土地に対し賠償金を支払う法案を可決した。この賠償金は、自由派の表現を借りれば、利己的な貴族からなる議会多数派が国家に無理やり支払わせた罰金だった。しかも、この王政は「道徳的秩序」回復に執念を燃やす教会に手を貸した。神を冒涜した者に対する残酷な刑を定めた法が制定され、教皇権至上主義者の大規模な伝道団による布教活動が支援され、神聖かつ美麗な教会再建のために助成金が提供された。革命期に破壊された神学校の早急な再建も認められた。神学校再建の狙いは、在俗聖職者を増やして教育するとともに、信者組織、とくに貧困層支援・教化の手段として女性信者組織を拡大することだった。こうして、「玉座」と「祭壇」の親密な同盟が成立した。これに加えて、政府は選挙制度を何度も手直しし、有権者数が一八一七年と二七年の間に一〇万人から八万九〇〇〇人に減らされた。また、帝政期の戦争の後で規模が縮小された軍と行政の高官には、貴族が優先的に抜擢された。しかも、教会領だった土地を革命期に購入した人々は、しばしば教区司祭から土地の返還を迫られた。こうして、しだいに多くの国民が、政府の狙いはアンシアン・レジームへの復帰にちがいないと思うようになった。

他方、この政体に批判的だったのは自由主義的な立憲王政を目指す人々だったが、少なくとも当初は、自由と秩序を守るためには帝政や共和政よりブルボン王政の方が良いと思っていた。共和主義者はといえば、正々堂々と共和政を主張する勇気のある者はほとんどいなかった。ボナパルト派も、一八二一年にナポレオン・ボナパルトが死去すると――ナポレオン崇拝が歌、絵画、詩、伝記などを通してその後も存続したとはいえ――明確な指導者を失って衰退した。地域別に見ても、ほとんどの地域の人々が、有閑階級

「十字架への荘厳な祈り」（1826 年） カトリック伝道団によって民衆の信仰心が回復された。マッサール作の銅版画

の少人数のサークルに属する有閑階級は別として、政治に興味を失っていた。

しかし、現実には、反体制派の核となる人々がすでに存在していた。当時の公安報告書を見れば、大半の自由主義者は弁護士、商人、罷免されるか早期退職した帝政期の高級官僚もしくは将校、と書かれている。彼らがカフェやクラブで新聞を読みながら議論する風景は、小さな町でさえ珍しいことではなかった。ただし、選挙制度によって議員候補者が富裕層に限られたために、有力地主が批判グループのリーダーになることが多かった。注目されるのは、一八二五年時点での政府系新聞の購読者数は二万人だったが、反政府系新聞の購読者数はその二倍いたという事実である。これらはいずれも大した数ではないが、当時は新聞がまわし読みされたことを考えれば、じっさいの読者数はもっと多かったはずである。また、当時の新聞は、一般国民にとってはニュースや時評に接する手段だったが、政界の指導者たちにとっては、みずからの理念を発表し、政治運動もしくは選挙運動を組織する手段の一つだった。

七月革命　一八二七年の選挙の結果、自由派が議会の多数を占めたために、シャルル一〇世はやむなくユルトラのヴィレールより多少は自由主義的なマルティニャックを内閣の首班に指名した。しかし、これが裏目に出て反体制派を勢いづかせた。思えば、王位につく前のシャルル一〇世は、一七八九年から九二年にかけて反革命運動の中心となったことでブルボン家の信用を大いに失墜させた人物だった。その彼が今度こそ致命的な失策を仕出かすことになる。一八二九年八月、シャルル一〇世はみずからの旧友で熱狂的カトリック信者ポリニャックを内閣首班に指名したばかりでなく、ラ・ブルドネや陸軍元帥ブルモンをはじめ一八一五年にフランスが味わった敗戦、国辱、白色テロルの責任者と思われる人物たちの入閣を認めたのである。この内閣は議会の多数派となった自由派を無視し、政治的対立を激化させた。その結果、シャルル一〇世がこのような内閣を成立させたのはクーデタを起こすためではないか、という疑念を多くの人々が抱くようになった。

　この状況下で、もともと有権者の投票を促進するために設立された「天はみずから助くる者を助く《エド・トワ・ル・シエル・テドラ》」という自由派の団体が、納税拒否を全国に呼びかけた。もともとギゾーのような穏健な法律尊重論者たちが創設したこの団体は、若手の共和主義者などが加わって反体制色を強めていた。不作、食糧価格の高騰、失業者、生活難によって危機感も高まっていた。

　一八三〇年になると、立て続けに二回選挙が行われた。一回目の選挙で反政府派が議会の多数派になり、二回目の選挙でも、政府と政府支持勢力による露骨な介入にもかかわらず、選出された議員数は自由派の二七〇人に対し政府支持派は一四五人にすぎなかった。もちろん、自由派の議員たちには革命を起こす気などはなかった。シャルル一〇世がポリニャックに対する有権者の審判と、以後の組閣には議会の信任を必要とするということを受け入れさえすれば、自由派は満足したと思われる。しかし、シャルル一〇世も自由派も憲章解釈をめぐって自説を固持し続けた。シャルル一〇世は、ここで譲歩すればいずれ革命を招きかねないと信じていた。そこで、ついに七月、彼は憲章一四条の国王の緊急大権を発動して王令を発した。王令の内容は、検閲を強化し、選挙後まだ開会もしていない議会を解散し、行政が介入しやすいように選挙制度を変え、有権者を主として貴族地主からなる二万三〇〇〇人の富裕層に縮小する、というものであった。これによって情勢が一挙に緊迫した。

社会的・政治的エリートは好むと好まざるとにかかわらず、「自由」か「ブルボン王政」か、の二者択一を迫られた。ブロイ公やモレ伯のように自由派の幹部になった貴族は例外として、大半の貴族は国王を支持した。これに対し、富裕な地主、もと帝政期の将校、知的専門職の人々は反国王側の中心的役割を果たした。そして、この政治闘争もまたパリの市街戦で決着がつけられた。

自由派はポスターで抗議運動を呼びかけた。ティエールとレミュザによって共同で起草されたポスターの抗議文は、表現がやや曖昧だったとはいえ、明らかに平和的な抗議を促すものだった。しかし、結局、このポスターが暴力行為を誘発し、「自由」を守れというスローガンのもとにパリの中間階級と労働者階級という異質な階層を結びつけることになる。一八三〇七月二七日の正午頃、パレ・ロワイヤル広場で、デモ行進する群衆とこれを解散させようとする警官の間で最初の衝突が起きた。午後になり、群衆による罵言と投石に腹を立てた政府軍兵士が命令なしに発砲したと思われる。たちまち市内各所にバリケードが築かれ、主として貧しい労働者が住んでいた地域で激しい市街戦となった。パリ駐屯部隊は約一万の兵を擁していたが、大規模な反乱のような非常事態は想定されておらず、武器と食糧の備蓄も十分ではなかった。また、司令官のマルモン元帥は人望も自信もない人物であり、彼の部下たちは市街戦の訓練を受けていなかった。翌二八日、政府軍三大隊に対し、パリ市庁舎に進軍し、その途中でバリケードを撤去せよという命令が出された。命令は実行されたが、バリケードは破壊されるたびに、ただちにもとどおり築かれた。兵士たちは群衆から孤立し、疲労と空腹にさいなまれ、帝政期の戦友が大勢加わっている反乱者たちに親近感を抱き始めた。シャルル一〇世は地方からの援軍に期待を寄せていたが、その援軍が当てにでき

パリのイタリアン大通りでの市街戦（1830年7月28日）V・アダム制作のリトグラフ

ないという報告を受けてしだいに絶望した。パリ市のほとんどの行政組織は機能しなくなり、すぐに国王支持派にかわって自由派がそれらの組織を管理するようになった。

七月三一日、シャルル一〇世は藁にもすがる思いで、オルレアン公ルイ・フリップを国王補佐官に任命することを認める。このオルレアン公はルイ一四世の弟の子孫で、革命期にヴァルミとジェマップの戦いに革命側で戦った経歴があり、思想的には自由主義者だという評判だった。さらに八月二日、シャルル一〇世は退位して王位を幼い孫のシャンボール伯に移譲すること、七月王令を撤回すること、新たに選挙を行うことにも同意する。しかし、すでに手遅れだった。

七月革命はなぜ起きたか？　シャルル一〇世が憲法の定める代議制の根本原則を脅

かしたために、それまで彼を支持していた穏健な社会的エリートに見限られたからである。貴族以外のエリートは、シャルル一〇世がエリート層のなかでとくに貴族を引き立てたことを、一七八九年以来享受していた自分たちの地位に対する脅威と見なしたのである。しかも、このことはまた、シャルル一〇世の王政を最も支持していた人々に対してさえ、王政の正当性が失われたという印象を与えた。パリ駐屯部隊の一部の将校たちが群衆に断固たる姿勢を示さなかった理由も、これによってある程度理解することができる。

他方、自由派にとっても、事態はまったく予想外の方向へ急展開した。いまや武装した群衆がパリを占拠し、「ブルボン打倒」、「ナポレオン二世万歳」、「共和政万歳」と叫んでいた。これは彼らがもっとも恐れていた事態だった。なぜなら、またもや政治が民衆蜂起によって左右され、必然的に再び内戦と対外戦争が起きることが彼らの最大の悪夢だったからである。そこで自由派は革命期の英雄、老齢のラファイエットを国民衛兵の司令官に任命し、一七八九年と同じようにパリ市委員会を設置し、秩序を回復しようとした。七月三〇日には、権力の空白状態を終わらせるために、自由派の指導者たちはオルレアン公に対し、立憲王政の諸原則を受け入れることを条件に国王に即位するよう申し入れた。国民に対しては、アドルフ・ティエールが起草した声明書によって、オルレアン公は「革命の理念を信じる王」であり「市民王」であると紹介された。翌三一日、国王ルイ・フィリップとしてオルレアン公によって閣僚が任命され、議会が開会された。八月八日、議会は国王に対する議会の権限を強める憲章改正案を可決し、これに対し、ルイ・フィリップは自由主義的に改正された憲章を尊重することを宣誓した。この宣誓は、国王と

パリ市庁舎でルイ・フィリップを迎えるラファイエット（1830 年 7 月 31 日） エロワ・フィルマン・フェロン画

国民との関係が契約に基づくことを明確に示すものだった。行政では大規模な粛清が行われ、同時に、多くの貴族が「王位簒奪者」のルイ・フィリップに仕えることを嫌い、みずから下野した。こうして、貴族による反動政治は決定的に敗北した。

七月王政　中央政府の権威は驚くほど急速に回復した。しかし、ブルボン王政を覆したグループ間の利害が一致しなかったために、政治状況は安定しなかった。しかも、目的を達成した後で、彼らの大半は保守化し、みずからの自由と財産を守ることに専念した。

七月革命は多くの人々にとって「自由《リベルテ》」を勝ち取るための戦いだっ

た。しかし、自由には多様な意味が含まれていた。七月革命の後、その自由の意味が集会や新聞紙上で活発に議論された。一八三一年に改正された選挙制度については強い不満が表明された。その改正がたんに有権者資格としての納税額を三〇〇フランから二〇〇フランに引き下げるというものだったからである。ところが、この改正によって有権者の構成が大幅に変わり、貴族の占める割合が大きく低下する反面、地主（その後一八四六年に行われた選挙では地主と農民を合わせた有権者数が約五六パーセントを占めた）、官僚（同約八パーセント）、専門職（同約一〇パーセント）、事業家と一部の裕福な職人（同約二六パーセント）の割合が高まってゆくことになる。ただし、国民の圧倒的多数を占める下位の中間階級、農民、労働者はまだ有権者から除外されていた。

一八三二年のイギリスとフランスの選挙制度を比較してみると、イギリスでは国民二五人に一人が有権者だったのに対し、フランスでは一七〇人に一人の割合にすぎなかった。ただし、四六年までには、国民所得の上昇とともに有権者数は一六万六〇〇〇人から二四万一〇〇〇人にまで増えた。他方、地方議会については、三一年に地方議会選挙法が改正され、これによって地方議会のための約三〇〇万人の有権者が生まれた。

選挙制度で有権者層になることができた人々は、七月王政の議会制をつねに支持した。しかし、一部の人々――少なくともこの選挙制度から除外された人々――は、この議会制には根拠がないと思っていた。共和主義の活動家はまだ少数だったが、彼らも、国政が選挙で選ばれた議員ではなく、少数のかつての大物政治家に支配されている、と批判していた。どの程度まで政治を自由主義化するかという点では、政府部内にさえ意見の対立があった。法相デュポン・ド・ルールは辞任した後、「この政府は七月革命を成し遂げた人々やその支持者たちと縁を切り、革命前の王政期の人と伝統を引き立て、復活させようとしている」と政府を批判している。

他方、パリでは共和派の新聞が息を吹き返し、地方では、もともとシャルル一〇世の絶対主義志向に反対して設立された委員会のネットワークが部分的に活動を再開した。しかも、七月革命を契機にして、民衆が再び政治に介入するようになった。七月革命で勇気ある行動を讃えられたパリの労働者たちは、街頭に繰り出してシャルル一〇世の閣僚たちの処罰を要求し、請願書の提出やストライキによって賃上げ、労働時間短縮、就労機会を脅かす手段の禁止を要求した。七月王政を成立させたのは自分たちだと信じていた彼らは、政府に対し、基本的人権を保障するよう要求したのである。しかし、政府はこれらを拒否した。革命後の経済危機が急激に生活条件を悪化させていただけに、このことは彼らを非常に落胆させた。

政府は「産業の自由」の原則をかかげ、民衆の声に耳を貸そうとしなかった。一八三一年一一月にはリヨンの労働者が「働く権利を、さもなければ死を！」をスローガンに武装蜂起し、市政を短期間掌握して政府を動揺させた。当時の著名なジャーナリストだったサン・マルク・ジラルダンは蜂起した労働者を野蛮人にたとえ、「この蜂起が暴露した重大な事実は、社会を脅かす野蛮人の生息地がタタール地方の草原ではなく我々の工業都市の近郊だということである」と書いているが、この文章は蜂起を軍によって鎮圧させた政府の姿勢をよく示している。以後、政府は政治的擾乱の鎮圧と労働者協同組合——労働者の「権利」を擁護することを目的とする協同組合が増え続けていた——の弾圧にさらに断固たる姿勢を示すようになる。
弾圧的手段ばかりでなく、教育も、長期的に「社会秩序」を守る手段として利用された。一八三三年に制定された初等教育制度の目的は、宗教教育によって下層階級に「徳育」をほどこすこと、地方語ではなくフランス語を奨励すること、これによって国民意識を高めることとされた。また、まだ初等学校のない全国の約三分の一のコミューン（市町村）に初等学校の設置が、また各県に教員養成学校の開設が、それぞれ義務づけられた。女子教育もかなり遅れて制度化されたが、その目的は、社会における女性にふさわしい役割を細心の注意を払って教え込むこととされた。

他方、政府による弾圧が強化される過程で、それまで有権者だけに支持を訴えていた中間階級出身の共和主義グループが広く国民一般に語りかけ、不満を抱く労働者が政治を学ぶことができるように教育団体を設立し始めた。「人権協会《ソシエテ・デ・ドゥロワ・ド・ロム》」はその一例である。このことは、共和派の若い活動家と労働者が交流し、双方が知的水準を向上させ、共和主義の理念と伝統的な職人組合文化を混じり合わせる重要な契機となった。

一八三四年四月に政治団体の集会を禁止する法が制定され、これによって社会的騒擾はほぼ終息させられた。この法律に反対して激しい抗議運動の波が起きたが、政府は以前よりも残酷な弾圧でこれに応えた。それを非難した画家ドーミエは、このときパリのクロワートル・サン・メリ地区で軍とブルジョワ国民衛兵に虐殺された家族を描いた絵を残している。

ここで留意しておきたいのは、以上のような状況の中で、下位の中間階級と職人階層に属する多くの人々が階級を意識し、共和主義に関心を抱き、共和主義運動を支持するようになったことである。この動向は当面の間は政府の抑圧によって制限され、分裂させられた。しかし、一八四〇年代に資本主義が進展し、職人層の伝統と労働慣習がさらに脅かされるとともに、社会主義者が唱える「生産者の自主管理による協同組合」を基盤とする平等な社会が、多くの労働者をひきつけるようになる。

一八三四年からの数年間は国内政治が安定したが、それは抑圧政策だけによるものではなかった。選挙制度によって限定された有権者層が、議会を通じて利権を守ることができたためにルイ・フィリップを支持し、歴代政府が経済保護という本質的に「保守的な原則」（首相時代のギゾー）に基づき、大規模な公共事業と鉄道建設による経済拡大を通じて秩序の維持につとめたからである。

他方、ルイ・フィリップは行政のトップとしての権限を最大限に利用し、閣僚を彼自身の目標に協力させようとした。ルイ・フィリップが以前の国王たちのように王権神授説に頼ることができず、国王政府が議会に責任を負っていたために、議会ではさかんに多数派工作が行われた。しかし、七月王政を通じて、反政府勢力は議会の内でも外でも弱体で、ブルボン王家復活をめざす右派の正統王朝派から左派の共和派までに大きく分裂していた。

比較的人数が多く、政府を活発に批判したのは、いわゆる「王朝左派」だった。この党派の指導者たちは『世紀《スィエクル》』紙などの新聞を通じて、大ブルジョワジーが一七八九年の革命理念に反して王政を支配していると批判した。政権から除外され、選挙に対する政府のあからさまな介入を非難していた彼らは、一八四六年の選挙に惨敗した後、選挙制度を改革して有権者を増やすことを要求した。彼らは大衆に選挙権を与えようとしたのではなく、財産のある中間階級の有権者の数を増やそうとしたのである。しかし、ギゾーは断固としてこれを拒否した。そのような選挙改革を行えば、大した能力も財産もない上に最も革命を起こしそうな階層をいたずらに政治に参加させるばかりでなく、選挙で政府派が敗北する可能性があったからである。実際、王政は見た目ほどには安定していなかった。政府派が勝利した四六年の選挙でさえ、大都市では反政府派が多くの票を集めていた。

また、政府の外交政策は、イギリスに対する追従外交として、多くの国民から問題視された。そのために、戦争回避とみずからの権威を示すことを決意したルイ・フィリップは、一八四〇年に首相アドルフ・ティエールを更迭した。しかし、この年の一二月には、ナポレオン一世の遺骸の華麗な埋葬式がパリの廃兵院《ロテル・デ・ザンヴァリッド》で行われ、これによって七月王政の権威が低下した。ちなみに、ナポレオンの遺骸がセント・ヘレナからパリに移葬される段取りは、更迭される前にティエールによって整えられていた。

上流階級のスキャンダルが露呈したことと、反政府勢力が腐敗選挙と利益誘導による議会操作を批判し続けたことは、さらに王政の権威を低下させた。それに加えて、一八四五年、四六年にかけて深刻な経済危機が生じ、民衆の抗議運動が広がった。政府が追い求めた経済成長は幻想に終わり、国内に悲観論と不安感が広がった。

二月革命　王朝左派が要求した選挙改革は、有権者の資格としての納税額を一〇〇フランに引き下げることによる一定限度の選挙権拡大だった。しかし、この穏健な主張はすぐに共和派の急進的主張に主導権を奪われた。一八四七年一一月、共和派のルドリュ・ロランは普通選挙制度にすべきだとリールで主張した。そのとき、きわめつきのロマン主義愛好者らしく、ロランは「人民」を「現代のイエス・キリスト」にたとえ、「十字架の受難から解き放たれ復活する日は近い」と述べている。彼が言いたかったのは、再び血なまぐさい革命が起きることを避けるには政治改革が必要であり、政治を変えるには社会を変えることによって国民を苦しみから解放しなければならない、ということだった（もっとも、彼は具体的な改革案は示さなかった）。しかし、政府があくまで方針を修正しないことは、一二月二八日のルイ・フィリップの攻撃的な演説からも明らかだった。そのために反政府活動はさらに激化し、保守勢力は「無政府主義」と「共産主義」をますます恐れるようになった。

このような情勢のなかで、反政府勢力は「改革宴会《バンケ》」と呼ばれた政治集会を行うようになっていた。これはもともと政治集会を禁じる法の網をくぐる手段として、オディロン・バロなどの王朝左派によって始められたものだったが、反政府勢力の強い北部と東部でとくに広い支持を集めていた。そこで、最大規模の改革宴会をパリで開催することが計画された。このことが一八四八年二月革命の発端となる。

パリでの改革宴会の計画を察知した政府は開催を禁止し、過激な混乱を恐れる共和派内の自由派と穏健派もこの政府決定に胸をなでおろした。ところが、一八四八年二月二二日、一部の過激分子の抗議デモへの呼びかけに応じてマドレーヌ広場とコンコルド広場に集まった学生と労働者からなる群衆と、これを解散させようとする警官隊との間で、散発的な暴力行為が発生した。さらに翌二三日、政府は上流階級の大ブルジョワジーの利益しか代表していないとして、中間階級出身のパリ国民衛兵の数連隊が、政府の命令に従わず、改革支持を表明した。この時点で、ルイ・フィリップとその側近は改革やむなしと考えたと思われる。そのために、ルイ・フィリップは首相を頑固なギゾーから自由派色の強いモレに交代させ、国民衛兵を懐柔しようとした。この間にも労働者街ではバリケードがつぎつぎと構築されていたが、その後何事もなければ事態は沈静化したと思われる。ところが、午後一〇時頃、キャプシーヌ大通りの外務省を警護していた兵士たちが、緊張のあまり命令なしに群衆に一斉射撃を浴びせ、約二〇人がその犠牲になった。激怒した群衆は旧市街の曲がりくねった狭い道に何百というバリケードを築き始めた。ひっくり返した荷車、樽、引き剥がした敷き石を使えば、バリケードは容易に構築することができたのである。

この間、国王側では、急速に悪化する事態の収拾のため、当時ますます優柔不断となっていたルイ・フィリップに退位が促され、バロやティエールなどの王朝左派によってルイ・フィリップの孫を擁立する摂政政府樹立が画策されたが徒労に終わった。

他方、『ナシオナル』紙と『レフォルム』紙で論陣を張っていた共和派の指導者たちは、当初の目標以上に急進的な成果を上げることができるかもしれないと思い始めていた。なぜなら、二三日の朝共和派の呼びかけに応えたのはパリ市民のごく一部だったが、一夜明けた二四日早朝のパリ市内には、パリ市民によって一五〇〇のバリケードが築かれ、「人民を殺害した」国王ルイ・フィリップに対する大規模な蜂起が準備されていたからである。パリ市街掃討の司令官に命じられたのは、残酷さで知られた陸軍大将ルゴだった。しかし、自信を失った政府が明確な指示を示さなかったために、掃討軍は当初の勢いを失い、しだいに隊列を崩してテュイルリー宮殿へと退却した。こうして、この日の午後遅く、混乱した情勢と民衆の熱狂的歓呼を前にして、共和派の著名な政治家やジャーナリストからなる臨時政府の樹立と共和政の樹立が、パリ市庁舎で宣言された。

第二共和政　驚いたことに、王政崩壊後に樹立された臨時政府のメンバーは出身階層も政治基盤も異なり、行政経験がなく、個人的にも共通点のない少人数の共和主義者たちだった。また、議員の大半は穏健派で、貴族出身の詩人であり歴史家でもあったラマルティーヌに率いられていた。これらの穏健派は、臨時政府の役割はあくまでも秩序と行政の維持にとどめるべきだと考え、その他の問題については、ただちに憲法制定議会選挙を行い、これによって選出される議員たちに一任すべきだと主張した。しかし、こうして慎重論を唱えた彼らもパリの群衆の期待感の高まりに圧倒され、男子の普通選挙法を制定し、国民衛兵を民主化するという名目でパリ市民の武装を許可し、報道・集会の自由を認めざるをえなかった。しかも、臨時政府の少数派、ルドリュ・ロラン、社会主義者ルイ・ブラン、労働者出身のアルベールは、もっと急進的な改革を主張した。王政打倒では容易に意見が一致した臨時政府のメンバーは、新政体のあり方については激しく対立したのである。

ちなみに、当時のパリが陥った状況について、アレクシス・ド・トクヴィル（一八〇五～一八五九。フランスの政治思想家。主著は一九世紀初頭のアメリカ合衆国を旅して著した『アメリカのデモクラシー』）は次のように書いている――「パリは貧民層によって支配され、そのために他の階層すべてが恐怖に慄いていた。もしこの恐怖に比較できるものがあるとすれば、それはまさに突如ヴァンダル族やゴート族の野蛮人に征服されたときに古代ローマの文明人が抱いた恐怖だろう」

パリばかりではなく、二月革命のニュースは地方の人々にも衝撃を与え、いまだに共和政とは恐怖政治のことだと信じていた人々を狼狽させた。保守勢力は、他に選択肢が見出せず、ラマルティーヌのような穏健派が臨時政府を支配していることに多少安堵し、二月革命の変化をしぶしぶ受け入れた。これとは対照的に、多くの国民――とくに低位の中間階級と労働者――は政体の変化を熱狂的に歓迎した。普通選挙法制定によって選挙権が与えられたことから、ついに新時代が始まると思い込んだのである。

報道・集会の自由が認められたことから多数の新聞が創刊され、政治クラブと労働者の協同組合が結成され、これによって急速に大衆が政治教育を受けた。政治を制度やイデオロギーと結びつけて考える労働者と農民はまだ少なかったと思われるが、「労働の社会主義的組織化」や「民主的・社会共和国《レピュブリック・デモクラティック・エ・ソシアル》」を要求するスローガンがとくに大都市で大衆の人気を博した。ブランキの「中央共和協会《ソシエテ・レピュブリック・サントラル》」やバルベスの「大革命クラブ《クリュブ・ド・ラ・レヴォリュシオン》」などのパリのクラブでは過激な演説が行われ、大革命クラブは「我々が得たのは名ばかりの共和国にすぎない。我々は真の共和国を要求する。政治を変えることができなければ社会を変えることはできない」とする綱領を発表した。これらの急進派は一八三〇年の七月革命の後で穏健派に裏切られたと考えていた。二度と穏健派に裏切りを許してはならないと決意した彼らは、政府に圧力をかけるために大衆デモを組織し続けた。

樹立直後の臨時政府はなんとか政府の権威を保とうとしたが、解決すべき問題は山積していた。とくに選挙の実施と、革命後の不景気のために職を失った労働者対策は急を要した。すでに二月二五日には臨時政府は労働権を認めていた。このことは政府による大規模な改革の約束と解釈されたが、政府が考えていたのは、失業者に低賃金で手仕事をさせる慈善的な作業所を設置する、という伝統的な応急措置だった。政府がパリと大半の大都市に「国立作業所《アトリエ・ナシオノ》」を創設し、労働条件の調査と改革の提案のために政府関係者、雇用主、労働者からなる「リュクサンブール委員会」を立ち上げたことは、すぐにも大規模な改革が行われるという期待を高めた。

ところが、政府は、景況感を回復して経済を活性化させるために、秩序維持を優先して社会主義的政策を回避し、軍への依存度を高めた。この軍への依存は秩序維持のためばかりではなく、諸外国が一八一五年のパリ講和条約遵守を迫ってフランスに介入する恐れがあったからであり、また、伝統的農業を脅かす資本主義に反対する農民運動が広がっていたためでもあった。農民たちについていえば、彼らはそれでも政府の改革にわずかな期待を抱いていたが、その後すぐに政府が国立作業所の予算不足のために地税一フランごとに四五サンチームの付加税を課すことを決定したとき、ついに彼らの政府への期待は完全に打ち砕かれた。こうして、政府はみずから大衆の支持を遠ざけ、社会的エリート層への依存度を強めた。ところが、かつて改革の必要性を信じていたこのエリート層は、いまや社会改革を阻止するために結束していたのである。

選挙制度が改正され、憲法制定議会選挙が男子普通選挙制として実施されたのは、臨時政府樹立後ほぼ二カ月後の一八四八年四月三日であった。それまでの二五万人から一挙に一〇〇〇万人ちかくの国民を有権者にしたこの選挙改革は、急進派の長年の夢の実現であり、保守勢力に言わせれば悪夢のような社会革命への第一歩であり、選挙史上初めての成人男子による普通選挙であった。この選挙の投票率は、選挙結果への期待の高まりと政治意識の成熟を反映して、八四パーセントに達した。

ただし、女性には依然として選挙権は認められなかった。実際、もし一八四八年に女性に選挙権が与えられていたなら、それが限定された女性層だったとしても当時の男性を不安がらせたことだろう。当時の男性は家庭を守る女性を理想視し、女性は知的に男性に劣ると考え、そのために、女性には男性と異なる役割を担わせなければならないと考えていたからである。また、共和派に言わせれば、女性有権者が容易に聖職者の影響を受けることを懸念しなければならなかったからである。

しかし、この普通選挙による民主主義への熱烈な期待は見事に裏切られた。大半の地域、とくに農村部では、少数の政治経験のある名士グループの影響力が有権者の選択を左右した。保守勢力は「自由」が民主主義に脅かされることを恐れ、それまでの内部対立を一時棚上げにして団結し、組織力と経験を生かして票をかき集めた。これに対し、多くの有権者は、非常に立候補者が多かったために、現地の聖職者や名士に判断を仰ぎ、二者択一の選択をせざるをえなかった。すなわち、神を冒涜する社会改革論者には投票せず、敬虔なカトリックの保守政治家に投票したのである。有力者の判断に従わないと思われる有権者や貧困層には威嚇的手段が用いられた。しかも、四月二三日の投票日まであまり日がなかったために、共和派はそのような情勢に対して対抗策を講じることができなかった。

こうして、大半の議員が――彼らは有権者の不信感から免れるために共和派の仮面をかぶっていた――保守派と旧王党派からなる憲法制定議会が開会され、臨時政府にかえて「執行委員会」の委員が選出された。選出された委員たちが臨時政府よりもさらに穏健色の濃いメンバーだったことは言うまでもない。

六月蜂起　普通選挙の結果は急進派に激しい不満を抱かせた。五月一五日にパリで大規模なデモが行われたが、このデモが過熱して群集が議場になだれ込み、公安委員会を設立して富裕層に課税し、これを資金としてただちに生産者共同組合を設立せよ、と叫ぶ事態が生じた。この事件を契機として、保守勢力はさらに秩序維持の決意を固めた。国立作業所は、急進派にとっては未来への希望のシンボルだったが、彼らの政敵には革命の温床と見えた。当時のある保守系新聞は、「パリの陰謀」と題し、国立作業所とは「国が手当てを支給する八万人の労働者が、そこが居酒屋ででもあるかのようにくつろぎながら反乱の仕方を学習している」施設、と書いている。

六月二二日、この国立作業所の閉鎖が発表された。そして、これにともなう数万人もの失業者に対してはいかなる補償措置も講じられなかった。武力行使をにおわせる政府を見た労働者たちは、政府が彼らを無視するなら、合法的な政治活動を放棄してもう一度革命を起こすしかないと考えた。六月二三日には、「自由か、それとも死か！」をスローガンに、パリ東部の貧しい労働者街のいたる所にバリケードが築かれた。しかし、この蜂起には全体的な見通しはなく、指導者もいなかった。そのために、蜂起した労働者たちはたちまち蹴散らされ、相互の連絡を絶たれ、孤立した界隈ごとに絶望的な守勢に追い込まれた。

このときに蜂起したのは大半が労働者で、女性を含めて二万人から三万人だったと思われる。彼らは二月革命のもたらした結果に失望し、自分たちの要求に応えてくれる政府を樹立しようとして命がけで立ち上がり、自分たちは正義のために戦っているのだと信じていた。これに対し、彼らを鎮圧したのは有産階級にとっての「文明の救い主」、すなわち正規軍と、富裕層の多いパリ西部の国民衛兵だった。各地の秩序を守るために徴集されたこの国民衛兵の約五分の一は若い労働者で、まだ職業組合にも特定地域の連帯組織にも加わっておらず、仲間と信頼関係で結ばれ、手当てを支給してくれる政府の命令に背くこともま

フォーブール・サン・タントワーヌ通りのバリケード（1848年6月）ボーモンとスィセリによるリトグラフ

だなかった。

蜂起鎮圧の指揮を取ったのは、のちに議会の要請で内閣の首班となる国防相カヴェニャック将軍だった。カヴェニャックは部隊を散開させたために反乱者に敗北した二月革命の失敗を繰り返してはならないと考え、兵士に密集隊形を組ませた。そのために当初は労働者が占拠する地域が広がったが、その後全兵士が態勢を整えて凄惨な市街戦が三日間続き、画家のメソニエによれば「街路は、射殺され、あるいは窓から投げ落とされた人々の死体でおおわれ、地面は血の色に染まった」。こうして蜂起は徹底的に粉砕された。抹殺されたパリの左翼勢力が息を吹き返すのは、二〇年あまり後のことである。

この六月蜂起の社会学的性格については諸説がある。しかし、当時の識者は、蜂起した労働者を鎮圧した軍の中にも多くの労働者がいたという事実にもかかわらず、六月蜂起を「ブルジョワ対人民」間の「階級闘争」とみなした。ちなみにトクヴィルはこう述べている。「この蜂起は、貧しい労働者たちが、自分たちの貧しさが不当な抑圧によるものとする説を信じ、生活の窮状から逃れるために決行した野蛮で、やみくもな試みだった。彼らの激しい欲望が彼らの信じたまやかしの理論と結びついたことが、蜂起をこれほど大規模化させた要因である。貧しい労働者たちは、金持ち連中が恵まれた生活をしているのは何らかの方法で彼らから搾取しているからである、と思い込まされていたのである」

当時の保守系新聞は、この労働者の蜂起を野蛮人の愚行であり「略奪と婦女陵辱」を目的とする暴動だったと報じた。しかし、当初は「秩序、家族、人類、文明のための勝利」を自画自賛していたこれらの新聞は、その後すぐに治安上の不備を指摘するようになり、結局最後には左翼をさらに弾圧しなければならないと力説した。そのために、政治活動にさらにきびしい制限が課せられるようになった。

ルイ・ナポレオン　一八四八年一一月四日、第二共和政憲法が採択され、強力な行政権を持つ大統領を選挙で選ぶことが定められた。一二月一〇日に行われた選挙で見事に当選を果たしたのは、投票総数の七四パーセントを獲得したルイ・ナポレオン・ボナパルトだった。カヴェニャックの得票率はわずか一九パーセントだった。ナポレオン一世の甥にあたるルイ・ナポレオンは七月王政転覆を二度企てて失敗した人物で、「ナポレオン的思想」によって「貧窮の絶滅」を図るとする小論文の著者として知られていた（ただし、いかなる手段で貧窮を絶滅するかについてはきわめて曖昧だった）。彼は選挙でナポレオン信仰を大いに利用した。過去三〇年にわたって、おびただしい数の書物、パンフレット、リトグラフにより、ナポレオン一世が偉大な軍事・政治指導者であり救世主だったという神話が広まっていたからである。

ルイ・ナポレオンが多くの閣僚をオルレアン王朝派から任命したことは、彼が「秩序党」（六月蜂起後、正統王朝派、オルレアン王朝派、カトリック勢力が合同して結成された）と手を組んでいるという印象を与えた。一八四九年一月二九日、新政府の圧力に屈した憲法制定議会はみずからの解散と、五月一三日に立法議会選挙を行うことを決議した。

この一八四九年の選挙戦では、とくに地方においては、四八年四月の選挙よりもはるかに政治勢力が二極化し、右派の反動・保守勢力と左派の急進共和派が勢力を伸ばして激突する一方で、穏健共和派がその間に挟まれて衰退した。左派は共和政擁護と真の社会改革を掲げ、民主主義者と社会主義者を統合して「民主・社会主義者党《デモクラット・ソシアリスト》」あるいは「山岳派《モンタニャール》」という党派名で選挙戦にのぞんだ（これがフランスの最初の近代的政党結成の試みだったと思われる）。選挙結果は保守勢力の五〇〇議席に対し、民主・社会主義者党は二〇〇議席にとどまり、保守勢力の圧勝だった。しかし、保守勢力はこれを急進共和派の予期せぬ躍進とみなして警戒感を高めた。パリやリヨンの労働者地域ばかりでなく、彼らの支持基盤である農村地帯にも「赤」を支持した地方があったことが彼らの不安をかきたてたのである。

民主・社会主義者党はただちに解体に追い込まれ、党員と支持者に対して執拗な弾圧が加えられた。しかし、彼らの組織は生き延びて、新聞、パンフレット、暦書、銅版画、歌などでプロパガンダ活動を続けた。これらのプロパガンダは政治と大衆の日常生活がいかに直結しているかを分かりやすく説明した上で、これに対し左翼は何を目指しているかを具体的に示した。①税金、富裕層の搾取、資本主義とくに高利貸しの横暴は、断固として排除しなければならない、②真の「民主主義・社会共和国《レピュブリック・デモクラティック・エ・ソシアル》」であれば、低利の融資によって農民の土地購入を支援し、国民を負債による資産没収から守るべきだ、③「プロレタリアート」解放のために教育の無償化、労働権の保証、生産者と消費者の協同組合設立への国家補助を実現すべきだ、そのための予算は富裕税の引き上げ、鉄道、運河、鉱業、保険業など主要経済部門の国有化による収益を当てればよい――これらの主張は、不況が長引いていたこともあり、多くの国民をひきつけた。こうして、「独立した小規模生産者からなる社会」という一七九三年のサン・キュロットの理念は、近代資本主義の発展過程に対応したのである。

このような状況に対し、保守系議員たちはまたもや法律を変更しようとした。ある司法高官の言葉を借りれば、「現状を放置すればいずれ共産主義者が選挙を制し、我が国を支配するだろう。我々はこのような社会の自殺行為を容認することはできない」からだった。こうして、居住状況によって有権者の資格を制限する選挙法が可決され、これによって貧困層の約三分の一が選挙権を奪われた。弾圧もかつてなく強化され、生き延びていた左翼系の組織の多くも地下に潜行した。これに加えて、長期的対策としてファルー法が制定され、初等教育において宗教と保守的内容の授業が重視され、初等教育に対する教会の監督権が強化された。ただし、政界の「反動」勢力と同盟していた教会は、あくまでも教育全体の管理権を要求し続けた。

しかし、保守派の左翼恐怖症はこれらの措置によっても癒されなかった。議会選挙と大統領選挙が同時に行われる一八五二年が近づくにつれて、社会主義者が陰謀を企てているという噂が広がっていた。これはルイ・ナポレオンにきわめて都合の良いことだった。なぜなら、大統領の連続再選は憲法によって禁止されていたが、現職大統領にかわる候補者について保守各派の意見がまとまらなかった上に、ルイ・ナポレオンには、彼が使命と信じていたフランス再生を成し遂げるまで権力を明け渡す気はなかったからである。

クーデタ　一八五一年一二月二日のクーデタは、現職大統領による綿密な計画のもとに決行された。もともとこのクーデタは急進共和派と立法議会内の王党派の双方を対象としたものだったが、これに対して抵抗したのが急進共和派だけだったことから、あたかもこの党派だけを対象としたかのように見えた。このクーデタが長期にわたる左翼弾圧の頂点をなすものと解釈されがちなのはこのためである。前もって危険人物が逮捕されていたことと軍の出動が明白だったことから、パリでは、クーデタに対する抵抗はほとんど見られなかった。普通選挙の復活を約束する大統領を敵にまわして議会の王党派の権利を守らなければばならない、などと思う労働者はいなかったからである。また、抵抗すれば六月蜂起の二の舞いを踏むおそれもあった。パリ以外の都市でも、クーデタに対する抵抗はきわめて短命だった。

ただし、主として南東部の約九〇〇の町や村では、約一〇万の人々が決起した。これらの地方は小農場が支配的で、限られた資源に対して人口が増え続ける問題が深刻化し、ブドウ栽培、養蚕、営林、農村産業全般にわたる市場経済化の進行がこれに追い討ちをかけていた。さらに留意すべきことは、これらの決起した人々が民主・社会主義者の秘密結社によって組織的に動員されたこと、彼らが真の「民主的・社会共和国」を要求したこと、そして、たとえ彼らの要求が幼稚な思い込みに基づくものだったとしても、彼らが実際に進歩と民主主義を信じていた、ということである。

しかし、彼らの抵抗運動は、都市部の安定を確かめるや否や農村地帯に向かった都市駐屯部隊によって、簡単に鎮圧された。さらに、最終的に左翼を壊滅させるために、ほとんど法の手続きを踏むことなく、全国で二万六〇〇〇人以上の人々が逮捕された。こうして、極悪非道な「赤」という誇張された噂話に怯えていた保守派は、ほんとうの救い主が警察国家だったことを知りながら、神に対して「赤」の脅威から解放された感謝の祈りを捧げた。

クーデタから一八日後の一八五一年一二月二〇日、大統領の任期延長の是非を問う国民投票が実施された。ルイ・ナポレオンは是が非でも絶対的多数の承認を得ようとした。そこで、すべての官僚に対し、職にとどまることができるか否かは大統領への貢献度にかかっていることが明示された。また、投票は「文明と秩序か、野蛮と混乱か」のいずれかを国民に選ばせるものだった。そして、国民に対しては、一八四八年以後の混乱ではなく、平和と繁栄が約束されていた。したがって、投票結果は予想通り大統領支持票が圧倒的多数を占め、賛成七五〇万票に対し反対票はわずか六四万票だった。ただし、一五〇万人が棄権し、反対票は大都市に集中していた。

選挙の後では、あたかも将来の政体を予言するかのように、貨幣やスタンプの共和国の象徴がただちに「皇帝殿下にして大統領閣下ルイ・ナポレオン」の象徴に取りかえられた。翌一八五二年一月一日のノートルダム寺院のミサでは、すでに帝政時代であるかのように、パリ大司教がラテン語で「ナポレオン皇帝」のための祈りを捧げ、五月一二日にはボナパルト家の象徴である鷲の紋章の入った新しい旗が軍に配布された。左翼の脅威から解放された上流社会はこの年の謝肉祭を熱狂的に祝った。

それでは、以上見てきた一八四六年から五二年までの六年間の政治危機には、長期的にはどのような意味があったのだろうか？　政治危機から社会革命が起きることを恐れた社会的エリートは、武力弾圧によって特権を守ろうとした。しかし、同時に、多くの国民が政治的行動に加わり、普通選挙においては左翼も右翼も国民の支持を求めるようになった。また、その後の左翼弾圧にもかかわらず、共和国の理念が明確に定義され、大衆に支持されたのもこの時代だった。さらに、共和派は依然として穏健派と急進派に分裂してはいたが、両派とも一七八九年から九四年までの革命期の普遍的理念を共有しており、一八五一年のクーデタに対する抗議運動は――以前の民衆蜂起と同様に依然として多くの点で「原始的」ではあったが――政治的イデオロギーに基づく抗議だった。こうして、この六年間の政治危機を通じて、平等で公正な社会にする手段としての民主・社会共和国《ラ・レピュブリック・デモクラティック・エ・ソシアル》という観念が国民の多くに浸透した。しかし、この多くの国民の希望は、ルイ・ナポレオンのクーデタによって打ち砕かれた。それはボナパルト家による二度目の共和政打倒だった。しかも、クーデタから一年もたたないうち（一八五二年一一月二一、二二日）に、もう一度注意深く操作された国民投票が実施され、これによって新しい憲法と世襲の皇帝を戴く二度目の帝政が承認され、アウステルリッツ会戦記念日の一二月二日にルイ・ナポレオンを皇帝ナポレオン三世とする帝政樹立が宣言された。

第二帝政と第三共和政から一九一四年へ

帝政前期　皇帝ナポレオン三世の思想と行動については今日までさまざまに議論されてきた。みずからの運命を信じて奮起したこの不思議な人物の名声は、一八七〇年にプロイセンに降服したことで地に堕ちたが、彼はけっしてヴィクトル・ユゴーの言うような「小ナポレオン《ナポレオン・ル・プティ》」などではなかった。彼には、政府から党派色を一掃して行政権を強化し、経済と社会を近代化させ、これによって「人民の正当な要求を満足させることによって革命時代を終わらせる」（一八五三年一二月二日）という明確な目標があった。

帝政前半の一〇年間、あるいは少なくとも一八五七年までは、皇帝個人が絶大な権力を握っていた。閣僚は週に一度招集されて皇帝が提起する議題を討議するようになった。情報をもたらすことが閣僚の役目であり、決断は皇帝が下した。閣僚が議会に責任を負うという一八一四年以降形成された伝統は実質的に廃止され、立法院の討議も低調だった。また、反動勢力と教会が手を結び、批判勢力は彼らによって執拗に弾圧された。立法院選挙では、「官選」候補を当選させるために注意深い操作が行われた。

しかし、政策の実施に障害がなかったわけではない。さまざまなグループが既得権を主張して抗争することが多かったばかりでなく、行政管理や財政上の現実的な問題もあった。その上、国家元首であるナポレオン三世自身の方針が一定しなかった。実際、この政体は前政体に仕えた貴族と大ブルジョワに依存せざるをえなかった。閣僚の大半はマニュ、フルド、ルエル、バローシュをはじめとする旧オルレアン派の保守主義者であり、本物のボナパルト主義者は驚くほど少なかった。オルレアン派の元首相ギゾーはこう述べている――「蜂起は兵士に鎮圧させればよい。選挙に勝つには農民票を集めればよい。しかし、兵士と農民の支持だけでは政治を行うには十分でない。生まれながらの為政者としての上流階級の協力を得ることが最も重要なのだ」と。しかし、その後ナポレオン三世は大いに失望し、苛立ちのあまり不満を爆発させたと言われている――「まったく何という政府だ！　なにしろ皇后は正統王朝派、ナポレオン・ジェロームは共和主義者、モルニはオルレアン派、そして私自身は社会主義者。ただ一人ペルシニだけがボナパルト主義者だが、彼は気が狂っている」〔ナポレオン・ジェロームはナポレオン一世の弟ジェロームの子、モルニはナポレオン三世の異父弟でいずれも帝政で重要な役割を果たし、ペルシニはナポレオン主義者でナポレオン三世の帝政確立に貢献し内相をつとめた〕。

帝政初期の数年間は、強い政府による政治の安定と経済の繁栄が帝政の権威を高めた。ナポレオン三世はみずから「社会の救済者」をもって任じ、大半の有産階級はこれを受け入れていた。交通・運輸のインフラと首都パリの「近代的」改造に巨額の資本が投下され、経済は大いに活性化した。選挙での支持基盤だった農民の多くは、ナポレオン三世がアンシアン・レジームや革命への逆行から守ってくれる「我らの皇帝」だと信じていた。たしかに、この帝政は課税と徴兵によって資源を奪いはしたが、鉄道や道路に

国民に囲まれたナポレオン３世、皇后、皇太子　背景にはボナパルト王家の創始者ナポレオン１世が描かれている。国民から愛された多数の銅版画の一つ。レオポルド・フラミングの銅版画

よって国民に利益をもたらし、教会や学校の建設・修復に助成金を与えた。多くの労働者もまた――共和主義者が書いた歴史書はこのことを極力低く評価しているが――ナポレオン伝説と、ナポレオン三世が示した貧困層への同情によって、ナポレオン三世に好感を抱いていた。フランスが一八五九年にイタリア統一戦争に参戦し、ナポレオン三世が軍を率いてイタリアへ向かったときには、パリやリヨンのような反政府派の拠点でさえ、これを歓送する好戦的ナショナリズムが充満した。また、宗教的祝典、閲兵式、花火大会や舞踊会などの公の行事では、つねに帝政が賛美された。

こうして、第二帝政はそれまでの諸政体よりも広範な人々に支持された。選挙結果から見れば、支持率は一八五七年に頂点に達していたと思われる。この選挙では、多くの棄権者がいたとはいえ、官選候補者が五五〇万票を獲得したのに対し、野党支持票はわずか六六万五〇〇〇票にすぎなかった（表5-3）。しかし、このような情勢にもかかわらず、各県知事は依然として世論の動向、とくに有権者を監視することが難しい都市部の動向について、懸念を抱いていた。この帝政を支持する者の多く、とくに社会的エリートは条件つきで支持していたのであって、けっして心から支持していたのではなかった。彼らは、国内の動乱の恐れがなくなるにつれて、政体をそれほど支持しなくなり、秩序が目に見えて回復するにつれて、議会の権限の再強化を要求し、さらに政策決定にたずさわり利権を守ろうとする。ナポレオン三世のクーデタを歓迎した後で権威的な帝政に反対した人々――この時期にきわめて重要な役割を演じた保守的な自由派もこれに含まれる――も、クーデタによって排除された共和派（彼らは帝政とそのすべての業績を認めなかった）も、帝政批判の声を上げ始める。

野党共和派は一八五〇年代から六〇年代の後半まで勢力を伸ばすことができなかった。第二共和政が長続きしなかったために、大半の地域で、一般国民が共和政を十分理解するほどには政治を学ぶことができなかったためである。また、この帝政期には弾圧が効果的に行われたために、当局からマークされていた多くの元活動家は体制服従のポーズをとった。五〇年代に地方から政府に提出された報告書を見ると、クーデタ前の緊迫感にみちた報告書とは対照的に、左翼活動の沈静化が報告されている。五二年の選挙では、共和派はたいてい政府に批判的な保守系候補に投票するか、もしくは棄権した。穏健共和派のなかには選挙に立候補する者もおり、カヴェニャックとカルノはパリで、エノンはリヨンで当選したが、三人とも皇帝に忠誠を誓うことを拒否したために議席を得ることはできなかった。しかし、共和派は全国各地の仕事場、酒場、あるいは個人の住居で慎重に当局の目を避けて会合し、さまざまな任意団体を装って政治活動を続けていた。のちに再び政界を支配する共和派の中核は、この時期を生き抜き、あるいはこの時期に再構築された。

帝政後期　一八六〇年から政治状況が大きく変わる。ナポレオン三世が偉大な叔父ナポレオン一世のように帝政の権威主義をそれ以上強めようとせず、議会主義に基づく帝政へと方向転換したからである。

ナポレオン三世は異父弟のモルニ公、ナポレオン一世の非嫡出子ヴァレヴスキー、従兄弟のナポレオン・ジェローム公に促され、しだいに立憲政体を皇帝から独立させてゆく。一八六〇年一一月二四日には、立法院は各会期の冒頭で皇帝の演説に関し討議することができる、とする法令を発し、無任所閣僚を任命して議会で政府方針を説明することにも同意した。また、権威帝政を継続させるべきだと主張するバローシュ、フルド、ルエルなどの閣僚の懸念にもかかわらず、全議事録の公表にも踏み切った。これによって、国民すべてが議会での討議内容を知ることができるようになった。これは、とくに政府に批判的な人々が待ち望んでいたことだった。六一年一二月には議会の予算審議権が強化され、これ以後、議会は予算編成に対する影響力を強めた。これは、国家負債の増大と、セーヌ県知事オスマンによるパリ大改造のための異例の資本調達を懸念する財界に対するナポレオン三世の答えだった。出版規制については、六〇年代を通じて出版法によって規制され続けたが、規制の執行は大幅に緩和された。

秩序回復後ただちに改革を行い自由派と共和派を融合する――これが当初からのナポレオン三世の意図だったようである。専制的な統制は社会と経済の近代化を妨げる、という考えの影響を受けたとも考えられる。たしかに、ナポレオン三世の方針転換は、少なくとも当初は、安定した帝政に対する自信の象徴のように見えた。共和派の政治犯たちが恩赦によって釈放され、「諸国民のヨーロッパ」の理念のもとに、オーストリアと対立するピエモンテと同盟が結ばれた。教会との関係には距離が置かれた。競争力の強化と近代化の促進という理由で、イギリスとの間で通商条約が結ばれた。ストライキも合法化された。しかし、これらの政策と皇帝による権力行使によって権益が脅かされると考えた人々は、いっせいに政府批判の声を上げ始める。彼らは、もはや政府が批判を武力で弾圧する気がないことを知っていたのである。最も声高に政府を批判したのは聖職者と自由派だった。聖職者はローマ教皇の俗権を否定するナショナリズムを政府が後押しすることに反対した。イギリスとの自由貿易による経済の混乱と、農産物価格と冶金・繊維産業に対する悪影響を恐れた自由派は、議会の政策による統制を強化し、既存の社会的エリートの影響力を回復しようとした。彼らがさらなる政治制度の自由化を要求したのはそのためである。

政府批判の高まりは、政府が明らかに国内諸勢力の宥和に失敗したことを示していた。ナポレオン三世は叔父とは異なり、時の大勢に順応した。帝政を維持するには社会的エリートの協力が不可欠だったために、自由化を手段として再び彼らの支持を得ようとしたのである。ところが、本質的に保守主義者だった自由派はこれに難色を示し、政府が左派との宥和策を打ち出したことは彼らにナポレオンの真意を疑わせた。

一八六一年には、ナポレオン一世の甥の「共和主義者」、ナポレオン・ジェローム公が政治グループを立ち上げ、このグループが労働者に対する懐柔策を発表した。六二年には労働者の代表団がロンドンでの万国博覧会に派遣され、これが契機となって六四年にストライキが合法化され、違法な組合活動に対する規制もしだいに緩和された。しかし、こうして左派を味方にしても、保守勢力の支持なしには帝政を維持することはできなかった。そこで、保守勢力の支持が弱まるにつれて、ナポレオン三世は名士層――彼らは、七月王政のような、自分たちの利益が完全に守られる制度にしなければならないと決意していた――にずるずると譲歩し、当初とは異なり、圧力に対する譲歩としての自由化を継続することになる。

選挙制度における官選候補者制が一八六三年の立法院選挙で効を奏さなくなったのも、多方面からの圧力によるものだった。まず、以前より増えた野党の立候補者がこれに激しく異議を唱えたばかりでなく、聖職者、保護貿易主義者、それまで政府を支持していた地方の政治家までもこの制度を批判した。また、地方のエリートが状況次第で態度を変えたため、政府による選挙操作が難しくなった。その上に、有権者の権利と自主性に対する当局の介入を拒否しよう、という世論が高まった。こうして、当局がだれに投票すべきかを「忠告」しても拒否されることが多くなり、制度そのものが意味を失ったのである。

一八六三年五月の選挙の結果、きわめて多様な反政府党派が当選し、彼らによって議会にしだいに実質的な野党が形成された。野党勢力の主な内訳は、以前よりも数を増やした正統王朝派（彼らは政治活動一切から身を引くようにというシャルル一〇世の孫のシャンボール伯の指示を無視した人々であり、教会の利益を擁護しようとした）、オルレアン王朝派の頑固な名士たち、無所属の自由派と共和派だった。公然と政府を批判して当選した議員は二九二人中わずか三二人だったが、問題は、彼らが自由主義色の強い議員たちと連合して「第三党」という会派を結成し、これが議会の多数派となったことだった。この事態は、大都市で圧倒的に野党が支持を集めたこととあいまって、政府支持派に衝撃を与える。

その後、政府はさらに譲歩を重ねたが、なかでも一八六八年の集会と出版の自由化は政治情勢を大きく変化させた。まず、選挙で当局が介入すればするほど逆効果が生じるという認識が広まり、野党の政治活動も以前に比べればほとんど危険をともなわなくなった。その上に、自由化されるや否や、それまで鳴りを静めていた新聞と政治集会がまたたく間に復活し、その大半が政府を批判した。新聞についていえば、規制緩和、識字率の向上、流通コストの低下に促された結果、一八三〇年に五万部だったパリの新聞発行部数は六九年には七〇万部に達していた。こうして、過去二〇年間眠っていた政治に対する関心が全国各地で目を覚まし、六九年の選挙では野党が明らかに勢力を拡大した。

共和派　一八六九年のパリの選挙結果はとくに人々を驚かせた。七万六五〇〇人が棄権したが、政府支

表 5-3　第二帝政期の立法院選挙結果の推移

	有権者	政府支持	野党支持	棄権
1852	9,836,000	5,248,000	810,000	3,613,000
1857	9,490,000	5,471,000	665,000	3,372,000
1863	9,938,000	5,308,000	1,954,000	2,714,000
1869	10,417,000	4,438,000	3,355,000	2,291,000

持候補の七万七〇〇〇票に対し、野党候補が二三万四〇〇〇票を集めたからである。

ガンベッタはそれまで政治犯を擁護する雄弁な法廷弁護士として知られていたが、彼が左翼指導者として一躍注目され始めたのもこの選挙戦からだった。ガンベッタがパリの有権者から求められた社会改革綱領を受け入れると、彼を支持するパリの群衆はラ・マルセイエーズを歌いながら大規模な反政府デモを行い、警官や兵士と衝突した。しかし、一八六九年の選挙で共和派候補を支持する有権者が増えたとはいえ、これによる共和派の勢力拡大には一定の限度があった。まず、当選した野党候補者七八人のうちで共和派はわずか二九人にすぎず、残りの四九人はすべて自由派だった。また、急進的な新聞や集会は大衆を感激させることはできたが、実際に選挙で当選した共和派の大半は穏健派で、彼らは過激なデモを抑えることに躍起になっていた。すなわち、これらのブルジョワ共和主義者たちは、個人財産権と自由経済システムを最重要視する点では政府支持派とまったく変わらなかったのである。ファーブル、シモン、ピカールのような穏健派は、政治活動は法によって厳密に規制すべきであり、共和政体樹立はとりあえず無期延期にすべきだとさえ考えていた。

「急進的な」ガンベッタさえこう主張している――「我々にとって民主主義の勝利とはなにか？　安全と繁栄により物質的に豊かになることである。また、各人の権利と財産、正当にして基本的な労働権が保証されることである。さらに、社会の底辺の人々の道徳と生活水準を向上させることである。我々は財産と才知に恵まれた階層の人々を敵視しない。我々の目標はただ一つ――正義が勝利する平和な社会をつくることだ」。ガンベッタは、社会主義的な扇動が再び「赤の脅威」と解釈されることを恐れ、一八四八年にそうだったように小資産階層に恐れられ、政府の反動と弾圧を招くことを懸念していた。そのために、彼は「革命を手段としない進歩」を主張したのである。

共和派の支持層を定義することは容易ではない。共和派支持者はすべての社会階層に含まれ、地域的には都市部に多かった。また、既存のブルジョワと新進のブルジョワが競合・対立する過程で共和派支持に転じた人々も多かった。さらに、工場の労使紛争、とくに軍によって鎮圧された一八六九年から七〇年にかけての波状ストライキを契機として、多くの労働者が反政府勢力を支持するようになった。

ところが、これとは対照的に、農民は労働者たちよりもはるかに高い割合で――例外的な地域がないわけではなかったが――政府を支持する傾向があった。何故支持したかという根拠についてはすでに見たとおりである。このことから、野党の指導者たちは、第二帝政の存続はひとえに無知な農民の操縦に依存している、と帝政を批判した。ちなみに、自由派のプレヴォ・パラドルは、第二帝政は「愚かな農民と地方の野蛮人」を支持母体とする「農村主義帝政《カンパノクラティー・インペリアル》」だと言っている。この「野蛮人」という言葉はパリの高慢なインテリに好んで使われ、共和派のアラン・タルジェも、来るべき共和政体は「国内の三五〇〇万人の野蛮人を再教育して有能な市民にする」必要がある、と主張している。

帝政崩壊　共和派の躍進に一定の限度があったとはいえ、帝政支持者は一八六九年の選挙結果に危機感を抱いた。選出された議員のうち少なくとも九八人の自由主義者は、以前は政府を支持していたが、いまやほとんど野党議員と同じことを主張するようになっていた。彼らの多くは、ただちに政府が立法院に責任を負うよう改めるべきだ、という意見を支持した。このために、政府は社会的エリート層の支持を維持するために譲歩し、閣僚任命と予算審議にかかわる議会の監督権の強化を認めた。こうして、憲法上では閣僚は皇帝だけに責任を負うこととされていたが、議会の信任をも得なければならなくなった。共和派系の新聞は「一二月二日〔一八五二年にナポレオン三世が皇帝に即位した日〕の帝政はもはや存在しない」と歓声を上げた。

組閣の人選は難航した。今回は皇帝からも議会多数派からも信任を得なければならなかったからである。結局、一八七〇年一月二日、ナポレオンは穏健共和派出身のエミール・オリヴィエを内閣首班とすることを容認した。社会的緊張と政治不安が高まっており、ともかく秩序を維持しなければならないという判断から、大半の議員もこの内閣を承認した。反対したのは、依然として皇帝個人に大きな権力が認められていることを問題視したティエールをはじめとする野党内の自由主義者だけだった。

オリヴィエ内閣初期の諸施策はこの内閣を支持した保守派を安心させるものだった。たとえば、官選候補者制は最終的に廃止され、物議をかもすセーヌ県知事オスマンは既存の金融資本家の利益を守るために罷免され、教育の脱宗教化を推進した教育相デュリュイも教会をなだめるために罷免された。また、あたかも保護貿易復活を目指すかのように、関税法の再検討を行うことが発表され、工業拠点ル・クルーゾのストライキやパリの共和派のデモはただちに武力で鎮圧された。

実際、以前は出版・報道に対する規制撤廃を唱えていた自由派のなかにも、自由の濫用を懸念する人々

ル・クルーゾにおけるシュネーデル社の製鉄工場　この第二帝政期屈指の製鉄工場は15の溶鉱炉、160のコークス炉、85の蒸気機関を備えていた。ボノメの水彩画

が増えていた。共和派系の新聞やパリでさかんに行われるようになった公開集会では、革命への呼びかけがなされ、これに対して保守系新聞も過激な表現を用いて対抗したため、一八四八年がそうだったように、「赤の脅威」が一段と高まったように思われた。また、教会と自由派の反政府勢力がしだいに接近して幅広い保守連合を結成したことから、政界もしだいに二極化した。つまり、これでは帝政を維持して秩序とキリスト教文明を守るしかない、と思われるような状況だった。そして、政府のプロパガンダは繰り返しこの点を強調していた。

このような状況の中で、オリヴィエ内閣が発足してほぼ三カ月後の五月八日に、「一八六〇年以降の自由主義的改革に賛成か反対か」を問う国民投票が行われた。「賛成」を呼びかけた勢力は、帝政の業績よりも革命の危険を強調したようである。「皇帝に賛成して赤の連中を打倒しよう」と呼びかけたアルザス地方の教会新聞はその典型的な事例である。結果は、賛成七三五万、反対一五三万八〇〇〇、棄権一九〇万という圧倒的な政府の勝利であり、ある政府高官の言葉を借りれば、これは「ナポレオン帝政への新たな洗礼」だった。こうして、帝政は政治的孤立を脱した。多くの国民が、自由帝政によって政治的自由が拡大し、秩序と経済的繁栄が回復したことを認めたのである。ただし、都市部では反対票が多かった。パリでは五九パーセントが反対で、とくに北東部の労働者の多い選挙区では反対票が七〇パーセントを超えた。しかし、一八六九年の選挙に比べて野党勢力が衰退しているように思われたことは共和派を落胆させた。ガンベッタも「帝政はかつてなく強固である」と認めている。共和派に残された唯一の現実的展望は、共和政イコール革命ではないということを中間階級と農民に理解させるために長期的な政治運動を行うことであると思われた。

第二帝政の命取りになったのは不手際な外交だった。一八六六年の普墺戦争でプロイセンが勝利するとヨーロッパの勢力均衡が変化し、以来、多くの識者は、いずれ必然的にフランスが再び覇権を求めて戦争になるだろうと信じていた。そして、ついに一八七〇年に戦争になったとき、保守勢力の言いなりだった政府がつぎつぎと打つ手を誤り、これが帝政崩壊の直接的要因になった。

スペインの王位継承者としてプロイセンのホーエンツォレルン家の血筋を引く者が選ばれると、右翼系新聞が過激な論陣を張ったことも手伝って、フランス国内は好戦気分に沸きかえった。

ホーエンツォレルン家が候補を辞退したとき、ナポレオン三世もオリヴィエもこれで一件落着にしたいと考えた。しかし、保守系議員たちはプロイセンがこの問題を二度とむしかえさないという確約を要求した。これに対し、ビスマルクは意図的に侮辱を込めた表現でこの確約を拒否した。悪名高いエムス電報事件〔一八七〇年七月三〇日、ドイツ西部の温泉地バート・エムスで静養中のヴィルヘルム一世がビスマルクに宛てた電報はビスマルクによりフランスの非礼を非難する内容に改ざんされ新聞に公表、両国の敵対感情をあおった。普仏戦争の発端になったといわれる〕である。ナポレオン三世は窮地に立った。これを容認すれば、またもや外交方針の屈辱的転換を余儀なくされるだろう。また、そのような屈辱外交は議会に否決されるかもしれない。そうなれば、改定したばかりの憲法の基盤に疑義が生じ、彼自身の権威が疑われるだろう。ここにいたって、軍備が整っていないことを知りつつも、ついにナポレオン三世は皇后その他の強硬なボナパルト主義者の圧力に屈し、外相グラモン公や陸相ルブフ元帥ら自信過剰な進言を受け入れた。国内問題を外交問題に転じて戦争に勝てば帝政を強化できると思ったのである。

国民は当初、圧倒的にこの戦争を支持した。ごく少数の過激な活動家を除けば、共和派さえも国のために戦うことを支持し、おびただしい群衆が街頭で愛国歌を歌いながら兵士の出征を見送った。緒戦の敗北は政府を狼狽させた。戦況の悪化に対するナポレオン三世の答えは、オリヴィエ内閣をクザン・モントバン将軍を首班とする強硬なボナパルト主義内閣に代えることだった。しかし、この内閣もフランス軍の多くの弱点を変えることはできなかった。

当時のフランス軍の組織や兵士の訓練、軍備は、本格的な戦争よりも国内の騒乱や植民地の反乱を想定していた。また、徴兵が混乱をきわめて予備兵に満足な訓練ができておらず、参謀が無能だったために各部隊が連携を欠き、指揮官たちがインスピレーションによって急場をしのぐことを誇りとしたことから、多数の戦死者を出した。さらに、この状況にナポレオン三世自身が善意で介入したことが戦況をさらに悪化させた。そして、おそらく最終的な敗北の要因は、最高司令部が能力を欠き、規模の劣勢を補うために各地の連隊を集結させなかったことだった。

フランス軍がセダンで降服し、軍の大部隊ばかりか皇帝までがプロイセン軍の捕虜となった――という報せがパリに届いたのは一八七〇年九月二日の夜だった。これが翌三日に公表されると、これほどまでの惨敗を喫した帝政はもはや誰からも見放され、二七人の共和派議員グループが帝政にかわる政体をつくることを要求してパリの群衆から支持された。九月四日、これらの議員グループと群衆がブルボン宮殿に侵入し立法院を解散させた。立法院の警護に当たっていた兵士や警官は侵入した群衆に武力を行使しようとはしなかった。パリは先の見えない大混乱におちいった。結局、ここでどうしても帝政を終わらせなければならないが、しかし、けっして革命主義者たちにパリ占拠を許してはならない、と考えたパリ選出の議員グループによって、共和政が宣言された。ただちにパリ軍管区司令官トロシュ将軍を首班とする臨時国防政府が成立し、プロイセンに対する徹底抗戦の方針がこの政府によって決定された。地方の人々は、スダンでの降服とパリで革命が起きたという報せに唖然とするばかりで、とりあえずパリに主導権を与えておくしかないと考えていた。

第二帝政はさまざまな面で国民から広く支持された政体だった。とくに法と秩序を守る方針を明確に示したことと、自由主義的な制度を導入したことは、国民の支持を高めた。それまで政府と社会的エリートが危険視していた普通選挙制度が導入されたのもこの帝政期であり、この普通選挙制導入によって、支持であれ苦情申し立てであれ投票によって表明することが制度化されたために、あたかも「民主主義」によっ

フランス軍がセダンで降服し皇帝が捕虜になったことを知り立法院議場前に集まった群衆（1870年9月4日）　共和派の議員たちは「祖国は危機にあり」と呼びかけ帝政崩壊を宣言した。ジャック・ギオー画

て「革命」が不要になったかのように思われ始めた。また、普仏戦争に敗れたことは、たんに第二帝政を瓦解させたばかりではない。長期的に見れば、この敗北がヨーロッパ諸国の勢力均衡を変化させ、ひいてはドイツ帝国を工業、人口、軍事等の分野で優位に立たせ、その後のフランス政府を脅かし続ける遠因となる。

パリ・コミューン　共和政が宣言されるや否や、その共和政の存続はプロイセンに対する勝利にかかっていると考えられた。しかし、これにはさまざまな重大な障害があった。第一に、セダンとメッスで大部隊が降服して捕虜となっていたために、訓練された兵士と軍備が不足した。第二に、一般国民も戦意喪失から立ち直っていなかった。第三に、保守勢力は一七九一年のように国内政治が過激化することを恐れ、いったん降服した戦争を再開することは賢明ではないと主張した。第四に、共和派の政府を担った人々の行政経験が浅かったために、行政運営がはかどらなかった。とくに、政府が革命期のジャコバン精神を唱えてさらなる徴兵と課税を行おうとしたことが紛糾を招いた。

パリは一八七〇年九月一九日からプロイセン軍に包囲され、パリにとどまることを選んだ成人男子――その圧倒的多数は貧しい労働者だった――は武器を与えられ、国民衛兵に編入されていた。しかし、国防政府はついに一八七一年一月二八日にパリの降服を受け入れ、国民議会選挙を行うための三週間の休戦をビスマルクからとりつけた。二月に行われたこの議会選挙は、共和政を守るためにあくまで戦争を続けることに賛成か反対かを問う選挙であり、その結果は、とくに農村部では、講和を主張する王党派の名士たちの圧勝だった。国民の多くは平和と社会の安定を求め、共和派とボナパルト派の徹底抗戦の主張を退けたのである。

選挙後の二月一二日、新たに選出された国民議会は情勢不穏なパリを避け、ボルドーに招集された。王党派が多数をしめるこの議会は老獪な保守主義者ティエールを首班に指名し、きわめて穏健な共和派からなる内閣を成立させた。しかし、この政府は無神経にも国民衛兵の俸給を打ち切る決定を下し、パリ市民を反発させた。なぜなら、パリ市民の多くは貧しい労働者からなる国民衛兵であり、その俸給は職のない多くの家族の唯一の収入源だったからである。さらに、政府は家賃・負債の支払い猶予をも撤廃し、多くの零細な事業者に打撃を与えた。しかも、政府は二月二六日、アルザスとロレーヌの多くの地域を割譲し、五〇億フランの賠償金を支払うという屈辱的な仮講和条約をプロイセンと締結した。プロイセン軍の包囲に耐え抜き、愛国心に燃えるパリ市民にとって、これは政府による許しがたい裏切りだった。しかも、三

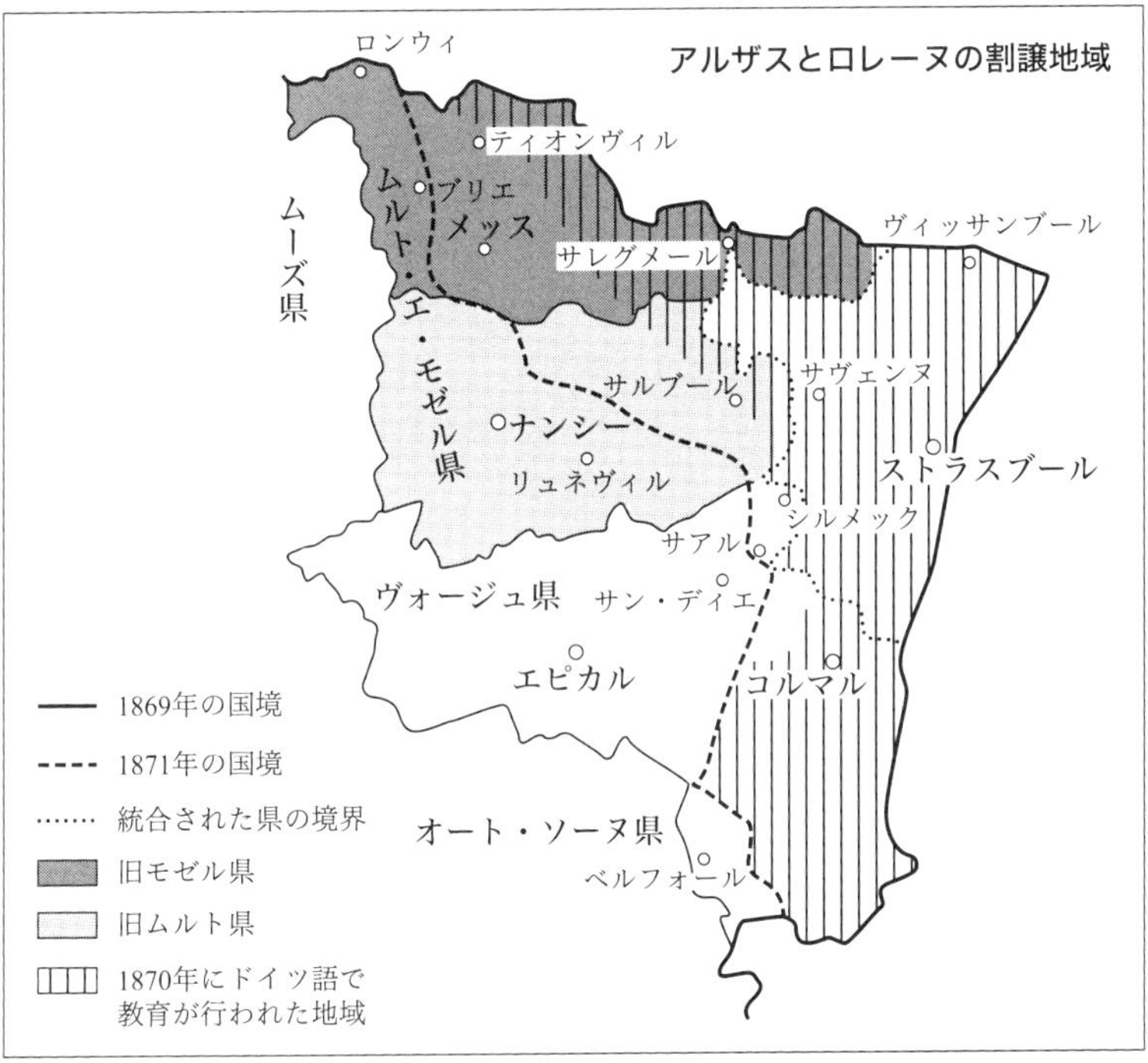

月一日、講和条約に基づき、それまで彼らが守り抜いてきたパリ市内においてプロイセン軍の凱旋行進が行われた。これらの過程で、帝政末期のパリにおける政治情勢の過激化がさらに進んだ。

一八七一年三月一八日に突発したパリの蜂起はほとんど偶発的なものだった。ことの発端は、国民衛兵を武装解除させるために、正規軍兵士たちがモンマルトルの丘に置かれていた国民衛兵の大砲を奪おうとしたことだった。しかし、これらの兵士たちの行動が無神経で、民衆への対応がまずかったことから激しい抗議デモが起き、さらに、これに対応する正規軍兵士たちが民衆と国民衛兵に対して不信と嫌悪の念を示したことから、パリ全体がパニック状態に陥った。

この状況を見たティエールは、パリを見捨て、政府をヴェルサイユに移した。正規軍の増強を待とうとしたのである。結果として、「国民衛兵中央委員会《コミテ・サントラル・ド・ラ・ガルド・ナシオナル》」が権力の空白状態に陥ったパリの主導権をとり、ヴェルサイユ政府と対立することになった。三月二六日、ヴェルサイユ政府との交渉決裂を受け、パリ・コミューン議会の選挙を行うことが国民衛兵中央委員会によって決定された〔この選挙は直ちに実施され、選出された議員たちによって三月二八日、パリの完全な自治とその全国拡大を目指すパリ・コミューン宣言が行われた〕。こうしてパリの民衆の蜂起が革命に転じた。

コミューン軍とヴェルサイユ政府軍がはじめて交戦したのは一八七一年四月二日だった。あとから考えれば、完全に包囲され、地方からの援助もほとんど得ることができないコミューン側の運命は最初から明らかだった。ヴェルサイユ政府はプロイセンにフランス軍捕虜の釈放を求め、これによって正規軍を増強していた。コミューンはこの正規軍によってきわめて残酷に鎮圧されたのである。

国民衛兵は訓練が不十分で、指揮が徹底しなかった。これに対し、ヴェルサイユ側は鉄道によって容易に兵を補充することができ、指揮官たちは一八四八年の蜂起鎮圧の経験から市街戦を制する戦術を学んでいた。コミューン兵士たちはしだいに分断され、市内各地に追い詰められたが、彼らは絶望的な防衛戦を一週間戦い続けた〔ヴェルサイユ軍は五月二一日にパリ市内に侵入し二八日にパリ・コミューンを壊滅させた〕。このパリ防衛戦はのちに「血の週間」と呼ばれた。コミューン側の死傷者数は明らかにされなかったが、死者は一万人から三万人を数え、その大半は降服した後ただちに銃殺された人々だったと推定されている。ヴェルサイユ側の死者数は約四〇〇人、重傷を負った兵士は一一〇〇人だった。コミューンが壊滅した後、数週間にわたり三万八〇〇〇人を超える人々が逮捕され

燃えるパリ（一八七一年五月）　政府軍の前進を阻むために火が放たれ、テュイルリー宮殿もパリ市庁舎も火に包まれた

た。

軍の将軍、王党派の議員、穏健共和派の閣僚にとって、コミューン鎮圧は過激派を最終的に抹殺する絶好の機会だった。保守勢力から見れば、改革や革命を口にして秩序を脅かす過激派は各地を放浪する犯罪者集団であり、「文明社会」の破壊を企む「危険な階級」だったからである。パリ・コミューンの本質について当時の教育相ジュール・シモンは「一八四八年六月と一八七一年三月の二つのパリ蜂起は本質的に同じ種類の闘争」と見なした。これに対し、保守派と対立する政治勢力は、パリ・コミューンは英雄的な急進派による社会革命だった、という神話をつくった。しかし、いずれにせよ、重要な事実は、パリ・コミューンが一九世紀フランスの最後の革命だったということである。そして、フランス史全体から見れば、戦争と敗戦

という特殊な状況下で突発したこの革命は一つの政治的エピソードであり、これを境にして政治的抗議が政治制度の枠内で行われるようになる。

第三共和政　コミューン鎮圧後も、どのような政体にするかはなかなか決まらなかった。身分社会、政府の権限の分散、王政復活をめざす「秩序党《パルティ・ド・ロルドゥル》」は変化に対する「抵抗《レジスタンス》」を決意し、議会制と「社会的正義の向上」によって「変革《ムーヴマン》」を推進しようとする勢力と対立し続けていた。穏健共和派は、コミューン鎮圧によって極左の脅威が少なくとも当面の間消滅したと見るや、それまで一時的に手を組んでいた王党派との連合から離反した。彼らに袂を分かたせたのは、やはり彼ら双方の政治文化における一七八九年の神話の解釈の相違だった。

先に見たように、一八七一年二月の選挙の結果、議席の過半数（六四五議席のうち約四〇〇議席）を占めたのは、なんらかの形で立憲王政を復活させようと考えていた人々だった。彼らは夢の実現へと一歩踏み出し、七三年五月、ティエールを失脚させてマクマオン元帥を大統領とし、ブロイ公を首相に指名した。この二人はどちらもティエールより王党派に近い人物だった。たしかに、ティエールはヴェルサイユ政府を指揮してパリ・コミューンを鎮圧し、五〇億フランの賠償金支払いを条件にドイツ占領軍を撤退させ、ただちに正規軍の再編に着手した功労者であった。しかし、その後のティエールは、「我々の分裂を最小限にくいとめる」ために、保守的な共和政に共感を示すようになった。このために彼は失脚させられたのである。しかし、王党派は、一八五〇年がそうだったように、今度もまたこの機会に王政復活を成し遂げることはできなかった。

シャルル一〇世の孫にあたる王位継承権者シャンボール公は——彼はオーストリアに亡命していてフランスの情勢を把握していなかった——「革命の象徴」である三色旗をブルボン王家の百合の紋章をあしらった白旗に取り替えるよう主張し、あくまでも革命との妥協を拒否した。この方針に対し、立法議会の約一〇〇人の正統王朝派は賛意を表したが、約二〇〇人のオルレアン派は難色を示した。同じ保守勢力ではあったが、オルレアン派は正統王朝派の「玉座」と「祭壇」の同盟に基づく極端な王政主義には同意することができなかった。結局、シャンボール公があくまで自説を曲げなかったことから、王党派の指導者たちは子のないシャンボール公がこの世を去るまで政体論議を延期することに同意した。次の王位継承権はオルレアン家に移り、自然に王党派間の対立が解消するだろうと思われたからである。そこで、王党両派はその時が来るまで教会の協力のもとに国民の「道徳的秩序」を回復しようとした。彼らは、フランスがプロイセンに敗れたのは、政体選択を誤り続けるという罪をおかして神の怒りにふれたからである、我々はいまこそ罪を償わなければならない、と主張した。他方、勢力を回復した教会も、だれもが神によってあらかじめ定められた社会的身分を受け入れなければならない、と説くことによって王党派に力を貸した。こうして、第三共和政初期の数年間の保守勢力の結束は、王政の復活よりも教会の擁護に貢献することになった。

これとは対照的に、一八七一年の選挙で選ばれた一五〇人の共和派議員は共和政擁護と反教権主義を主張した。ここで留意しておきたいのは、七〇年代初期になると、以前のように弾圧に対して秘密結社で対抗することはなくなり、パリ・コミューンの後では反政府活動がしだいに政治制度の枠内で行われるようになったということである。共和派議員たちは、合法的な政治活動に徹する方針を強調し、共和政が革命を意味するという誤解を正すことに全力をあげ、保守派と教会を激しく批判した。共和派の主張によれば、社会秩序を脅かしているのは保守勢力である、なぜなら彼らは王政復古のみならず貴族特権と十分の一税の復活を画策しているからであり、しかもローマ教皇の俗権回復に協力するために再びフランスを悲惨な戦争に巻き込もうとしているからだった。こうして、共和派は、真に社会秩序を守ろうとしているのは共和派であると主張し、共和派内部の急進派さえ、社会改革の問題を後回しにして共和派全体と統一行動をとった。

共和派はまた、一八七〇年代の景気回復を背景に、大金持ち《グロ》を敵視して貧乏人《プティ》を擁護する方針を転換し、ガンベッタが「新しい社会階層」と名づけた、資産を持つ低位の中間階級と農民の利益を守ることを重視し始めた。この方針変更が共和派に選挙の勝利をもたらし、議会の勢力配分を一変させることになる。早くも一八七一年七月には、一一四の選挙区で行われた補欠選挙で、一〇〇人の共和派議員が誕生している。これは、わずか数カ月前のパリ・コミューン宣言に先立つ選挙当時とは隔世の感のある政治状況であり、この状況こそ、パリ・コミューン鎮圧の指揮を取ったティエールの真意がどこにあったかを明らかに示すものだった。

一八七五年一月、保守系カトリック議員アンリ・ヴァロンによる憲法修正案が可決され、ついに憲法に共和政が明記され、第三共和政樹立が確認された。この「一八七五年憲法」では、四八年の誤りを繰り返さないために、大統領は国民投票ではなく議会によって選ばれることとされ、パリ・コミューンのような事態を避けるため大統領に強い行政権が与えられたが、下院〔一八七五年憲法によって、国民議会は普通選挙で選ばれる下院と終身議員と間接選挙で選ばれる上院の二院制をとることになった〕での共和派勢力が強まるにつれて、下院が大統領に対する優越性を主張するようになった。また、政府を率いる首相（プレジダン・デュ・コンセイ）は議会の信任を得ることとされた。

翌一八七六年の下院選挙は共和派の圧勝、王党派の完敗だった。主として東部と南東部出身の共和派の三四〇人に対し、王党派は主として西部と北西部の農村を基盤とする一五五人しか当選しなかった。ちなみに、これら王党派議員の約半数は主として南西部で選ばれたボナパルト主義者だった。彼らは七三年から勢力を盛り返していたが、英軍に入隊した「ナポレオン四世」すなわちナポレオン三世の一人息子が七九年に南アフリカのズールー戦争であえなく戦死した後は、目標を失って衰退してゆく。

このような状況下で共和派議員はますます自信を深め、ついに王党派の共和国大統領と最終決着をつけるときが来る。七七年五月の議会による不信任案可決に対するマクマオン大統領の答えは議会解散だった。一〇月に選挙が行われ、政府による激しい選挙介入にもかかわらず、三二一人の共和派が当選し、王党派は二〇八人にとどまった。このため、マクマオンは余儀なく穏健共和派のデュフォールを首班に指名した。こうして王党派の大統領と共和派の首相が対立する不安定なコアビタシオン（保革共存）が一八七九年まで続く。しかし、七九年一月に全国自治体の代表者を有権者とする上院選挙が行われた結果、上院でも共和派が多数派となったとき、ついにマクマオンは辞任を決意した。

この共和派の躍進の要因は何だったかといえば、まず、あらゆる社会階層において、階層の垣根を超えた思想的分裂が生じていたことを上げねばならない。たしかに、共和派の躍進は伝統的な社会的エリートの敗北を意味していた。しかし、敗北したエリート層のなかには、貴族と非貴族を取り混ぜた地主階級ばかりではなく、多くの裕福な事業家、専門職、さらには金融と炭鉱業のデューク・デュカーズ、ガラス、化学製品のサン・ゴバン社のブロイ公といった業界の大物も含まれていた。ところが、同じエリートでも金融業のアンリ・ジェルマン、製鉄業のドリアンやマニンなどは保守共和政を支持するようになっていた。また、これらの人々よりはるかに多数の、地方を拠点とする事業家や専門職が保守共和政を支持するようになっていた。しかも、これらの地方の有力者が身近に接する一般有権者はかなり政治意識に目覚めており、共和政こそ自分たちの生活と仕事にとって最善の政体だと思い始めていた。

穏健共和派《オポルテュニスト》政府

マクマオンが辞任した一八七九年から九八年までの二〇年の間、政権を担い続けたのは穏健共和派だった。この間には小党派が分立と離合集散を繰り返し、内閣が何度も交代したが、穏健共和派がつねに勝利した。

この二〇年間の初期には、自由と民主主義に基づく制度を確立するための計画が実施され、不十分ではあったが個人の自由が大幅に認められた。穏健共和派は、まだ今日のように政党化してはいなかったが、非公式の組織網、選挙委員会、新聞を通じて、共和政を自由と豊かな生活を追求する政体であると説いて支持を訴えた。一八八一年一月二九日には出版規制、六月三〇日には集会の規制が緩和され、八四年三月二八日には労働組合を含む結社の規制が緩和され、ストライキも以前ほど弾圧されなくなった。ただし、以前の政権と同じように、共和派は政権の座につくや否や、行政の分権を進めるというそれまでの方針を撤回した。

反教権的政策も実施された。日曜日の労働を禁止した一八一四年の法令は撤回され、離婚の自由は再び認められた。ただし、かつてローマ教皇との間で結ばれた政教協定《コンコルダ》のおかげで、カトリック教会は国教としての地位を脅かされることはなかった。とりわけ重視されたのは公教育制度の確立だった。一七八九年の原則にのっとり、教会の反啓蒙主義から個人を解放しようとしたのである。一八八二年三月二八日、ジュール・フェリーのリーダーシップのもとに、初等教育の無償化、義務化、宗教科目の排除を盛り込んだ法律が制定された。フェリーにとって、教育改革は「最も偉大で永続的な社会改革」であり、教育は権力のための重要な〝資源〟だった。なぜなら、公教育とは、右翼（教会と王党派）と左翼（社会革命主義者）の双方から「ブルジョワ共和国」を守りぬく手段であるばかりでなく、市民としての責任、愛国心、法と財産と既存の社会秩序の尊重という基本的観念を教え込む手段だったからである。八六年には、すべての公立学校の教員を聖職者から俗人の教員に段階的に入れ替える法律が制定された。

経済政策においても積極策が講じられた。一八七〇年代後半にヨーロッパの大不況が始まると、政府は苦境に陥った産業間の利害の調整をはかり、七八年には、景気浮揚策として、地方の鉄道支線と道路建設によって交通網の改善を図るとするシャルル・フレシネの公共事業計画が実施された。フレシネ計画は金がかかることで批判されはしたが、農村部と小都市の多数の有権者からは大いに歓迎された。また、八一年から九二年に再び実施されたメリーヌによる保護関税も「進歩と幸福《プログレ・エ・ボヌール》」を約束する共和政への支持を強めた。ちなみに、この方針は、資本主義と都市化による弊害から「永遠の」農業国フランスを守らなければならないという哲学的信念に基づくものであった。

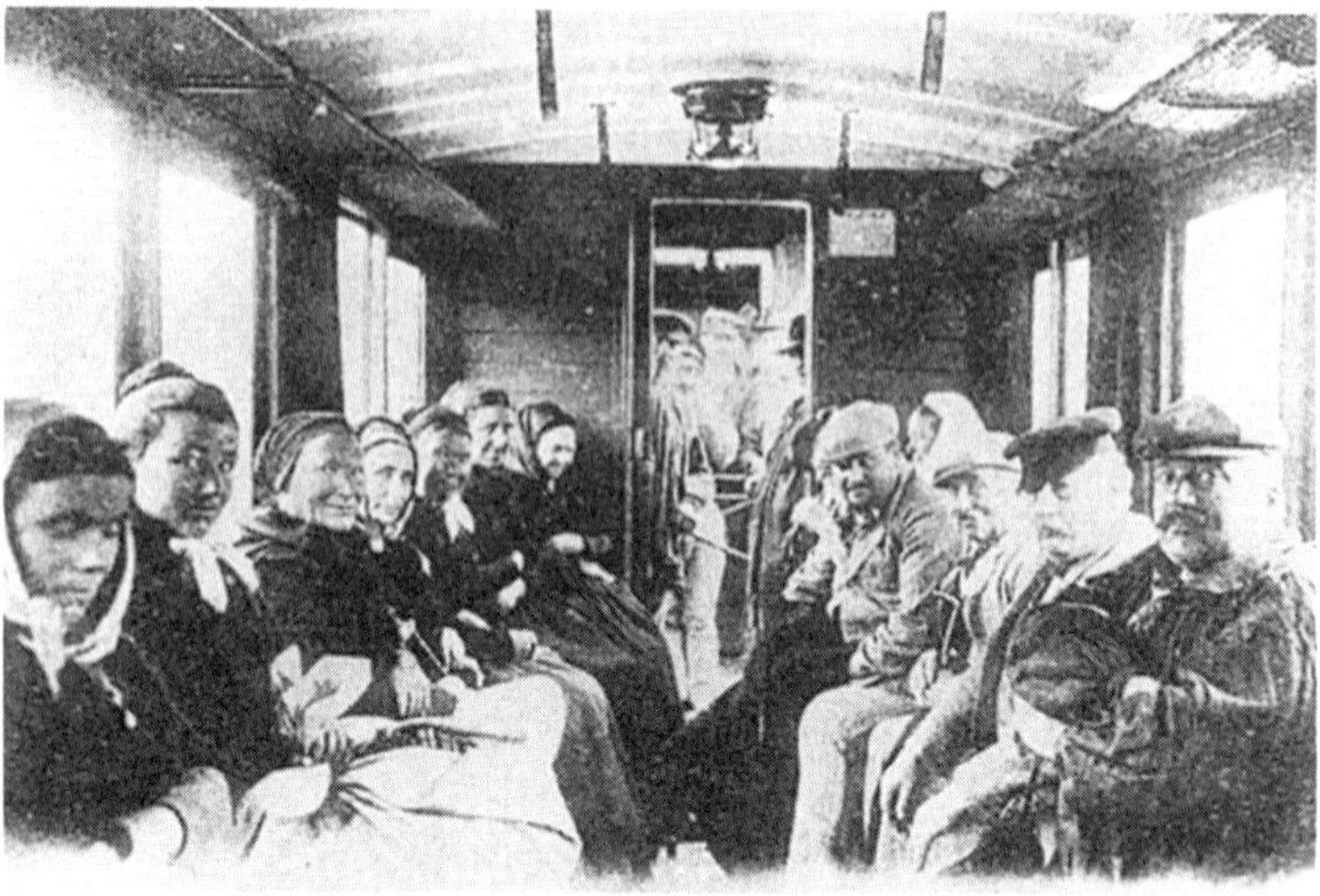

鉄道を利用する農民たち

他方、穏健共和派は国民に迎合し、銀行や鉄道企業の権力独占を攻撃してみせはしたが、現実には、社会改革には放任主義《レッセ・フェール》でのぞみ、有産階級の権利と既得権益を最大限に守ろうとした。したがって、たとえば劣悪な住宅事情などにはほとんど措置が講じられなかった。しかし、穏健共和派がコンセンサスによる政治を重視したことから、現状の維持が図られるとともに個人が社会的地位を得る機会が拡大し、政府が国民サービスを重視したことから、有権者の政治への関心がさらに高まった。また、議会活動を通じて地元の利益をはかる、ということが議員に強く期待されるようになったのもこの時代の特徴だった。

しかし、安定した政治システムが生まれていたにもかかわらず政界再編の動きが生じ、これに対する批判が高まることになる。中間階級を代表する穏健共和派は、伝統的な社会的エリートを排除して政権

脱穀機は19世紀のフランスのほとんどの農場で使われていた　アルベール・リゴ画

を得た後、彼ら自身の特権を急進派から守ろうとした。早くも一八八七年には、大企業と深い関係があった首相ルーヴィエは中道・右派連合の結成によって議会の多数派を形成しようとした。この工作は宗教問題をめぐる意見の対立から失敗する。しかし、このことから、穏健共和派の多くが秩序擁護を名目に保守勢力と大連合を組もうとしていたことが露呈した。九三年の下院選挙で勝利したこれらの「日和見主義者《オポルテュニスト》」と呼ばれた穏健共和派も、共和派左派と分裂する危険をおかしてまでも右翼との円満な連合を模索した。ただし、若手の穏健共和派だったポワンカレ、バルトゥー、デルカッセなどの動機は、教会との対立よりも社会主義の勃興に対する危機感だった。九〇年代にはカルノ大統領暗殺をはじめとしてアナキストによるテロが横行していたからである。

しかし、結局、右派との連合は実現しなかった。これには一八九八年の選挙で穏健共和派の支持率が下がったという背景があった。共和政を支持する多くの有権者が右派との連合を拒否したのである。しかも、穏健共和派と右翼は宗教問題について相手の真意を疑い続けていたが、ドレフュス事件（後述）の発生と極右ナショナリズムの急速な拡大がこの疑いを決定的なものにした。実際、九九年二月には極右ナショナリストのデルレードが兵士にクーデタ参加を呼びかけ、六月にはオートゥイユ競馬場で右翼の観衆がルーベ大統領に暴言を浴びせる事態さえ生じたのである。

このような状況下で中道・右翼連合は断念された。そればかりではない。一九〇二年の選挙をひかえて共和政を擁護する中道・左派連合の動きが促された結果、主張を軟化させた「急進主義者《ラディコ》（急進派、急進共和派）」、ポワンカレやヴァルデック・ルソーなどのきわめて保守的な共和派、ミルランなどのような改革的社会主義者をも含む左派連合《ブロック・デ・ゴーシュ》が形成されることになる。

急進共和派　ここで、急進共和派が勢力を拡大した経緯を確かめておこう。

当初、急進派は大金持《グロ》ちから貧乏人《プティ》を守ることを標榜し、一八六九年のガンベッタと同様、ベルヴィル綱領〔一八六九年にパリで立候補したガンベッタに対しベルヴィル地区の有権者が要求しガンベッタが受け入れた急進的政治綱領〕を受け入れることを表明した。彼らはさらに、憲法改正による大統領や上院をはじめとする王政の遺物の廃止、行政の分権、選挙による裁判官の選任、教会と国家の分離、労働時間の短縮を要求し、所得税を財源として老人と病人を対象とする年金制度の創設を提案し、「日和見主義者《オポルテュニスト》」からなる穏健共和派政府の弱気な宗教政策と大企業との癒着を非難した。

しかし、現実には、彼らも議員であるかぎり何よりも選挙民に忠誠を示さなければならず、選挙区に何らかの新しい道路、学校、職場をもたらすという責任を果たさないかぎり、彼らには次の選挙で再選される見込みはなかった。また、党派間の境界線はつねに流動的で、そのために内閣が頻繁に交代した。このような状況下で、内部が分裂し統制を欠いていた急進派は、一八八五年の選挙によって議会でキャスチングボードを握った後でさえ、好機を生かして主導権を握ることができなかった。しかも、共和政が危機に陥ったとき――たとえばブーランジェ将軍の新ボナパルト主義による危機が生じた八九年や、九五年の選挙の第一回投票で保守・教会勢力が勝利する様相を呈したとき――には、急進派はつねに穏健派に協力し、共和派としての協調を尊重した。また、同じような状況だった九九年六月にも、ヴァルデック・ルソーの「共和国防衛」政府に協力した。こうして、急進派は、自派のレオン・ブルジョワの内閣が九五年一〇月に成立したときを除いて、共和政体で補助的役割しか果たすことができなかった。しかも、レオン・ブルジョワは翌年四月に議会の支持を失って失脚した。彼が提案した控えめな所得税法案が、危険な先例になることを恐れた大半の議員によって否決されたからである。

しかし、限られた成果しか上げることができなかった急進派は、組織改善に取り組み、その努力が一九〇二年の選挙で大きく実を結ぶことになる。〇一年、急進諸派は全国大会を開き、急進社会党を結成する。そして、この政党が、いまだに地元への利益誘導を期待する地方名士に左右されていたにもかかわらず、パリのリュ・ド・ヴァロワに今日の選挙本部のような組織をつくり、〇二年の選挙で勝利して二三三人の議員を誕生させ、四三人の社会主義者と共和主義左派《レピュブリケンヌ・ド・ゴーシュ》（この共和主義左派とは穏健共和派の一部で、彼らは秩序維持のために右派との連合を主張したメリーヌなどの「進歩派《プログレシスト》」と対立していた）と連合し、急進派政権を樹立したのである。この急進派政権はコンブ内閣からサリアン内閣へ、さらにクレマンソー内閣へと引き継がれ、一九〇九年まで続く。この間には初めて老齢年金の慎重な導入が図られた。しかし、なんといってもこれらの政権の特徴は、ドレフュス事件と極右勢力拡大の脅威に対応し、教会への攻撃を強めたことだった。

ドレフュス事件、極右、政教分離法、社会主義　ドレフュス事件の発端は、軍法会議がユダヤ人参謀将校ドレフュスにスパイ容疑で有罪判決を下したことだった。一八九八年に著名な作家エミール・ゾラが共和国大統領に対する公開状を発表して判決に異議を申し立て、彼自身もこれによって軍を誹謗したとして有罪判決を受けると、裁判の真相をめぐる対立が一挙に国家的問題となった。

ドレフュスを有罪とする証拠はいずれも曖昧なものだった。しかし、保守勢力としては、軍の名誉、国家制度の権威、社会秩序、植民地における愛国心を維持するために、あくまでもドレフュスを有罪にしておかねばならなかった。彼らは自分たちだけが真の愛国者と信じ、彼らの熱狂的愛国心を問題視する者――とくに社会主義者、労働組合の指導者、ユダヤ人、および社会改革の財源として忌まわしい所得税法を成立させようとしたカイヨーのような急進共和派――を敵視した。

極右勢力はデルレード、バレス、とくにモラスなどを知的指導者と仰ぎ、共和国の平等主義の価値を否定し、カトリックの神秘的教義を支持し、暴力と戦争を賛美した。さらには、「宗教」と「祖国」を融合する精神的象徴としてジャンヌ・ダルクを崇拝し、革命期の共和政のシンボルだったラ・マルセイエーズ、

UN DINER EN FAMILLE

— Surtout ! ne parlons pas de l'affaire Dreyfus !

... Ils en ont parlé...

親族の団欒がドレフュス事件の話題で大乱闘に一変する「親族の食事会」 カラン・ダーシュの風刺画

三色旗、革命軍を勝手に彼らのシンボルとみなして利用した。こうして、この時期に形成された極右は、伝統的な保守主義の理念とその信奉者の多くを取り込むことによって一八七〇年以来最大の勢力となり、根本的に反民主主義・反議会主義の立場をとり、執行権を強化して政治的・社会的「党派主義」を打倒せよと唱え、さらには反ユダヤ主義を唱え、暴力沙汰を引き起こした。このような極右を支持したのは、近代の社会的変化に脅威を感じていた人々、聖職者グループ――有力なカトリック新聞『十字架《ラ・クルワ》』紙が彼らを代弁していた――、伝統的エリートと小規模事業家のグループだった。実際、極右の運動はいくつかの注目すべき成果を上げた。たとえば、一九〇〇年五月のパリ市議会選挙では、八〇議席のうち四五議席を獲得したのである。

このような状況において、急進共和派政府は、カトリックの教権主義が国民を分裂させ、共和国の制度を脅かしているとみなし、カトリック系の学校の排他性を攻撃した。政府は反教権主義によるいくつかの法令を制定した後、一九〇四年七月にカトリックの教育組織に対する弾圧とともに教会の運営する学校を閉鎖に追い込み、ついには政教分離法を〇五年一二月成立させた。これによって、かつてナポレオン一世とローマ教皇との間で結ばれた政教協定《コンコルダ》、すなわち、カトリックをフランスの国教と認め、フランス革命中にカトリック教会が受けた損害を聖職者に俸給を支給することによって補償するとした協定は廃棄された。政教分離法は国家による教会財産の収用を定めていたが、教会側は政府による教会財産の調査に激しく抵抗した。しかし、その抵抗は長続きしなかった。

極右勢力もまた、結局、限られた大衆の支持しか得ることができなかった。極右指導者たちに見られた激しい外国敵視と反ユダヤ主義のために、さもなければ彼らを支持したかもしれない保守層や聖職者が彼らに背を向けたからである。彼らが重要な役割を果たしたとすれば、それはナショナリズムとドイツの脅威を最大の政治課題として論じたことであった。

こうして旧体制《アンシアン・レジーム》支持勢力に勝利した急進共和派は、その後の重要課題として、工場の労働争議と南部ワイン製造地帯の抗議運動に対処しなければならなかった。ワイン製造についていえば、一九〇五年から〇七年にかけて生産過剰におちいり、ワイン価格が暴落していたのである。

すでに内相時代に弾圧政策を講じていたクレマンソーは、一九〇六年に首相になると、すぐに以前同盟していた社会主義者たちから「フランス第一の警官《プルミエ・フリック・ド・フランス》」として非難された。クレマンソーの高圧的な方針は、あくまでも有産階級の精神や制度、社会秩序を守りぬく決意を示していた。また、急進共和派はフランス革命の平等主義の理念を信じてはいたが、それと同程度に、政府の役割は有産階級のための民主主義と個人の権利を守ることだと信じていた。彼らは依然として社会正義を訴え続けてはいたが、すでに何年も前からそれは空虚な印象を与えていた。なぜなら、政権の座につき、多くの支持者の暮らし向きがよくなったことを契機として、急進共和派は反革命勢力に転じていたからである。

それでは、急進派と保守勢力の双方から恐れられた社会主義勢力の実態はどうだったか？　社会主義者たちがパリ・コミューン後の弾圧から立ち直るにはかなりの年月を要した。彼らは、社会改革を約束したにもかかわらず軍によってストライキを鎮圧する共和派政府に対し、社会主義者としての立場を明確に主張することができないでいた。しかし、一八八一年の選挙で社会主義候補の一人がマルセイユで当選した

北部ノール県の炭鉱地帯のストライキを強制解散させる兵士たち　『イリュストラシオン』誌の銅版画

後、社会主義への支持は年々拡大し、第一次世界大戦に先立つ一九一四年春の選挙では一四一万三〇〇〇人の有権者が社会主義候補に投票した。しかも、この選挙の結果、一八八六年に急進共和派から分離して結成されていた社会党系の議会内会派が一〇二人の議員を擁するまでになった。しかし、保守勢力の恐れは杞憂にすぎなかった。一九〇五年に「ＳＦＩＯ国際労働者フランス支部《セクシオン・フランセーズ・ド・ランテルナシオナル・ウヴリエール》」の名で知られる統一社会党が結成されてはいたが、運動をめぐるイデオロギーと戦術面での多くの対立が解消されなかったために、社会主義陣営は党派的論争に明け暮れていたからである。

一九一四年の状況　政界再編成が促されたのは、社会主義拡大にもまして強硬な姿勢を強めるドイツ帝国との関係悪化が懸念されたからだった。その結果、国際問題が政治の最重要課題と位置づけられ、保守的な共和主義者ポワンカレが一九一二年一月に首相に指名され、翌年一月に大統領に選出された。ポワンカレは「挙国一致」

政府を樹立しようとした。この目論見は保守派のメリーヌやカトリックの代表者の入閣に急進派が猛反対したために頓挫したが、ポワンカレは反ドイツ感情の強い外務官僚に促され、右翼の支持を得て、彼がかならず起きると信じていた戦争への備えに全力をあげた。外交では英・露との関係強化、内政では軍の地位の向上、軍備の増強、国民意識の統一が図られた。

当時のフランスはすでに広大な植民地を擁する「植民地帝国」だった。軍、経済界、宗教界がともに支持した対外膨張主義によって獲得された植民地は、フランスの偉大な国力と宗教的使命達成の象徴であり、いざ戦争となれば、植民地の異民族が数百万人の兵士となってフランス「本国」の兵員不足を補うだろうと考えられた。保守系出版物や発行部数を誇る『ル・プティ・パリジアン』などの大衆紙は熱狂的愛国心を煽り立て、ペギーをはじめとする知識人たちは、来るべき戦争は「正義の戦争」であり、この戦争が「勇気」と「犠牲」の精神、神への畏敬の念、さらには軍の権威を回復させ、物質主義によって腐敗した共和国フランスを救うだろう、と熱弁をふるっていた。

軍備の増強は、現実のフランス軍の実態を直視することなく議論された。一九一三年八月、右翼を復権させる恐れのある排外的ナショナリズムに反対していた社会主義者と急進派の議員の多くは、兵役を二年から三年に延長する法案に反対した。しかし、合計しても二〇四人だった彼らは、軍事力でドイツに追いつかねばならないと主張する三五八人の多数派に押し切られた。また、その後国際的緊張が高まるにつれて、左翼も軍備増強が必要とする意見に傾いていった。

一九一四年四月から五月にかけて行われた選挙の争点は、徴兵問題と軍備増強のための財源問題だった。新たに急進派の指導者となったカイヨーは、ドイツとの関係改善を唱えて保守派からすでに警戒されていたが、軍事費にあてるための所得税導入を提案して彼らに敵視された。富裕層は国を守るために犠牲が必要だと唱えてはいたが、少しでも自分たちの財産が減ることにはけっして乗り気ではなかったのである。この選挙では左翼が大勝し、一〇二人の社会主義者を含めて三四二議席を占めた。彼らの多くは選挙戦で、帝国主義による戦争に反対するために各国の労働者が立ち上がる必要があると唱えた候補者だった。すなわち、国民は選挙を通じて兵役延長に反対する明確な意思表示をした。しかし、選挙結果をうけて独立系の社会主義者ヴィヴィアニが内閣の首班に指名されたにもかかわらず、この内閣は急進派に支配され、軍を弱体化させる危険をおかしてまで兵役三年制を改めようとはしなかった。

ここで留意しておきたいのは、一九一四年六月にオーストリア皇太子フランツ・フェルディナントがサラエボで暗殺され、翌七月に国際危機が高まった間のポワンカレ大統領の対応である。ポワンカレは、この暗殺事件が招きかねない事態にほとんど警戒を呼びかけることなく、ロシアへの公式訪問へ出発している。すなわち、ポワンカレは反ドイツ体制を固めることを最重要視していたのである。フランスで八月一日に総動員令が発布されると、その二日後にドイツがフランスに宣戦布告した。

フランス国民は熱狂的に動員に応えたというよりも諦めの気持ちでこれを受け入れたと思われる。事態があまりにも急激に進展したために、だれもが状況を変えることのできない無力感にとらわれ、この戦争は短期間で終わるだろうと思い、それならば手早くケリをつけようと考えていた。他方、共和政に反対の勢力は右派も左派も戦争を積極的に支持していた。ナショナリストたちは彼らの予想が的中したとして勢いづき、聖職者たちは、危機に直面することによって国民は教会に希望と慰めを求めるだろう、と信じていた。社会主義者たちはといえば、これはドイツ帝国の専制主義と侵略主義から共和国を守る正義の戦争だと信じていた。

反戦運動は三六の県で見られたが、それらは主として社会主義者と労働組合の活動家によるもので、規模は小さかった。ほとんどの左翼活動家たちは敵国を利するような行動をとろうとはしなかった。また、ほぼすべての議会内党派はポワンカレが呼びかけた「神聖同盟《ユニオン・サクレ》」に応じ、戦争が終わるまで挙国一致体制をつくることに同意した。ただし、さまざまな政治的・社会的グループがこの休戦に乗じて優位に立とうとし始めるのは、さほど遠い将来のことではなかった。

総動員令が発令されてから二週間くらいの間に、軍に招集された人々は故郷を後にして戦場に向かい始めた。その間、男たちや一家の稼ぎ手を奪われたことによる不安にもかかわらず、国民の当初の諦めの気持ちは決意へと変わり、国民感情は圧倒的な愛国心に支配されるようになる。その証拠に兵役忌避者の数はきわめて少なかった（約一・七五パーセント）。

政府は、左翼の反戦運動が激しかったことから、兵役拒否の割合が一三パーセントに達することを予想していたし、警察は一九〇五年以来、要注意人物のリストを作成していた。このリストに載せられたのは主として労働総同盟《コンフェデラシオン・ジェネラル・デュ・トラヴァイユ》（CGT）のサンディカリストたちで、彼らは総動員令を妨害する恐れがあったため、これを防ぐために戦争が始まれば逮捕する予定だった。当局がとくに警戒したのは鉄道、炭鉱、造船、電気、郵便・電信にかかわる労組活動家たちだった。彼らが兵の移動を混乱させ、経済不安を招くことを恐れたからである。しかし、いまから考えると、これは取り越し苦労だったと思われる。なぜなら、弱体化していた労働組合には総動員令を妨害する具体的計画などはまったくなく、一般組合員は過激な行動に反対し、危険分子の多くは招集され、招集を免れた者も戒厳令下のもとで行動を封じられ、祖国防衛を唱える国民の中で孤立感を味わっていたからである。

総動員令が容易に実施されたことは、社会的分裂を超越するだけの国民意識が統一されていたことを示している。この国民意識の基盤は、国民の圧倒的多数が支持した普通選挙、議会制民主主義、卓越したフランス文化、純粋な愛国心、祖国防衛の倫理的義務などの価値観だった。そして、これらの価値観は教育、国民皆兵制度(一八七四年制定)、マスメディアを組み合わせて意図的に生み出されたのである。ちなみに、二〇世紀初期の著名な歴史家・教育学者エルネスト・ラヴィッスは、「もし学生があまり義務を認めない市民もしくは銃を愛さない兵士となるとすれば、教師は時間を浪費したのだ」と主張している。一九世紀には、何世紀にもわたって続けられていた言語と国民意識の統一が一段と効果的に加速され、反体制勢力は少数派として衰退したばかりでなく、以前よりも効果的な弾圧にさらされた。そして、この過程で決定的な役割を演じたのは政治権力であり、権力者たちが何よりもまず戦争によって守ろうとしたのは彼らの価値観であり、本質的に財産所有が地位と機会を左右する社会制度だったのである。

最後に、あらためて一九世紀における政治権力と社会の関係を考えてみよう。

経済的手段は権力行使の唯一の手段でもなければ主要な手段でもなかった。権力は、当局の権威による広範な領域への影響、文化の統一、政治的統制によっても行使されたのである。フランス社会に対して行われた最も重要な権力行使は世論の形成であり、これは一八三三年から進められた初等教育制度の推進と、情報源として重要性を増していた出版物の統制を通じて行われた。これによって、基本的な社会のあり方すなわち社会規範について、国民のコンセンサスを容易に得ることができるようになった。そして、永遠の真理として示された社会規範の要とされたのは、富裕なエリート層、広範な中間階級、低位の中間階級、裕福な農民が共有する私有財産制度だった。ただし、このコンセンサスと思われたものは積極的支持ではなく、実利を得るための服従にすぎなかった。しかし、たいていの場合、国民大衆を社会的・政治的体制に服従させるために強権を発動する必要はなかった。社会規範を侵していると思われる者たちに対する大半の国民の反発によって秩序が維持されたからである。

しかし、エリート層内部の露骨な権力闘争と、権力の配分を求める中間階級と労働者からなるグループの闘争の重要性は否定されてはならない。後者は一七八九年の精神と民主主義を広く国民に訴え、支配階層を孤立させようとした。ちなみに、一八三八年には日刊紙『ル・ジュルナル・ド・ルーアン』が「土地と経済力を持つ新しい貴族の支配」を弾劾している。これと似た体制批判はその後の第二共和政期、第二帝政期を通しても行われ、第三共和政期に激化した。

しかし、中間階級を代表する共和派の目標は一定の限度を超えることができなかった。たしかに、彼らは政権についている党派よりも民主的社会を構想していたが、その理念は依然として私有財産と古いエリート層の価値観を前提にしていた。しかも、彼らは大衆に決起を促すという危険な手段を利用したが、一八四八年の民衆蜂起も、パリ・コミューンも、一九世紀末の社会主義の躍進も、政治の混乱と秩序の崩壊の象徴と見なされるようになり、このために中間階級は既存の社会体制に対してある程度以上の批判しか加えることができなかった。その結果、すべての有産階級からなる巨大な保守勢力が形成され、富裕なエリート層による政治権力独占が解消されたにもかかわらず、その後も彼らの富とその富に基づく社会制度は国家権力によって守られ続けるのである。

第六章　危機の時代

第一次世界大戦

大戦勃発　第一次世界大戦勃発とともに危機と動乱の長い時代がはじまる。しかし、フランスの運命を左右する外交方針は、敵国の意図と軍事力、さらには自国民の世論について先入観を抱いていた少数の政治家、職業外交官、軍人によって決定された。大戦直前の数年間のフランス外交に決定的な影響力をおよぼしたのはポワンカレだった。首相就任後も、その後大統領となり一九一四年七月における数日間の破局的状況に直面したときも、ポワンカレはあくまでロシア擁護と仏・英・露の三国協商による安全保障に固執し（その要因の一つはヴィヴィアニ首相、ピション外相、ドゥーメルグ外相の能力と経験の不足、ポワンカレのきわめて強情な性格だったと思われる）、ロシアを見捨てればヨーロッパの勢力バランスが独・墺・伊の三国同盟に決定的に有利になる、と主張した。したがって、どうしても戦争をしなければならない理由はなかったにせよ、フランスは、独裁国ロシア擁護と戦争切迫を前提とする政策によるいかなる結果をも受け入れざるをえなかった。

ほとんどの国民にとって戦争勃発は大きな驚きだった。しかし、総動員令に熱狂的反応は見られなかったとはいえ、予備兵たちは指示通り新兵補充連隊に出頭し、群衆の盛大な見送りを受けながら出征して行った。彼らは、フランスが理由なき攻撃にさらされていると思い、戦争は短期間で終わるだろうと信じていた。

新聞は一様に「野蛮なドイツ人たち」による犯罪行為を弾劾し、ドイツ軍と比較していかにフランス軍が優秀でロシア軍が強力かを書きたてた。少し前まで平和と反戦を唱えていた社会党の機関紙さえ、「すべての偉大な革命の故郷であり自由の国である我らの祖国が、危機に瀕している」と訴えた。こうして、フランス国内では社会的・政治的立場の相違がとりあえず忘れ去られ、これに代わってポワンカレが訴えたユニオン・サクレ（神聖同盟）の愛国心が共有されているように見えた。

国民の大半は、急変する事態に目を奪われ、プロパガンダを鵜呑みにし、ドイツの軍国主義からフランスの文化を守らねばならないと考えた。内閣は、二人の社会主義者サンバとゲードに加えて右翼を代表するデルカッセとミルランを入閣させることによって、ユニオン・サクレの精神を体現しているように思われた。反戦を唱えた人々はごく少数で、指導者を欠き、逮捕に怯え、国全体の愛国心の高揚を前にして無力感に襲われていた。

他方、カトリック教会は、この戦争は「正義の戦争」であると説き、ジャンヌ・ダルクの救国精神を抱くよう国民に求めた。この説教は、戦争は贖罪のために神が与え給うた試練であるという説教よりもはるかに多くの国民に受け入れられ、そのために国民が信仰心を回復したかに思われたが、あまり長続きはしなかった。

しかし、愛国心を維持するために聖職者が果たした役割はけっして軽視されてはならない。また、国民に希望と慰めを与えるために、祈りによって信仰心を示すこと、聖杯、聖像、奉納品等々が重要視されたことも忘れてはならない。他方、戦前からの教育も、カトリック教会にもまして、青少年に英雄主義的愛国心を植えつけ、戦場に赴かせる上で重要な役割を果たした。

しかし、ユニオン・サクレは数年後に破綻し始める。ユニオン・サクレとは、短期間で終わるはずの戦争の間に限定した諸党派間の政治休戦だった。しかし、実際には、各党派は口では政治休戦を唱えながら戦前の政治目標を達成するために戦争を利用しようと考えていた。そのために、戦争の性質と目的については党派ごとに意見が分かれた。左翼によれば、この戦争は軍国主義帝国ドイツの侵略に対する防衛戦争であり、一七八九年の「人権宣言」によって示された普遍的価値を守る戦争だった。これに対し、右翼の見解では、この戦争はフランス人が「心身ともに根本的に野蛮なドイツ人」（シャルル・モラス〔一八六二〜一九五二。文芸評論家。一八九八年、右翼知識人らと国家主義団体「アクシオン・フランセーズ」を設立、同名の機関紙で反ドイツ、反ユダヤ、反共和制の論陣を張る。ペタン政権以後は反ドイツの姿勢は陰をひそめ、フランス解放後は「対ドイツ協力者」として終身刑に〕）から身を守る国家間の生存闘争だった。とはいえ、すぐに相手の思惑への疑いが再び浮上したにもかかわらず、どの党派もフランスの領土から敵を追い出すことには異存はなかった。

文化面でも戦時色が強まり、ドイツ軍の残酷さが報道されるにつれて、戦争はドイツに対する聖戦として激烈な表現で正当化された。この正当化にとくに貢献したのは、政府のプロパガンダや検閲にもまして、新聞、音楽、映画によるおびただしい感情的表現だった。

戦況の推移　フランス軍は戦前の数年間に増強され、総動員令もほぼ順調に実施されたが、作戦と近代戦争の実戦訓練でドイツ軍より劣り、若い将校・下士官と武器弾薬類がともに不足した。一九一四年八月三日、シュリーフェン・プラン〔露仏同盟に対抗するためにドイツ参謀総長シュリーフェンが作成。まずフランスを全力で攻撃して対仏戦争を早期に終結させ、その後反転してロシアを全力で叩こうという作戦計画〕に基づき、ドイツ軍は瞬く間にベルギーへ侵攻し、北部のフランス軍の主力部隊を包囲してパリへ迫ろうとした。ところが、フランス軍最高司令部がドイツの作戦を読み違え、主力を「失われた領土」、アルザス・ロレーヌへ送り込んでいたために、北部に残されたフランス軍がドイツ軍に圧倒された。これに加えて、最高司令部がフランスの軍事力と兵士の士気を過大評価した作戦に固執したことが、緒戦だけで膨大な数のフランス軍兵士を死に追いやった。すなわち、開戦直後の八月と九月の二カ月間で約三二万九〇〇〇人が戦死し、一四年八月から一五年末までの一年余の間の戦死者数が、一八年一一月までの第一次世界大戦中の戦死者総数の約半数に達したのである。

フランス軍はおびただしい死傷者を出して退却を余儀なくされたが、一九一四年九月、最高司令官ジョッフルはやっと軍を反撃に転じさせる。疲れの見えるドイツ軍に対し、マルヌ川地域で側面攻撃を加えてドイツ軍を守勢に追い込んだのである。その結果、両軍がスイス国境から英仏海峡海岸にいたるまで切れ目なく塹壕を掘って対峙することになった。塹壕はもともと兵を休息させ、部隊を再編・増強する場として考案されたもので、絶えず補強された。しかし、この塹壕が戦闘の膠着状況と長期の消耗戦を招く。

塹壕戦はそれまでの戦争の概念を一変させた。塹壕戦では、攻撃側は有刺鉄線に阻まれた機銃掃射と砲撃にさらされるため、防御側よりきわめて不利だった。長い持久戦の間に時おり突撃命令が出されると、そのたびに兵士たちは機銃掃射と砲撃を浴び、塹壕の前は大量殺戮の場と化した。また、塹壕戦は兵士た

1914〜15年当時の前線では、わずかな前進のために多数の兵士が犠牲になった

ちを凶暴化させ、捕虜はしばしば虐待もしくは殺害された。

他方、戦時においては、軍事行動の作戦指揮は軍司令部が行うが、全体としての統制は政府が行うという原則が定められていた。しかし、一九一一年から最高司令官をつとめていたジョッフル将軍は、「マルヌの奇跡」の功績をかさに着て、政府に報告することなく軍事作戦を決定するようになった。しかも、陸相ミルランが軍部に対して弱腰だったため、ジョッフルは政治家を蔑視し、作戦行動をほとんど政府に報告しなかった。ジョッフルに言わせれば、フラ

白兵戦の後の塹壕（ムーズ地方）

ンス領内で塹壕戦を挑んでいるドイツ軍との和平交渉はほとんど論外だった。その後、一六年二月のヴェルダンの攻防戦で莫大な損失をこうむったことから、同年末にジョッフルは更迭され、軍部は再び政府の統制下に置かれることになった。ジョッフルの後任にはニヴェル将軍が選ばれた。その理由は、プロテスタントのニヴェル将軍なら共和主義に反することはあるまいと思われたからであり、ニヴェル自身が自分ならドイツ軍の塹壕網を壊滅することができると豪語したからである。ところが、砲術に詳しいニヴェルはヴェルダンの戦いでは移動弾幕射撃によって死傷者の数を減らすことに成功したが、いざ司令官となると、彼の指揮下のフランス軍はシュマン・デ・ダームの戦闘で膨大な数の死傷者を出し、壊滅状態となった。

これらの状況が、一九一七年の春から夏にかけ

前線の実情を知らない将校による作戦会議　ジョージ・スコット画

て、四九の連隊で一部の兵士が上官の命令に服従しない事態を生じさせた。彼らは敵を迎え撃ちはしたが、上官の攻撃命令を拒否した。兵士たちがこのような態度を示した要因は、絶え間ない敵の砲撃、死への恐怖、次々に戦死する戦友、悲惨な塹壕生活による精神的重圧、無能で傲慢な指揮官、貧しい糧食、わずかな休暇に対する不満などであって、政治的意図はほとんどなかったと思われる。しかし、狼狽した将軍たちはたいてい自分の責任を棚にあげ、都合の悪いことはすべて破壊分子の仕業であると主張した。結局、軍規はすぐに回復された。「首謀者」には厳罰を処す方針が表明され、三四二七人の兵士が軍事法廷で裁かれ、そのうち五五四人に死刑が宣告されて四九人に刑が執行され、これと並行して前線の兵士の環境が改善されたのである。

その後は、司令部は少なくとも幾分かは兵士の信頼を回復した。攻撃作戦の目標が明確に限定され、準備に注意が払われ、以前ほど死傷者を出さなくなったからである。こうして、ニヴェルに代わって総司令官となった「ヴェルダンの英雄」ペタンが思いやりのある将軍という名声を得ることができたばかりでなく、ロシア軍の東部戦線離脱がドイツ軍の西部戦線増強を可能にして危機が生じたときも、フランス軍はこれに対処することができたのである。兵士たちは戦争を嫌悪してはいたが、身近な戦友への誠意、義務感、家族と祖国への愛情、侵略者への憎しみから最後まで戦い続けた。彼らは講和を希望していたが、これほどの犠牲を払った以上負けるわけにはいかないと心に決めていた。

銃後の社会　戦況の悪化と前線兵士の疲弊は政界に大きく影響する。一九一五年には、マルクスの娘婿ジャン・ロンゲをリーダーとする社会党内の少数派が、和平交渉の可能性を無視して徹底抗戦を唱える政府の方針を批判しはじめた。これに対する当局の答えは、ストックホルムで一七年八月に開催された労働者国際会議への社会党代表の出席禁止であった。この年の九月には、劣悪な生活と労働条件に対する労働者の不満を背景に、社会党が政府と対立して閣僚を引き上げている。

その後一一月に首相となったクレマンソーはジャコバン的共和主義と愛国心の権化だった。シビリアン・コントロールを回復して「全面戦争」を戦い抜くことを決意していたクレマンソーは、戦時体制の効率化を求めていた議会多数派によって支持された。クレマンソー内閣は、当初はアルザス・ロレーヌ返還を前提とする和平交渉なら応じてもよいと考えていた。しかし、しだいに右傾化し、一八年一月に前内相マルヴィと急進社会党の指導者カイヨーを敗北主義者として逮捕させるまでになる。その急進社会党もしだいにナショナリズムを容認し、党の独自性を失ってゆく。大半の国民も、すでにあまりにも大きな犠牲を払った以上、徹底抗戦以外の選択肢はないと思っていた。もしかりに戦争に決着をつける前に和平を申し出れば、ドイツは一八七一年にフランスから奪ったアルザス・ロレーヌを手放さないばかりか、その他の地域をも要求するだろう。これはとうてい受け入れ難いことだと思われたからである。

その間、政府は、前例のない規模の戦争のために莫大な軍事費を調達しなければならなかった。財源は間接税による税収、巨額の公債の発行、紙幣の増刷に求められた。一九一四年八月から一九年一〇月までの政府支出は一五七〇億フラン（一九一三年）に達し、その内訳は税収が四五〇億フラン、国防債が六〇〇億フラン、その他の借款が五二〇億フランと推定されている。所得税については――よもや中産階級は、財産を減らすよりは息子を戦場に送り出して戦争に貢献したいと望んだわけではあるまいが――議会は一六年までこれを認めなかった。所得税がかなり歳入に貢献するのは戦後のことである。

こうして、必然的にインフレになった。しかも、戦前に石炭の四八パーセント、鉄鋼の五八パーセントを産出していた北部と北東部の工業地帯がドイツ軍に占領されたために、銃後の市民に対してさらに過酷な努力が求められた。しかし、短期間で戦争が終わると予想して軍需物資の増産を考慮することなく総動員令が発せられたにしては、経済活動は大きな成果を上げげた。すぐに原材料の不足を来したばかりでなく、労働力不足も深刻化した。工場労働者の六三パーセントが戦場に取られており、その中には軍需物資製造の熟練工も多数含まれていたからである。このために、緊急な対応を迫られた政府は一九一五年末までに約五〇万人の熟練労働者を軍役からはずし、生産現場に復帰させている。

戦時経済とは、政府が否応なく物価、原料分配、製造、物資輸送など、ほぼすべての経済領域に介入し

軍需工場に動員されて働く女性たち

て統制する経済体制だった。政府はつぎつぎと目新しい組織を創設し——これは多くの場合、民間の企業家との緊密な協力のもとに行われた——、生産増強を図る企業に対しては巨額の公的資金の前払いと利潤を約束した。戦時の統制組織は戦後すぐに解体されたが、戦時経済体制そのものは、戦後、経済のために国が果たすべき役割を検討する上で重要な参考事例となった。戦争はまた、鉄鋼、機械、電気、化学等の業界を軍需物資製造によって拡大させ、技術革新をもたらしたが、その反面で、とくにドイツ軍に占領された北部一帯に計り知れない損失を与え、軍需物資への転用によって生産資源に重大な歪みを生じさせた。

農業生産は急激に落ち込んだ。北部一帯が占領され、肥料と機械の不足に加えて役畜が徴用され、働き手が戦争に取られたためである。一九一七年の穀物生産は戦前の水準より四〇パーセントも下がり、戦時中を通じて最悪の収穫を記録した。政府は大部分の食糧不足を輸入で補ったが、食品価格が高騰したために、食品流通に介入して配給制を実施せざるをえなかった。

農村の女性、子ども、徴兵をまぬかれた老人については、彼らの過酷な労働は物価上昇によって報われた。食肉、野菜、果実はとくに利益をもたらし、多くの農民が借金を返済し、あらたに土地を取得し、おそらく戦前より余裕のある生活をすることができた。その上、農村の貧しい家庭にとっては、出征兵士の家庭に支払われる給付金は有り難い臨時収入だった。ただし、戦争のためにどの社会層よりも多くの戦死者を出したのは農村だった。死傷者の半数近くは農村出身の兵士だったのである。

都市に目を転じると、物価上昇に直撃された都市の消費者は、農村生活の潤いを農民の「貪欲さ」と解釈して非難した。工場労働者は食品価格の高騰だけでなく、経営者たちが戦争を口実に労働時間を延長し、ひたすら増産を奨励して大きな利益を得ていることにも怒りを募らせていた。彼らの賃金アップが物価上昇に比べてあまりにも遅く、過酷な肉体労働にもかかわらず食事の内容をさらに貧しくせざるをえなかったからである。また、非熟練労働者が増え続けたために、熟練労働者は、地位や報酬が低下するのではないか、将来は職を奪われるのではないかと恐れていた。新しい非熟練労働者の多くは軍需工場の高賃金にひきつけられた女性たちだった。たいていの場合、出征兵士の家族の給付金だけでは、都市の高い生活費をまかなうことができなかったからである。

しかし、このような状況にもかかわらず、しばらくの間は全国が戦争の無条件支持一色で塗りつぶされていた。おそらく一九一六年末までには、銃後の一般国民は戦争に順応させられ、戦時独特の状況が日常茶飯事になったと思われる。愛する者を戦場に送り出した人々はその安否を心配し、手紙を待ちわびた。しかし、当初の愛国的熱情がさめると、彼らは再び家族の生活を維持することに精を出し、たとえ戦死の報せを受けても、その悲しみを押し殺す見事な克己心を示した。

他方、大衆好みの愛国的な戦争文化は未曽有の規模で全国に浸透したが、そのために大きな役割を果たしたのは新聞、愛国的な歌、学校、聖職者の説教、ニュース映画だった。都市でも辺鄙な農村でも、戦況の推移と親族の安否を知るために、人々は食い入るようにニュース映画を見た。しかし、それらのニュース映画はすべて、当局によって事前に注意深く検閲・修正されていた。戦争が長期化すると、戦場の兵士たちはそのように操作された情報を憎むようになるが、銃後の人々は依然としてメディアの楽観論に安堵を見出そうとした。

労働者のストライキと国民意識　一九一七年春の攻撃が失敗した後では、戦争が早期に決着するだろうというわずかな希望も消え去り、まだまだ戦争は続くという暗澹たる予想が広まった。最も声高に愛国心を唱えていた中産階級と、最も諦めの気持ちの強かった農民階級は、なんとかこの状況を受け入れたようである。中産階級についていえば、死傷率が最も高かったのはこの階級出身の若い将校であり、収入が固定されていたために生活が苦しかったのもこの階級だったが、あまりにも大きな犠牲を払った以上いまさら考えを変えることはできないと思っていた。

明らかに最も不満を抱いていたのは労働者階級だった。彼らは労働条件にも生活状況にも不満だったが、労働組合が無力化してユニオン・サクレに取り込まれ、一九一七年一月から労使間の調停制度に従うようになったことが彼らの不満をさらに高めた。しかも、この不満への対策はなかなか講じられなかった。社会党と組合運動の活動家の多くが軍に招集され、残された活動家たちが戦争の早期終結を信じて政府に妥協したからである。

最初の大規模なストライキは一九一七年一月と、五月から六月にかけてパリで起きた。この時点では、ニヴェル将軍の攻撃作戦の失敗はまだほとんど知られていなかった。したがって、これらのストは軍の作戦失敗を契機に組織されたのではなく、自然発生的なものだった。ストに加わった人々は延べ約一〇万人に上り、その多くは被服業と軍需工場で働く女性たちだった。しかし、これらのストは労働組合の幹部たち——彼らの多くは予備兵だったために、当局の機嫌を損じて前線に送られることを恐れていた——から繰り返し非難され、強制的に調停にかけられ後、賃金アップによって終息させられた。トゥールーズの軍需工場とロワール川流域のストもパリと同様にすぐ決着がつけられた。同じ年のメーデーでは、当局の許可を受けることなく五〇〇〇人から一万人の労働者が「戦争反対」を叫びながらパリの大通りをデモ行進したが、彼らの圧倒的多数が政府に要求したのは、戦争を中止することではなく、彼らの生活を戦争から守ることだった。

しかし、ニヴェル将軍の攻撃計画失敗の後では、明らかに悲観的な気分が広がった。当局が検閲した戦場の兵士たちから家族への手紙には、彼らが極度に緊張し疲労していることが書かれており、講和への希望が述べられている手紙も多かった。ただし、戦場にも国内にも即刻、無条件で講和せよと主張する者はまだほとんどいなかった。当時の県知事たちの報告書によれば、彼らの県内には主として「社会的問題」に起因する不穏な動きはあったが、労働者の要求にわずかな譲歩さえすれば事態は容易に収拾できる、と考えられていた。また、ロシア革命が起きると、労働者は熱狂的にこれを歓迎して当局を懸念させたが、彼らはすぐに熱からさめ、むしろロシアに敵意を抱くようになった。革命後にロシア軍が東部戦線から離脱し、これが連合軍を苦境に立たせたことを知ったからである。

一九一八年に入ると、五月に一〇万人を超える規模のストライキの第二波がパリ周辺の軍需工場を襲い、サン・テティエンヌ一帯でも坑夫や機械工によるパリよりもよく組織され、反戦色の強いストライキが起きた。しかし、すでにこの年の三月にはドイツ軍が西部戦線で大攻勢を開始し、これに対しクレマンソー内閣が徹底抗戦と必勝を訴えて国民の士気を鼓舞していた。

このドイツ軍大攻勢は、ドイツ軍総司令官ルーデンドルフの最後の賭けだった。ロシア帝国崩壊後、ロシア軍が離脱した東部戦線からドイツ軍を西部戦線に移し、これによって一気に戦いを制しようとしたのである。ドイツ軍は緒戦を制した。しかし、その後は英仏連合軍が反撃し、ドイツ軍は兵と物資が底をついて攻撃を中止せざるをえなかった。しかも、これにつづいて初めて大規模なアメリカ人部隊が加わった英仏連合軍が、戦車と航空機を総動員して反攻に転じた。このときの連合軍の指揮を委ねられたのはフランスの統合参謀本部長フォッシュだった。予断を許さない決戦を前にして、イギリス側がこの人選を最終的に受け入れたのである。連合国側は翌一九一九年に最後の攻撃を計画していたが、その後の同盟軍は連合国側の予想に反して各地で敗退しつづけた。

こうして、フランス国民は、戦争で甚大な損失を出しはしたが、少なくとも形勢は有利になったと思いはじめ、その後間もなく、ドイツに報復するよりも一刻も早く戦争を終わらせて人命を守るべきだと考えるようになった。一九一八年一一月一一日に休戦協定が調印されると、フランス国民は喜びに湧いた。休戦協定の内容は事実上ドイツを二度と戦争のできない国にするものだった。

戦間期

戦勝の代価　戦争が終わると、あたかもフランスの勝利は共和政の勝利であり、フランスは少なくとも表面的にはヨーロッパ大陸における最強国となったかのように思われた。一八七〇年にドイツから受けた屈辱も晴らされ、ドイツに割譲された後で厳格な「ドイツ化」が強制されたアルザス・ロレーヌ地方も回復された。しかし、フランス国民はすぐに幻想から目覚めた。戦勝のためにどれほどの代価が支払われ、そのために将来いかなる影響を受けるかが明らかになったからである。

なによりも、おびただしい数の人命が失われた。八〇〇万人ちかい動員兵士のうちの一三二万二一〇〇人（一六・八パーセント）が戦死した。戦死者の割合は歩兵では二五パーセントに達し、若い将校や下士官クラスではもっと高かった。その他の多くの兵士（約三〇〇万人）も、戦闘で重傷を負うか、病気やトラウマで心身が衰弱し、市民生活に復帰できないことが多かった。兵士もその家族も戦争の惨禍を忘れることができず、国中が喪に沈み、あらゆる市町村に戦死者のための鎮魂碑が建てられ、一〇〇万人を超える人々に対して傷痍軍人の手当てが給付された。

また、フランスは戦争によって人口が最も大きな影響を受けた国だった。人口一〇〇〇人当たりの動員兵士数、戦死者数を比較すると、フランスの動員兵士数一六八人、戦死者三四人に対し、イギリスは動員兵士数一二五人、戦死者数一六人、ドイツは動員兵士数一五四人、戦死者数三〇人だった。これほど多くの青年層（フランスの戦死者の二七パーセントは一八歳から二七歳の年齢層だった）が失われ、当然その後の結婚・出産が減ったことは、当時のフランスの人口が停滞期に入っていたこととあいまって、一九三〇年代に労働力不足とフランス軍兵士の減少を招くことになる。

戦争はまた経済に長期的影響を与えた。フランス経済は二〇世紀初期に発展しつつあったとはいえ、戦争に突入したときには英独に比べるとまだ後進的だった。そのために、戦後の経済はなかなか膨大な赤字から脱することができず、一九一九年の農・工業生産は戦争前の一三年を約四五パーセント下回った。しかも、生産資源は破壊されるか軍事に転用され、最も肥沃で広大な農業地帯は戦争で荒廃し、ドイツ軍占領地域では、ドイツによる乱開発と組織的破壊が、鉱山や工場の生産力と鉄道の輸送力を著しく低下させていた。ちなみに、のちの一九四〇年代に北部の住民が大量の難民となって離郷したのは、ドイツ占領下で酷使され、十分な食糧や石炭を与えられず、強制退去、強制労働の恐怖にさらされた記憶がよみがえったからである。

経済と社会　兵役解除、余剰武器処分、資源再配分、建物の再建といった問題には膨大な時間と金がかかると予想されたが、これらは驚くほど迅速に処理された。また、大企業の多くは戦時中に設備の近代化

廃墟と化したソンム県モンディディエ　(1919年6月)

と生産性の向上を進めていたために、工業生産は一九二四年までに戦前の水準を回復し、二九年までには一三年よりも四〇パーセント上昇した。これらは破壊された建物の再建による経済活性効果、戦後一挙に拡大した消費財需要、フラン価値の相対的低下による輸出拡大など、さまざまな要因の相乗効果によるものだった。

また、統計数字によれば、一八九〇年代に始まったフランスの経済成長は戦時中から一九二〇年代を通じて続いていた。フランス経済は戦時の数年間を挟んで長期的に成長し続けた、と考えられるようになったのはこのためである。しかし、経済的構造の観点からすれば、この間にもフランス経済は脆弱な構造から脱することはできなかった。これにはさまざまな要因があった。まず、人口と需要の停滞、効率性の低い農業と、昔ながらの多数の中小企業と小売り部門の存続、が上げられる。これに加えて、

表 6-1　産業別就業者数

単位：%

	1913 年	1938 年	増減
エネルギー	4.0	6.2	+2.2
建築・建築資材	18.6	16.9	-1.7
金属・機械	14.7	22.6	+7.9
化学	1.6	3.9	+2.3
紡績・縫製・皮革	42.4	29.7	-12.7
農業・加工食品	7.8	9.6	+1.8

出所：J.-C. Asselain, *Histoire économic de la France*, II (1984), p.74.

表 6-2　三部門就業者数

単位：%

	1913 年	1938 年	増減
農業	37.4	31.4	-6.0
工業	33.8	32.3	-1.5
サービス業	28.8	36.3	+7.5

化学、電気・機械、自動車のような業界の大企業は戦時中に莫大な利益を上げて事業を拡大させた反面、大半の事業家は投資に対して慎重で消極的だった。一九三〇年代におけるドイツとフランスの工業機械の平均使用年数がドイツの七年に対しフランスが二〇年だったことは、両国の投資家の姿勢の違いをよく示している。さらに、フランスでは製造コストはあまり下がらず、経営者は外国製品との競争で政府に保護を求め、一般投資家はたいてい安全な公債に投資した。とはいえ、比較的景気が良かった二〇年代と、景気が落ち込んで企業が合理化を始めた三〇年代には、生産性向上のために、さまざまな寄せ集め的施策が実施された。表6‐1にはこの間の構造的変化の一端が示されている。

他方、農村人口が流出し、熟練職人による生産が衰退し、労働力がサービス業へ移動するという一貫した傾向も見られた（表6‐2）。この傾向は「近代的」官僚制度、財政・金融部門、チェーンストア組織の拡充と、小規模の商店や酒場などの急増によるものである。これに加え、以上すべての活動はパリ周辺に集中して行われ、結果としてパリが膨張した一方で、西部、中部、南西部が未開発のまま取り残された。

技術革新や機械化が工業よりも遅れた農業では、全国のトラクター台数は一九三八年になっても三万五〇〇〇台にとどまっていた。フランスの農民は依然として自給自足を理想とする傾向があり、借金をしてまで高い機械を買おうとはしなかったのである。また、いずれにせよ、大半の農民は彼らの小規模農地から借入金を返済するだけの収益を上げることができなかった上に、農産物市場や投資利益の理解が不足していた。一ヘクタール当たりの穀類生産についていえば、二九年から三一年までの間に一四・二キンタル（一キンタル＝一〇〇キロ）まで上がったが、これは戦前の水準の一三・三キンタルからわずかに増えたにすぎず、イギリスとドイツよりもかなり低かった（イギリスは二一・九キンタル、ドイツは二〇・五キンタルだった）。地域的には、パリ周辺の平野や北部では大資本による農場経営が行われたために、生産性は他地域よりもはるかに高かった。しかし、全体としてみれば、労働人口全体の三分の一を占めていたにもかかわらず、農業は国民所得の四分の一しか生み出さなかった。

とはいえ、一九二〇年代の食品価格上昇は農村部を潤わせ、鉄道や自動車で近隣の町へ行くことも容易になり、二八年から農村の電化事業がスタートした。こうして、農村の食生活が向上し、身につける衣服が変わり、それとともに各地の伝統的慣習はしだいに衰退した。ただし、大半の農民の惨めな居住環境は改善されなかった。

フランス経済にとって、戦費調達のために戦時中に発行した公債と、外国とくにアメリカとイギリスから受けた借款の返済は大きな負担だった。しかも、戦時中の金と外貨の流出、海外資産の売却、さらに巨額のロシア債権がロシア革命によって消滅したことが、この負担に輪をかけた。それに加え、物価は戦前の三倍に急騰し、戦時中の為替統制が解除されるや否やフラン価値は急落した。したがって、このような苦境に直面していたフランスの代表がヴェルサイユ講和会議で、長期的な軍事面での安全保障のみならず、各国が戦争責任国とみなしたドイツに対し、戦争被害の応分の賠償を要求したことは驚くにあたらない。全フランス国民が「ドイツに支払わせよう」に支持を与えた。講和会議でドイツの賠償額について各国の意見が分かれたことは、最も高い人命の代償を払ったと感じていたフランス国民を激怒させた。結局、その後フランスは一〇〇億フランの賠償金を得ることはできるが、残額の支払いは一九三一年に停止されることになる。この賠償金はフランスを満足させることはなかったが、ドイツを苦しめるには十分な額だった。

莫大な犠牲と引き換えに戦勝国となったフランスは、長期的安全保障でも深刻な弱みを抱えることになった。仏露同盟がロシア革命によって消滅し、アメリカが孤立主義を強め、イギリスが正式な軍事同盟に応じようとしなかったからである。しかも、ドイツはヴェルサイユ条約を不当な屈辱の押し付けとみなし、これに報復する決意を固めていた。ちなみに、フォッシュ将軍は、休戦は二〇年も続けばいいほうだろう、と警告していた。

フランス社会に目を転じると、その不平等性の根はきわめて深かった。たとえば、遺産相続の資料によれば、フランス全国で相続された遺産の半分は、死去した人々のわずか一パーセントが所有していたものだった。大ざっぱに言えば、フランス社会は一四〇〇万人の農民、一三〇〇万人の労働者、一四〇〇万人の多様な中間階級で構成されていたが、実権を持っていたのは一握りの大ブルジョワだった。社会的地位は教育の有無によって左右されたが、教育を受けることができるかどうかは出身、教養、とくに財産によって決まった。ほとんどの児童は一四歳まで初等教育を受けることができたが、リセ（高校）付属の有料の初等クラスを受講できるのはごく少数の児童に限られていた。しかも、行政や民間企業の上級職につくためには、特定の技能・知識を証明する資格ばかりでなく、洗練されたファッション、マナー、社交性を身につけていなければならなかった。こうして、高い社会的地位が富裕層のために守られ、財産の少ない人々は排除された。女性も依然として差別され続けていた。一九一九年に下院は普通選挙での女性の参政権を認めたが、上院がこれを否決し、その後は女性の参政権が議会で論議されることはほとんどなかった。

たしかに、上昇志向の強い少数の人々は、能力、幸運、時流適応によって社会的・政治的要職に進出したが、彼らは既存の体制を脅かしはしなかった。体制を脅かしたのは経済構造の変化と、政治的「改宗者」たち、すなわち中産階級もしくは低位の中産階級に属する左翼であった。彼らの多くが、社会的格差是正の信念もしくは有権者の歓心をかう思惑から、社会システムを不安定化させかねない改革を提起したからである。しかし、為政者たちは、さまざまな階層にまたがる人々の本能的な保守性を当てにすることができた。それは、農民であれ商店主、店員、事業家あるいは専門職であれ、たとえわずかな財産でも誇りとする人々の保守性だった。また、自分自身もしくは子どもを代理として「生活改善」をはかることを決意し、何らかの領域で「社会的上位」の者と肩を並べ、自分が財産と教育のない階層とは異なることをはっきり示そうと努力する人々の保守性だった。多数の熟練労働者や高賃金労働者たちも、革命よりも出世を夢見るようになった。また、大新聞、雑誌、ラジオはこれらの人々を励まし、あたかも客観的な見解であるかのように、保守的なイデオロギーを普及させていた。

政治　一九一九年に行われた選挙では、戦争から生まれたナショナリズムが保守派に圧勝をもたらした。この選挙が新たな方式で行われたことと、この方式が選挙同盟を結んだ政党に有利に働いたことも保守派に幸いし、左翼は惨敗した。

一九一七年に神聖同盟を離脱して孤立していた社会党は、ボリシェヴィキ革命への対応をめぐる党内分裂を抱え、いかなる形にせよ「ブルジョワ」政党との選挙同盟を拒否した。そのため、急進社会党は余儀なく保守派と同盟して「ブロック・ナシオナル（国民ブロック）」を形成し、クレマンソーとミルランが中心となって戦時中の「ユニオン・サクレ」への回帰を訴えた。一四年に左翼と手を組んだ中道勢力が右傾化したのである。保守派は共和政を受け入れる意向を強め、多くの急進社会党員は左翼を共和政の脅威とみなすようになり、この両派は、和睦の象徴であるかのように、カトリックとの暫定的な宥和を主張することで一致した。選挙の結果、社会党は得票率を前回の一七パーセントから二一パーセントに伸ばしたが、新しい選挙方式のために議席は前回の一〇二から六八に落ち込んだ。右派との連携を拒否した急進社会党員の多くも落選した。こうして、中道・右派が六一六議席のうち四五〇議席を占めることになり、一九二〇年にミルラン内閣が誕生し、二二年からはポワンカレが首相を務めた。クレマンソーはすでに政界を引退していた。彼が反教権主義、強権手法と増税の必要性を唱え続け、強い執行権の確立に意欲を燃やしたことが決定的な反発を招いたのである。

ナイフを口にくわえたイメージによってボリシェヴィキ革命の脅威を訴える1919年11月の保守派の選挙ポスター　1917年のロシア革命の後、大規模なストライキが頻発して保守派を警戒させていた

政府の外交方針の特徴は一貫して攻撃的な姿勢を示したことであった。なかでもドイツに補償金支払いを実行させることと、ラインラントにおける分離主義運動を支援することに力点がおかれ、一九二三年にはドイツの賠償不履行を理由にルール地方占領が断行

財政赤字とインフレを招いたとして左翼連合を非難する保守派の選挙ポスター

された。しかし、多くの国民がこの政府の姿勢を警戒し、左翼支持にまわったことから、二四年の選挙で中道・左派の「左翼連合《カルテル・デ・ゴーシュ》」が勝利し、左翼連合政権が誕生した。ただし、政権の要の役割を果たす急進社会党が選挙戦を通じて内部分裂していたことが、その後の左翼連合政権の不安定要因となる。

急進社会党は社会改革については内部で意見が分かれたが、集団保障体制と国際連盟による平和維持という外交方針では一九二四年に意見が一致していた。この方針はブリアン外相に引き継がれ、二五年にロカルノ条約が締結され、これによってフランスの東部国境の不可侵性がイギリスとイタリアによって保障されることとされ、ドイツもこれを容認した。これにつづき、フランスとチェコスロヴァキア間、フランスとポーランド間でも防衛協定が締結され、ロカルノ条約が補強された。ロカルノ会議では「ヨーロッパ合衆国」という案が浮上した。経済と人口がフランスをはるかに凌ぐ可能性のあるドイツを、何らかの形で管理しなければならないと考えられたからである。

しかし、一九二四年から二六年までの左翼連合政権は長い保守政権時代における短い幕間狂言にすぎなかった。三二年まで続くことになる保守政権の最も有力な政治家はなんといってもポワンカレ（一九二九年に病気で政界引退）だった。安全保障、インフレ抑制、財政均衡、増税抑制を最重要課題にかかげたポワンカレは、社会党を本能的に嫌悪し、社会党とボリシェヴィキの脅威を同一視した。二六年にポワンカレを首班とする「ユニオン・ナシオナル内閣」が成立した後、二九年にポワンカレが病気のために辞任した後はタルデュー、さらにラヴァルが首相を務めた。社会保険制度を最終的に法制化したのはユニオン・ナシオナル内閣であり、二八年のことであった。そもそもこの法案は、戦後の社会保障の必要性の高まりを受け、二一年に審議が開始されたが、中間階級は社会改革のための増税を嫌ってこれに反対し、エゴイズムを隠すために「道徳的秩序」の擁護を唱え、社会福祉への過大な依存に警報を鳴らした。しかし、この法案成立にこれほど長い年月がかかったのは左翼の分裂のためでもあった。

左翼の社会党についていえば、戦後しばらくの間は、戦争の惨禍を招いた政治に対する怒りと、間もなく革命が起きるという期待感から、党員数も労働組合の加盟者数も増加した。しかし、社会党は一九一七年からボリシェビズムへの対応をめぐって分裂し、二〇年一二月の社会党トゥール大会では、代議員の六七・三パーセントが極端な左翼思想（革命家ブランキが唱えた武装蜂起による政権奪取の思想）に対するレオン・ブルムの警告を無視し、コミンテルンへの参加に賛成した。彼らをこの行動に駆り立てたのは、反戦感情、人民政府という新しい政体の樹立に成功したかに見えたソヴィエトへの共鳴と、広範な社会改革の実施に繰り返し挫折した議会政治、多くの社会党代議士が示した露骨な「出世主義」に対する幻滅だった。その結果、社会党の党員数は三万人にまで落ち込んだ。しかし、その後ソヴィエト政府が極端な方針を打ち出して国外の共産党に服従を強制したために動揺が広まり、社会党から離れた党員の多くは間もなく復党した。

にもかかわらず、社会党は共産主義をめざす左派と、急進社会党に接近しようとする右派との対立を解消することができなかった。一九二一年五月のゼネストの失敗を契機としてCGT（労働総同盟）も分裂し、共産主義を支持する少数派は二二年二月にCGTU（統一労働総同盟）を結成した。労働組合加盟者数も一九年の二〇〇万人から二一年の六〇万人へと急減した。一九二〇年代の選挙での社会党候補への支持率が二〇パーセント、共産主義候補では一〇パーセントにとどまったのは、この左翼の分裂が有権者の支持を失わせたからである。

他方、共産党はパリ周辺の工業地帯、シェール県、中部のいくつかの拠点を中心に、労働者の組織化に成功していた。一九二〇年代の労働者たちは実質収入の増加に満足しながらも、彼らの多くは依然として悲惨な住宅環境と過酷な労働条件に耐えていた。にもかかわらず、共産党加盟者数は二一年の一一万人が一〇年後には三万人にまで減少している。何故か？　共産党が、内部統一をはかるために、他の政党を支持するすべての有権者を敵に回し、孤立したからである。党指導部は階級理論を唱え、「ブルジョワ」

政党と社会党の双方と対立し、とくに労働者の票を共産党と競い合う社会党を「社会的裏切り者」の巣窟と呼び、執拗に攻撃した。これに対し、二四年の選挙では、社会党は革命主義をことさらに非難しようとはせず、あくまでも社会改革をめざすことと、選挙で勝利しても「ブルジョワ内閣」に参加しない方針を明らかにした上で、あまり改革に乗り気でない急進社会党と同盟した。この戦術的な柔軟性によって、社会党は共産党の都市部の票の落ち込み分と急進社会党の農村部の票の落ち込み分を奪うことができた。

インフレ、財政危機、世界恐慌　国民にとって最も恐るべき問題はインフレと、歴代政府が財政危機に対処できないことだった。インフレの主要因は、戦争ばかりでなく、戦後の再建のための巨額の借金と通貨流通量の恐るべき膨張だった（通貨流通量は一九一四年の六〇億フランから二〇年一二月には三七〇億フランに達した）。物価は戦後八年ちかくも上昇し続けたが、政府はこの問題の認識と解決に挫折を繰返した。フラン価値は戦争中に半減し、一九年三月にイギリスとアメリカが援助を打ち切った後さらに急落した。資本も海外へ流出した。しかも、フランス経済の不吉な運命を暗示するかのように、ドイツに賠償金支払いを強制するために断行された二三年のルール占領は失敗に終わった。

物価は一九二二年から再び急騰し、二六年までに二〇〇パーセント上昇した。国際市場でのフラン価値も、一四年の一ポンド＝二五フランから二六年までに一ポンド＝二四三フランにまで急落した。まだ全国民を対象とする老齢年金制度がなかった当時では、このような状況から最も打撃を受けたのは多数の金利生活者だった。彼らが主として購入していた固定金利の公債は、二六年までに戦前の六分の一の価値しかなくなったのである。しかし、インフレによって負債の重荷が軽減し、フラン価値の下落によって輸出ドライブがかかったために景気はよくなり、大部分の社会階層の実質収入は上昇した。たとえば、労働者の実質収入は九パーセントから二六パーセントの幅でアップした。しかし、物価上昇が止まらなかったことから国民一般は依然として先行きを悲観視した。二三年にドイツが超インフレに見舞われたことも悲観論を後押しした。

財政が安定するには一九二六年六月のポワンカレ内閣誕生を待たなければならなかった。急進社会党と右翼の議員だけであるにもかかわらず「国民連合《ユニオン・ナシオナル》」と称する勢力に支持されたこの保守政権のもとで、それまでエリオが率いていた左翼連合政権に懐疑的だった人々が主張する伝統的財政策――増税、金利引き上げ、政府支出の削減などのための玉石混交の諸施策が実施された。二八年六月には、部分的に金本位制へ復帰し、フランが戦前の五分の一に切り下げられた。ポンドに対する大幅なフラン安による国際競争力を維持するためには、これは現実的な措置だった。また、アンドレ・タルデューは社会的緊張をしずめるために、社会保険や家族手当ての法制化によって経済的利益を国民に再配分しようとさえしたが、当然、これは負担を嫌う経営者たちを警戒させた。しかし、いずれにせよ、好景気は長続きしなかった。二九年一〇月のニューヨーク株式市場の大暴落から、資本主義世界における未曾有の大恐慌が始まったからである。

フランスは他の工業国よりも遅れて大恐慌の影響を受け始めた。一九三〇年のフランス経済はまだ繁栄を維持し、少なくとも三一年九月にイギリスがポンドを切り下げるまで、ポワンカレのフラン切り下げ効果によってフランス製商品は海外市場で競争力を維持した。他の工業国に比べてフランス経済が後進的で、世界市場に完全には統合されていなかったことが大恐慌の影響を遅らせたのである。また、大恐慌の影響にさらされたときでさえ、倒産、生産低下、失業者増加の度合いは他の諸国より軽微だったと思われる。しかし、大恐慌の影響は他国よりも長く続き、三〇年代を通して終わることはなかった。工業生産で見れば、三八年になってもほぼ一三年の水準にとどまっていた。その意味では、主要経済国のなかでフランスが最も大恐慌の影響を受けたと言えるかもしれない。

一九二九年と価格変動周期が下限を記録した三五年春の間では、物価は四六パーセント、株価は六〇パーセント下落した。工業生産も四分の三に落ち込み、鉄鋼産業をはじめとする基幹産業の生産は四〇パーセント減少した。設備投資も三七パーセント低下した。ただし、著しい不況に見舞われた繊維産業は例外として、消費財はわずかな影響しか受けなかった。失業者の増加について見れば、フランスはイギリス、ドイツ、アメリカと比してずっと軽微だった。実際のフランスの失業者数は統計上の数字の二倍に相当する約一〇〇万人だったという説を受け入れるとしても、これは人口の二・六パーセントにすぎなかった。先の三国の最大失業率を見ると、イギリスが七・六パーセント、ドイツは九・四パーセント、アメリカは一二・七五パーセントだったのである。ただし、いうまでもなく、これらの数字には、離職を余儀なくされた老齢の男女労働者、帰国を余儀なくされた移民労働者、労働時間短縮による不完全就業者などは加味されていない。また、なんとか職にとどまることができた労働者は、経営者のコスト削減の脅威にさらされながらも、物価の低下によりかなり大幅な実質収入アップの恩恵に浴することができた。

農業も大きな打撃を受けたが、それは農産品価格の下落と国内、国外両市場における供給過剰によるものだった。一九三〇年から三五年にかけて野菜は三四パーセント、ワインは六〇パーセント、食肉は四〇パーセントも価格が下落し、そのために地主の地代収入、農家の収入、農業労働者の賃金が大幅に落ち込み、農民の購買力を極端に低下させた。

結局、ポワンカレの財政回復は、長い財政危機の間のつかの間の休息にすぎなかった。ひとたび税収減によって赤字財政となると、再びフラン価値が急落した。しかし、社会党のブルムや保守派のレノーのような大物を除けば、大半の有力政治家は一九三一年のイギリスや三三年のアメリカのような通貨切り下げに猛反対した。貯蓄価値を下げるために「詐欺」と呼ばれるほど嫌われたフラン切り下げを提案するには政治生命を賭けなければならなかったのである。三四年にレノーが切り下げを支持したときには、極右団体アクション・フランセーズは「シロアリのごとき害虫」レノーの投獄を要求した。

しかし、こうしてフランを維持し一九二〇年代のインフレ再燃を回避しようとしたため、国際市場でのフランス製品の競争力は低下し、二九年に一一・二パーセントだったフランスの工業製品の貿易シェアは三七年までに五・八パーセントまで下落した。ただし、当時のフランスの植民地との貿易は、保護政策が取られたおかげで順調に推移し、三六年から三八年の期間において、フランスの輸出が二五パーセントから三〇パーセントを占めた。三一年には、アルジェリア征服一〇〇周年と「植民地帝国拡大」を祝し、国際植民地博覧会が鳴り物入りで開催された。

しかし、この植民地貿易の盛況は、主要工業国との貿易の落ち込みを補うことも、食糧と石油の輸入依存度の高まりを予防することもできなかった。他国の経済が悪化すると、まず輸出企業が打撃を受けた。

しかし、歴代政府が国際競争力の維持のために通貨切り下げに乗り気でなかったことから回復が遅れ、一九二九年から三五年の間に輸出は数量ベースで四四パーセント、金額ベースで八二パーセントも落ち込んだ。これに加えて、三二年と三五年が豊作だったことが農産品価格をさらに下落させ、これが国内需要を低下させた。こうして、経済が悪循環に陥った。売り上げと利益が低下したことから工業への投資がなされず、収入や賃金の減少が需要をさらに低下させたのである。しかし、政府は（フランス以外の国と同様）対策に窮し、対症療法に終始した。その後も財政均衡にやっきとなってデフレ政策を遂行し、これがさらなる需要の低下を招いた。それにもかかわらず、個人消費は意外なほど高い水準を保った。二九年と不況が最も深刻化した三五年の間に国民所得は約三分の一減少したが、小売り価格が二〇パーセント低下したことがこれを補ったためである。

不況の影響の度合いは社会階層ごとに明らかに異なっていた。最も深刻な影響を受けたのは実質収入が三二パーセントも下がった小規模農だった。工場労働者はといえば、賃金上昇率の低下と失業の不安を抱えてはいたが、彼らの実質賃金は上がった。企業利益の約一八パーセント下落は中小規模の製造業と商店を直撃したが、固定収入のある地主と金利生活者の実質収入は上昇し、富裕層はたいてい特権的地位を維持することができた。

社会的・政治的緊張が続いた状況下で、少なくとも映画と大衆音楽だけは、国民に比較的安い値段で困難な生活を忘れさせてくれた。エディット・ピアフやシャルル・トレネのシャンソン、ルネ・クレールやマルセル・パニョルの映画が国民を感動させ、喜劇俳優フェルナンデルが国民の人気者になった。また、知識人はたいていアメリカから輸入された映画を幼稚であると批判したが、「四二番街」(一九三三年)、「ブロードウェイ・メロディー」(一九三六年)、「白雪姫」(一九三八年)などのアメリカ映画は、国内で制作された多数の想像力に欠けるフランス映画よりはるかに大きな商業的成功を収めた。

一九三〇年代前半の政治　一九三〇年代の特徴の一つは歴代政権が不安定だったことである。議会内党派の同盟関係に応じてつぎつぎと内閣が交代したために、両大戦間二〇年の内閣の平均寿命はわずか六カ月で、この間に成立した内閣は四二を数えた。そのために、どの内閣も長期的視野に立った政策を実施することができなかった。

選挙制度も政権が安定しない要因になった。当時の選挙制度では、農村部と小都市の有権者が過度に大きな割合を占めていた。ところが、これらの有権者は、社会改革で最も利益を受けるのは都市労働者だと考えており、社会改革とそのための税負担に反対し、急進社会党を支持する傾向があった。他方、急進社会党は、つねに政権を取ったわけではないが、どの内閣でもその存続を左右する要となった。しかも、この政党は表面的には左翼のように見えたが現実には保守的政党だったばかりでなく、選挙で選ばれると――彼らはたいてい自由業の出身だったが――有権者の支持を失わないために、選挙区にかかわる問題を議会で取り上げることと、選挙区に利益を誘導するために閣僚と懇意になることに全力を上げた。

また、不安定な政権は、確立されていた官僚制度によってある程度まで補われたが、そのために、政策が上流階級出身の保守的な高級官僚に支配された。しかし、このような体制は、決定的に重要な問題には対処することができなかった。たとえば、CGT書記長を務めた修正主義の労働組合主義者ジュオー、政治色のない保守的なテクノクラートでトムソン・ハウストン・エレクトリック社会長を務めたドゥトゥフ、経済と倫理の相関を追及した人口学者ソーヴィなどから提案された「混合経済」に関しては、採用されなかったばかりか、まともな検討さえ行われなかった。混合経済のような考え方に対しては、左翼はこれを国の抑圧とみなして反対し、右翼も自由主義経済に固執して反対したのである。こうして、結局、三〇年代の政府は国民の信頼を得る経済政策を実施することができなかった。

生産過剰が本質的問題だった農業に関する政策も矛盾していた。当初は保護関税の壁が高くされ、豊作だった一九三二年と三三年には市場の警戒を恐れて偽りの統計が発表された。農産品価格は下落し続け、三三年六月の小麦価格が二九年の半額の一キンタル（一〇〇キロ）当たり八五フランになると、ただちに七月に最低価格を一一五フランとすることが決定された。ところが、この政策を実施するための予算も、余剰農産物の保存施設も不足したために、この短命な政策による成果といえば、小麦一キンタルを六〇フランか七〇フランで買うことができる闇市場をはびこらせたことだけだった。ワインについても、供給を減らして価格の下落に歯止めをかけるため減反政策が実施されたが、ほとんど効果はなかった。

他の経済分野でも、個人商店をチェーンストアから守るといった、政府のデフレ方針に逆行する政策が実施された。貿易赤字の解消についても抜本的な輸出振興策は実施されず、一九三一年夏から保護政策が強化されたために貿易業者に不安感が高まり、もともと自由貿易を主張していた毛織物や絹製品の業界代表者たちさえアウタルキー（自給自足）政策を待望するようになった。

一九三二年五月の選挙では、有権者が藁《わら》にもすがる思いで左翼に解決を求めた結果、左翼が戦前以来の圧勝を収めた。右翼の二三〇議席に対し、左翼が急進社会党の一五七議席と社会党の一二九議席を含めて三三四議席を占めたのである。しかし、急進社会党は玉虫色の演説とは裏腹に、支持母体の小企業や農民有権者に不利になることを恐れ、依然として税制の変更に猛反対した。また、急進社会党を中心とするエリオ内閣はお決まりの財政手法による景気回復を方針に掲げ、財政均衡のために歳出削減に保守派以上に固執したが、これは急進社会党と議会で同盟していた社会党にとっては受け入れ難いものだった。このために連立内閣がつぎつぎと交代し、どの内閣も政策の一致点を見出すことも、深刻化する不況に対処することもできなかった。

一九三四年二月六日のパリの暴動のためにダラディエ内閣があえなく倒れると、二六年の国民連合内閣《ユニオン・ナシオナル》に類似した内閣が成立した。これは急進社会党の閣僚を含む保守派中心の内閣で、首相はドゥーメルグからフランダン、さらにラヴァルへと交代した。しかし、これらの政権はそろって前政権以上に強引なデフレ政策を実施し、インフレ予防にやっきとなった。議会から「フランを防衛し投機に対抗するための例外的執行権」を与えられた政府は、公務員給与を強引に一〇パーセント削減し、公債の利率、地代、パン、石炭、電気にいたるまで価格を引き下げた。

一九三二年と三五年の間に一二の内閣が組閣され、一四種類の経済再建プランが掲げられたが、これらのプランはいずれもデフレ政策と保護政策を組み合わせ、経済と社会の現状維持をはかろうとするものであり、フランの価値はいかなる犠牲を払っても守らなければならないと考えられていた。そして、これらの政策が経済をますます停滞させたにもかかわらず、高級官僚、フランス銀行の代表者、プジョー、ヴァンデル、シュネーデルのような大企業の経営者などのずば抜けた社会的エリートは、たがいに協力して現状維持のために影響力を行使した。

他方、一九三〇年代前半の歴代政府は国際関係の悪化にも対処しなければならなかった。三二年七月には主要国がローザンヌ会議でドイツの賠償金支払い不能と再軍備権を承認し、三三年一月にはヒトラーが政権につき、一〇月にはドイツがジュネーヴ軍縮会議から脱退した。そのために、三四年六月までには、フランス政府はそれまで最低水準に抑えられていた軍事予算を見直し、軍備を増強しなければならないと考え始めていた。

極右の勃興と二月六日事件　政治危機、収入と地位を失う不安、悪化する国際関係等が重なり合うなかで、中産階級、なかでも比較的財産と影響力を持つ中産階級の多くは、民主主義が行き詰まったと感じ、独裁的な政府でなければ問題は解決できないのではないかと考えるようになった。右翼は再び「道徳的秩序」を訴え、ナショナリズム、教権主義、経済的自由主義、反共産主義等の諸勢力の結集を訴え、選挙で左翼が勝利するたびに反議会主義を唱えた。また、経済力と影響力によって政府、官僚、メディアを左右していた社会的エリートたちにとっては、みずからの権力と対立する左翼勢力の政権掌握は受け入れがたいことだった。

極右団体「ジュネス・パトリオット」は一九二四年にピエール・テタンジェによって組織された。軍隊式に制服を着用して街頭デモを行ったこの団体は、組織、目標、行動形態でファシズムを連想させた（ただし、彼らをファシスト団体と規定することには無理がある）。そして、以後一〇年間、この種のさまざ

創立者である退役陸軍大佐ラ・ロック伯の前を行進するクルワ・ド・フー
この団体は1927年に退役軍人組織として結成されたが1933年から広く加盟者を募り準軍事組織となった

まな極右団体が叢生し、国民の支持を広げた。なかで有名だったのが、激しい反共産・反社会主義を唱えた「クルワ・ド・フー」である。クルワ・ド・フーは当初は退役軍人の組織だったが、その後ひろく中産階級にも参加を呼びかけ、最盛期には加盟者数が三〇万人に達した。クルワ・ド・フーの代表者たちは既存の社会的階層の維持を唱える一方で、すべての政党は「嘘をつき、寄生虫であり、賄賂にむらがり、時代遅れである」と決めつけた。二八年になると、アンリ・ドルジェールが結成した農民擁護団体「緑のシャツ」が、緑色の制服を着て農民の窮状を訴え、減税、農産物輸入の停止、農村社会の伝統の擁護を訴えた。一八八〇年代の過激な愛国的組織をルーツとするこれらの極右団体は、共和国は無能力で、堕落し、腐敗したと見なし、これを倒して独裁的な国家を樹立しなければならないと信じていた。しかも、これらの団体はかつての軍の重鎮たちや有力者から支援され、経営者団体、香水製造業者コティ、大企業メルシエやヴァンデルの経営者から豊富な資金を供与されていた。

いうまでもなく、すべての退役軍人が右翼だったわけではない。彼らの多くは左翼の平和主義に共感を抱いていた。また、国内には政治家に対する本能的な憎しみが広がってはいたが、同時に、かつてポワンカレが呼びかけたユニオン・サクレのように対立する諸勢力の一時休戦の気運も高まっていた。既存体制への憎しみについていえば、フランスではドイツほど激しくはなかった。なぜなら、フランス人はドイツ人ほど自国の体制に絶望してはおらず、ドイツ人ほど過酷な不況に苦しめられることもなく、ドイツ人ほど壊滅的な敗戦を経験したことがなかったからである。

しかし、まさに共和政そのものが危機に瀕していると思われる事態も生じた。いわゆるスタヴィスキー疑獄事件を契機とする二月六日事件である。フランスに帰化したウクライナ系ユダヤ人スタヴィスキーによる金融詐欺に政界の有力者たちが関与したことが判明すると、一九三四年のはじめに極右諸団体が抗議運動をはじめた。このとき彼らは政治家の腐敗を弾劾したばかりでなく、いつものように反ユダヤ主義、反議会主義、反共和主義、外国敵視を唱え、移民を追放すれば失業問題は容易に解決すると主張した。大衆の多くは彼らの憎悪にみちた主張とパンフレットにひきつけられた。一月七日からアクション・フランセーズが街頭デモを繰り返していたが、二月六日、これにその他の極右団体が合流して一挙にデモ

コンコルド広場の下院付近での警官隊と極右団体の衝突（1934年 2月 6日）

が大規模化し、たまたま一部のデモ隊が下院の出入り口の非常線突破をはかったことから狼狽した警官隊が発砲し、一五人の死者を出した。負傷者は二〇〇〇人を超えた。

この結果、自党の幹部にも見放された急進社会党の首相ダラディエは、事件の責任を取って辞任し、政府が暴動の圧力に屈するという危険な先例をつくった。事件の三日後、すでに政界を引退していたドゥーメルグが呼び出されてドゥーメルグ内閣が成立した。しかし、閣内対立を抱えたこの内閣は急を要する秩序回復と政治改革について明確な方針を打ち出すことができなかった。保守派が「ボナパルト主義的」に事態を解決しようとしたことに対し、急進社会党が異議を唱えたのである（しかも保守派の領袖タルデューは過去の閣僚時代に極右団体に資金を流していたのではないかと疑われていた）。執行権を強化する改革案も上院の権限が縮小されるとして上院に反対され、流産した。こうして、ドゥーメルグ内閣もその後のラヴァル内閣も、短期的政策として財政均衡と景気回復につとめることしかできなかった。一九三五年には、年金削減を含む政府支出の削減策が、議会で審議されることなく非常政令によって強行された。こうして、国民はますます自由主義共和国が危機に瀕していると感じた。

人民戦線《フロン・ポピュレール》の結成　中期的観点から見れば、「人民戦線《フロン・ポピュレール》」結成は一九三四年二月六日の事件に起因する最も重要な政治的結果だった。左翼が二月六日事件をファシストによるクーデタ未遂とみなし、民主的な共和政の擁護を唱えて連合したのである。

もちろん、左翼の広範な連合には大きな障害があった。階級論に固執する共産党は世界恐慌を資本主義の末期症状とみなし、社会党をとくに敵視し、改革を装いながら労働者階級を真実の目標から遠ざけようとする「裏切り者」として非難していた。その後共産党が連帯を提案してきたとき、社会党がその意図を疑ったのも不思議ではない。また、急進社会党と共産党の間には政策に大きな隔たりがあった。

しかし、二月六日事件の後の六月末に、共産党書記長トレーズは戦術を転換し、すべての民主的勢力による人民戦線結成を呼びかけた。この戦術転換は、ファシストの脅威を恐れたモスクワからの指令であり、また、偏狭な階級論が招いた孤立から党を脱却させる手段だった。しかし、トレーズの呼びかけは激烈な反ナチス愛国論とあいまって大衆の支持を集めた。さらに七月、共産党は社共による共同会議開催と、反ファシズム、反戦、ドゥーメルグ内閣のデフレ政策反対、を両党の統一方針とする協議に応じた。しかも、これにつづいて「労働者階級と中産階級との同盟」をアピールして社会党を驚かせ、急進社会党を警戒させた。

いずれにせよ、こうして共産党はファシズムの国際的拡大阻止を優先させ、急進社会党を恐れさせないために革命論を軟化させたのである。他方、急進社会党はといえば、人民戦線に加わるか否かは、左翼共闘に反対するエリオを中心とするグループと、党が右翼と同盟している現状に幻滅感を強めていた党内会派「青年トルコ党」（ダラディエの支持を得ていたこの会派にはゼー、カイゼル、コット、マンデス・フランスなども加わっていた）との党内闘争の帰結にかかっていたが、結局、翌三五年六月、人民戦線に加わる最終的合意に達した。こうして、この年の七月一四日の革命記念日のパリでは、共産党、社会党、急進社会党の左翼三党による大規模な統一デモが組織され、これにつづいて翌年四月から五月にかけて行われる選挙のための共闘委員会が創設された。

左右三党の統一綱領作成を難航させたのは経済政策、とりわけ社会改革のための財源、国有化、平価切り下げをめぐる意見調整だったと思われる。出来上がった統一綱領を見ると、共和政を守るために極右団体の禁止と非宗教学校と組合の権利の擁護がうたわれ、過去のデフレ政策の否定、失業率の低減と労働者の生活向上のための公共工事、失業手当てアップ、労働時間の短縮等の施策が提案され、農産物市場の統制によって農産物価格を維持するという農業助成策が示され、これらの諸施策と同時に税制改革を実施することによって購買力を回復し経済再建をめざすとされ、外交方針としては国際連盟を通じて軍縮と集団保障を推進するとされていた。

要するに、これらの政策は社会主義思想よりもアメリカのニューディール政策に啓発された政策であり、資本主義経済の活性化によって福祉を充実し、国を近代化させようとするものだった。国有化の対象とされたのは軍需産業とフランス銀行だけであり、その目的は軍備増強を急ぐことと、保守派の圧力団体の影響力を抑えることだった。また、見方を変えれば、これらの一連の穏健な政策は、これによって真の社会革命をめざすという主張とは裏腹に、急進社会党の支持基盤である中産階級を安心させるための政策だったのである。

一九三六年四月に始まった選挙戦では、政見を伝えるためにラジオが使われるようになった。左翼三党は第二回投票では統一綱領を掲げることに同意していたが、第一回投票では党独自の候補を立て、統一綱領とは明らかに矛盾する党独自の綱領を掲げた。たとえば、社会党は大規模な国有化と上院廃止を主張したが、これは大半の急進社会党員には絶対に受け入れがたいことだった。共産党についていえば、まず、いつものように、戦術をめぐる激しい内部対立があった。それは改革路線をめぐる革命派と修正派の対立であり、選挙に勝利した場合にも連立政権に加わらないという従来の方針を守るか否かをめぐる対立だった。しかし、この選挙戦では共産党には他党にない強みがあった。すなわち、ソヴィエト政府は世界恐慌にもかかわらず計画経済の成果を上げている、したがって共産党は経済危機に対処することのできる唯一の政党、と主張することができたのである。他方、保守派の選挙戦術は左翼に対する「恐怖を煽り立てる戦術」（ジュリアン・ジャクソン〔ロンドン大学クィーン・メアリー校歴史学教授。フランス現代史の専門家〕）だった。ちなみに、パリから立候補した当時の代表的右翼「フェデラシオン・レピブリケンヌ」の候補者の政策綱領には次のような一節があった。

人民戦線が勝てば何が起きるか？
資本が国外に流出し
フランの価値が下がり、すべての企業が破産し
無政府状態になり
そして戦争が起きるのだ
なぜなら、人民戦線はモスクワの操り人形だから

第一回投票では、人民戦線は一九三二年の選挙よりわずか三〇万票上回る五四二万票しか得ることができなかった。しかし、これは有権者が五月三日の第二回投票で確実に当選すると思われる候補者に集中して投票した結果であって、第二回投票後の最終的結果としては圧勝した。右翼の二二二議席に対し、人民戦線は三七六議席を得たのである。政党別に見ると、共産党の議席が一〇から七二へ、社会党の議席が九七から一四六へと急増した。この勝因は、労働者層の確実な支持票に加えて、低位の中産階級と、とくに南部の農民層で票を伸ばした――すなわち、左翼支持に転じた多くの有権者がこの両党に投票したためだったが、同時に、同盟を組んだ急進社会党の支持基盤の一角がこの両党に奪われたためでもあった（急進社会党は一五九から一一六へと議席を減らした）。

人民戦線政府の政策と挫折　一九三六年五月四日、下院第一党となった社会党の指導者レオン・ブルム

エリゼ宮でのレオン・ブルムと人民戦線政府（1936年）

は首班となる意思を表明した。共産党は混乱を避けることを名目に入閣を拒んだが、閣外協力を約束した。六月四日に成立した社会党と急進社会党を中心とする第一次ブルム人民戦線政府は——このとき女性も初めて政権に参画し、三人の女性が政務次官に任命された——国内の大きな期待感に迎えられた。労働者の期待感は約二〇〇万人にのぼる労働者の未曽有のストライキと工場占拠の波によって示された。これらは、すべての希望がすぐに満たされると思い込んだ労働者たちの、いわば喜びの爆発であった。また、大規模ではあったが、自然発生的なもので、地域も限定されていた。彼らは歓喜しつつ労働権の尊重を唱え、工場の過酷な規律に抗議し、労働条件と生活環境の改善、職業の安全を要求したのである。

人民戦線政府の発足に対する労働者の期待と保守派の恐怖に比べれば、発足して数カ月後の夏に実施された政策はきわめて穏健なものだった。まず何よりもストライキを終わらせることが急を要し、労使ともに労働運動に歯止めがきかなくなることを恐れていた。そこで、政府の仲裁により、六月七日夜から八日にかけて経営者代表とCGT（労働総同盟）代表者との交渉が首相官邸マティニョン宮で行われ、いわゆるマティニョン協定が調印された。これによって、購買力強化の観点から、七～一五パーセントの賃金アップを行うことが定められた。労働組合の交渉権も確認された。これに加えて、その後、労働者の生活環境の改善と失業者の減少のために、年二週間の有給休暇と週四〇時間労働が初めて導入された。農民支援策としては、穀物価格の引き上げと安定をはかる機関として小麦公団が創設された。他方、フランス銀行の機構改革が行われたが、株主よりも国家利益を優先したためにあまり成果は見られなかった。また、軍需企業が国有化されたが、これは企業運営にさらなる混乱を加えただけに終わった。このために、工業・金融界の経営者はブルム内閣に強い不安を抱いた。

要するに、ブルム内閣は自由主義経済の枠内で景気を脅かす諸政策を実施したのである。このことは惨憺たる結果を招いた。急進社会党の反対で為替管理が実施されなかったために、巨額の資本が国外に流出し、経営者側がマティニョン協定を過小解釈しようとしたことから社会的緊張が高まった。さらに、一連の政策のためにコストが上昇し、これによって国際競争力が低下し、インフレが再燃した。そのために政府は九月、公約に反してフランの三〇パーセント切り下げに踏み切った。しかし、長期にわたる資本投下不足のために、フランス企業の国際競争力が高まることはほとんどなかった。翌一九三七年一月、景気回復のため、また急進社会党との摩擦解消のため、ついにブルムは改革の「一時休止」を発表する。しかし、その後、ドイツによるラインラント再武装に対応するための軍事予算増額の決定と、スペイン内戦でスペイン共和国政府への支援の可否をめぐって、左翼三党の関係がさらに緊張する。しかも、ブルムは財政悪化に対処するために財政面での全権を要求するが、これが下院では承認されるが上院に拒否される。こうして六月二〇日、ブルムはついに辞表を提出した。

ブルム辞任から一九三八年秋にかけて人民戦線の支持基盤内で対立が高まり、人民戦線政府はしだいに解体に向かってゆく。ブルムが辞任した時点では左翼三党がまだ議会の多数派を占めていたために、共和国大統領は余儀なく急進社会党のショータンに組閣を命じた。この内閣にはブルムを含めて社会党からも入閣するが、翌三八年一月に彼らはそろって辞表を提出することになる。ショータン内閣は、改革を撤回することも継続することもできず、ストライキの再発にも、軍事支出増大と税収減による国庫収支のアンバランスにも、財政赤字の拡大にも対処することができなかった。鉄道会社の多くがSNCF（フランス国有鉄道）として国有化されたが、この国有化は、すでに破産に瀕していた企業を大株主に極端に有利な条件で救済することでしかなかった。

ヒトラーがオーストリアを併合したのは一九三八年三月一三日のことである。しかし、財政上の全権を要求したショータン内閣が社会党の反対にあって三月九日に総辞職し、内政の危機に瀕していたフランスにはこれに対処する余裕はなかった。

ショータン内閣の後、議会のルールに従って社会党に組閣が要請され、三月一三日に第二次ブルム人民戦線内閣が成立する。ブルムは、すでに避けられないと思われた戦争に備えるため、国民連合的内閣《ユニオン・ナシオナル》にすべきであると考え、左右諸政党に入閣を求めた。しかし、保守派は最終的に人民戦線と袂を分かつことを選び、この要請をただちに拒否したばかりでなく、ブルムが為替管理と資本課税の導入を提案したために、この内閣は一カ月で倒れた。そこで大統領ルブランは急進社会党のダラディエに組閣を命じる。社会党はダラディエ内閣への入閣を拒むが、反ファシズム勢力として急進社会党との同盟を継続させるという方針から、他の左翼政党とともに人民戦線としてダラディエ内閣に承認票を投じる。しかし、ダラディエ内閣が九月にミュンヘン協定に調印したことから、共産党がこれを激しく弾劾し、新たな党派間対立も生じたため、ダラディエは急進社会党を国民戦線から脱退させる。こうして、すでに形骸化していた人民戦線は最終的に解体された。

第二次世界大戦前夜　ダラディエ内閣は、悪化する国際状況への対処と国内秩序の回復に追われつつ、自由主義経済の枠内での経済活性化につとめた。ストライキに対しては、政府は強硬姿勢を示し、警察と経営者は「首謀者」の割り出しに目の色を変えた。ダラディエ内閣が右派勢力に依存し、その最大の方針が反共産主義であることはすぐに明らかとなった。

一九三八年一一月一日の『レール・ヌヴェル（新時代）』紙は「三六年六月の革命〔第一次ブルム人民戦線内閣成立〕は完全に消滅した」と歓声を上げている。この歓声は、人民戦線がいかに政治を二極化させたかを示している。左派や労働者は人民戦線に希望を託したが、右派や中産階級は人民戦線を、中産階級を犠牲にして労働者を利する革命的アナーキーの先触れとみなした。彼らによれば、ブルムはフランスを共産化しようとするケレンスキーと同じ穴の狢《むじな》であり、人民戦線はユダヤ人と共産主義者の陰謀の拠点だった。軍の将校からなる「革命行動秘密委員会」、通称「カグール団」という極右団体はクーデタさえ考えていた。この計画は三七年一一月に警察によって摘発されたが、見逃せない事実は、退役元帥ペタン、同フランシェ・デスパレといった軍部の重鎮が、この計画を知っていたにもかかわらず、当局に報告する義務があるとは考えなかったことである。

この共産党弾圧期のもう一つの特徴は、新たにさまざまな極右団体が創設されたことだった。たとえば、一九三六年六月に極右団体が法によって解散させられた後、クルワ・ド・フーは「フランス社会党《パルティ・ソシアル・フランセ》」に衣替えして強力な独裁的政府を要求し、六〇万人から八〇万人の党員を擁するまでになった。元共産党員ジャック・ドリオが創設し、クルワ・ド・フーよりファシスト色が強かった「フランス人民党《パルティ・ポピュレール・フランセ》」も、その短い最盛期には二〇万人の党員を擁していた。

また、政治情勢が険悪化して暴力沙汰まで起きるまでになると、再び反ユダヤ主義が政治の場で当然の如く語られるようになった。目だって反ユダヤ主義を唱えたのは教会勢力と保守派だったが、タルデューやラヴァルのような大物政治家さえ極右の主張に同調した。このため、政府は国の名誉にかかわる問題として一九三九年四月、人種・宗教にかかわる憎しみを誘発するような印刷物の表現を禁止する法律を制定した（これはのちにヴィシー政府によって撤回される）。

ダラディエ政府はまた、危機的な経済不況と悪化する国際情勢にも対処しなければならなかった。一九三八年初めの数カ月間、工業生産は減少し続けていた。九月、ミュンヘン会議で平和の代償としてチェコスロヴァキアを見捨てた英首相チェンバレンとダラディエは、彼らの祖国の圧倒的多数の国民から英雄のように迎えられた。これは、レオン・ブルムでさえ、いよいよドイツと対決するときがきたとは思いつつも、彼自身の言葉を借りれば、「臆病者の安堵感」を抱いたからだった。また、だれもが何とかして第一次世界大戦のような殺し合いを避けたいと願っていたからだった。しかし、いまだに三六年の人民戦線結成の悪夢に怯えていた保守派と左翼の反共勢力は、戦争になればかならず共産主義革命が起きると思い込んでいた。そのために、彼らはナチス・ドイツをヨーロッパの共産主義化の防壁とみなして歓迎していた。ダラディエはどうかといえば、フランスが軍事力で劣っていたためにイギリスと共同作戦を取らざるをえなかった上に、世論の大勢を無視することもできなかったが、彼は冷静に事態の真相を見抜いていたと思われる。ミュンヘン会議の後、大陸の事態に介入する決意を固めたイギリスと、フランスの軍部の間で、高官レベルの会議も開始された。

国内では国防を優先する政策が強行され、週四〇時間労働に多数の例外が認められ、残業を強制する制度まで導入された。上院はブルムに対して拒否した財政上の全権を、ダラディエに対しては与えた。経営者の独裁的な経営権に反対する労働者のストに関しては、政府はつねに経営者の主張を認め、ストを不発に終わらせた。これらの政策は軍備増強とともに産業を活性化させ、一九三八年秋以降のフランス経済は明らかに回復しはじめていた。

一九三九年三月のドイツによるチェコスロヴァキア全土の占領はフランスの世論を一変させた。七月に行われた世論調査では、七〇パーセントの国民がこれ以上ドイツに譲歩することに反対した。三五年にドイツの再軍備を認めて以来ドイツの要求に譲歩したことが、かえってヒトラーにつぎつぎと新たな要求を持ち出させたと考えられたからである。他方、英仏政府はドイツの膨張を阻止する手段として、ポーランドの全領土を保障することで一致する。しかし、フランスには、この保障に軍事的裏づけを与えるために、ロシアを味方につける必要があった。ところが、イギリスのロシアに対する猜疑心のために、ロシアとの同盟は失敗する。しかも、三九年八月二三日、西側の煮え切らない姿勢に猜疑心を抱いたスターリンはドイツとの不可侵条約に調印する。こうして、ポーランドの悲惨な運命が定められたばかりでなく、フランスも東西の国境に不安を抱えながら参戦せざるをえなくなった。

第二次世界大戦

敗戦の経緯　一九三九年九月一日にドイツ軍がポーランドに侵攻すると、フランスは二日後にドイツに宣戦を布告した。国民の間には熱狂的雰囲気はほとんど見られなかった。国民の多くは第一次世界大戦の大量殺戮を覚えており、その後威力を増した空爆に対しては首相のダラディエさえ恐れを抱いていたのである。保守派は宣戦布告を了承したが、実際にはこの戦争に乗り気ではなかった。この戦争が結果として英仏独三国を弱体化させソ連を利することを恐れたからである。この恐れを強めるかのように、九月二〇日、フランス共産党はモスクワの指令を受けて反ファシズムの方針を転換し、この戦争は労働者階級とは無関係の帝国主義国家間の戦争であると主張し、あからさまに戦争反対を唱えはじめた。このために共産党は非合法化され、共産党議員は逮捕された。

宣戦布告の後、長期間にわたって戦闘のない「奇妙な戦争」（イギリスでは「いかさま戦争」と呼ばれた）が続いた。英仏両軍はマジノ線に沿って完全な防衛体制を維持し、その間に――ポーランド防衛が戦争目的だったにもかかわらず――ポーランドはドイツ軍に蹂躙された。フランスの塹壕戦術は実戦を避けているかのように見えたかもしれないが、実際には、これによって持久戦に持ち込み、その間に第一次世界大戦のときと同様にアメリカから工業資源の支援を得、軍事力を増強し、海上封鎖によってドイツを弱体化させようと考えた作戦だった。

前線で戦闘が行われなかったために、一九一四年のユニオン・サクレとは対照的に、国内の政治対立はかえって激化した。四〇年三月一九日にはダラディエ首相が議会の不信任投票により辞任する。議会から前線における軍事行動不在の責任を問われ、ロシア赤軍からフィンランドを守るための迅速な処置を講じなかったことが右翼から批判されたのである。しかし、フィンランドについていえば、実際にはこの問題はすでに連合国側で真剣に検討されており、ナチス・ドイツのみならずソ連を敵に回すことはあまりにも危険として断念されていたのである。ダラディエの後レノーが首相となり、閣僚の数を増やして多くの党派から入閣させ（ダラディエもこの内閣に国防相として入閣している）、多様な意見を集約しようとした。

ドイツ軍が突如デンマークとノルウェーに侵攻し、ついに西部戦線への攻撃を開始したのは一九四〇年五月一〇日のことである。当時、連合国側はドイツ軍への軍需資源供給を断つために、ソ連の石油施設やスカンディナヴィアの鉄鉱石に対する末梢的作戦を画策していた。

司令官ガムラン将軍は自信を装っていたが、フランス軍司令部は戦闘機と戦車による集中的な先制攻撃を想定していなかった。この一九四〇年の西部戦線の敗北で最も責任を問われたのは、両大戦間期にフランスの軍事戦略に深くかかわったペタン元帥をはじめとする軍上層部だった。彼らは前大戦の経験から、近代的兵器による戦争は防御側に有利だと確信していた。のちに、彼らは敗北の責任を政府に転嫁するが、政府の方は三四年から大幅な軍事予算増額を承認し、三〇年から三六年の間に巨額の予算を難攻不落の要塞、マジノ線建設に投入していた。しかし、三六年にベルギーが中立国となることを選択した後でさえ、マジノ線は北部の前線へは延長されなかった。そのため、一四年にドイツ軍が侵攻したルートも、ベルギーのアルデンヌ地方の丘陵・森林地帯も防衛は手薄だった。この方面からの大規模な軍の通過は困難だと考えられた上に、万一ドイツがベルギーの中立をおかした場合には、マジノ線の部隊の一部によって軍を補強し、これによってベルギーと北部フランスを防衛することが想定されていたのである。

しかし、現実には、ドイツ軍は連合軍を陽動作戦で欺いてアルデンヌの森林地帯を突破し、五月一〇日から三日間で手薄なディナンとセダンの戦線も突破した。その後の連合軍は総司令部の非効率性、フランス軍の統制の欠如、イギリス軍の規模の不足のために危機的状況に陥る。総司令官はガムランからヴェガン、さらにジョルジュ将軍へと交代したが、彼らはいずれも老齢で、近代戦争に精通しておらず、前年九月に電撃的にポーランド軍を壊滅させたドイツ軍の作戦からも、一八年三月にドイツ軍の大攻勢を西部戦線でくい止めたフランス軍の作戦からも、教訓を得ていなかった。

フランス本土での戦争に短期間で敗北したことについては、さまざまな議論がある。たしかに、フランスの航空産業の製造能力が限られていたためにフランス空軍が小規模だった上に、イギリスがごく一部の空軍しか投入しなかったため、連合国側の空軍はドイツ空軍に圧倒された。戦車についても、集中による威力は発揮されず、その多くは歩兵部隊援護のために分散していた。また、訓練不足の予備兵が小刻みに前線に投入されたが、これだけではとうていドイツ軍の進撃を阻止することは不可能だった。しかし、結局、敗北の根本的要因は軍上層部の優柔不断と指揮系統の混乱、通信システムの未整備、戦術のまずさ（軍上層部は旧来の戦術に固執して流動的な電撃戦に対処できなかった）、兵士の訓練不足だったと言わざるをえない。

英仏連合軍兵士三三万九〇〇〇人はかろうじてダンケルクから脱出したが、これによって連合軍の主力は解体同然となった。その後、圧倒的な敵を前にして、ヴェガンがエーヌ川とソンム川に新たな防衛戦を再構築しようとするが、彼自身覚悟していたように、この試みも挫折した。ドイツ軍は五週間で連合軍兵士一八五万人を捕虜とし、その大半は事実上の人質として以後五年間捕虜収容所にとどめられることになる。戦死した兵士は、第一次世界大戦ほどの数ではなかったにせよ、約九万二〇〇〇人を数えた。また、フランス南部へ向かう道路は故郷から逃れた難民であふれた。六、七〇〇万人もの人々――彼らの多くは先の大戦でドイツに占領されたときの悲惨な生活を記憶していた――が戦火の拡大する故郷を離れたのである。

政府はパリから避難し、まずトゥールへ、最終的にはボルドーへと移り、首相レノーは最後の手段として軍の重鎮を更迭し、内閣を改造した。機甲兵団による戦略を主張していた無名の将軍シャルル・ドゴー

閣議後の首相ポール・レノー、副首相ペタン元帥、総司令官ヴェガン将軍
（1940年5月21日）

ルが陸軍省次官に任命されたのはこのときである。しかし、レノーから高く評価されていたとはいえ、ドゴールが歴史に名を残す仕事をするのはもう少し先のことである。この時点でドゴールよりも重要な役割を演じたのは副首相に任命されたペタン元帥だった。このイギリス嫌いの元帥は、六月一二日までにはドイツに休戦を申し出るべきだと主張するようになっており、新たに総司令官に任命されたヴェガンもこれを支持していた。伝統的カトリック信者で、政治家を蔑視していたヴェガンは、是が非でも軍の名誉を守らねばならない、すなわち、一八七一年のように軍を無傷のまま残し、社会秩序を維持し、フランスを共産主義革命から守らねばならないと考えていたと思われる。政府部内には戦争継続か休戦かをめぐる意見対立が生じた。しかし、いずれにせよ敗戦責任を分担させる相手を見つけなければならなかった。そこで、ペタンは人民戦線を槍玉にあげ、敗戦の原因は国民を堕落させた人民戦線にあると主張した。

第三共和政崩壊とヴィシー政権成立　六月一六日に辞任したレノーにかわり翌一七日に首相となったペタンは、ドイツに休戦を求める意志をラジオ放送によって国民に表明する。この表明は、休戦以外の選択肢はない、徹底抗戦によってフランスを完全な焦土にしたくない、という多くの国民の思いを反映していた。そのために、ヴェルダンの英雄神話を身にまとったペタンが「国の苦難をやわらげるために私の全身全霊を捧げたい」とラジオで呼びかけたとき、国民は深い感動と感謝の念を抱いた。休戦協定が発効するには六月二五日まで待たなければならなかったが、このラジオ放送以後、本格的な戦闘が行われることはなく、だれもがこれで敗戦が確定したと信じた。

当時、大方の予想は、もし大国フランスがドイツに敗れるようなことがあれば、いずれイギリスもドイツに講和を求めるだろう、というものだった。イギリス首相チャーチルでさえ、ドイツとの講和の可能性を考えていた。また、無名の将軍ドゴールが六月一七日にボルドーからロンドンへ到着し、「フランスの世襲資産の臨時の守護者」として「自由フランス国民委員会」を創設すると宣言したとき、ほとんど誰もこれを気にかけなかった。官僚や国内外の兵士の圧倒的多数も、フランスもしくは植民地で元の仕事に復帰したいと願っていた。また、フランスが降服したときイギリス国内で軍役についていたフランス人兵士でさえ、ほとんどがドイツと戦うことをやめて本国へ帰還したいと考えていた。これに加え、一九四〇年七月三日から四日にかけて、アルジェリアのメルセルケビール軍港でイギリス海軍がフランス艦隊に攻撃を加えた――それはフランス艦隊がドイツ軍の手に落ちて利用されることがないようにするためだったのだが――ことから、ドイツに対してではなくイギリスに対する敵意が生じた。

　ドイツ側が示した休戦条件はきわめて過酷なものだったが、フランスに戦争を断念させるために多少の配慮は払われていた。ドイツはフランス政府に形式的な主権を与え、イギリスや植民地に亡命政府をつくらせるかわりにフランス国内にとどまらせたのである。しかし、これはドイツの国益のためだった。植民地に対するような間接統治を行えば、フランスの役人や警官を利用することによって、ドイツの人的資源を大いに節約することができたからである。こうして、フランス軍の規模は一〇万人に縮小され、国内の治安維持に必要と思われる以外の軍備は剥奪され、国内の軍港にとどまっていた戦艦の海兵は除隊させられた。人口が多く生産性の高い広大な地域はドイツ軍に占領され、駐留コストとして巨額の税が課せられた。しかし、ヴィシー政府〔独伊と休戦協定を結んだフランス政府は、首都をパリから中部の都市であるヴィシーに移転した〕に主権があるというフィクションを維持すること

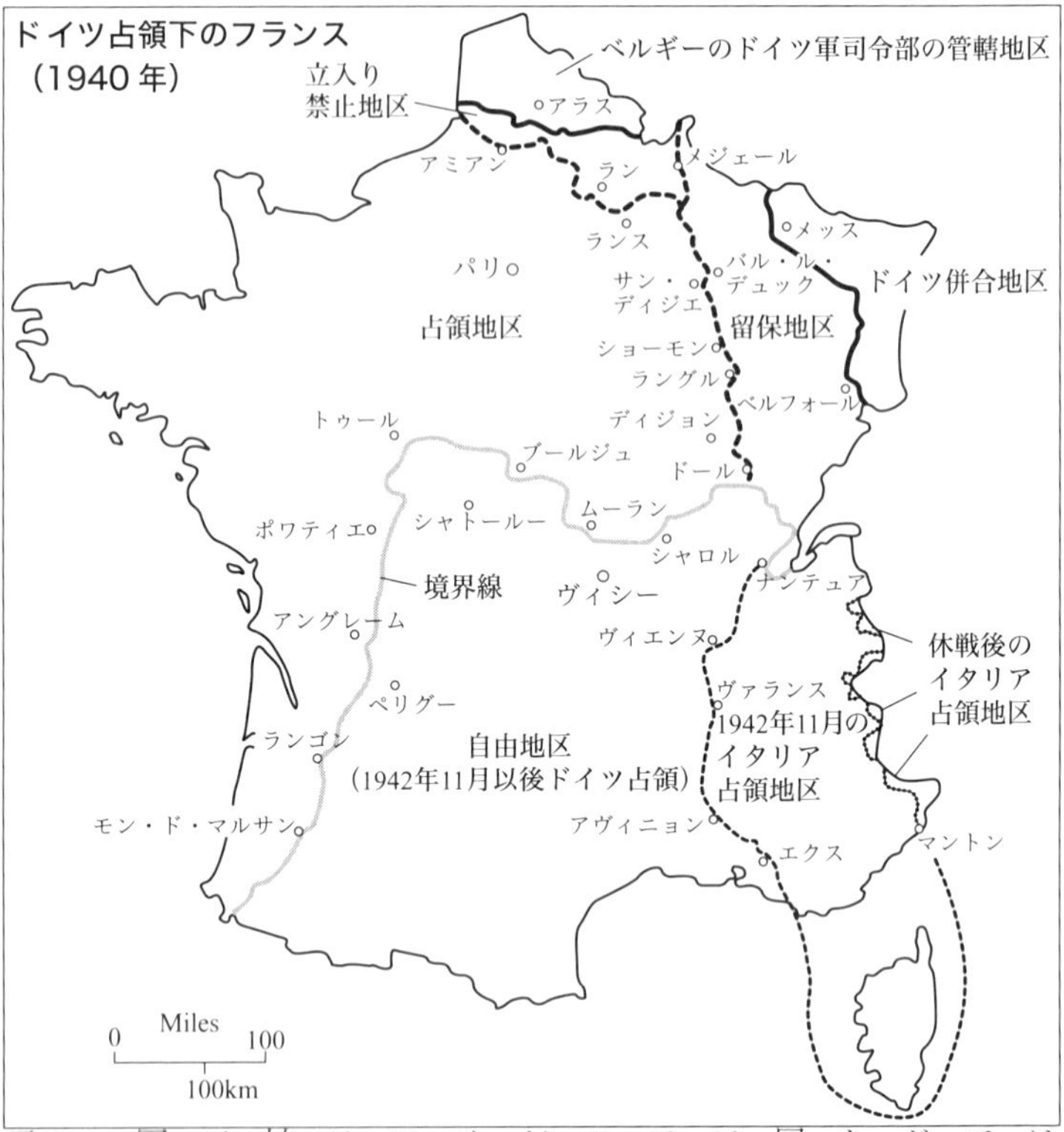

ドイツ占領下のフランス
(1940年)

はすぐに難しくなる。ドイツによって国土が分断され、フランス当局がドイツ軍当局に支配されるようになったことは、フランスがドイツの属国と化したことを明らかに示していた。八月には休戦協定に違反してアルザスとロレーヌが再びドイツに併合され、厳格なドイツ化政策が実施され、約一三万人の青年がドイツ軍に徴兵される対象とされた。アルザスとロレーヌの隣接地域には「留保地区」としてドイツ人が入植し、ノール県とパ・ド・カレ県は工業地帯としてベルギーのドイツ軍司令部の管轄下に組み込まれた。

　しかし、戦争はその後も続いた。予想に反してイギリスは戦争を続

ストラスブールで行われたナチスのパレード（1941年10月）

行し、制空権を確保することができなかったドイツはイギリス本土上陸作戦を断念し、「生活領土」を得るためにヨーロッパ東方に矛先を向けたからである。ちなみに、当面の間フランスに対するナチス・ドイツの思惑は、フランスをヨーロッパの軍事基地および資源徴発地として活用し、最終的な勝利の暁には、フランスをヨーロッパの農園と保養地帯にする、というものだった。そして、彼らはこの真意を隠しながら、ドイツとの交渉によって将来のヨーロッパで応分の地位を得ようとするフランス側を適当にあしらっていた。

国民が国家指導者と仰いだペタン元帥は、多くの軍人がそうだったように、強力で独裁的な政府を理想視し、政治家や議会政治を軽蔑していた。ペタン政府は七月一日から温泉町ヴィシーのホテルに避難していたが、遠からずパリへ帰還するだろうと思われたために大半の官僚はパリにとどまっていた。七月一〇日、意気粗相した上下両院合同の国民議会がペタン政府によって招集され、新憲法の制定とペタンへの全権付与が賛成五六九反対八〇で可決された。つづいて七月に新憲法の諸条項が国民に発表され、これによりペタン元帥は大統領と首相を兼ね、みずからの後継者を指名する権利を持つこととされた。また、議会制は排せられ、ペタン元帥によって任命された者からなる閣僚評議会が立法機関の機能を果たすこととされた。このときペタンはすでに八四歳と高齢だったが、国民的人気に意を強くして職位を全うする決意を固め、その後も彼の機敏な判断力は衰えることを知らなかった。

ペタンの側近の大半は軍人と高級官僚で、昔の廷臣のような勢力争いをしていたが、これを不愉快に感じていた若手の閣僚たちもいた。彼らの多くは工業生産相を務めたピエール・ピュシューやフランソワ・ルイドゥーをはじめとするテクノクラートで、ペタンの独裁的政権を利用して経済を近代化させようと考えていた。ペタンが副首相に指名したのは第三共和政時代に四度首相を務めた辣腕政治家ピエール・ラヴァルだった。ラヴァルはドイツとの関係改善とフランスの主権回復につとめ、この野心のために一二月に失脚するが、ドイツ側の支持により一九四二年四月以後五たび首相に就任することになる。

ヴィシー政権下の国民革命　ペタンはそれまでの共和政の標語、「自由、友愛、平等」の代わりに「労働、家族、祖国」を掲げたが、このことは彼の思想をよく示している。ペタンの夢は、伝統的社会における勤労と誠実という美徳、家族とコミュニティーへの帰属意識、社会的序列の尊重を回復することだった。また、政府の諸声明に見られる支配的思想はファシズムではなかった。それはアクション・フランセーズのような極右団体の思想に似た伝統主義と、家父長的な「社会カトリシスム」〔ローマカトリック教会を中心に行われたカトリック理念に基づく社会・経済の改革運動〕の思想であり、一八七〇年代と同じように屈辱的敗戦の後で確立された「道徳秩序」体制の思想と多くの共通点を持っていた。ヴェガン将軍をはじめとする反独ナショナリストたちでさえ、このような政府の姿勢をフランス再生に不可欠な措置とし、「正統な」フランス政府の方針に背く行動——とくにドゴールの行動——を激しく非難した。

　ヴェガンなどよりも強くヴィシー政権を歓迎した人々の本音は、この政権の多数の支離滅裂な計画から推察することができる。彼らは長い間待たされた政治課題を解決する絶好の機会が到来したと思っていた。とりわけ、人民戦線の悪夢から覚めやらない保守派は、社会主義革命の脅威に対処できる強い政府を待ち望んでいた。社会的エリートは個人財産と既存の社会的序列の継続を要求した。彼らがとくに一致して敵視したのはユダヤ人、フリーメーソンの会員、「共産主義者」などで、これらの人々は屈辱的敗戦を招いたとして非難され、公職（約三万五〇〇〇人が辞任させられた）その他の職業から追われた。

　文化革命が提唱され、青少年の教育が重視された。しかし、教育内容が社会階層別に定められ、中等学校への入学が社会的エリートに限られていたために、エリート層はその地位と「生来の」指導的役割を維持することができたが、その他の階層は希望通りの教育を受けることはできなかった。教師はといえば、職にとどまるために、ヴィシー体制を称賛するよう生徒に教えざるをえなかった。この文化革命ではまた、家父長の役割が強調され、主婦と母親の役割が賛美され、家を離れて労働に従事する女性の数を減らす措置が講じられた。しかし、公共部門では、労働力の不足が高じたために既婚の女性労働者を減らすことはできなかった。

ヴィシー政権は、少なくとも当初の間は、敗戦のショックから立ち直れない国民から広く支持された。それ以外に選択肢がなかった上に、ペタン政権が第三共和政の正統な後継政権だったからである。しかし、なんといっても国民がヴィシー政権を支持した最大の要因は、ペタン元帥があたかも国民の父であり国民の救済者であるという、宗教的とさえ思われるイメージに包まれていたことだった。「もはやフランスの運命を決めるのはフランス国民ではない」（マルク・ブロック〔一八八六〜一九四四。フランスのアナール学派を代表する歴史学者。フランス降伏後も抵抗運動を続けたが、故郷リヨンでドイツ軍に捕えられ銃殺刑に処せられた〕）という現実を前にして、ペタンだけが侵略者から国民を守ることができると思われた。

しかし、このペタン崇拝は政府によって操作されたものだった。ペタン賛美のためには、ポスター、歌、印刷物、ラジオ、ニュース映画、さらには種々の種類の記念品までが動員された。また、ペタン崇拝はペタン自身の地方行脚、学生や青年の組織、民間の祭礼を通じて拡大され、維持された。しかも、これに対する世論の動向は、手紙の検閲や電話の盗聴によってつねに監視されていた。

多くの国民はフランスが実際には完全に敗北したことを知っていたが、表面的には以前と変わらない生活をし、誰にも干渉されない家庭や仕事に精を出すことで何とか生き延びようとした。ヴィシー政府を積極的に支持したのは大企業の経営者、伝統的地主、高級官僚、依然として地方行政で市長などの要職に選ばれていた地方名士などだったが、とくにこの政権を歓迎したのはカトリック教会だった。道徳、家族、精神的諸価値を説くことが認められ、学校での宗教科目導入に好意的姿勢が示されたからである。教会によれば、敗戦は神による罰であり、いまこそ、フランス国民が神の許しを得るに値する国民であることを

ヴィシーでのペタン元帥、ピエール・ラヴァル、スュアール枢機卿、ゲルリエ枢機卿（1942年11月）　1870年代の敗戦後のように国と教会は協力して「道徳秩序」の再建に取り組んだ

証明し、利己的な物質主義を捨てて神に帰依するときだった。リヨン大司教ゲルリエ枢機卿は「もし戦争に勝っていたなら、私たちはおそらく過去の過ちに支配され続けていたでしょう。世俗化政策がフランスを死の危機に直面させたのです」と述べている。たしかに、聖職者の中にはヴィシー政府とドイツの政策、とくにユダヤ人迫害を非難する人たちもいたが、教会組織としては一貫してヴィシー政権を擁護した。教会は国民に対して魂の慰めを与えたが、道徳的指針を示すことはめったになく、やっと一九四四年二月になって示した指針は、レジスタンスは非難すべき「テロリズム」である、というものだった。

コラボラシオン（対独協力）　ヴィシー政権は、ドイツの飽くなき要求に対し、経済の近代化によって応えなければならなかった。フラン

ドイツ軍兵士に監視されながら働く坑夫たち

ス経済は一貫してドイツの利益に従属させられた。一九四三年には農業生産の一五パーセント、工業生産の四〇パーセントがドイツに輸出され、その代金の大部分はドイツ軍駐留費としてフランス国民によって支払わされた。しかも、フランに対するマルクの為替レートが高められたために、その支払いはさらに大きな負担となった。この年のドイツに対するフランスの支払い額はフランスの国民所得の三六・六パーセント、戦前のドイツの国民総生産の四分の一に相当したと推定されている。この推定値には、ドイツ国内で働かされた多数のフランス人による生産と、フランス国内のドイツ占領軍による物とサービスの消費は含まれていない。また、占領軍の要求によって、おそらくフランスの労働力の三分の一がドイツのために使用されたと推定されている。フランスはドイツの戦争目的のために膨大な負担を強制されたのである。

ヴィシー政権は物質主義の進展に反対し、農村的社会、古い伝統、「大地への回帰」による帰農の価値を強調したが、ドイツの要求に応えるために農業の生産性を上げなければならなかった。そのために小農場の整理統合が奨励され、一九四〇年一二月には生産者による自立的組織として農業同業組合が設立された。しかし、この同業組織はすぐに市場に対する官僚統制機関と化し、同業組合による生産割り当てや価格設定は農民から無視された。

工業においては、ドイツ側の膨大な要求に応じるために、とくに原材料配分で、ある程度の計画経済が実施され、これによって政府要人と大企業の経営者の結びつきが強まった。政府は一九四一年に「労働憲章」を制定し、親方と職人という古い概念によって階級闘争を超越しようとした。しかし、この憲章の家父長的イデオロギーに基づく同業組合機構は、結局、経営者の利益を以前より重視する方針の隠れ蓑にしかならなかった。労働組合は四〇年八月に禁止され、その後ストライキが起きることはほとんどなかったが、数少ないストライキは容赦なく弾圧された。生活と労働条件の急激な悪化に抗議した四一年五月のノール県の炭坑ストはその一例である。多くの経営者は、そのような弾圧を人民戦線に対する報復として歓迎し、労働者に口を出させず経営できることに満足していた。しかし、労働力が不足した上に、低劣な食事が労働者に労働意欲を失わせたために、生産は大幅に落ち込んだ。

一九四二年四月にラヴァルが政界に復帰して首相となったことは、それまでのヴィシー政府の伝統主義に対する実利主義の勝利、ヴィシー政府による理想の放棄、を示すものだった。すなわち、ヴィシー政権は最後までペタンの威光を利用し続けはしたが、政権の方針を「フランス再生」からドイツによる「ヨーロッパのボリシェヴィキに対する聖戦」への参加へと変化させてゆくのである。

当初、公然とドイツの勝利を歓迎したのは、マルセル・デア、ジャック・ドリオのような極右の政治家、ロベール・ブラジヤック、ピエール・ドリュ・ラ・ロシェル、ルイ・フェルディナン・セリーヌのようなファシスト知識人などのごく少数の人々だった。彼らは以前に自由主義・民主主義政体を蔑視したように、ヴィシー政府の掲げた保守的理念を蔑視した。そのためにヴィシー政府からは政権末期まで遠ざけられたが、これらの極右は対独協力者たちの中核の役割を果たしたために、ドイツ側からはヴィシー政府に圧力をかける便利な手段として評価され、将来別の傀儡《かいらい》政権をつくるときに役に立つかもしれないと思われていた。当初の彼らの活動は、ドイツから補助金を得てパリで新聞を発行することだった。そうなると、異端者扱いされていた彼らは急にパリの上流社会に招き入れられるようになった。ドリオのフランス人民党もパリを拠点に反ボリシェヴィキ軍団を組織し、この軍団の約一万二五〇〇人のフランス人義勇兵は前線に派遣され、ドイツ軍の制服を着てロシア赤軍と戦った。

フランス人ファシストでヴィシー政府の閣僚を務めた者は二人しかいない。一九四三年一二月に労働相になったマルセル・デアと、同じく治安担当長官になったジョセフ・ダルナンである。四三年当時には、すでに政権内の保守勢力の一部はドイツの敗戦を予想して逃亡し始めていたが、デアとダルナンだけでなく、ファシストではないがファシズムに肩入れしたピュシュー（工業相、のちに内務相）、ドイツとの渉外責任者ブノワ・メシャン、宣伝担当相マリオンも政権内で重要な役割を果たした。

言うまでもなく、ドイツに協力したのは政治家ばかりではなかった。全国民がドイツの支配体制下に置かれたなかで、思想的背景からドイツに協力した人々もいれば、保身のために協力した人々もいたし、仕事上ではドイツに協力しながら、実際にはドイツに敵意を燃やしていた人々もいた。官吏はといえば、彼らの大半は戦前と同じ職位にとどまっていた。当然、彼らは給与と年金受給の権利を失うことを恐れていたが、合法的な政府に仕えることに誇りを抱いてもいた。いずれにせよ、服従の習慣、惰性、転職先がなかったこと、職務に対する誠実さ、社会秩序を維持すべきだという考えなどがあいまって彼らを同じ職にとどまらせたのである。

政府はペタン元帥の名で国民に呼びかけ、民間に翼賛団体をつくろうとした。第一次世界大戦の退役軍人からなる「フランス戦士団」創設はその一例である。この団体は一九四一年の初期には五九万人の会員を擁し、新聞を発行し、毎日ラジオ番組を提供するようになっていた。対独協力団体には主義主張を異にするさまざまなものがあり、最盛期の四二年末には主として都市部の低位の中間階級からなる合計約二二万人の加盟者を擁していた。しかし、彼らの極端な主張は大して国民を説得することはできず、実際には、拡大された民間行政組織が政府と国民の仲介役をはたした。ただし、地方レベルでは、市長は選挙ではなく指名によって決められ、市町村の行政委員会は粛清の対象とされ、県知事と地方名士の間には依存関係があった。これに加えて、経済が悪化し、人的・物的資源が払底し、一般市民とドイツ当局との仲介の必要性が高まるにつれて、地方行政が警察権力を使うことが増えた。こうして、選挙制度が廃止されたヴィシー政権下では、民事行政、司法制度、警察組織、地方行政機関、協同組合を通じて、選挙で選ばれた人々ではない社会的・行政的エリートが国民の実生活を支配し、各自の組織の利益を追求した。

少なくとも休戦した当初は、ヴィシー政府はかなり自主的に政策を実施することができた。しかし、その当時でさえ、休戦協定にもかかわらず、占領地区では政府の主権はつねにドイツ軍に左右され、国民精神を再生する要としてヴィシー政府が重視した青少年組織もドイツ当局の反対で拡大することができなかった。

にもかかわらず、ドイツが構築しつつある新しいヨーロッパ秩序において有利な地位を確保するにはドイツに協力した方がよい、と考えられた。一九四〇年一〇月二四日、ペタンはヒトラーとモントワールで会見する。両者の話し合いは中途半端に終わるが、ペタンとヒトラーが握手している写真は、全国いたる所で国民に対する象徴的メッセージとなり、これに加えてペタンは一〇月三一日、「私は今日、我が国の名誉と統一のために、新たなヨーロッパ秩序を創造する体制に協力する方針を固めた」と宣言した。

対独協力をさらに国民に促したのは、メルセルケビール軍港でフランス艦隊に攻撃を加えたイギリスに対する怒り、フランスの植民地だった赤道アフリカを占領したドゴールの自由フランス軍に対する怒り、フランスの植民地はけっして手放さないという決意、だった。植民地死守の決意は、一九四〇年九月の自由フランス軍撃退によるダカール防衛、四一年六、七月のシリアでの激戦に耐え抜くことによって示された。ただし、結局、ヴィシー政府がドイツと同盟してイギリスと戦うという事態には至らなかった。この主たる要因は、ヒトラーがフランスの介入による戦線拡大を嫌い、あえてフランスを中立化させておいたことだったと思われる。

対独協力によってドイツから休戦協定での譲歩を引き出し、フランスに有利な講和条約を結ぶ――これがヴィシー政府の方針だった。ラヴァルは、対独協力がフランスの利益になることを事実によって国民に示す必要がある、と執拗にドイツ側に迫る。しかし、この説得は効を奏さず、その上ペタンから野心を警戒されたラヴァルは一九四〇年一二月に失脚する。その後のヴィシー政府も有利な講和条約締結のために懸命な努力を続けたが、四一年二月からヴィシー政府を率いたダルラン提督は、フランス海軍とフランス植民地軍をドイツ軍に協力させ、弱体化したイギリスを攻撃してはどうか、と考えた。ダルランは四二年四月に解任され、ドイツ側に比較的信用されていたラヴァルが首相に復帰する。しかし、ラヴァルもペタンに打診することなく強力な独仏宥和方針を打ち出す。同年五月三〇日の会議で、ラヴァルはこう主張している――「ドイツがロシアに対する最終攻撃を準備しつつある今日、救国のために我々がとるべき方針は誠心誠意、全面的にドイツに従うことである。ドイツの勝利のための経済的貢献によって、我々はフランスの運命を修正する歴史的なチャンスを得ることができる。フランスは、敗戦国から、新しいヨーロッパ体制に統合された国家となることができる」。この目標を達成するために、ラヴァルは自分の側近のみならず、ジャン・ビシュロンヌやルネ・ブスケのような有能な人材にも支持を求め、ビシュロンヌを工業生産相、ブスケを内務省次官に任命した。こうして、ラヴァルは「集中的経済援助」と引き換えにドイツから譲歩を引き出そうとし、「我々の文明を共産主義から守るため」のドイツとの軍事同盟さえ示唆した（一九四二年一二月一三日）。

しかし、弱者の立場にあるラヴァルの交渉はほとんど成果を上げることができなかった。一九四二年九月に英仏連合軍が北アフリカ上陸作戦を決行した後の一一月一一日、ドイツが休戦協定に違反して「自由地区」（348頁の図参照）を占領した後でさえ、ヴィシー政府は対独協力の方針を変えず、ドイツが休戦監視軍として認められていたフランス軍を解体したときにも、ほとんど抵抗しなかった。ただし、北アフリカでは、たまたま現地を訪問していたダルラン提督がペタンの攻撃命令に反して英米側の説得に応じ、その結果、フランス現地軍が英米連合軍に加わって参戦することになった。

こうして、ヴィシー政府はしだいに国民の信頼を失った。ヴィシー政府が完全にドイツに支配されていることは誰の目にも明らかとなり、ドイツの戦時経済の維持とドイツ軍の安全確保が絶対的に優先される一方で、明らかにドイツ軍が敗色を強めていたからである。その後のヴィシー政府はしだいに打つ手に窮し、ひたすら妥協による講和を模索するがかなわず、拡大する国内の反対勢力に対処しつつ懸命に政権存続をはかろうとした。

ヴィシー政府が何事かに貢献したとすれば、それは意外にも計画経済をわずかながら進展させ、これがのちの戦後復興に役立ったことだけだった。ヴィシー政府は「大地への回帰」を唱えながらも、ドイツ側の経済的要求に応えるために経済に介入せざるをえず、第一次大戦による経済危機に対して経済学者が考え出した計画経済を実践し、これが戦後さらに強化されて戦後復興に貢献することになったのである。もしかりに、大方が予想したようにイギリスがドイツに講和を求めていたとすれば、フランスがこれほどドイツの要求に苦しめられることはなかっただろうが、その場合にも、フランスが期待できたのは、ヨーロッパ全土がドイツに従属する体制の中で、せいぜいドイツに贔屓《ひいき》にしてもらうことくらいだったと思われる。

ユダヤ人排斥と強制労働　ヴィシー政府はポーランドのような最悪の事態からフランスを守る「盾」の役割を果たした——と戦後ヴィシー政府の要人たちは自己弁護している。しかし、「国民革命」と、一九四〇年に制定されたフリーメーソンおよびユダヤ人排斥法は、ヴィシー政府独自の政策だった。とくにユダヤ人排斥法は、ドイツが「ユダヤ人問題の最終的解決」への協力を強制する二年前に制定されていた。ヴィシー政府の反ユダヤ主義は、人種主義というよりもナショナリズム、カトリシズム、国民の偏見に基づくものだった。フランス政府は、ドイツとの休戦協定の定めにより、ドイツから亡命したユダヤ人を強制送還せざるをえなかった。しかし、四〇年一〇月三日に制定されたユダヤ人法はヴィシー政府が独自で考えたものであり、その文案作成にはペタン自身も積極的に関与し、この法律によってフランスのユダヤ人は公職、教職、ジャーナリズムから追放された。しかも、その後、ヴィシー政府は政権の権威を回復する手段として、ドイツ占領軍のユダヤ人政策を推進した。

占領地区では、ユダヤ人の資産がヴィシー政府の協力のもとに没収され、約四万にのぼる大小の商店や企業の経営者が資産を奪われ、生活の糧を失った。一九四一年夏からは、外国籍のユダヤ人が一斉に逮捕され、強制送還された。彼らはフランスにとって最も不必要な要素とみなされ、彼らを犠牲にすることが占領軍との良好な関係維持に役立つと考えられたのである。この方針はその後、非占領地区にも適用された。それは法律を全国共通にするためばかりではなく、ドイツ占領地区内の国民に対してヴィシー政府の権威を高めるためでもあった。しかも、イタリア占領区でユダヤ系住民に対して一定の保護措置が講じられると、ヴィシー政府要人はこれを激しく非難し、没収されたユダヤ人の資産が売りに出されると、ヴィシー政権はその売り上げ利益の応分の配分さえ要求した。

戦後、ヴィシー政府を擁護する人々は、ヴィシー政府が強制送還したのは外国籍のユダヤ人三〇万の「わずか」二六パーセントと、フランス国籍のユダヤ人一五万人のうちの六〇〇〇人にすぎず、フランス国籍のユダヤ人については——とくにラヴァルによって——保護措置も講じられた、と主張している。たしかに、危険をかえりみずユダヤ人をかくまったフランス人家族もいたし、一九四二年八月にはトゥールーズ司教サリエージュとその他四人の高位聖職者はユダヤ人排斥を批判している。しかし、これらはフランスにとって名誉ある例外であって、外交官たちが強制送還後のユダヤ人の恐るべき運命を警告したにもかかわらず、フランス政府はドイツに積極的に協力し、ユダヤ人を排斥し続けたのである。また、このユダヤ人排斥には、敗戦後の不況のために外国人排斥の意識が高まるなかでユダヤ人がスケープゴートにされたという背景もあった。

ユダヤ人排斥政策よりもはるかに国民の不評をかったのは、ドイツで強制労働に従事させられたことだった。最初は一九四二年五月から自由意志でドイツ国内の企業で働くことが奨励されたが、これに応募する労働者が少なかったため、同年九月からは、一八歳以上五〇歳未満の男子と二一歳以上三五歳未満の未婚の女子を対象として強制する措置が講じられた。約四万人（その大部分は失業者だった）が自由意志で、約六五万人が強制労働局《セルヴィス・ドュ・トラヴァイユ・オブリガトワール》（ＳＴＯ）に徴用され、ドイツに送られた。フランス国内でも約四〇〇万人がドイツのための労働に従事したと推定されている。このドイツでの強制労働は、いかなる政策にもましてヴィシー政府とドイツに対する敵意をかきたてた。各地の官吏はドイツ当局とフランス市民の間で板ばさみとなり、辞任する者、長期欠勤する者、消極的抵抗をする者が続出し、その多くが以前崇拝していたペタンに背を向けた。

ＳＴＯの徴用を忌避した青年たちの多くは、もはや信用できないヴィシー政府とドイツ当局を敵視し、抵抗運動に走った。このような情勢に対し、フランス当局は不穏分子を除去しようとするドイツ側の代理機関と化し、一九四三年一月に創設された四万五〇〇〇人の自警団《ミリス》がその手足の役割を果たした。彼らのもとには、過去の恨みを晴らそうとする人々から、名前を伏せた多数の密告が寄せられた。国民のモラルは著しく低下していた。

こうして、ヴィシー体制は急速に警察国家と化した。これは、当初は共産主義その他の「テロ」との戦いに参加し、これによってドイツ側からある程度の自治を確保するためだったが、その後は単に政権の延

ドイツ軍兵士によって処刑されるレジスタンスの青年たち

命を図ることが目的になった。この背景にはまた、海外で連合軍が勝利すれば、再びフランスが戦場となり、さらには国内で内戦が起きるかもしれない、という恐れがあった。ロシア赤軍が勝利を重ねていたことは、ヴィシー政府のこの恐れをさらに強めた。

一九四三年から四四年にかけて、全国のレジスタンス活動家の数に匹敵するくらい多数の民間の男女が、警察と自警団《ミリス》に協力し、「ならず者」から「法と秩序」を守る活動に参加したと思われる。しだいに軽蔑されるようになったこれらの対独協力者たちは、活動を過激化させた。合計約四万人のレジスタンス活動家や人質が殺害され、さらに六万人が「ドゴール主義者、マルクス主義者もしくは体制への敵対者」として、一〇万人が人種的理由で、強制収用所へ送られた。四三年一二月にダルナンが治安担当長官に就任すると、警察は以前にも増してドイツ当局に服従して残酷な弾圧を行い、人質の拷問や処刑は日常茶飯事となった。連合軍の大陸上陸が切迫すると、憎悪が弾圧をさらに残酷化させ、Dデイ——連合軍がノルマンディーに上陸し北フランス侵攻を開始した一九四四年六月六日——以後には、パニックに陥って退却するドイツ軍によって、レジスタンス活動家ばかりでなく罪のない一般市民が虐殺される事態が頻発した。

レジスタンス　レジスタンスはさまざまな領域において、さまざまな形態で徐々に拡大した抵抗運動だった。一九四〇年一一月と一二月に、軍の将校アンリ・フレネによる機関紙『コンバ（闘争）』と、組合運動の活動家ロベール・ラコストとクリスティアン・ピノーによる機関紙『リベラシオン（解放）』が地下出版され、孤立感を抱いて萎縮していた潜在的な抵抗者たちを力づけた。当初のレジスタンスはゼロからのスタートであり、抵抗者たちは大きな犠牲を払いながら抵抗方法を学ばなければならなかった。たとえば、四〇年一一月一一日の第一次世界大戦休戦記念日には、パリで学生たちがデモ行進している。また、四一年五月には北東部の炭坑で坑夫によるストライキが起き、これは主として食料不足に対する抗議だったにもかかわらず、ヴィシーの県知事もドイツ当局も共産主義者の扇動として非難している。

一九四一年六月にヒトラーがロシアに侵攻すると、六月から八月にかけてフランス共産党が本格的にレジスタンスに参入し、この時点からドイツ当局はレジスタンスを重大視し始めた。抵抗活動は残酷な弾圧や人質の処刑によって報復され、その報復が新たな抵抗を招くという悪循環が始まり、過熱した。このためにレジスタンスは中止すべきだという声もたびたび聞かれはしたが、生活条件が悪化し、ドイツ軍が一方的に非占領地区を占領し、ドイツでの労働が強制されるようになると、レジスタンスは拡大の一途をたどった。そして、ドイツのみならずヴィシー体制に対する抵抗も拡大し、連合軍が勝利を重ねるにつれて、抵抗者たちは明るい希望を抱くようになった。

レジスタンスは都市部の知識人や労働者のグループ、すなわち、最初にドイツ当局の弾圧、搾取、ヴィシー政府の専制主義に屈従させられた人々が始めた抵抗運動であり、当初は親族や友人、あるいは同じ職業や宗教的・政治的信条を持つ人々の少人数のグループによる別々の活動だった。これらの人々の中には、ヴィシー政府の、政治的には保守派だが愛国的な軍人や官僚、あるいはパリの人類博物館《ミュゼ・ド・ロム》に結集した知識人たちも含まれていた。これに対し、伝統的なエリート層は、例外的な人たちがいたとはいえ、ドイツと無難に共存しようとした。ただし、レジスタンスに果たした中産階級の役割を軽視してはならない。ヴィシー政府とドイツの要求が増すにつれて、官僚も警官も対独協力の見返りに疑問を抱くようになり、連合軍勝利の可能性が高まると、ドイツに抵抗する姿勢を強めたのである。こうして、国家体制が解体し始め、レジスタンスを支持するグループがすべての社会階層に広がった。それはヴィシー政府がますますドイツに屈従することへの愛国的反動であり、ドイツの人種差別と残酷な行為に対する人間的、キリスト教徒的反応でもあった。

レジスタンスは地域ごとに異なるドイツの占領政策に対応して行われ、その対応には政治信条による違いが見られた。労働組合が弾圧され、公民権と政治的権利が奪われたために、当初はおそらく社会党が最も積極的に活動した。共産党はヴィシー政府を「国賊」と非難はしたが、一九三九年に独ソ不可侵条約が結ばれていたために、当初はドイツ軍との闘争は避けようとした。ただし、四一年にドイツがソ連に侵攻する以前から、地下出版されていた共産党の機関紙『リュマニテ（人類）』はドイツを敵視しており、共産党は工場のサボタージュを増やし、決起にそなえて武器を蓄えていた。このため、四二年の独ソ開戦を機に共産党がレジスタンスに参入すると、レジスタンスの規模と戦力はいっきに増強した。共産党はレジスタンスで果たした役割により、戦後、フランスの主要政党の一つとなる。ただし、共産党にとっては、レジスタンスのメンバーが――自警団がそうだったように――さまざまな階層出身だったにもかかわらず、レジスタンスもまた階級闘争の一手段だった。

レジスタンスの背景には、一八世紀後半以来の規模に達した食糧不足があった。一九四〇年九月からパンが配給制となり、四一年末から大半の生活必需品も配給制になった。健康のためには一日最低一七〇〇カロリーの摂取が必要だと考えられたが、四三年までには配給食糧では一二〇〇カロリーしか摂取できなくなり、死亡率は戦前の一〇〇〇人当たり死亡者数一五・三人から四四年には一九・一人に跳ね上がった。家族を養わなければならない女性たちは、必死の思いで食料品店の前に長い行列をつくった。しかも、このような状況下で、警察の一斉検挙、ドイツでの強制労働のための徴用、連合軍による不正確な空爆――最終的にはこのための死者は約六万人に達した――に怯えなければならなかった。都市と農村、富裕層と貧困層の格差もさらに拡大した。

自由フランス　各地のレジスタンスはしだいにロンドンの自由フランスからの呼びかけに応じ、軍の移動に関する情報の収拾・伝達、関係文書や新聞の送付、政治犯、ユダヤ人、連合軍兵士のための隠れ家や逃亡ルートの設定、対独協力者とドイツの要人に対するサボタージュや暗殺の実行など、多様な役割を果たすようになる。一九四三年には、強制労働を忌避した青年たちによる武装抵抗組織「マキ」が人口まばらな中南部で活動を活発化させ、四四年初期には三万人もの青年がこの組織に加わっていたと思われる。これらは恐るべき危険と背中合わせの活動であった。組織内に密告者がいることが多く、捕らえられれば拷問と悲惨な死が待ち構えており、ドイツ当局が報復として家族や罪のない人質を処罰することを覚悟しなければならなかったからである。

国内各地のレジスタンスの連携には長い時間がかかった。ドイツ当局に摘発される恐れがあり、抵抗組織がたがいに不信感を抱いていたためである。ロンドンの自由フランスも当初は無力だった（当初自由フランスの呼びかけに応えたさまざまな階層からなる人々の数は一万人程度にすぎなかったと思われる）。しかも、イギリスと、とくにアメリカは、ヴィシー政府との外交関係を保ち続けた。チャーチルがドゴールを支持した理由は、彼にかわる優秀な経歴の指導者が見あたらなかったからにすぎない。しかし、ドゴールは一貫してヴィシー政府の正統性を否定し、みずからが信じるフランスの真の国益を頑強に主張し、フランスの植民地解放によって自由フランスの軍事力を増強した。こうしてドゴールの連合国首脳に対する発言力は高まったが、自由フランスは依然として英米に（ドゴールから見れば屈辱的に）依存していた。しかし、一九四三年五月にフランスの主要政党、労組、レジスタンス組織からなる全国抵抗評議会（CNR）が結成された後、情勢は大きく変わってゆく。

CNR結成に重要な役割を果たしたのは、リヨンのカトリック系抵抗組織「コンバ（闘争）」のメンバーで県知事の経歴のあるジャン・ムーランであった。彼は一九四一年一〇月に危険をおかしてロンドンに渡ってドゴールと会見した後ドゴールの代理として帰国し、各地の抵抗組織にドゴールを支持するよう説得した。これに対し、抵抗組織側は、おとなしく連合軍に協力するよりも自由フランスに国外からの支援、とくに武器の提供を求め、各地の抵抗組織がつぎつぎと連携するようになった。

一九四三年六月には「フランス国民解放委員会」が創設された。創設メンバーはレジスタンス指導者とオリオルやマンデス・フランスなどの第三共和政の政治家だった。また、この委員会は、北アフリカで編成されて連合軍から武器を供与された約五〇万人規模の軍隊を擁していた。このフランス国民解放委員会は共和国臨時政府を名乗るようになる。他方、ドゴールは、フランス国内でのみずからの権威と、とくに戦後の民主主義の再建のためであれば、政治信条を抜きにして妥協した。そのために彼は多くのレジスタンス組織に支持された。これに加えて、ドゴールは戦後のフランスを共産党の支配から守る決意を示した。こうして、ドゴールは連合国首脳によってフランス国民解放委員会の最高指導者の資格を認められた。

しかし、フランス国内ではその後も政治的対立が続き、共産党の勢力拡大がとくに問題視された。一九四三年六月にはジャン・ムーランが逮捕され、拷問によって死去した。弾圧されては分裂と再統合を繰り返したレジスタンスは、死と隣り合わせの活動だったのである。

共産主義者の多くは、将来の社会革命に先立ち、ドイツのみならず支配階級をも打倒しなければならないと主張した。しかし、共産党以外の党派は、地道な作戦で連合軍のフランス解放を支援すべきだと主張した。その結果、自由フランスとイギリス政府当局は共産系の「国民戦線《フロン・ナシオナル》」や「フラン・ティルール・エ・パルティザン・フランセ」などのレジスタンス組織に対しては、非共産系の「統一レジスタンス運動《ムーヴマン・ユニ・ド・ラ・レジスタンス》」

に対するよりもはるかに少量の武器・食糧しか支援しなかった。戦後を視野に入れた権力闘争は、連合軍上陸よりもずっと前に始まっていたのである。

パリ解放　一九四四年六月六日、連合軍は圧倒的な空軍力を背景にノルマンディーに上陸し、パリは八月二五日に解放された。この間、フランス人部隊を含む連合軍が八月一五日に南部に上陸、同二八日にマルセイユを解放した後、ローヌ渓谷沿いに一気に北上した。これらの戦いにおいても、ブルターニュ解放においても、ドイツ軍が終戦時までもちこたえたサン・ナゼール港その他の地域の戦いにおいても、連合軍はレジスタンス組織からかなりの支援を受けた。四四年末までには、ドイツ軍はフランス本土の大部分から撤退していた。

連合軍のノルマンディー上陸作戦にあたっては、ドゴールの願望に反し、フランス軍は大きな役割を果たすことができなかった。レジスタンス組織も、時期尚早の決起には多数の人命の損失が予想されたため、大衆に蜂起を呼びかけることを控えた。連合軍がレジスタンスに与えた任務は、ドイツ援軍のノルマンディー到着をできるだけ遅らせるというものだった。また、共産系と非共産系の別を問わず、レジスタンスの戦闘計画はフランス国内軍（ＦＦＩ）〔ナチ占領下フランス内で対独地下活動をした軍事組織〕司令部によって調整されたが、現実の作戦行動ではつねに困難が生じた。

しかし、パリ解放では、レジスタンスは重要な役割を果たした。当初、連合軍最高司令官アイゼンハワーは、大きな被害が予想される市街戦を避けるために、パリを迂回する作戦を立てていた。ところが、レジスタンスの諸組織、とくに共産系のレジスタンスは、パリ解放の主導権をとる決意を固めていた。緊迫したパリ市内では、警察官までもストに突入した。蜂起は八月一八日に決行され、翌朝には多数の警官もこれに加わり、警視庁が占拠され、その後つぎつぎと市庁舎その他の官庁が占拠され、自由フランスの代表者たちが迎え入れられた。さらに、パリ市全域に北東部の労働者地区を中心としてバリケードが築かれた。この結果、アイゼンハワーが余儀なくパリ迂回を中止し、急遽第二フランス機甲師団をパリに向かわせ、八月二五日、ついにドイツ軍司令官がヒトラーの徹底抗戦命令を無視して降服した。

ドゴールはこの八月二五日の午後遅くパリ市内に入った。レジスタンスとパリ市民約三〇〇〇人がパリ解放のために命を失っていた。パリ解放で中心的役割を果たしたのは共産党だったが、解放のために決起したのはドゴールの掲げる目的を成し遂げるために決起した人々だった。ドゴールはただちに市庁舎におもむき演説する――「……パリよ！　辱められ、破壊され、殉教したパリよ！　しかし、今やパリは解放された。パリはみずからの力によって、パリ市民によって解放されたのである。また、戦うフランス、永遠のフランスの理念に基づき、すべてのフランス国民とフランス軍のもとにパリは解放されたのである」。ドゴールは、戦後の国家再建のみならず、全国民が英雄的レジスタンスだったという神話による国民意識の再統一を決意していた。フランス各地が連合軍によって解放され、レジスタンスは副次的な役割しか与えられなかった事実については、このときドゴールは一言も言及しなかった。そのかわりに、フランス国内軍（ＦＦＩ）が二万四〇〇〇人の戦死者を出しながら各地の解放に貢献したと語り、フランス国民の自信をふるい立たせたのである。

ヴィシー体制は連合軍の猛攻を前にしてたちまち崩壊し、政府そのものがドイツ当局によって、まず東

シャンゼリゼを行進するドゴール将軍（1944年8月26日）

部フランスに移され、最終的には事実上の人質としてドイツに移された。国民に中立を呼びかけたペタンの訴えはまったく意味をなさなかった。このときペタンが最も願望していたのは権力を整然と移譲すること、国内の対立を回避すること、そして何らかの方法で彼自身の身の保全をはかることだったと思われる。

たしかに、ペタンが恐れたように、それまで抑えられていた積年の対立が解放後一気に露呈し、内戦となる危険な情勢が続いていた。レジスタンスに加わった人々も、ヴィシー政権末期にやっと反ナチを口にし始めた従順な大衆も、解放後の未来に大きな期待を寄せていた。彼らの目には、解放闘争で勢力を増した左翼政党が国益を代表するように見えた。彼らの期待は、左翼委員が中心となって採択したCNR(全国抵抗評議会)の綱領によってさらに高まった。民主主義を理念とするこの綱領によれば、「封建的経済」帝国は解体されて国有化され、労働者が参加する経済計画によって利益の向上、利益配分の適正化、安定した社会制度の構築を図ることとされた。当然、有産階級の個人主義と利己主義は否定された。解放された南部のガール県や北部の炭田地帯では、炭鉱労働者たちは炭田所有主の権利を認めず、事実上それらは国有化された。こうして、国民がはかり知れない期待を抱く一方で社会不安が生じ、これを共産主義の陰謀と見なした保守勢力は、共産主義がいかなる偽装をこらそうとも、これと再び戦わねばならないと考えた。

対独協力者の処罰　あらゆる社会階層がレジスタンスに加わったとはいえ、伝統的エリート層と大企業の経営者たちについていえば、第三共和政についてもヴィシー政体についても、彼らは精神的堕落と政体崩壊の責任を全面的に免れるわけにはいかなかった。いまやこれらの体制支持者たちは、共産主義者の陰

グルノーブルでのミリス団員の処刑（1944 年 8 月）

謀による悪夢のような社会革命が起きるだろうと思っていた。政体が交代する間の権力の真空化は実際には長続きしなかったが、この間に暴力が荒れ狂い、対独協力の罪を問われた約一万人もの人々が正規の裁判抜きで処刑された（この処刑された人々の数については、後日、レジスタンス神話に意図的に泥を塗るかのように、一万人をはるかに超えるという推計が保守勢力から提出されている）。

秩序が回復されると、正規の裁判によってさらに七〇三七人に死刑が宣告されたが、そのうち刑が執行されたのは一五〇〇人にすぎなかった。四万人以上が禁固刑を言い渡され、五万人が市民権を剥奪された。これに加え、その他多数の人々、とくにドイツ人の愛人となった女性たちは、屈辱的な罰が加えられ、丸坊主にされて市中を引き回された。しかし、当初の無秩序な暴力的反動期を過ぎると、処罰されるのはたいていヴィシー政府の政策立案者に限られ、政策を実行した者はあまり処罰されなくなった。ユダヤ人問題総合委員会《コミサリア・ジェネラル・オ・クエスティオン・ジェネラル》の責任者としてヴィシー政府のユダヤ人排斥法案に深く関与したグザヴィエ・ヴァラでさえ、わずか一〇年の禁固刑が課された後、一九四九年には自由の身となり、その五年後には大赦を与えられている。

ペタンとラヴァルはきわめて政治色の強い裁判を受けなければならなかった。このとき彼らの弁護士は、この二人はドイツからフランスを少なくともある程度は守り抜くことに成功した、と主張した。またもや保守勢力による新たな神話作りが進行していたのである。しかし、結局、この二人には死刑が宣告され、ラヴァルは銃殺刑に処せられたが、ペタンは高齢と老衰を理由に執行猶予とされた。

官僚や実業家は対独協力に重要な役割を果たしたばかりでなく、それを通じて私腹を肥やすことが多かったが、ヴィシー政府支持を明確に示した知識人やジャーナリストなどの方が、彼らよりはるかに重い処罰を受けた。公務員では二万人がパージされ、警官についてはとくに厳しい判断が下された。しかし、国家機構は手付かずのまま温存され、これらの公務員は一九五〇年までには復職し、再び官僚国家体制が敷かれた。官僚制度の継続は、新しい集権的な民主共和体制が各地で円滑に機能する上で不可欠だったからである。高級官僚たちについていえば、彼らはパージするには惜しい有能な人材とみなされたばかりでなく、人脈を利用して過去の行為を隠すことができた。そして、その他の膨大な数に上る人々の過去を裁くことは断念された。なぜなら、あまりにも多くの国民が、内心では大なり小なり対独協力の罪を犯したと感じていたからである。

多くの市町村で、伝統的な支配階層がたちまち息を吹き返し、彼らの多くが「コミュニティーの保全」（ロバート・ギルディー）と共産主義支配の危険を唱えて地方の解放委員会を支配した。最終的に勝利した後は国家再建に邁進する、ということが懲罰や社会改革よりも優先されたのである。ドゴールは演説の中で、圧倒的多数の国民がレジスタンスを支援もしくは少なくとも支持した、と繰り返し主張している。このレジスタンス神話に対しては、長い間誰からも異議が唱えられなかった。マルセル・オフュールスの感動的な記録映画『悲しみと哀れみ《シャグラン・エ・ピティエ》』と、アメリカの歴史学者ロバート・パクストンの研究が、ヴィシー体制下での欺瞞に満ちた日常生活の記憶を蘇らせるのは、やっと一九七〇年代に入ってからのことである。

戦後政体の構想　戦後どのような政体にするかということについては、連合軍の勝利が明らかになり始めた頃から考えられていた。社会主義やカトリック的人道主義の影響を受けたレジスタンスの活動家たちは、戦前と同じ社会ではなく、もっと平等な社会にすべきであると考えていた。それに対し、ドゴールの側近や、かつてペタンを支持していた北アフリカのフランス軍将校たちは、レジスタンスの中で規模が最大で、最も精力的に活動していた共産系レジスタンス組織の意図に大きな不安を抱いていた。

新しい政体の概要は一九四三年に創設されたフランス国民解放委員会によってすでに策定されており、この委員会が四四年六月二日に臨時政府を名乗った。臨時政府のメンバーには共産党を含む幅広い政治勢力が顔を揃え、レジスタンスへの貢献度と、臨時政府はすべての社会階層を代表しなければならないという理念から、ポストの配分が行われた。すでに四四年の初期には、ヴィシー体制に並立して隠密裏に行政・軍事機構がつくられ、アレクサンドル・パロディがフランスでのドゴールの代理に、ジャック・シャバン・デルマスが軍部代表に、ケーニッグ将軍がＦＦＩ（フランス国内軍）の司令官に任命されていた。

ヴィシー時代の県知事も共和国監察官《コミセール》に代えられていた。これらの人々はたいてい社会的・政治的エリートであり――たとえばミシェル・ドブレは名門として知られるパリ政治学院とソーミュールの騎兵学校の出だった――同時に、前任者たちよりも一回り若い世代に属していた。

その後のレジスタンスについていえば、一九四四年三月にレジスタンス諸組織はフランス国内軍に組込まれた。そして、一〇月に市民の武装解除が行われたことにより完全に臨時政府の管轄下におかれ、早急に――活動家たちに言わせれば、あまりにも性急に――政治の場から遠ざけられた。こうして、国家による軍事力独占が回復され、左翼は実力行使に訴える力を大きく削減された。しかし、共産党についていえば、この党はフランスとソ連両国の国益のために戦ったのであって、内戦を起こすつもりはなかった。路線軟化によって戦後の政治で大衆の支持を拡大することが共産党の方針だったのである。

この間、臨時政府はまた、厳しい食糧事情と一九四四年の冬の異常寒気から国民を守らなければならなかった。交通網も、ドイツ軍ばかりか連合軍からも爆撃の標的にされていた。燃料も不足し、生活必需品の入手が困難だったため相変わらず闇市がにぎわっていた。しかも、戦後は兵士の復員に加え、約二〇〇万人の戦争中捕虜になった兵士と、強制的に出国させられた人々も帰国した。生き延びることができたユダヤ人たちは没収された資産の補償を得ようとしたが、当局の反ユダヤ主義に阻まれた。

他方、ドゴールが幾つかの解放地域、とくに一九四四年八月二六日、パリに凱旋したとき、国民は熱狂的歓迎によって、ドゴールを新生フランスの代表とする意志を示した。また、ドゴールの卓越した努力により、フランスを対独協力国としてではなく連合国の一員として処遇することが、連合国側に受け入れられた。

一九四〇年に大半のフランス国民が歓迎したヴィシー体制は、劣悪な政体とみなされた。しかし、実際には、一七八九年に始まったフランスの内戦はその後も断続的に続いていたのであり、ヴィシー時代とは、一九三〇年代の経済危機と人民戦線成立から始まった特異な内戦が頂点に達した時代であり、同時に、一九一四年から四五年までにフランスが直面した一連の危機の中の最後の危機だったのである。そして、この最後の危機を通じてフランスの国民意識は根本的に統一され、長い経済的・社会的停滞期に終止符が打たれ、その後フランスは「繁栄の三〇年」と呼ばれる持続的経済成長と社会的変容の時代を迎えるのである。

第七章　繁栄の三〇年

たいていの変革期の出来事がそうであるように、「解放」は、政治と社会の改革に対する大きな期待とともに——とくに既成のエリート層に対し——大きな不安を抱かせた。右翼がヴィシー政権との関係によって国民の信頼を失い、左翼が社会の正義と経済の近代化を主導して優位に立つ。解放後のフランスは、エコノミスト、ジャン・フラスティエが「繁栄の三〇年」と名づけた持続的経済成長期を迎える。まず経済再建、ついで貿易自由化、さらに国内景気の上昇が経済を著しく活性化させ、国家の経済介入と高水準の公共・民間投資が持続的な需要増大を促す。そして、この混合経済の発展のもとに、資本主義企業はまず資源と労働力の有効活用を図り、ついで技術革新に重点を置きつつ、体質を刷新し規模を拡大した。解放後三〇年間のフランス経済最大の特徴は、その前後の時代に比べて変化の規模が大きく、かつスピードが速かったことである。国内総生産の上昇率の推移はこのことをよく示している（表7-1）。

しかし、この急速な成長と、これにともなう経済・社会の構造変化は、必然的に一度ならず「適応の危機」を招く。経済成長と社会福祉から富の再配分効果が生じたために経済の近代化を歓迎する世論が形成される一方、有産階級はこの改革を敵視し、多くの農民、競争力のない業界の労働者、小規模事業家は、改革による競争の激化に脅かされた。また、当初は正義に基づく社会が約束されるが、その後驚くほど短期間で戦前と同じ社会的・政治的諸関係が形成されたのである。

そのために、かつてレジスタンスに参加した多くの人々は裏切られたという苦い思いを抱き、現実的に考えれば驚くに当たらないことではあるが、レジスタンスで結ばれて連立政権を樹立した異質の諸勢力は、その後すぐに再建の方針と主導権をめぐって対立した。こうして、左翼・中道連立政権が崩壊し、右翼が勢力を回復したことから、第四共和政は急速に不安定化し、国民の信頼を失うことになる。

経済と社会

戦後復興　経済と社会がいかに大規模かつ急速に変化したかということは、何よりも日常の生活環境が一変したことによって明らかだった。一九四五年のフランスの農村風景は中世後期とほとんど変わらなかったし、都市の風景も第二帝政期とあまり変わらず、密集した貧しい住居や一九世紀に建てられた工場も残っていた。しかし、これらのほとんどの都市で、短期間にオフィスビルや住宅の大規模な建設が行われ、多くの古い工場が解体され、住宅環境と労働環境が改善され、大量生産と大量移動の新時代を象徴するかのように、いたる所を自動車が走り回るようになる。

もちろん、すべてが変わったわけではなく、古いものと新しいものが共存していたが、それは過去のいかなる時代とも比べようのない大規模で急速な変化だった。この変化は、歴史における継続と変化のバランスという観点に立てば、変化の比重が大きくなった結果だったと思われる。すなわち、解放後から一九五〇年代にかけての戦後復興、インフラと重工業の刷新、男性労働者の完全雇用によって、継続に対する変化の比重が高まりはじめ、六〇年代の国家主導経済、技術革新と構造変化、消費形態と消費者心理の変化によって、その比重はさらに高まったのである。

復興に関しては、少なくとも当初の間は、政党間でも労組間でもほとんど異論はなかった。また、国民が炭坑、製鉄工場、鉄道の労働者を賛美する政治家の演説、ニュース映画、新聞記事にあおられて――あまり長続きはしなかったが――復興に意欲を燃やした結果、労働力不足は労働時間の延長と生産性の向上によって補われた。しかし、復興の規模は第一次世界大戦後よりはるかに大規模となることが予想された。

表 7-1　国内総生産の平均増加率

単位：%

年	増減
1896-1913	1.9
1913-　29	1.5
1929-　38	-0.3
1945-　51	8.7
1952-　59	4.2
1959-　69	5.7
1969-　73	5.6
1973-　79	3.0
1980-　91	2.1
1991-　96	1.1

出所：K. Mouré 'The French Economy since 1930' in M. Alexander (ed.), *French History since Napoleon* (1999), p.374.

復興省の推計によれば、「正常への回帰」には四九億フラン、すなわち戦前の三年分の国民所得に匹敵する復興予算が必要だった。また、別の資料によれば、フランスは第一次世界大戦で国富の一〇分の一を失ったが、第二次世界大戦では四分の一を失っていた。

一九四四年の工業生産は三八年の水準の三八パーセントに落ち込んでいた。政府が第一に取り組んだ課題は、戦時中、連合軍とレジスタンス双方の標的となって破壊されていた鉄道インフラの再建だった。終戦時には合計四万キロの路線

共産党は戦後復興の実績を示し労働者にさらなる奮起を促した

のうち列車を運行できたのはわずか一万八〇〇〇キロにすぎず、しかも各地で寸断されていた。貨物用トラックも五台のうち四台は失われていた。もう一つの優先課題は、「石炭戦争」に勝ち抜いて石炭を確保することだった。当時は石炭が相変わらず家庭用燃料としても工業用燃料としても基本的資源だったが、三七年に六七〇〇万トンだった石炭供給量が四五年には輸入石炭を含めて四〇〇〇万トンに落ち込んでいた。代替エネルギー源が開発されはしたが、五〇年時点のエネルギー消費構成を見ても、石炭やコークスなどの固体燃料が七四パーセントを占め（一九一三年には九〇パーセントを占めていた）、水力電気は七・五パーセント、石油は一八パーセントにすぎなかった。鉄鋼・機械産業の復興と近代化も急を要した。

計画経済　このような状況において、経済に対する国の高度な介入が求められた。これは、「解放」時にフランスが資本主義国家に対して激しい嫌悪感を抱いたためであり、また、大企業の経営者たちが国民の多くから一九四〇年の敗戦の責任の一端を問われ、ヴィシー政権に協力した彼らは経営者として「不適格である」（ドゴール）とみなされたからでもあった。このために、どうしても国が経済の「司令塔」の役割を果たさなければならなくなり、復興においても経済・社会の近代化計画においても、国の主導の下に資本投下が行われた。しかも、いまやフランスの経済的・社会的後進性を認めざるをえなかったことから、その近代化は急ピッチですすめられ、すでに欠陥が十二分に証明されていたマルサス主義的資本家たちの経済論が顧みられることはなかった。

企業の国有化は、一九四四年三月に全国抵抗評議会（CNR）が採択した綱領のなかで重要な政治課題として位置づけられていた。自動車のルノー社はヴィシー政権に協力したことからすでに国有化されていたが、四五年一二月から四六年五月の間には大銀行や保険、ガス、電気、石炭の大企業が国有化された。国有化にさいしては、株主たちに持ち株に対する補償がなされたが、彼らの株はたいてい極めて低い時価によって査定された。また、四八年までには、農業就業者以外の労働者の約二五パーセントは国有企業で働いていた。彼らは国有企業に大きな期待を抱いていたが、雇用が比較的安定していたことを除けば、雇用条件は他の企業とほとんど変わらなかった。政府は何度も長期経済計画を実施したが、業務内容は国営企業もその他の企業と変わらなかった。

戦後復興期のもう一つの特徴は、経済計画が政府により立案・実施されたことだった。すでに見たように両大戦の戦間期に案出されたこの手法は、困難な復興期にきわめて重視された。ジャン・モネの率いるチームによって準備され、一九四七年一月に発表された第一次経済計画は、復興の優先順位を定め、関係情報を提供し（そのために統計・情報機関を大拡張して情報を収集した）、経済予測を行い、政・労・使三者間の交流を発展させることによってダイナミックな投資を促そうとするものだった。これはフランス共産党が要求したソ連型の経済計画ではなく、目標数値を明示した「誘導型計画」だった。このようにして、グランド・ゼコールと呼ばれたエリート専門校で訓練されたテクノクラート官僚たちは、資本主義システムの効率化を図ろうとしたのである。また、あとから振り返れば、この経済計画そのものよりも、これを通じて政府と主要企業が直接結びついたことがはるかに重要な結果をもたらした。すなわち、その後すぐに、経営者の求める正統的な経済手法による景気回復と復興促進が、政府内のテクノクラートの主張するケインズ理論の国家主導による遂行という形で進められたのである。そのために、国内総生産に占める政府支出は（地方行政機関分も含めて）三八年の二六・五パーセントから六〇年代には五〇パーセントを超えるようになった。他方、戦後しばらくの間は、食糧、原材料、産業用設備機器の輸入が欠かせなかったために、貿易収支は大幅な赤字を出しつづけた。

フランスの財政危機が緩和されるには、一九四八年にマーシャル・プランを導入することによってアメリカから莫大な援助を受けるまで待たなければならなかった。ただし、アメリカの方にも、何とかしてヨーロッパ復興を促さなければならない事情があった。すなわち、この愛他主義的援助はアメリカの国益に直結していた。そのために、フランス国民はアメリカの先進的な工業技術やハリウッド映画に見られるアメリカ文化に憧れてはいたが、ときにはアメリカに反発するようにもなった。

高度成長とインフレ　基幹産業は、一九四七年から四九年頃までには、少なくとも戦前の活動レベルまで回復していた。経済復興は、消費財の供給の犠牲のもとに、石炭、鉄鋼、電気、セメント生産、農業機械と交通に重点を置いて成し遂げられた。しかし、工業生産が重視されたために家庭で使用する石炭、ガス、電気が頻繁に不足し、パンの配給制は四九年まで続いた。

農業については、すでに国内生産の回復と輸入があいまって、戦前のような生産過剰を招きかねない状況になっていた。これに対し、政府は「生産主義」に基づく第一次経済計画により、トラクター（一九四六年の二万台から五八年には五五万八〇〇〇台、六五年には一〇〇万台になった）と化学薬剤・肥料によって農業革命を推進しようとした。しかし、主として借金を繰り返して新しい農機具を入手せざるをえなかった農民は、銀行や農協、食品加工企業との契約に縛られるようになり、彼らの多数が離村して都市に流入した。しかし、農業生産性はそれと同時期に大きく向上し、一九四九年から六二年の期間には年平均六・四パーセントで上昇した。この生産性上昇に寄与した要因の一つは、農業がしだいに専門化され、穀類生産に比べて市場価値の高い果実、野菜、食肉、乳製品などの生産の比重が高められたことだった。しかし、パリ盆地や北部の資本主義的経営による大規模農と、現地市場だけを出荷対象とする高地地方の小農との技術格差は、かつてなく拡大した。

一九四九年から五〇年までには、生産レベルは戦前の最高水準だった一九二九年を上回り、戦後復興は完了していた。そして、これ以降、復興の成功を土台とする驚異的な持続的・累積的経済成長が始まり、生産性、実質収入、購買力が著しく上昇し、経済・社会の構造が大きく変化する。フランス以上の成長を成し遂げた国は、西ヨーロッパではドイツ連邦共和国（西ドイツ）だけだった。フランス政府はその後も直接投資と経済計画による企業活動の活性化を通じて経済に介入し、五九年にEEC（ヨーロッパ経済共同体）が発足するまで、金融統制による国内市場の保護、工業発展の促進、赤字財政による高水準のインフラ投資の維持、資本主義経済の安定化などからなる保護政策をとり続けた。

しかし、戦後のフランスはつねにインフレに悩まされる。赤字財政、国際競争力を維持するためのたびかさなるフラン切り下げ、戦中・戦後の通貨供給量の膨張、生活必需品の供給不足、戦時統制の早期解除が物価を急騰させ、生活水準の低下を補うための大幅な賃上げがこれに輪をかけたのである。一九四八年から四九年には、生産が増加する一方で通貨供給に効果的な歯止めがかけられた結果、インフレ沈静化が可能な状況になったが、五〇年の朝鮮戦争勃発による世界的な原材料の値上がりから、またもやインフレが始まる。

インフレには、企業の利益を増やし負債を減らすことによって経済活動の再活性化に寄与する側面がある。しかし、このフランスのインフレは社会的緊張を高めたばかりでなく、いまだに経済回復が脆弱で、政治機能が効率的に働いていないことを示していた。やっと五二年から五三年にかけて、ピネーによる緊縮財政と国債発行による余剰資本吸い上げが実施され、インフレは一時的に抑制された。この財政改善は第二の成長期を迎えた経済を活性化させたが、この成長期も五六年に終わりを告げる。アルジェリア戦争のための軍事費、スエズ動乱による石油その他の原材料の値上がり、当時の左翼政権による社会改革のための支出によって、またもやインフレになったからである。これらのことは国際市場におけるフランスの競争力を弱め、フランス経済への信用を大きく低下させた。

しかし、このようなマイナス要因にもかかわらず、生産性上昇が企業収益と個人所得を押し上げ、投資と消費支出を促すことによって、自立的・持続的な経済成長のための状況がほぼ整えられた。また、この過程で、労働の移動性が高まり、農業や繊維などの停滞部門から一人当たり生産性の高い化学、電気、機械、建設などの部門への労働移動が生じ、これによって戦後のベビーブーム世代が成人する以前の労働力不足が緩和された。

EECの発足　フランス経済はしだいに西ヨーロッパ・大西洋経済圏に統合される。統合の契機は、まずGATT（関税と貿易に関する一般協定、一九四七年）、マーシャル・プランの受け入れ機関としてのOEEC（欧州経済協力機構、一九四八年）、さらにESSC（ヨーロッパ石炭鉄鋼共同体、一九五二年）、そして最終的にはEEC（ヨーロッパ経済共同体、一九五九年）への加入であった。一九五七年にフランス政府は、多くの経済人の反対にもかかわらず、EEC発足をめざすローマ条約に調印する。この条約調印は、戦後のフランスが維持した保護主義的政策と矛盾すると思われるかもしれない。しかし、まさにこの条約調印によって、フランス経済は新市場に参入し、厳しい競争に耐え、新たな近代化の局面を迎えるのである。また、この条約には、西ドイツを経済共同体に組み込むことによって、フランス外相ロベール・シューマンの言葉を借りれば、新たな戦争を「不可能にするばかりか、考えることすらできなくする」という意図も含まれていた。

ローマ条約調印にあたっての大方の予想は、物価急騰と貿易赤字に苦しむフランスはこの条約の規定を守ることはできないだろう、というものであった。条約によれば、EEC域内関税をその後一二年から一五年以内に撤廃するばかりでなく（実際には一九六八年までに撤廃された）、対外共通関税も一九五八年の平均税率に引き下げることになっていたが、これがたいていフランスの税率より低かったからである。

この関税問題を補う措置として、一九六二年にEEC諸国はCAP（共通農業政策）に最終的に合意する。農産物価格の維持と農業収入の助成を内容とするこのCAPは、フランス政府の強硬な交渉によって、フランスの農民に非常に有利なものとなった。EECによる市場拡大とCAPはとくに大規模農――一九六八年までには、農業生産の六〇パーセントが農民全体の一〇パーセントにすぎない大規模農によって生み出されていた――を潤わせたが、問題は、それらの政策が多くの小規模農をも存続させたことだった。結果として、フランスの農業の国際競争力を強化するための構造改革はなかなか伸展せず、七三年時点でも、二〇ヘクタール以下の農地しか持たない農民が全体の六〇パーセントを占めることになる。とくに貧窮から脱することができないでいた高地地方、南西部、ブルターニュ内陸部の農家の生活状況は、徐々に改善されはしたが、それは農民の出稼ぎ労働と、六〇年のピザニ法のような政策によるものだった。また、小規模農（および小規模小売り商）は市場自由化の直接的な影響からかなり保護されてはいたが、彼らの収入はつねに異常気候、利率の変動、CAPの政策変更に左右され続けた。

フランスがEECの条件を満たすことができたのは、賃金の物価スライド制廃止、経済統制の緩和、市場の部分的自由化などのデフレ政策が複合的に実施されたためである。これに加えて、一九五八年に政権に復帰したドゴールの強力な政治的リーダーシップにより、目標がさらに明確化され、交通・通信への投資、低利の融資、輸出信用、投資税額控除などによって工業の構造改革と近代化が促進された。
ＥＥＣの誕生は、参加六カ国間の貿易の急速な拡大を促した。たしかに、ＥＥＣ域内市場が均質化し、競争が激化したことにより、農業その他の産業は苦しい対応を迫られはしたが、市場統合による利益はすぐに明らかとなり、統合の流れはますます加速された。そして、その成果は予測を上回るものだった。ＥＥＣ発足後一五年間、フランスはドイツの五パーセントを上回る年率五・五パーセントの持続的な経済成長を維持し、その間に経済構造を大きく変化させたのである。また、工業の成長は、とくに銀行、広告産業、農業、食品加工業、自動車、航空産業の近代化を促した。この期間にはまた、世界的に原材料とエネルギーがかなり低価格だったことと、海外、とくにアメリカから莫大な資本が流入したことが、フランスの経済成長を後押しした。ただし、貿易は、先進国間では拡大したが、第三世界との間では衰退し、一九五〇年代後期に輸出全体の四分の一を占めていた旧植民地のフラン圏への輸出は、二〇年後にはわずか五パーセントに急落することになる。

先端産業、大量生産、業態変化　国が「経済計画」を立案し、直接投資、価格統制、助成金、税制変更等によって経済に介入する国家主導経済は、経済と政治の情勢が変化するにつれて、その非効率性と無駄が自由主義経済論者から批判され、これに対応して民間部門への投資が促進されはじめる。そのために、投資全体に占める国有・公共企業の割合は、一九四九年から五三年までの三八・四パーセントから、六九年から七三年の間には二八・五パーセントに低下している。しかし、国家の威信にかかわる戦略部門に対しては、例外的に巨大な資本が投下された。航空宇宙産業では、五〇年代の戦闘機やカラベル中距離ジェット旅客機、その後の超音速機コンコルドと大型旅客機エアバスがその事例である。先端テクノロジーにおけるフランスの高い水準は、人工衛星打ち上げ用ロケット「アリアーヌ」開発によっても示された。原子力開発、情報テクノロジー、交通・運輸、軍需産業に対しても巨額の資本が投下された。

国内総生産に対する投資比率は——一九六〇年代を通じてインフレが続き、大型の投資計画に対する巨額の銀行融資がこれに輪をかけたにもかかわらず——五〇年代から七〇年代にかけて上昇しつづけた。すなわち、五〇年代の約二〇パーセントが六五年から七三年の間二三・五パーセントとなり、七四年には二四・七パーセントまで上昇してヨーロッパ諸国中の最高水準となったのである。これらの投資は短期間で製造を効率化させ、耐久消費財の大量生産を可能にした。その一例が乗用車であり、かつて奢侈品だった乗用車は新消費社会の最も重要なシンボルとなり、その所有世帯数の割合は六〇年には三〇パーセントだったが、七三年までには六二パーセントにまで増えた。五八年から七三年までの期間はフランス経済史上最も急速な成長期であり、一人当たり国民所得も六〇年から七五年の間にほとんど倍増し、しかも、この所得倍増の六〇パーセントちかくが技術革新によるものだったと推定された。

他方、この経済成長に対応する新たな事業分野の創出と競争激化による経済構造の変化は、企業規模の拡大をも促し、政府もこれを奨励した。プジョー社によるシトロエン社の買収や、金属・化学分野で複合企業として発展したペシネー・ユジーヌ・クールマン社はこの代表的な事例である。この企業規模拡大の傾向は、従業員数一〇人以上の企業で見た場合、従業員数五〇〇人以上の企業で働く人々の占める割合が一九六二年の三七パーセントから七四年には四五パーセントに増えていることからも推察することができる。

一九六〇年代にはまた、抑えられていた消費意欲が解放されるとともに、カルフール社、ラダール社、ユーロマルシェ社などが量販店チェーン、ついで郊外型の大型量販店チェーンを、また写真機材と書籍のFNAC社、家庭電気製品のダーティー社、食肉のベルナール社などが専門的な量販店チェーンをそれぞれ展開し、これによって消費行動と商業形態が大きく変わりはじめた。量販店の出店に規制がかけられたが、量販店数は六〇年代にパリ周辺だけでも一〇店から二五三店まで増え、そのために多くの小さな個人商店が競争に敗れて廃業した。ちなみに、食料品の販売でみると、六五年に八パーセントにすぎなかった量販店の販売シェアは八五年には四五パーセントに達している。ただし、その後も多くの「すき間市場」は存続し、ユニークなサービスや高度な品質の提供あるいは業態や品質の専門化に成功した個人商店は繁盛した。

人口動態　技術革新をともなう激しい経済的変化は、生活水準、精神・心性、社会関係を変化させた。もちろん、世代間の継承がないわけではなく、一九六〇年代には三世代が共存していた。しかし、最も古い世代は第一次世界大戦の戦中派世代で、彼らの大半は農村社会的な価値観を持っていたが、一九二〇年代と三〇年代に生まれた比較的少数の次の世代は、第二次世界大戦と戦後の窮乏を体験し、伝統や「永遠のフランス」という理念とは決別していた。その上、この世代の子どもたちははるかに数の多い戦後のベビーブーム世代で、物質的に豊かな環境で育てられた大衆消費社会の最初の申し子であり、その価値観は父母や祖父母とは根本的に異なっていた。六〇年代は「分裂の時代」（D・ボーン）だったのである。ま

表7-2　職業の変化（従事者数の割合）1954～1975年　単位：%

年	1954	1962	1968	1975
農民	20.7	15.8	12.0	7.7
農業労働者	6.0	4.3	2.9	1.8
自営業	12.0	10.6	9.6	8.7
自由業、上級管理職	2.9	4.0	4.9	6.9
中間管理職	5.8	7.8	9.9	13.8
会社員	10.8	12.5	14.8	16.6
労働者	33.8	36.7	37.7	37.0
その他	8.0	8.3	8.3	7.5

出所：J.-L. Monneron and A. Rowley, *Les 25 ans qui ont transformé la France*(1986), p.133.

た、経済成長は空間的にも社会的にも移動性を高め、都市を活性化させ、農村から都市への人口移動を加速させた。表7・2の「社会職業構造の変化」は農業従事者数が急減した反面、工場労働者数は安定して推移し、会社員数が増え、自営業の数が減った分だけ自由業と管理職が増え、結果として中産階級が拡大したことを示している。「嗜好と期待」（J＝P・リウ）の革命が宗教や道徳の伝統的な価値観の正当性を問い直したのである。

出生率の上昇傾向は早くも一九四三年には明らかになっていた。当時の厳しい状況や、多くの出征兵士がドイツの捕虜収容者や強制キャンプに送られていたことを考えれば、この現象は何らかの心理的変化によるものと考えられる。この出生率上昇は第一次世界大戦後よりも高く、また、長続きした。四五年から五〇年までの平均出生率は一〇〇〇人当たり二一人で、これは過去五〇年間で最も高く、その後低下したものの、手厚い家族手当てと将来の安定した見通しによって六六年から七三年の期間にも一〇〇〇人当たり一七人の平均出生率を維持している。また、この高い出生率は、あらゆる社会階層における死亡率の低下と平均寿命の延びとあいまって、フランス史上最速の人口増をもたらし、四六年から六二年には年率〇・八パーセントの自然増を記録している。他方、多数の若年人口の存在と退職年齢の早まりが、両大戦の戦間期生まれの比較的少数だった現役世代の大きな負担となる。

労働力不足を緩和したのは、一〇〇万人以上を数えた北アフリカからの引揚者《ピエ・ノワール》、増えつづける女性労働者、都市へ流入する農業従事者、ヨーロッパの貧困地域と旧アフリカ植民地からの大量の移民だった。在仏外国人数は一九五四年の一七〇万人から七五年には四一〇万人（人口の六・五パーセント）に達し、政府統計によれば、五四年に二一万一〇〇〇人だった在仏アルジェリア人は七五年末には八八万四〇〇〇人に達している。こうして、経済成長は人口増加を伴い、この人口増加がさらなる経済成長を促す要因となる。国勢調査によるフランスの労働人口は六二年から七五年までの間に二五〇万人増えている。

他方、一九七〇年代から家族単位が再び小さくなるという新たな局面が明らかとなるが、その主たる要因は大衆消費社会が到来したことだった。女性たちは自立心を強め、家族の生活水準を改善するためにも家の外の職場で働き続けるようになった。これにともなう困難は託児施設や効果的な避妊法の利用によって緩和され、男女の性行動に対する法と宗教による規制はしだいに弱められた。七五年には妊娠中絶が合法化されたが、これは闇でさかんに行われていた妊娠中絶を衛生的な病院で行うことを認めたにすぎなかった。家族が基本的な社会単位であるという理念は変わらなかったが、個人のさらなる自立を求めて結婚しないまま同居するカップルや離婚の数も増えた。

消費社会　終戦直後には、復興が優先され、消費物資の供給が後回しにされたため、生活水準はなかなか改善されなかった。たしかに、一九四四年のＣＮＲ（全国抵抗評議会）綱領でうたわれていた改革プランも、戦時中に三〇〜四〇パーセント下がった実質収入を補うための賃上げも、戦後ただちに実施された。また、社会保障の範囲は四五年一〇月四日と一九日の政令によって疾病、老齢、労災にまで広げられ、その社会保障に対する国民の権利は四六年に制定された憲法の序文に明記された。小作農の権利を拡大する政策も導入され、労働者を経営に参加させる経営委員会を創設する政策も、経営者たちの強い反発にもかかわらず導入された。こうして、政府は計画経済と社会保障を両輪として自由経済を混合経済へ移行させるという目標を掲げた。しかし、現実には、経営委員会創設その他の政策にはほとんど効果が見られず、現実に復興と生産拡大に躍起となっていた政府は急いで社会改革に取り組もうとはしなかった。CNR綱領に定められていた闇市場の利益の没収も、ドイツ占領軍との取引による戦時中の利益の没収も実施されなかった。

これに加え、実質収入はなかなか上がらず、一九四七年春になっても三八年の六八パーセントの水準にとどまっており、賃金が上がってもインフレの高進ですぐに台無しになった。失業率は最低限に抑えられていたが、労働時間は長く、四八年の週平均労働時間は四五時間だった。また、食糧供給が改善された後も消費物資は不足しつづけ、しかも政局は安定しなかった。このような状況下で、生活不安と不公平感に駆られた労働者はたえずストライキに訴えつづけた。これに対し、有産階級は、政府のスト対応が生ぬるいことを非難し、不動産賃貸料の統制、労働組合、賃上げを批判し、インフレによる収入の目減りを恐れ、将来の社会的地位に不安を抱いていた。農民、製造業者、卸売り商、小売り商についていえば、彼らの多くは売り手市場のおかげで給与所得者よりも優位に立ち、実質収入をかなり増加させることができた。

居住環境についても、国民の多くが一九世紀以来の不衛生な環境に詰め込まれている状態はなかなか改善されなかった。住宅建設は一九三〇年代の大不況以来後回しにされたばかりでなく、戦争で多くの住宅が破壊されていたために、住宅建設は急を要したが、やはり基幹産業への投資が優先されたのである。そのために、多くの都市の周辺部で掘っ立て小屋が立ち並ぶスラム地域が出来上がった。住宅建設によって住環境が改善され始めるには、五四年頃まで待たなければならなかった。また、六〇年代に郊外に建設された、工場労働者や会社員用の画一的な高層住宅はといえば、低コストで建設されたためにコンセプトも建築自体も貧弱だったことから、その後急速に新たなスラム地域を構成することになった。

とはいえ、一九七五年までには、収入増と政府の助成によって住環境は大きく改善され、全世帯の半数が新築された建物に住むようになっていた。ちなみに、五四年には、三分の一以上の世帯には水道が引かれておらず、浴室かシャワーのある世帯はわずか一七・五パーセントだったが、七五年までには七〇パーセントの世帯がこれらの設備を備えていた。セントラルヒーティングのある世帯も、六二年には一九パーセントだったが、八二年には六七パーセントまで増えている。他方、住環境の改善と並行して、都市の中心部の近代化と再開発が行われた。たとえば、パリの中心部レ・アールにあった食肉市場はオルリー空港ちかくのランジスに移転し、その跡地には地下にショッピングセンター、地表に公園が建設された。六〇年代からは経済の分散化による地方の発展も図られた。

一九五〇年代の経済成長と生産性向上によって増えた実質収入は、さらに六〇年代に年平均約六パーセントで増え、このために消費需要が急激に拡大する。新時代の象徴として消費者が憧れたのは冷蔵庫（一九六九年の世帯保有率は七・五パーセント)、洗濯機(同一〇パーセント)、テレビ(同二六パーセント)、乗用車(同二一パーセント)だった。クレジットもしだいに利用されるようになった。

乗用車の台数は一九六〇年には五〇〇万台だったが、七五年には一五〇〇万台になった。七〇年代になると電話が人気を集めた。電話のある世帯は六八年には一五パーセントにすぎなかったが、八二年には七四パーセントまで増え、電話が手紙に代わる新しいコミュニケーション手段になった。家計支出の構成も変化し、六〇年代には、食費の占める割合が三四パーセントから二七パーセントに下がり、住居費、医療費、娯楽費が増えた。

このような状況下で、低所得者層は裕福な中産階級の生活に憧れて耐久消費財を購入し、農民と小企業家層は依然として財産所有に夢を託す、という傾向があった。また、四〇歳という年令層に限って見ると、一九五五年には彼らの住宅所有率は二〇パーセントにすぎなかったが、七八年には五〇パーセントとなったばかりでなく、七〇年代までには、共同住宅よりも自分の思い通りになる庭付きの小住宅を好むようになっていた。他方、消費者行動の観点から見れば、消費者は消費パターンの画一化と同時に、服装や文化の面では個性化と多様化を示した。また、このような消費社会に対する知識人の反応を見ると、消費社会の価値観——とくにアメリカのポップミュージックや映画の大量流入と英語からの借用語の広がりに対して——しばしば軽蔑の念を示した。富裕層はどうかといえば、少数者の特権が大衆化したことを苦々しく思っていた。さらに、実質収入が増えたとはいえ、階層間のみならず個々の階層の内部においても、依然として大きな所得格差があった。

社会保障制度　社会的不平等は社会保障制度の拡充によって緩和された。一九四五年の政令と四六年に制定された法律は、社会保障を強化し、それまでの部分的な保障範囲を疾病、身体障害、出産、高齢者にまで広げて全労働者に適用し、いずれは全国民に適用しようとするものだった。五〇年代には失業保険も普及した。これらの改革が国・労・使の各代表の協議を通じて行われたために、労働組合の社会的地位も高まった。人口増加を促す方策として家族手当ても大幅に引き上げられ、四七年には最低賃金制度が導入された（一九七〇年にＳＭＩＣと改称）。ただし、これによるインフレが低所得者層を直撃することがあってはならないという名目で、最低賃金は一般水準よりも相当低く設定された。また、医療が進歩したおかげで結核でさえほぼ消滅し、社会保障による払い戻し（治療費の八〇パーセントが払い戻された）と保険によって、ほぼ無料で病院を利用できるようになった。しかし、これらのことは、平均寿命の延びと老齢人口の増加とあいまって、政府予算の大幅な増額を招いた。

社会保障は当初、子どもと労働者に重点が置かれ、老齢者と障害者は長い間軽視されつづけた。年金制度によって一九四六年から五二年にかけて支払われた年金は支給額がきわめて少額で、職業や居住地の移動が増えて家族の連帯が弱まるにつれて、そのような年金では不十分なことが明らかとなった。そのために、実質的に年金が引き上げられるとともに、自治体、教区単位、とくに自助グループによって、さまざまな援助や福祉サービスが行われるようになり、老齢者の状況もかなり改善された。

しかし、これらの反面では、世帯収入総額に占める国の援助額の割合は、一九二九年の二・九パーセントから五〇年には一六・六パーセント、七〇年には二五パーセント、さらに八〇年には、失業率上昇の影響もあり、三五・二パーセントにまで高まった。そのために、保険金、企業の拠出金、税金を財源とする社会保障制度は、いわば富裕層から貧困層への富の移転であり、とくに医師会のような特権的地位と収入を守ろうとする利益集団と、経営コストを増大させる企業拠出金制度に反対する企業家から厳しく批判された。富裕層はといえば、彼らの多くは社会保障を「依存文化」と呼んで批判したが、とくに貧困層の重い負担となる間接税の比重が高い不平等な税制については黙認していた。しかも彼らは、皮肉なことに、それらの社会保障が彼らに対する大衆の不満を抑えていることさえ忘れることが多かったのである。

教育制度と「文化資本」格差　経済の発展と教育制度の拡充によって、空間的にも社会的にも移動性が高まった。ちなみに、一九五四年から六二年にかけて一二〇〇万人の人々が異なる自治体へ移住したと推定されている。しかし、富裕層以外の多くの人々は、教育を受け、社会的移動に必要な資格を得ることができなかった。経済成長によって技能職、管理職、自由職の数が増えたとはいえ、その数には一定の限度があったばかりでなく、その数が既存体制の有力者によって左右されたからである。ところが、六〇年代に成人に達した若者たちは、この社会的移動の機会に最も恵まれることになる。

そもそも教育とは、若年層を産業活動のために養成するとともに社会に統合する手段である。一九四五年のフランス政府は、一四歳までを義務教育とするというそれまでの制度を継承した。中等教育を受けることができた児童はきわめて少数（各年度で約二〇万人）で、その授業内容ではギリシャ・ローマの古典に重点が置かれ、最終的に大学入学資格《バカロレア》を得ることができたのは対象年齢層のわずか約三パーセントだった。また、生徒の出身には特定の社会階層への著しい偏りが見られ、「推薦入学」した労働者・農民出身の少数の優秀な生徒を除けば、圧倒的多数の生徒は中産階級出身だった。教育制度は、国民共通の文化と市民道徳を普及するために国家によって管理され、カリキュラムは全国的に統一されていた。ただし、とくに西部では、いくつかのカトリック系の学校も認可されていた。これらの学校の宗教教育と厳しい校則は一部の両親に根強い人気を保っていたが、同時に、そのエリート主義と、科学技術を軽視する教育が問題視されるようになり、政府が五九年からカトリック系学校に多額の助成金を供与したことは大きな批判を浴びた。

しかし、その後の政府は早急に教育の人的・物的資源の拡充と再配分に迫られる。戦後のベビーブーム世代が育ち、一九五九年に義務教育年限が一四歳から一六歳に引き上げられ、中等教育への門戸がしだいに開放されたためである。生徒数急増の波は、すでに四九年から五〇年にかけて保育園を襲い、五一年から五二年にかけては初等学校へ、五七年から五八年にかけては中等学校へ、六四年からは高等教育へと広がった。しかし、政府は、人口増加と社会の近代化がこれほど就学率と中等・高等教育の需要を高めるとは予想せず、適切な対策をほとんど講じなかった。ちなみに、中等学校の生徒数は五〇～五一年度の約一〇〇万人から、七九～八〇年度には五〇〇万人に増え、これらの生徒の三分の一以上が大学入学資格を取得している。かつては少数の社会的エリート養成手段だった教育が、いまや膨大な数の学生に資格を与える機関と化したのである。

これに対応する制度改革は一大難問だった。政府は学校の建設、設備の拡張、教員の養成ばかりでなく、大量の生徒を効率的に教育するために教育計画を練り直さなければならなかった。そのために教育行政は混乱し、さまざまな改革が試みられたが、結局、一九七五年にジスカールデスタン政権の教育相ルネ・アビによって教育課程が総合的に見直され、教育の門戸が大きく開かれることになった。

中等教育の教育内容では、古典よりも科学が重視されるようになった。そのために教育の目的と方法が問題視されたが、強力な影響力を持つ教員組合は、既得権益を守ろうとするだけで、問題解決に協力しようとはしなかった。他方、新世代の教師たちは、知識の伝達よりも生徒の関心や批判力を伸ばしたいと考えた。しかし、これは情熱的で有能な教師と意欲的で優秀な生徒を前提にした理想的な教育方法ではあったが、さほど優秀でない生徒や、両親があまり裕福でない生徒に対しては効果が見られなかった。

また、一九五〇年に一〇万人だった学生数が八〇年に一〇倍に増えた高等教育では、エコル・ポリテクニック（理工科学校）や四五年に創設されたＥＮＡ（国立行政学院）をはじめとする名だたるグランド・ゼコールが、生徒の選別を通じてエリート主義を維持した。そして、これらのグランド・ゼコールの卒業生たちが、行政と民間企業の多くの要職を占め、フランスの近代化（および相互の出世）のためと称して連絡網をつくり、行政、民間企業、警察組織の要職から要職へと天下り的転職を繰り返した。

社会的な不平等は経済成長と社会改革によって縮小しただろうか？　たしかに、生活水準は大きく改善され、社会的移動性も高まった。しかし、社会的移動の垣根が根本的に取り払われたのは農民、労働者、低位の事務職・管理職の間だけだった。政界の要職、上級管理職、高級官僚、メディアの要職には依然として大きな制約があり、地位と財産と権力が複合的にモノをいった。ちなみに、大企業について見れば、ミシュラン社（タイヤメーカー）、ダッソー社（航空機メーカー）、シュルンベルジェ社（石油企業）のような大同族企業も生き残ってはいたが、大半の大企業は管理職によって経営され、多様な個人株主グループか法人株主に所有されていた。ところが、これらの大企業の要職を占めていた人々には、いくつかの社会的特性があった。すなわち、彼らの多くはパリのブルジョワジー出身で、また、出身階層、かなりの財産の相続、名門校出身、同族結婚、同じ行動規範などによって結びついており、しかも多元的社会と資本主義経済の効率的な管理、既存の社会秩序の維持という目的意識を共有する人々だったのである。

その後、テクノクラートによる行政組織が拡大され、企業の管理職の数が増え、社会的に高い地位への移動を果たすための要職の数が増えたにもかかわらず、先のような状況は本質的には変わらなかった。なぜなら、社会的上昇で大きな成功を収めるためには、たいていの場合、二世代三世代にわたる努力によって富と「文化資本《カルチュラル・キャピタル》」を蓄えなければならなかったからである。ただし、ごく少数の人々が能力、努力、既存体制への順応力によって成功を収めたこと、また、過去の多くの例にもれず、戦後のフランス社会でも新旧エリートの融合が見られたことは言うまでもない。

中産階級、農民、工場労働者　経済発展による第三次産業と公共サービスの拡大による社会的に高い地位への移動は、新しい中産階級を生み出し、彼らは自分たちと労働者の社会的・文化的区分を以前にも増して明確にしようとした。また、教育と福祉が拡充されたために、民間でも政府機関でも医師、教師、管理職、事務職、技術職が大幅に増えたが、これとは対照的に、自営の技術職や商店経営者の労働人口に占める割合は一九五四年の一三パーセントから七五年には八パーセントに減少した。他方、多くの労働者や移民は零細な事業を通じて社会的上昇をはかろうとした。これらの人々の危機感は、まず五〇年代のプジャード運動〔一九五〇年代にピエール・プジャードが始めた反税闘争に端を発した反近代化運動〕、ついで極右政党「国民戦線《フロン・ナショナル》」によって政治問題として取り上げられた。

表 7-3　中産階級の職種別従事者数

	1954	1975
製造業経営	86,000	61,600
卸売業経営	183,700	190,200
自営技術職	734,700	535,344
商店経営	1,274,000	921,000
自由業	163,160	249,440

出所：D. Borne, *Histoire de la société francaise depuis 1945*（1988）, p.112.

経済発展の過程で農業の相対的な重要性が低下したことは、国民総生産に占める農業の割合が下がり、労働人口に対する農業従事者の割合が一九四五年から九〇年までの間に三五パーセントから六パーセントにまで下がっていることからも明らかである。政府が構造改革を奨励し、若い農民や土地なし農民を含む多くの農民が離村したことは、全国的な農場規模の拡大を容易にした。しかし、農場規模の拡大、技術革新、農業助成金によって農業収入が増えたとはいえ、北部とパリ周辺部の資本主義的大農場をのぞけば、大半の農民の収入は相対的に低かった。そのために、発達した交通機関とメディアを通じて現状への不満と豊かな生活への欲望をつのらせた農民の多くは、圧力団体の活動を支持するようになった。これに加えて、農民はかつてのように社会的エリートに支配されることはなかったが、新技術を導入するために融資を受けた銀行（とくに農業銀行）や、長期契約を結んだ農業共同組合や食品加工企業に支配されはじめた。こうして、戦後数十年間の農村では、人口減少とともに公共サービスが低下し、少ない人口を理由に教会、学校、郵便局、商店が閉鎖され、かつて重要な役割を果たした農村の社会的ネットワークも衰退していった。当時の多くの農村で農民暴動が繰り返し起きた背景には、このような状況下での農民の絶望感があったのである。

工場労働者について見ると、農民の場合とは対照的に労働者の人口は戦後数十年間増えつづけ、一九五〇年からは生活水準が急速に向上しはじめた。彼らはさらに国の助成金によって住居を所有し、乗用車(一九七五年には労働者世帯の七五パーセントちかくが乗用車を持っていた)とテレビ(同じ調査で八八パーセントだった)を購入してライフスタイルを一変させ、彼らの文化は以前より物質主義的で個人主義的になった。

しかし、多くの労働者の不満は解消されなかった。何故だろうか? この時代の労働者は三〇年代の闘争、第二次世界大戦、戦後復興を経験し、その過程で比較的均質化され、階級意識にめざめた「ユニークな」労働者階級に属していた。しかし、彼らはしだいに技術革新と経済の構造変化から取り残された。石炭、鉄鋼、繊維のような基幹産業の雇用は六〇年代から減少した。政府は地方経済を活性化させるために、主として西部のレンヌやカーン周辺の未開発地域において自動車工場などの建設を促したが、資本家は従順で安価な労働力を求めた。多くの都市では再開発が進められ、かつての貧しいが活気のある労働者街は取り壊された。しかも、労働者の社会的上昇には大きな制約があり、大半の労働者はストップウォッチで効率をチェックするような権威主義的な統制下におかれ、ごく少数の熟練労働者との間には大きな賃金格差があった。多くの工場の工程が自動化され、非熟練労働者が流れ作業で部品を組み立てるようになったが、これらの工場で採用されたのは、離農者、南部出身者、外国からの移民労働者、そして、ますます家の外で働くようになった女性労働者だった。これに加え、消費財の大量生産工場でも、被服や建設の中小企業でも、安価で、従順で、景気しだいで解雇・再雇用が可能な労働者を選ぶようになった。経営者にとっての労働市場への柔軟な対応とは、労働者にとっては労働条件の不安定を意味したのである。他方、技術革新の進んだ航空、化学、電気などの分野の熟練労働者は、比較的高い賃金と安定した雇用を得ることができた。中小企業についても同じ状況だった。

このように労働条件とライフスタイルが多様化する過程で、労働市場と労働者階級は以前より細分化された。労働組合のある民間の労働者と公務員はこれによって保護されたが、その他の労働者は弱い立場に立たされた。また、労働者は徐々に上昇する実質賃金に満足するよりも、インフレによる賃金の目減りを恐れなければならなかった。

教会と女性　労働者の余暇が拡大したのは、労働時間が短縮されたばかりでなく、日曜日にかならず教会のミサに参列するといった伝統的習慣がなくなったからである。幼少年期に親に連れられて宗教行事に参加した記憶はあるものの、大半の国民は日常生活で宗教をほとんど顧みなくなった。冷戦時代となり、キリスト教民主系の人民共和運動（ＭＲＰ）が共産主義との戦いに参加するようになると、これに力づけられたローマ教皇ピウス一二世の保守的な側近たちは、再び教皇の絶対的な権威を主張しはじめた。しかし、彼らがフランス社会における脱宗教化の動向に対応することができなかった結果、一九五〇年代には聖職者の減少と高齢化が進み、聖職者制度は危機に瀕した。また、その後ローマ教皇にヨハネス二三世（在位一九五八〜六三年）が選ばれ、第二バチカン公会議でカトリック教会に自由主義的改革が加えられはしたものの、この改革はその後の教皇たちによってすぐに撤廃された。こうして、妊娠中絶、避妊、女性の社会的役割、聖職者の独身制といった重要な精神的問題に対して、教会はますます現実と乖離し、他方では、カトリシズムの厳格主義を緩和した学説がさかんに唱えられるようになった。

こうして、一九六〇年代には日曜日も、社会のあり方も、大衆文化も大きく変わった。ジョニー・ホリデーやシルヴィー・ヴァルタンなどのアイドルを崇拝する、階級性とは無関係の若者文化が生まれ、再びフランス文化の「アメリカ化」として識者から批判された。テレビを見、ギャンブルに興じ、スポーツを楽しむことが大いに流行し、日曜祭日の出費も大幅に増えた。

一九四四年に女性の参政権が認められ、これによって女性の社会的地位は明らかに高まった。ただし、戦後ベビーブームが起きたことや、当時のメディアが主張した内容を考えれば、戦後数十年間の女性は女らしく出産・育児・家事にはげむという古い観念を受け入れたと考えられる。しかし、年とともに膨張する家計を補うために、あらゆる階層で、多くの女性が家の外で働き、しかも、以前より長い期間にわたって働くようになった。六五年には、女性は父と夫に服従しなければならないとするナポレオン法典の条項は削除された。六〇年代にはまた、経口避妊薬の使用によって結婚と出産の割合がともに大きく低下し、同時に、女性の就労率がさらに上昇した。七五年には、同一労働における男女の同一賃金が法律で定められた。しかし、このような状況にもかかわらず、現実には女性の社会的地位はあまり向上せず、働く場所にしても依然として特定の職種に集中していた。七五年になっても、秘書の九七・六パーセント、看護士の八三・九パーセント、小学校の教師の六七・二パーセントは女性だったのである。

映画『私生活《ヴィ・プリヴェ》』に主演したブリジッド・バルドー　(1961年1月1日)

第四共和政

第四共和政の門出　第三共和政の存続の是非を問う国民投票と、新憲法を制定するための憲法制定議会選挙は、一九四五年一〇月二一日に同時に実施され、国民投票の結果、圧倒的多数の国民の意思として第三共和政に終止符が打たれた。また、はじめて女性に選挙権が与えられたこの憲法制定議会選挙では、各党がごく少数の女性候補しか立てなかったため、選挙は依然として圧倒的多数の男性候補者間で争われた。比例代表制で行われたこの選挙では、左翼が大きく勢力を伸ばした。また、かつての古めかしい政治家は一掃され、選ばれた議員の圧倒的多数（八五パーセント）は新人で、しかもほとんど（八〇パーセント）の議員がもとはレジスタンスの活動家だった。実際、有権者全体の四分の三が「解放」に最も貢献したと思われる三政党、すなわち共産党（ＰＣＦ）、社会党（労働者インターナショナル・フランス支部、ＳＦＩＯ）、キリスト教民主系の人民共和運動（ＭＲＰ）に投票したのである。

しかし、この三党はすぐに主導権争いを始めて対立し、議会とドゴールの関係もきしみ始める。ドゴールによれば、一九四〇年にフランスが敗北した主因は、無益な論争に終始する立法府に比べて執行府の権限が弱い第三共和政の政治制度だった。そのために、ドゴールは大統領が強い権限を持つ政体にすべきであると主張する。他方、議会は、当初はドゴールを国家元首とする政府を承認したものの、その後はドゴールの専制主義と「ボナパルト主義的意図」を懸念しはじめる。結局、ドゴールは四六年一月二〇日、

表 7-4　憲法制定議会選挙結果（1945 年 10 月 21 日）

	得票数	得票率	議席数
共産党	5,024,174	26.12	159
社会党	4,491,152	23.35	146
急進社会党、UDSR[*1]、その他	2,018,665	10.49	60
MRP（人民共和運動）	4,580,222	23.81	150
保守諸派、独立系諸派、その他	3,001,063	15.60	64
棄権	4,965,256	20.10[*2]	

注 1：レジスタンス民主社会主義連合
注 2：有権者数に対する棄権者数の割合

軍事予算をめぐる閣僚間の対立から辞任した。このときドゴールが辞任したのは、議会政治が回復するとともに彼の権力が縮小されることが明らかだったからであり、また、いずれ国民は自分の復権を求めるにちがいないと彼が信じていたからである。しかし、実際には、ドゴールの再登場は五八年まで待たなければならなかった。

当時のフランスの困難な状況を考えれば、大半の有権者は強い執行府を持つ政体を歓迎したことと思われる。しかし、議会では、大統領の権限を大幅に縮小した議会政治を早急に復活すべきだという方針が圧倒的に支持された。なぜなら、議員たちがいまなおレジスタンスの理想主義をいくぶん記憶していたばかりでなく、安定多数を占めた社・共・MRP三党が三党体制を固めようとしたからであり、さらには専制政治復活の兆候があったからでもある。こうしたなか、国民議会を一院制とし、これに絶対的権限を与えるという憲法草案が、とくに社会党と共産党によって支持され、可決された。

ところが、一九四六年五月五日に国民投票にかけられた憲法草案は、意外にも反対一〇五〇万票、賛成九四〇万票で国民から拒否された。その大きな要因は、国民が一院制を通して共産党に支配されることを懸念したためだったと思われる。そこで、第二次草案を起草する第二回憲法制定議会選挙が六月二日に実施されたが、その結果、第一草案に反対していたＭＲＰが大幅に票を伸ばして社会党が後退したために、左翼（共産党と社会党）だけでは議席の絶対過半数を占めることができなくなった。こうして、三党体制はその後も維持されたとはいえ、いずれ中道左派（ＭＲＰ）と中道右派（当時勢力を盛り返していた）が連合して多数派となることが現実味を帯びてきた。しかも、ドゴールが政界に復帰すればその可能性がさらに高まると思われた。ドゴールは六月一六日のバイユーでの演説で、強い執行権を持つ大統領が政党から独立して議会に責任を果たす政体にすべきである、と主張している。しかし、一〇月一三日に再び国民投票が実施された結果、立法府を二院制とし、上院と大統領にはごく限られた権限しか認めない第二次草案が新政憲法として承認された。

その後、議会両院の合同会議によって、社会党のヴァンサン・オリオールが大統領（在任一九四七〜五四年）に選出された。しかし、言うまでもなく、オリオール大統領は組閣に重要な影響力を行使することはできたが、実際に権力を握っていたのは国民議会の選挙で選ばれた議員たちだった。

この長々と続いた憲法論争の最も憂慮すべき特徴は、生きることに精一杯だった国民の多くが憲法論争に無関心だったことと、主だった政治家の多くが明確な信念と関心を示さなかったことだった。第四共和政の門出はけっして順風満帆ではなかったのである。

三党体制　第四共和政は、連立した政党の組み合わせによって、四つの時期に分類することができる。まず、社会党、共産党、ＭＲＰが連立して「三党体制」政府を樹立する。経済的・社会的改革で成果を上げるこの時期は、冷戦激化の影響から共産党が政権から離れる一九四七年五月まで続く。次は急進社会党・中道諸派の連立政権の時期で、左翼の共産党と右翼のドゴール派を排したこの連立政権は「第三勢力」政府と呼ばれた。さらに、五一年の選挙の結果、急進社会党・保守諸派を中心とする政権の時期となり、最後には、五六年の選挙後、再び社会党を含めた連立政権となり、この政権は山積する財政課題とアルジェリア紛争に対処しようとする。

レジスタンスの中心勢力だった社・共・MRP三党は、当初、CNR綱領で示された改革の遂行に協力し、一九四五年一〇月の憲法制定議会選挙で国民の大きな支持を得た。しかし、この不安定な連合はすぐに軋み始める。共産党に対しては当初から各党は不信感を抱いており、この不信感は東欧情勢によって強められていた。そのために、選挙の結果第一党となった共産党に第二党の社会党が連立して政権を樹立する可能性が生まれたとはいえ、社会党もMRPも、共産党書記長トレーズを首相に選ぶつもりはなく、ドゴールも警察や軍を所轄する閣僚ポストを共産党に与えようとはしなかった。

フランス共産党が戦後しばらくの間革命論をトーンダウンさせた理由は、スターリンが東欧での支配体制を固めることを優先して西側との対決を後回しにし、これを受けて、党の主だった政治家が戦後復興に努力を集中したからである。この間の共産党は、レジスタンスで偉大な役割を果たした以上、その後も国民から信頼され支持され続けると確信していた。その上、現実に、たとえば社会党を協力させれば、かならず共産党が政権をとることが可能な情勢だった。一九四六年末の共産党は、主として労働者からなる八〇万人の党員を擁するフランス最大の政党だったばかりでなく、抜群の組織力とプロパガンダ機関によって労働組合に強力な影響力をおよぼし、ピカソやサルトルといった有名な芸術家・知識人たちから支持されていたのである。

カトリック系の政党MRPについていえば、この党は、労働者階級と教会、および教会と共和国の宥和を目的として一九四四年一一月に創設された政党だった。女性が参政権を得たことは、MRPの影響力拡大に大きく貢献した。ところが、ヴィシー政権に協力したことから国民の信頼を失ったカトリック組織が、さしあたり自由主義的政策を認めることによって、新政体（その閣僚の多くは敬虔なカトリック教徒だった）に対する影響力を保とうと考えた。また、ヴィシー政権時代に対独協力にかかわった保守層も、非難を免れるためにMRP支持を唱え、彼らがMRP支持層のかなりの部分を占めるようになった。彼らは何よりもMRPを共産主義に対する防壁とみなし、バチカンがMRPへの支持を強めるにつれて、MRPに教会寄りの政策を要求するようになった。こうして、MRPは保守化してゆき、この党は早くも四五年から四六年までには党創設者の左翼的理想主義を失おうとしていた。

他方、冷戦はフランスの政治に重大な影響を及ぼした。終戦直後には、共産主義者も含めて大半の政治家は、フランスは戦前の軍事的・帝国主義的大国の地位を回復しなければならないと考えていた。しかし、現実には、フランスは米ソ超大国が覇権を争う状況下で二流の国だったばかりでなく、植民地を手放すという苦痛をも味わうことになる。ドゴールは一九四五年のヤルタ会談にもポツダム会談にも招かれなかった。しかし、たとえ威信を傷つけられても、アメリカの援助を受けるためには強硬な独自路線をとることはできなかった。フランス政府は、西独の中央集権的政体を譲歩して容認したばかりでなく、フランス市場をアメリカ製品に開放せざるをえなかった。財政均衡とインフレ抑制策の遂行というアメリカ政府の要求に対しても、戦後のきわめて厳しい状況下における増税、政府支出の削減、物価と賃金の統制の実施によって応えた。これに加えて、フランス政府の閣僚に共産主義者が含まれていることに対し、アメリカ政府は不快感を強めた。四七年二月、米国国務次官アチソンは、フランスに共産主義政権が誕生する可能性がきわめて高いことをトルーマン大統領に警告している。同年六月に発表された大規模なヨーロッパ復興援助計画「マーシャル・プラン」は、復興援助を通じてヨーロッパ市場をアメリカ製品に開放させ、同時に、失業と貧困の緩和によってヨーロッパにおける共産主義の拡大を抑止するために考案されたものであった（フランスは一九四八年から五二年の間に二六億二九〇〇万ドルの援助を受けたが、そのうちの二一億二二〇〇万ドルは無償援助だった）。

しかし、一九四六年一一月一〇日の国民議会選挙の結果、明らかに左右の二極化が進み、左翼は少数派となる。社・共・MRP三党体制も意見の対立から分裂し、その後は三党体制による連立政権を維持することが不可能となる。社会党のブルムが首班に指名されてインフレ抑制と経済回復に努めるが、この内閣はきわめて短命で、早くも翌四七年一月には、同じ社会党のラマディエを首班とし急進社会党と中道諸派を加えた内閣と交代したのである。

冷戦とフランス共産党　当時の社会党は深刻な内部対立を抱えていた。一九四六年七月の社会党大会はギ・モレを党書記長に選出し、ソ連の体制を否定すると同時にマルクス主義を党の理念として再確認し、さらにはブルジョワ政党との同盟による弊害を指摘し、共産党への歩み寄りをめざす方針を採択した。し

表 7-5　国民議会選挙結果（1946 年 11 月 10 日）

	得票数	得票率	議席数
共産党	5,430,593	28.2	182
社会党	3,433,901	17.8	102
急進社会党、UDSR、その他	2,136,152	11.1	69
MRP（人民共和運動）	4,988,609	25.9	173
保守諸派、独立系諸派、その他	3,072,743	15.9	76
棄権	5,504,913		

かし、これは先を読み間違えていた。四七年に入って国際関係がさらに緊張すると、ソ連から軟弱な姿勢を批判されたフランス共産党は、西側諸国の帝国主義、六月に発表されたマーシャル・プラン、社会党を含めてマーシャル・プランを支持するすべての勢力をはげしく非難するようになる。このことは、ソ連による強圧的な東欧支配とあいまって、社会主義者に対してさえ、資本主義よりも共産主義の方が危険だと思わせた。共産党によるクーデタの噂が流れ、ラマディエ内閣が軍を待機させる事態さえ生じた。五月には、ラマディエ内閣の共産党閣僚が更迭された。これは共産党書記長トレーズによる政府の賃金・物価凍結政策に対する批判と、インドシナ戦争のための公債発行に反対しなかった共産党閣僚に対する批判に起因していた。当時はまた、改革のスピードが遅く、生活水準が向上しないことから、各地で労働者たちのストライキや暴動が多発していた。共産党はこれらの労働者の支持を得る戦術に出た。そして、たしかにこの時点では、共産党が再び閣僚ポストを取り返すのは時間の問題だと思われていた。四八年二月にチェコスロヴァキアで共産党が政権を掌握したときにも、フランス共産党はこれを「チェコ民主化の偉大な勝利」として歓迎し、国民の間に反共意識を招いた。しかし、それにもかかわらず、当時は労働者ばかりでなく知識人の多くにも支持されていたフランス共産党は、あくまでもアメリカ帝国主義とフランス政府のア

メリカ追従を執拗に非難したのである。

一九四八年から五八年までのフランスでは、プラハの政変、ベルリン封鎖、朝鮮戦争、核兵器による世界戦争の可能性などのために、国内政治がさらに緊張する。すでに四七年三月には、主としてドイツの潜在的脅威の防止を意図して英仏間でダンケルク条約が締結されていた。四九年には、これに加えて、フランス外相ビドーとイギリス外相ベヴィンの尽力でＮＡＴＯ（北太平洋条約機構）が創設された。アメリカの軍事援助によってソ連の脅威に対抗することを目的とするこのＮＡＴＯ創設は、のちにフランスの意に反して西ドイツ再軍備の契機となる。にもかかわらず、これらの条約締結によって、フランスは少なくとも第一次世界大戦後はじめて安全保障を得ることができた。

このような国内外の状況下で、共産党は野党として勢力を拡大した。政治論争が激化したばかりでなく、行動による闘争への「参加」が重視されたこの時代のフランスで、共産党は党とソ連がヨーロッパ解放に果たした過去の偉業を利用し、さまざまに偽装した下部組織を通じてダイナミックな反体制文化を生み出した。その狙いは、低賃金と社会的不平等のために苦戦しつづけていた労働者に、この反体制文化を精神的拠り所とさせることだった。こうして、一九五一年の総選挙では、有権者の四分の一が共産党に投票した。

しかし、その後、共産党は衰退の一途を辿らなければならなかった。この党がますます内向的な性格を強め、ひたすらスターリン主義を唱えて異分子を粛清し、一九五六年のハンガリー動乱では、ソ連による鎮圧を再びレーニン主義の輝かしい勝利と讃えたからである。たしかに、四八年四月にＣＧＴ（労働総同盟）が分裂し、反共に転じた労働者たちがＣＧＴ‐ＦＯ（労働者の力）を結成したときでさえ、共産党は大半の労働者の支持を保つことができた。にもかかわらず、共産党は孤立を免れることはできなかった。なぜなら、共産党は時代の重要な変化――労働者の生活水準を向上させた経済的・社会的発展、労働と労働者階級の多様化、労働者の社会的統合、経済に占める労働者の重要性と有権者としての労働者が占める割合の低下など――にほとんど対応することができなかったからである。

第四共和政の右傾化　一九四七年一一月、ついに脆弱なラマディエ連立内閣が辞職し、ＭＲＰのシューマンが組閣する。この内閣は右派を中心に組閣されたばかりでなく、どの閣僚も右寄りの姿勢を示した。社会党から内相に入閣したジュール・モックさえ、デモとストライキを断固として弾圧する方針を固めており、一一月から一二月にかけて、一万五〇〇〇人の炭鉱労働者のストライキに対して六万人の治安部隊と軍隊を動員し、「共和国擁護」のためとして鎮圧した。

シューマン内閣以降一九五一年まで、共産党とドゴール派の抜けた保守的な「第三勢力」の連立政府が続くことになる。いずれも急進社会党のアンリ・クイユに操縦されたこれらの連立政権は、ＮＡＴＯ創設に努力し、植民地戦争を推進し、さらなる社会改革を拒否して労働運動を弾圧した。

左翼の社会党はこれらの内閣のすべてに参加したが、経済・社会改革をめぐって政府と対立し、この対立がこの期間におけるすべての内閣交代の要因となった。しかし、党内分裂を抱えた社会党は、自由化を主張するＭＲＰに対しても、いまだに第三共和政時代の大物政治家エリオとダラディエに率いられて政権の保守化をめざす急進社会党に対しても、効果的な歯止めをかけることができなかった。社会党はこのた

サンテティエンヌ地方の炭坑でスト解除にあたる武装治安部隊（1947 年 10 月と 48 年初期）

めに国民の信頼を失い、四七年に二八万人だった党員数が五一年には一三万人となり、とくに支持基盤である北部と南部以外の地域では党員数が激減した。こうして、新しい選挙制度――この選挙制度は、左翼の共産党と右翼のドゴール派が不利となるように考案されたものだった――で行われた五一年の総選挙でも、社会党の得票数は前回の選挙より激減し、その後は社会党がほとんど参加しない中道・右派政権が続くことになる。

一九五一年の選挙に先立つ状況のもう一つの特徴は、冷戦が左翼を分裂させ、反共を唱える右翼を勢いづかせたことだった。かつてヴィシー政権に協力した多くの政治家が政界に復帰し、一八四八年と一八七一年に流血の動乱を招いた一九世紀の社会主

表7-6　国民議会選挙結果（1951年6月17日）

	得票数	得票率	議席数（海外議席を含む）
共産党	4,910,547	25.67	101
社会党	2,744,842	14.35	107
急進社会党	1,887,583	9.87	95
MRP	2,369,778	12.39	96
保守諸派、独立系諸派、その他	2,656,995	13.88	108
ドゴール派	4,125,492	21.56	120
棄権	4,859,968		

義革命に対する恐怖が、右翼の勢力拡大のために利用された。カトリック系のMRPも、一九四七年四月にドゴールが創設したフランス人民共和連合（RPF）もこの可能性を強調した。ちなみに、いずれ共産主義勢力との世界的な戦争が勃発すると信じていたドゴールは、企業活動の自由化、資本と労働の連携、党利党略の排除、西側同盟国としてのフランスの強化と自立、安定した効率的な政体、を主張している。第四共和政に対する宣戦布告ともいうべきこのドゴールの主張は、有産階級ばかりでなく、かつてボナパルト神話がそうであったように、すべての階層から支持を集め、四七年末のRPFの加盟者数は――その大半は旧MRP党員だったが――一〇〇万人に達していたと思われる。しかし、このように精力的な活動を展開して政府に脅威を与えたRPFも、漠然と新時代の到来を期待したにすぎない雑多な階層の支持を長続きさせることはできなかった。すでに五〇年から五一年にかけて、RPFへの熱狂は冷め、加盟者数も激減していたのである。

しかし、いずれにせよ、右翼が勢力を回復したことは明らかだった。一九五一年六月の選挙の後、つぎつぎと内閣が交代したが、それらはいずれもMRPの支持を得た中道・右派連立内閣だった。五二年三月に誕生したピネー内閣は、経済の自由化と政府支出の抑制につとめ、減税に踏み切った。これらの政策は、長期的には、適度の経済成長を維持し、緊縮財政を消費社会に対応する財政へ円滑に移行させる役割を果たしたが、短期的には、アメリカからの巨額の援助にもかかわらず、ほとんど財政赤字を縮少させることができなかった。

この財政赤字の大きな要因はマダガスカルと、とくにインドシナでの植民地戦争だった。インドシナ戦争についていえば、もしも植民地主義団体と現地のフランス人将校たちが、植民地での彼らの特権的地位の回復に固執しなければ――ただし、フランスの世論も帝国主義と「未開人を文明化する使命」によるフランスの力と威信の回復を支持していた――避けることができたかもしれない。しかし、彼らは一九四六年にインドシナ共産党指導者ホー・チ・ミンとドゴールの特使ジャン・サントニーの間で結ばれた協定を無視し、その結果、七年間にわたるインドシナ戦争が始まった。しかも、時とともにフランス側の敗戦が濃厚になったにもかかわらず、植民地帝国の「清算」を主張する勇気のある政治家はほとんどいなかったのである。

財政赤字に加えて、農産物価格の下落は農民の不満を高め、累進課税に逆行する税制とインフレによる収入の目減りは国民一般の不満を高めた。そのうえ、内閣は安定せず、ほとんどの内閣は六カ月ももたないで交代し、どの内閣も閣僚の顔ぶれが変わるだけで明確な方針を打ち出すことはできなかった。

マンデス・フランス政権と植民地問題

ディエン・ビエン・フーの屈辱的敗戦直後の一九五四年六月一七日に成立したピエール・マンデス・フランス内閣は、第四共和政が存続する最後のチャンスだったかも

マンデス・フランス内閣（1954年6月19日） 最前列左から3番目がマンデス・フランス。その左がフランソワ・ミッテラン

しれない。当時の政治制度をきびしく批判し、「強力で、一貫性があり、改革する政府」を主張していたマンデス・フランスの首相就任は、議会の広範な政治勢力と国民の支持を集めた。彼が掲げた方針は、インドシナからの撤退を前提とする交渉開始と、経済・社会の近代化の加速だった。この精力的な新首相の政治手法は、どの政党にもまして彼の所属する急進社会党の疑念をかきたてた。マンデス・フランスが政治的駆け引きを好まず、議会や党にはかることなくラジオ放送で所信を国民に訴え、しかも、連立政党間で閣僚ポストを配分する慣習を破り、党の意向に惑わされない若い人材を実績主義で抜擢したからである。こうして、中道左派のフランソワ・ミッテランが内相に、ドゴール派のジャック・シャバン・デルマスが公共事業相に、実務経験の豊富なエドガー・フォールが財務相に任命された。

最も急を要したインドシナ問題は、一九五四年七月二一日にジュネーブで休戦協定が結ばれて決着した。この結果、ベトナムは北緯一七度線で北と南に分断され、フランス軍は撤退することになった。しかし、すでに約九万二〇〇〇人のフランス人兵士が戦死しており、屈辱感にまみれた軍の高官たちは敗戦の責任を政治家に転嫁し、彼らの多くは、これを限りに「国際共産主義に対する聖戦」では一切譲歩しないことを決意していた。

八月一〇日の議会はマンデス・フランスに経済政策の特別権限を与えた。このために、短命だったにもかかわらず、マンデス・フランス政権はフランス経済の競争力を高めるために農業助成、低金利融資、産業の再編強化などからなる一連の政策を実施することができた。しかし、意外にも、国民は住宅と教育に多くの予算を使う改革にはあまり興味を示さなかった。それどころか、政府の反アルコール・キャンペーンに対して自家用醸造者と業界団体の双方が猛反対し、ユダヤ系出身のマンデス・フランスが「男らしい」国民的飲料よりも牛乳を愛するのは愛国心のないユダヤ人だからだ、と中傷した。

当初、国民が世論調査で熱狂的支持を表明したにもかかわらず、マンデス・フランス内閣は短命だった。マンデス・フランスは、右翼からはフランス帝国を裏切ったと攻撃され、左翼からはフランスの国益を守る意志がないのではないかと追及された。また、西ドイツの再軍備を統制する手段として構想された欧州防衛共同体（ＥＤＣ）がフランスの国家主権を侵害するのではないかという問題をめぐって、政権の支持基盤そのものが分裂した。さらに、閣僚のミッテランが自国の諜報機関の罠にはまり、防衛機密を共産党に漏らしたと非難される事態が生じたにもかかわらず、社会党党首モレは政権を支えるより彼自身の党の分裂を避けることで精一杯だった。しかも、政府は状況打開のために政府権限を強化する法案を提出したが、これも否決された。結局、政局は北アフリカ情勢をめぐって大詰めを迎えることになる。

一九四五年五月と五四年一一月にアルジェリアで大暴動が勃発したときも、アルジェリア人民族主義者が独立を要求して民族解放戦線（ＦＬＮ）を設立したときも、政府はこれらに断固たる処置を講じた。ミッテランはといえば、フランス軍による残虐行為の報告に当惑しながらも、アルジェリアはフランスの一部であり続けるであろうと断言し、現地フランス軍の強化とアルジェリア人の大量逮捕を許可した。ところが、マンデス・フランスはチュニジアに自治を与える方針を示し、イスラム教徒のアルジェリア人の状況を改善しようとした。これが彼の政治信条に対する疑念を招いた。

一九五五年二月五日、議会で信任投票が否決され、マンデス・フランス政府は崩壊する。不信任票を投じたのは、マンデス・フランスの経済近代化による被害を恐れた保守派、アルジェリア改革案を政府の弱腰とみなしたＭＲＰ、いかなる「新資本主義的」政策にもつねに反対した共産党だった。急進社会党そのものも分裂し、エドガー・フォールとマンデス・フランスが党首の座を争った。結局、二月二三日にフォールが中道・右派連立内閣を組閣するが、この政治的妥協の名人の政府も選挙制度改革の議論を収拾することができず、一一月二九日までしかもたなかった。しかし、転んでもただでは起きないフォールが仕組んだシナリオどおり、一八七七年以来はじめて、議会が憲法の規定にのっとり任期満了前に解散されることになる。

ギ・モレ政権とアルジェリア戦争　一九五六年一月二日の総選挙前の運動を通じて政治勢力はさらに分裂する。マンデス・フランスが結成した共和派戦線《フロン・レピュブリカン》は、社会党をはじめとしてミッテランやＵＤＳＲ（レ

表 7-7　国民議会選挙結果（1956 年 1 月 2 日）

	得票数	得票率	議席数（海外議席を含む）
共産党	5,514,403	25.36	150
社会党	3,247,431	14.93	95
急進社会党、UDSR、その他	3,227,484	14.84	91
MRP	2,366,321	10.88	83
保守諸派、独立系諸派、その他	3,259,782	14.99	95
プジャード派、その他極右	2,744,562	12.62	52
ドゴール派	842,351	3.87	22
棄権	4,602,942		

ジスタンス民主社会主義連合）のメンバーなどの多様な中道左派や、シャバン・デルマスやドゴール派の一部からも支持された。そのために表現が曖昧ではあったが、共和派戦線の綱領は、アルジェリア紛争の和平会談による解決、経済近代化計画の継続、社会改革をうたっていた。

他方、保守・中道派は、プジャード運動の拠点「商店主・手工業者同盟」の候補者たちによって、思わぬ苦戦を強いられた。その指導者プジャードの名前で呼ばれるようになったプジャード運動は、反税闘争から始まり、その後は近代化と「吸血鬼国家」に反対を唱えるようになっていた。彼らはとくに中部と南西部の後進地域の小商人と農民に支持されたばかりでなく、「フランスのアルジェリア」を唱える極右諸派や、もと空挺隊員だった極右の大物ジャン・マリー・ルペンも彼らへの支持を表明した。そして、これらすべての極右グループは議会を蔑視し、外国排斥主義、反ユダヤ主義、反共産主義を唱えて保守派の票に食い込んだのである。

しかし、この選挙によっても、どの政治勢力も議会で過半数を占めることはできず、コティ大統領は社会党のギ・モレを首班に指名し、一九五六年二月にモレ中道・左派連立政権が成立する。

マンデス・フランス政権は改革によって第四共和政を維持する最後の機会だった、とよく言われる。しかし、たしかに前政権に比べれば不安定な中道左派政権ではあったが、右派の増税反対にもかかわらず、モレ政権もまた老齢と病気のための社会保障制度を改善し、持ち家促進と地域活性化の予算を増額するなど、大きな実績を上げた。ところが、不運なことに、アルジェリア戦争がすでに資本と人的資源を食いつぶし、財政と経済を脅かし始めていた。また、モレ個人としては、当初、アルジェリアにある程度の自治を与えればFLNとの和平交渉に決着をつけることができるだろうし、アルジェリアのヨーロッパ人入植者たちの反応についても、彼らの特権をそこなうような改革でも受け入れるだろうと思っていた。しかし、すぐに、そのいずれもが誤りだったことを思い知らされるのである。

すでに一九五五年八月、アルジェリア東部のコンスタンティーヌ地方でFLNの扇動による暴動が発生し、一二三人のヨーロッパ人が虐殺され、これに対する報復として多数のアルジェリア人がフランス軍とフランス人入植者によって殺害されるという事件が起きていた。全住民に完全な市民権を与えてアルジェリアをフランスに統合するというわずかに残されていた可能性は、おそらくこれによって消滅した。それまでに政府はある程度イスラム教徒のアルジェリア人に譲歩し、制度を改革していた。しかし、約一〇〇万人のフランス人入植者の圧力に押された現地の総督府は、それらの改革をほとんど実行しなかった。当然、人種的偏見にもとづく体制に対するアルジェリア人の不満と怒りは少しも収まらなかった。インドシナでの誤りが再び繰り返されようとしていたのである。しかし、その後のフランス政府はアルジェリアの行政官と軍の指揮官の利己的な勧告を受け入れ、植民者と保守派議員の圧力に屈していた。

こうして、一九五六年にモレが組閣した時点では、現地の制度改革よりも「沈静化」(すなわち暴徒の鎮圧)を優先しなければならない事態になっていた。そこで、モレはひたすら軍事力による解決を模索し、左翼から非難され右翼から支持される、という奇妙な状況におちいる。インドシナで苦い教訓を味わった軍上層部は、アルジェリアをフランスに統合し、共産主義との「聖戦」を続行することが彼らの使命であると信じており、アルジェリアでは現地の将校団が本国の代表機関であるかのように権力を掌握していった。これらの将校たちは国を愛してはいたが、傲慢で政治家を軽蔑していたばかりでなく、政治家はインドシナ戦争のときと同様アルジェリアでも彼らを裏切るにちがいないと思い込んでいた。しかも、軍上層部と現地の将校たちは大きな成果を上げた。約四〇万人もの大量派兵が認可され、FLNの都市組織網はマシュー将軍率いるパラシュート師団の「アルジェの戦い」によって破壊された。また、チュニジアとの国境沿いに電流を流した有刺鉄線、いわゆる「モリス線」が張りめぐらされ、この結果、アルジェリア独立を要求する活動家たちがチュニジア内のアジトから国境を越えようとすれば、彼らは悲惨な運命にさらされた。しかも、現地住民間の対立を促すと同時に軍事力を強化する、という狙いのもとに、イスラム教徒の現地人からなる補充部隊が編成されたのである。

しかし、結局、フランスの軍事介入は政治的には失敗に終わる。ナセル支配下のエジプトがアルジェリアの反乱勢力を扇動し、武器を供与しているとみなしたフランス政府は、一九五六年一一月、イギリス、イスラエルとともにエジプトに対する軍事攻撃に踏み切る。さらに五八年二月には、チュニジアのサキエト村を空爆する。これに加えて、フランス軍部が情報入手のために組織的に拷問を行っていたことが判明

アルジェ旧市街カスバでの検問

する。こうして、国際世論はますますフランス政府のアルジェリア政策を非難するようになった。フランス国内でも、当初「フランスのアルジェリア」を主張した勢力間の意見の一致はもはや見られず、検閲が行われたにもかかわらず、政府の方針を批判する出版物が出回っていた。とくに強く政府を批判したのは共産党、一部のカトリックの活動家、ミシェル・ロカールをはじめとする社会党の若手で、彼らは大手の日刊紙『ル・モンド』と週刊誌『レキスプレス』に後押しされていた。ただし、これとは比較にならない膨大な発行部数を誇る右翼系新聞と、政府統制下のラジオとテレビは戦争推進論を唱えていた。

労働者たちはどうかといえば、すくなくとも当初は、彼ら自身の息子がアルジェリアに派兵されていたこの戦争を支持していた。そのために、共産党でさえ、労働者の票を失うことを恐れ、政府批判の論調を抑えざるをえなかったほどである。しかし、インドシナ戦争には比較的無関心だった国内世論は、アルジェリア戦争には大きな関心を示した。遠い国インドシナで戦ったのは職業軍人と植民地軍だったが、アルジェリアは少くとも形式的にはフランスの一部であり、アルジェリア戦争には多数の若いフランス国民が動員されたからである。一九五七年秋に実施された世論調査では、すでに大多数の回答者が、アルジェリアを植民地にしつづけることに疑問を示していた。戦争反対の声はその後も高まった。その理由は、この戦争が倫理もしくは政治信条に反するためであり、また、反共政策の一環としてアメリカからの物的援助が期待できるとしても、戦争によって増える一方の人的・物的コストを支えきれない、というものだった。

このような情勢は政権上層部を動揺させ、モレ政権の無任所相マンデス・フランスは辞任し、野心のために辞任しなかったミッテランさえ政府批判を口にするようになった。

内戦の危機とドゴールの政権復帰　モレ内閣は一九五七年五月に議会の不信任決議によって倒れ、その後、いずれも急進社会党のブルジェ・マヌリとガイヤールによる二つの内閣が成立する。しかし、これらの内閣交代はいずれも閣僚の顔ぶれが入れ替わっただけで、社会党、MRP、急進社会党の連立内閣であることに変わりはなく、アルジェリア戦争に対しても、戦費調達のためにますます悪化する財政に対しても、目新しい対策を打ち出すことはできなかった。

ガイヤール内閣が一九五八年四月に倒れた後、社会党は五月に、右派との連立は何らのアルジェリア問題解決をもたらさないという見解で党内が一致する。こうして社会党が連立政権への参加を辞退したために組閣は難航し、コティ大統領はほぼ一カ月を費やし、やっと五月一三日にMRPのフリムランを首班に指名した。しかし、新首相フリムランがかつてFLNに休戦会談を呼びかけた人物であるということが重大な反発を招く。パリでは激しい抗議デモが組織され、アルジェリアでは現地のフランス人と軍によってフリムラン政権の正当性が否定される。こうして、ついに第四共和政は最後の危機に直面することになる。

アルジェリアでは、本国への抵抗を呼びかけていたフランス人極右グループを軍の上層部が支持し、五月一三日、マシュー将軍などの現地の軍人と植民者からなる「公安委員会」が現地の権力を掌握した。これに対し、フリムランは共和国防衛のために断固たる措置を講じる方針を表明して議会に信任を求め、議会は信任二七四人、不信任一二九人でフリムランに信任を与えた。ところが、実際には内戦を回避したいと考えていたフリムランが妥協を模索したことが、ドゴール派の大物、シャバン・デルマスとミシェル・ドブレの画策とあいまって、アルジェリアの将軍たちを勢いづかせた。五月一五日には、アルジェリア駐

アルジェのデモ（1958年）

留フランス軍最高指令官サラン将軍がアルジェの総督府前で演説し、ドゴール復帰への熱烈な願望を表明した。この事件はその日のうちにフランス本国に伝えられた。そして、これに応えるかのように、ドゴールは政権復帰の意志があることをみずから宣言した。

しかし、内戦の危機は去らなかった。アルジェリアの将軍たちは、空挺部隊をパリ周辺に投入し、待機する本土の反乱兵士たちと合流させる計画を立てていた。軍部によるこのクーデタ計画に関しては、ドゴールはみずからの立場をいっさい明らかにしなかった。閣僚たちはといえば、内戦になれば共産主義者以外のすべての勢力を敵にまわして戦わざるをえないという恐怖に麻痺し、首相のフリムランも、副首相だった社会党のモレも、コティ大統領さえも、ドゴールの意向に配慮しようとした。この間、ついに反乱軍が五月二四日から二五日にかけて、何らの抵抗を受けることもなくコルシカ島を占拠した。ここにいたって、ドゴールは五月二七日、憲法の規定にいっさい言及することなく組閣の意志を正式に表明する。フリムラン首相は孤立し、対立を恐れて辞任する。こうして、コティ大統領は、アルジェリアの将軍たちによる軍事政権かドゴールの首班指名か、の二者択一に追い込まれ、ついにドゴールに対し第四共和政最後の首相となるよう正式に要請した。たしかに、祖国の救済者としての政権復帰を願っていたドゴールは、反乱軍兵士たちを非難することを拒んだばかりでなく、内戦の危機を都合のいいように操作した。しかし、ともかくもドゴールは共和政体を尊重することを約束した。このことが、国の威信が失墜する前に、なんとかフランスを破局から救ってくれるのではないかという期待を抱かせたのである。

六月一日、国民議会はドゴールに対する六カ月間の全権付与を可決した。賛成は三二九票、反対は二二四票だった。共産党と、社会党の半数が反対票を投じたのである。ドゴール内閣の顔ぶれを見ると、切迫した状況に挙国一致内閣で対応するために、各党がいかに妥協したかが分かる。ドゴール派だけでなく、前首相フリムラン、蔵相だったピネーなど、共産党以外の各党の大物の多くが入閣したのである。ドゴール内閣が第一に果たすべき任務は、新憲法を起草して第四共和制に幕を引くことであった。そして、新憲法は九月二八日に国民投票によって承認され、この国民投票においても、世論調査においても、ドゴールは再び祖国の救済者として国民の大半から支持されたのである。

戦後の一九四六年から五八年までの第四共和政を軽率に批判してはならない。たしかに、第三共和政と同様に、第四共和政は選挙制度として比例代表制を採用し、これによって選ばれた政治的エリートが離合集散を繰り返した本質的に不安定な政体だった。また、政権を支える多数派が安定しなかったために、戦後復興、国家機能の急速な拡大、植民地戦争、頻発する財政危機、経済成長の不平等な利益配分をめぐる社会的緊張などの問題に、かならずしも最善の措置を講じることはできなかった。しかし、無為無策だった第三共和政とは異なり、第四共和政は、経済と社会の変化、超大国アメリカ主導による経済の国際化、ヨーロッパ統合への趨勢という抗いがたい時代の変化に、果敢に対処した。さらに、優れた官僚制度によって、いかに政権が変わろうとも国家の方針が維持され、議会、行政、経済の分裂という弱点を抱えていたにもかかわらず、比較的順調に戦後復興と社会保障の拡充をなしとげ、先例のない持続的な経済成長と生活水準の改善に着手することができた。また、同時代のイギリスの政権と比較すれば、フランスの政権は経済と政治の動向をよく見抜いていた。だからこそ、植民地帝国に無益に固執したとはいえ、ドイツとの宥和とヨーロッパ統合へと大きく一歩を踏み出し、OEEC（欧州経済協力機構、一九四八年）、ヨーロッパ評議会とNATO（一九四九年）、ECSC（ヨーロッパ石炭鉄鋼共同体、一九五一年）、ローマ条約（一九五七年）の設立・調印への努力を重ねたのである。

第五共和政

ドゴール体制の発足　ドゴールの構想を実現するためには、権力と制度を抜本的に変えなければならなかった。ドゴールが掲げた政治課題は、彼がかつて（一九四六年）バイユーで演説した内容と同じであり、議会制度を維持するとともに、政党、労働組合、企業、民間諸団体の利己主義を廃して公共の利益を確保するために共和国大統領の権限を強化する、というものだった。アルジェリア戦争を終結させ、頭脳と資本の流出に歯止めをかけることも急を要した。ドゴールはこれらの課題解決を彼の偉大な目的を成就する手段と見なしていた。そして、彼の考える偉大な目的とは、フランスの経済と社会を近代化させ、国内を統一して秩序を確立し、世界の列強と肩を並べる正当な地位をフランスに得させることだった。ドゴールはしばしば「永遠に偉大なフランス」という言葉を口にしたが、その言葉の裏には、急速に変化する世界にフランスを適応させなければならないという決意が秘められていた。

新憲法の起草を担当したのは専門家と閣僚一名からなる委員会で、ドゴール側近のドブレが座長をつとめ、委員にはフリムランやモレなどの旧政体の大物が含まれていた。この委員会はきわめてドゴールの考えに近い憲法草案を提出した。これによれば、大統領は首相の任免権を持ち、政府に対して責任を負い、国民投票によって直接国民の意思を問うことができ（ただし、現実には、予測が困難なこのボナパルト的方式はたびたび利用できる手段ではなかった）、さらに国民議会を解散することができ（これによって議員に圧力をかけることができる)、非常事態においては全権を掌握・行使することができることとされた。他方、政府は従来どおり議会に責任を負い、議会の信任を得ることができなければ辞職しなければならないが、議会が不信任によって政府を容易に倒すことがないように、議員の絶対過半数が不信任票を投じなければ不信任は成立せず、棄権は不信任動議の拒否とみなすこととされた。さらに、議員の質問・法改正の権限が制限され、議会の会期が短縮され、議会の法的責任が全般的に削減され、これによって議会の政府・大統領に対する権限がさらに弱められていた。

このように、この憲法草案は議会の権限を周到に弱め、最終的な権限を議会から執行府に移す方針のもとに起草されたものだった。これには、政府と議会の関係を、議会は政府に影響力を行使するが管理することはしない、というイギリス型にする狙いがあった。また、この草案には曖昧な表現が多々あったが、これについては、一九六九年四月まで続くドゴール体制下でドゴール自身によって解決され、大統領の権限がさらに拡大されることになる。議会はみずからの権限を強めることができず、大統領の権限乱用を容認せざるをえなかったのである。

憲法草案は一九五八年九月四日に国民に公表され、同月二八日に国民投票にかけられ、投票総数の八〇パーセントちかい賛成票によって第五共和政憲法として承認された。この憲法に対しては、右翼諸党は強く支持し、左翼諸党は賛否が分かれ、共産党と、マンデス・フランスやミッテランのような一部の著名な政治家の少数グループは、強く反対していた。

同年一一月二三日と三〇日には国民議会選挙が実施された。この選挙のために法令で定められた新しい

表 7-8　国民議会選挙結果（1958 年 11 月 30 日）

	第 1 回投票 得票率	第 2 回投票 議席数	議席 構成比
共産党	18.9	10 （海外議席を含む）	2.1
社会党	15.7	40 （海外議席との合計は 47）	8.6
急進社会党、その他	8.2	37 （海外議席との合計は 40）	8.0
MRP	10.8	55 （海外議席との合計は 64）	11.8
ドゴール派	20.3	196 （海外議席との合計は 206）	42.2
保守派、独立系諸派、その他	24.2	127 （海外議席との合計は 129）	27.3
その他		81 （海外議席 81）	

選挙制度は、右翼の候補者を有利にし、社会党と、とりわけ共産党の候補者を不利にするように考案されていた。選挙の結果は、ドゴール派と保守派が結成した新共和国連合（UNR）の圧勝だった。ドゴールに対して曖昧もしくは敵対的な対立軸しか示すことができなかった左翼は惨敗した。選ばれた議員の約七〇パーセントはドゴールの支持者であり、ほとんどの議員は新顔で、再選された議員は約四分の一にすぎなかった。新政体のために活躍したマンデス・フランスやミッテランのような大物政治家も落選した。さらに同年一二月二一日には新憲法にもとづく大統領選挙が実施された。選挙は県議・市町村議員を有権者（約八万人）として行われ、彼らの七八・五パーセントがドゴールに支持票を投じた。翌一九五九年一月一〇日にドゴールが内閣首班に指名したのは、筋金入りのゴーリストで強硬なアルジェリア保有論者、ミシェル・ドブレだった。

ドゴール体制　ドゴールはすぐに、首相と閣僚は大統領の意のままに動くべきである、という姿勢を明らかにする。

個々の閣僚の権限を厳密に分離し、議会の内閣府への介入を断ち切り、閣僚が独自の政策を提出できないようにしたのである。しかし、ことは順調には運ばなかった。一九六二年九月、ドゴールは、大統領選挙を間接選挙から国民投票へ改正する意志を表明する。これに先立つ八月二二日、アルジェリア独立に反対する過激派がプティ・クラマールでドゴール暗殺を企て、ドゴールは危機一髪難をまぬかれていた。その後のドゴールは、次期大統領からは、国民投票によって選ばれたという正統性によって強いリーダーシップを発揮しなければならない、と考えるようになっていたのである。しかし、ドゴールに悪意を抱く評論家たちは、国民投票で選ばれた最後の大統領ナポレオン三世がその後どのような独裁者になったかを国民に思い出させた。

議会は一〇月、野党によるポンピドゥー内閣不信任動議を採択した（ドブレは四月に辞任し、その後ドゴールは前官房長官ポンピドゥーを首相にしていた）。これに対するドゴールの答えは、議会を解散し、同年一〇月二八日に国民投票を実施し、その後一一月一八日と二五日に議会選挙を行う、というものだった。そして、ドゴールはこの国民投票でもその後の議会選挙でも勝利した。国民投票では六一・七パーセントが憲法改正に賛成し、議会選挙ではドゴール派のＵＮＲ（新共和国連合）がフランス議会選挙史上最高の得票率を記録した。これらはいずれもドゴールが期待したほどの圧勝ではなかったし、中道派は惨敗だったが左翼はよくもちこたえた。そして、いずれにせよ、このドゴールの勝利によって憲法改正が確認され、第五共和政の大統領制が確立されたと考えることができる。

このように政治制度が変化し、さかんに政治集会が行われるようになった過程で、新しい政治文化が生

表 7-9　国民議会選挙結果（1962 年 11 月 18 日）

	第 1 回投票 得票数	第 1 回投票 得票率	第 2 回投票 議席数
共産党	3,992,431	21.7	41
社会党	2,319,662	12.6	66
急進社会党、その他	1,384,498	7.5	42
MRP	1,635,452	8.9	38
UNR（ドゴール派の新共和国連合）、その他	5,847,403	31.9	233
保守諸派、独立系諸派、その他	2,540,615	14.3	52

み出された。また、フランスがドゴール政権下で著しい発展を遂げたこともまちがいない。そして、ドゴールが果たした最も偉大な功績は、おそらく、ほぼすべてのフランス国民が受け入れることのできる政治制度を創造したことだった。なぜなら、フランス革命以来はじめて、この時期に共和政体を是認する国民のコンセンサスが成立したと思われるからである。

一九五八年以降の政治の顕著な特徴は大統領に権限が集中したことである。ドゴールは国防、外交、アルジェリア問題をみずからの専管事項とみなした。憲法上の規定がどうであれ、現実には、首相はドゴールの配下にすぎなかった。また、閣僚はたんなる決定事項の執行人とみなされ、議員よりも官僚から選ばれることが多く、ドゴールの意のままに交代させられた。議会は、立派に討論することはできても意思決定する能力がないとして軽視された。ちなみに、ドゴールは六二年四月に首相を側近のドブレからポンピドゥーに交代させたが、同年一〇月に議会がポンピドゥー内閣の不信任動議を採択した直後の一一月には、再びポンピドゥーを首班に指名している。

また、一九五八年以降には、選挙を通じて政治勢力の二極化が著しく進行した。急進社会党とカトリック民主系のＭＲＰなどの中道派はドゴール派に取り込まれ、その他の諸政党はドゴール派か野党かのいずれかと連合したのである。五九年一二月のカトリック系私立校に対する国の補助金供与は、冷戦時代にさらに保守色を強めていたMRPをドゴール派につなぎとめておくための最後の譲歩だった。いずれにせよ、政治家はすべて、連合を組んだ方が有利な新しい選挙制度に対応せざるをえなかったのである。ドゴール自身も、UNRとその連合諸勢力を議会多数派とするために、政党党首としての役割を担わざるをえなかった。国民投票によって認められた大統領とはいえ、議会における政党の支持なしには七年の任期を全うすることは難しいことを十分承知していたからである。大統領選挙において、第一回投票で候補者が二人に絞られた上で決選投票が行われる、ということも政治状況の二極化を促した。この二極化は、有権者の選択の自由を狭めたが、その反面、少くとも有権者の選択肢を明確にする役割を果たした。

ドゴール体制は本質的に右翼を基盤とする体制であり、その経済・社会政策はドゴール派が幅広く連立した中道・保守勢力に受け入れられた。その上、ドゴールが元首にとどまる限り、為政者たちはかつての輝かしい「自由フランス」のリーダーの威光を借りることができた。こうして、ドゴールは政治体制を安定させた上で、フランスの経済と社会の近代化に乗り出したのである。

アルジェリア問題の処理　アルジェリアのイスラム教徒たちがヨーロッパ人支配に抗議して反乱しはじめたのは一九五四年一一月一日からだった。双方におびただしい数の死者と残虐行為による犠牲者を出したアルジェリア戦争は、結局、六二年七月のアルジェリアの独立宣言によって終結する。ドゴールを五八年に政権に復帰させた軍の一部は、ドゴールが「フランスのアルジェリア」の大義を裏切ったとして、六一年四月に二度目のクーデタを起こした。しかし、ドゴールが彼らにラジオ放送によって呼びかけた結

テレビを通じてアルジェリアのクーデタを弾劾し、国民に支持を訴えるドゴール大統領（1961 年 4 月 23 日）

果、大半の将校がドゴールへの忠誠を貫き、兵士たちもドゴールに服従してクーデタは挫折した。

アルジェリア問題に対するドゴールの方針変更はきわめて現実的な判断に基づいていた。ドゴールは、当初はフランスとアルジェリアの緊密な関係を維持しなければならないと考え、反乱勢力を弾圧すると同時にアルジェリアの統治体制を改革したが、その後（早くも一九五九年九月までには）、二つの理由でアルジェリアに「民族自決」を与えざるをえないと考えるようになった。すなわち、第一には、植民地のために浪費されている人的・物的資源を、脱植民地化によって、国家建設のために活用しなければならない、第二には、軍の政治介入と政治の混乱を招き、フランスの国際的信用の失墜を招きかねない長年の危機的状況を終わらせなければならない、と判断したのである。

一九六一年一月八日にアルジェリアの民族自決を問う国民投票が実施され、国民の七五・二パーセントが支持票を投じた。ドゴールの提案に反対票を投じたのは共産主義者と極右だった。つねに偽りの理論でアルジェリア独立を支持していた共産党の反対は、ドゴール体制そのものに対する反対であり、極右の反対は、いかなる犠牲を払ってもアルジェリアを軍事制圧すべきであるという考えによるものだった。

極右の将校と市民によるテロ活動は、フランス国内でもアルジェリアでも凄惨をきわめた。しかし、これらのテロは政府の方針を変えることができなかったばかりでなく、アルジェリアにおける現地人社会とヨーロッパ人社会の対立をさらに激化させた。しかも、このために、一九六二年七月にアルジェリアが独立した後、一〇〇万人のヨーロッパ人植民者と、外人部隊としてフランス軍に加わった現地イスラム教徒のうちの一五万人とその家族がアルジェリアから脱出し、彼らよりはるかに多数の脱出しなかった人々が悲惨な運命にさらされた。

アルジェリア戦争はまた、フランス国内において人種差別による緊張を高めた。一九六一年一〇月一七日――エヴィアンで続けられていた政府とFLNとの停戦交渉をあざ笑うかのように――、パリ警察が北アフリカの夜間外出禁止令に抗議する無防備な群衆に襲いかかり、一万一〇〇〇人が逮捕され、少くとも二〇〇人が殺害された。ときのパリ警察長官はモーリス・パポンで、五八年の就任以来、彼は部下に対し残虐な弾圧を奨励していた。多くの人々が行方不明となり、そのうちの何人かはセーヌ川で死体となって発見されたが、それらはつねにアルジェリア民族主義者同士の派閥抗争によるものとみなされた。

外交方針　フランス外交もドゴールの政権復帰とともに変化し、国益追求の姿勢を強める。フランスの政治家の胸中には、一九五四年にディエン・ビエン・フーで敗北したのはアメリカの支援不足のためであり、五六年の英仏軍のエジプト攻撃が途中で挫折したのは国際的圧力のためだったという苦い思いがあった。このことから、国力を強化して国際問題でリーダーシップをとりたいという願望が生じ、歴代政府、とくに五四年のマンデス・フランス政権は、核兵器開発に力を注いだ。

これに対し、政権に復帰したドゴールは、激化する冷戦のなかで東西いずれの陣営にも属さない自立外交を展開し、植民地問題を処理した後では、さらに国家戦略の重心に修正を加えた。また、多国間防衛協定によってフランスの安全が十分保障されたと見るや、過度にアメリカの外交方針に従属しているとしてNATOから距離を置き、一九六六年三月には、フランス軍をNATOの指揮権から離脱させるという決定を下した（ただし、その後もフランスはNATOの加盟国であり続けた）。それに加え、この政権下で

西ドイツ訪問中のドゴール大統領と西ドイツ首相アデナウアー（1962年9月）

は、アメリカの核による保護が重視されはしたが、同時に、どの政権にもまして独自の核兵器開発が重視され、六〇年二月にサハラ砂漠でフランス初の核爆発実験が行われた後では、さらなる核兵器の開発と核武装に莫大な予算が計上された。その理由は、スエズ動乱ではソ連による核の威嚇に屈したが、二度とそのようなことがあってはならないというものであり、また、アメリカは世界的な核戦争となる危険をおかしてまでは同盟国を守らないだろう、というものだった。

一九六三年一月にドゴールがイギリスのEC加盟を拒否した理由の一つは、彼がアメリカの覇権追求を嫌い、イギリスがアメリカの国益を過度に代弁していると考えたためだった。しかし、これとは対照的に、ドゴールは西ドイツ首相アデナウアーとの間で仏独協力体制を精力的に推進した。さらに、ドゴールはソ連への接近を図りはしたが、彼が依然として反共思想の持ち主であり、西側同盟に軸足を置いていることは明らかだった。このドゴールの真意は、六八年八月のソ連・東欧五カ国軍侵攻によるチェコ危機のような国際的危機にさいして、とくに明らかに示された。このような外交方針は国民に広く支持され、以後数十年間のフランスの右翼政権を安定させる重要な役割を果たす。フランスは世界の列強間で「正当な」地位を回復したかのように思われた。

いうまでもなく、経済の近代化なくして軍事力の強化はありえない。ドゴール体制下では、政治の安定、厳正な財政運用、効果的なインフレ対策の実施によって、経済改革と経済成長が同時に速いペースで推進された。すでに一九五七年に調印していたローマ条約に基づくEEC（ヨーロッパ経済共同体）加盟が五九年一月一日から発効し、フランスはEECを通じて経済的に有利な条件を得たばかりでなく、ドイツの野望を押さえつつ復興後の西ヨーロッパで指導的役割を果たし、世界の国際関係に大きな影響力を行使した。しかし、ドゴールは六二年五月、それ以上ヨーロッパ統合を進めることに反対し、ヨーロッパ諸国が緩やかに連合して協力する「主権国家からなるヨーロッパ連合」を主張する。ドゴールの世界観は、国家は本質的に国民国家であって、この現実は将来も変わることはない、というものだったからである。その後EECの機構はしだいに拡充されるが、そこにはフランスの周到な思惑があった。企業にいやおうなく国際競争力を強化させ、ローマ条約で確認されていた共通農業政策を通じて農業大国フランスの農産物市場を拡大しようとしたのである。フランスの企業と農民は巨額の助成金と優遇税制の恩恵に浴し、さらに（とくに一九七五年以前の）西ヨーロッパ経済と世界経済の急成長に後押しされた。

A L'AUBE DU MARCHÉ COMMUN
VENDRE EST AUSSI IMPORTANT QUE PRODUIRE
IPEAC
INSTITUT POUR LA PROMOTION ÉCONOMIQUE PAR L'ACTION COMMERCIALE

ヨーロッパ共同市場（EEC）に加盟したからには、生産と同じくらい販売が大事ですよ、と告げるポスター（レイモン・サヴィニャック制作）

五月危機　一九五九年から七三年の間には、経済成長によって個人所得が年平均四・五パーセントの割合で増え、生活水準が向上したために、政府はこれを偉大な繁栄として自画自賛することができた。しかし、国民の不満は解消されてはいなかった。欲望の拡大によって富の配分が不平等だと思われるようになったからであり、インフレ抑止のために住宅、学校、病院などの社会投資がなおざりにされ、賃金が統制され、定期的に失業率が上昇したことから社会的不安が高まったからである。この国民の不満を背景に野党勢力が力を回復することになる。

　第五共和政が始まった当時の左翼の状況は最悪であり、一九五八年の総選挙では共産党はわずか一〇議席、社会党は四七議席、急進社会党は四〇議席しか得ることができなかった。これに加え、その後、共産党は長期凋落期に入り、社会党と急進社会党は第四共和政崩壊を招いた責任を国民から問われ続けた。しかも、その間、共産党があくまでもスターリン主義とソ連に忠実だったために、社・共両党が連携する可能性はなかった。当然、六二年の総選挙でも、アルジェリア問題を処理したことで有利に立ったドゴール派とは対照的に、社・共勢力は末期的と思われるまで低落した。しかし、六〇年代の後半に入ると、左翼はドゴール個人への権力集中と社会の不公正を批判し、これによって勢いを盛り返す。

一九六五年の大統領選挙は、多くの国民がドゴール体制を批判する左翼を支持していることが示された。ドゴールは第一回投票で過半数の票を得ることができず、ミッテラン（当時のミッテランは社会党系の一党派のリーダーにすぎなかった）との屈辱的な決選投票の結果、やっと五五・二パーセントの票を得て再選されたのである。ドゴール体制に対する批判の強まりは六七年の総選挙でも示された。この選挙における野党の勢力回復は、共産党が他の野党に歩み寄りをみせたことと、国民が突如フランソワ・ミッテランという人物にドゴールに替わる信頼できる選択肢を見出したことだった。この選挙までには、ミッテランはすでに社会党主流派、多様な分派、急進社会党に呼びかけて勢力結集を図り、新たに民主社会主義左翼連合（ＦＧＤＳ）を結成していた。ミッテランの長期的戦略は、左翼諸党間の勢力バランスを質的に変化させ、共産党を社会党に従属するように弱体化させ、これによって広範な有権者の支持を得るというものだった。

一九六八年に発生し、またたく間に全国に広がった予期せぬ危機は、国民のさらに激しい不満と怒りの

表7-10　国民議会選挙結果（1967年3月5日、12日）

	第1回投票得票数	第1回投票得票率	第2回投票議席数
共産党	5,039,032	22.51	73
FGDS（民主社会主義左翼連合）	4,231,173	18.90	121
民主主義センター	3,153,367	14.09	41
UDR（ドゴール諸派の共和国防衛連合）	8,608,959	38.45	244

表明だった。政府、職場、家庭にはびこる専制主義、社会と教育のエリート主義、学生数の急増に対応できない教師と施設、急速な社会の変化による不平等、不正、生活不安——これらすべてに対するそれまで抑えられていた不安と怒りが、一挙に爆発したのである。

ことの起こりは、パリ郊外に新設されたパリ大学ナンテール校の学生たちが三月に行った抗議行動だった。彼らは、通常は目立つ動きをしていなかった少数のトロツキスト、無政府主義者、毛沢東主義者のグループに扇動され、教育制度の欠陥と、アメリカのベトナム政策がさらけ出した資本主義世界の精神的堕落に抗議したのである。ところが、大学当局の不適切な対応と警官の過剰な取り締まりのために抗議行動が拡大し、ついには五月一〇日から一一日の夜間にバリケードが築かれ、パリの中心地で暴動が起きた。ときの警視総監グリモーの証言によれば、彼は暴動拡大を防ぐために手心を加えるよう配下の治安部隊に命じたという。たしかに、「過度の」武力は行使されなかったかもしれない。しかし、このパリの学生の抗議は全国に波及し、各地で労働運動と結びついた。またたく間に大規模なストライキと工場占拠が全国に広がり、一〇〇〇万人の労働者がこれに加わり、一億五〇〇〇万日分の労働時間が失われた。このような状況下で、国民は何らかの新時代が到来するだろうという期待を抱きはじめた。教室、劇場、カフェーあるいはパリの街頭に集結した

デモ隊を蹴散らす警官たち（1968年5月6日）

若者たちには、とくにその期待感が強かった。

狼狽した政府は学生と労働者に対し、「意思決定への参加」――これは具体的内容のともなわない急場しのぎの計画だった――と賃金アップ策を提示する。しかし、これはほとんど無視された。マンデス・フランスを首班とする臨時政府を樹立すべきであるというミッテランの声明も無視され、みずから大統領候補として立つという彼の意志表明は最悪の日和見主義とみなされた。これらの事態は、予期せぬ危機にほとんど対応できないという、老齢の元首に過度に権力が集中した政治システムの欠陥と、ドゴール体制に対する不信感の広がりをさらけ出した。ポンピドゥー首相その他の保守政治家たちは、またもや一九世紀と同じような革命が起きるのではないかという恐れにとらわれていた。しかし、そうはならなかった。五月二九日、ドゴールは空路ドイツのバーデンバーデンを訪問してマシュー将軍と会談する。翌三〇日に帰国したドゴールは再び活力をとり戻していた。彼はただちに事態収拾にのりだし、譲歩と弾圧の両面作戦の陣頭指揮を取る。

事態収拾はそれほど難しいことではなかった。共産党は結局、あくまでも合法的行動にとどめて流血の事態を避けるという党方針を決定していた。その他の反政府勢力も分裂していた。弱体化し、内部分裂を抱えていた労働組合の指導者たちも、抗議行動が統制不能になることを恐れ、賃金と労働条件の改善以外の要求はしないという方針を自主決定していた。結局、政府を激しく攻撃したのは、共産党書記長ジョルジュ・マルシェが「えせ革命家」と呼んだユートピア的理想主義の学生と極左の分派だけだった。したがって、反政府側のどの勢力にも、政権を掌握しようとする意志も能力もなかったのである。

シャンゼリゼ通りにおけるドゴール派のデモ（1968年5月30日） 当初5万人と予想されていたデモ参加者数は30～40万人に膨れ上がった）

表 7-11　国民議会選挙結果（1968 年 6 月 23 日、30 日）

	第 1 回投票得票数	第 1 回投票得票率	第 2 回投票議席数
共産党	4,435,357	20.03	34
FGDS	3,654,003	16.50	57
PDM（進歩と現代民主主義センター）	2,290,165	10.34	33
UDR	9,663,605	43.65	293
独立共和派	917,533	4.14	61

政府は一九世紀の革命のような暴力の連鎖を回避する方針固めた。五月三〇日、ドゴールはラジオ放送を通じて国民議会の解散を宣言するとともに、共産主義とアナーキーから共和国を守るために団結するよう国民に呼びかけた。また、絶大な効果を上げたこのラジオ放送とともに、これと同じ日、周到に組織されたドゴール派の大デモがシャンゼリゼ通りを埋め尽くしたのである。こうして、六月二三日と三〇日に行われた国民議会選挙は、法と秩序の維持を主張するドゴール体制に対して再び信任を与えた。サイレント・マジョリティーは革命を望まなかったのである。

選挙結果は保守派の圧勝に終わったが、それは主として有権者が本能的に社会的混乱を恐れたためにすぎず、共和国大統領の権威は五月危機によって明らかに弱体化していた。ただし、ポンピドゥー首相だけは五月危機に対処した手腕によって名を上げた。選挙後のポンピドゥーの辞任は、ドゴールの後継候補と見なされるようになったポンピドゥーをドゴールが排除したのだと思われた。

ドゴールは、あらたに政権を発足させるにあたり、再び資本主義と共産主義の中間の「第三の道」を追求し、「参加」理念を諸制度に適用した一連の計画を提案し、これを国民投票にかけて承認を得ようとした。これらの計画は、従業員の経営参加を推進し、政府権限の一部を地方へ移譲し、政府批判勢力の代弁機関と化していた上院の権限を縮小しようとするものだった。しかし、これはドゴールの重大な判断ミスだった。

　まず、国民はほとんど関心を示さなかった。また、ジスカールデスタン――彼は一九六六年に政策失敗の責任を問われて財務相を辞任していた――をはじめとする保守主流派の大物たちが、国民投票でノン（拒否）に投票するよう呼びかけた。これに加え、ポンピドゥーが次期大統領選に立候補する意向を表明していたために、保守派は、ドゴールの後はポンピドゥーに任せればよいと考えた。しかし、ドゴールは国民投票で提案が拒否されれば辞任すると警告し、強硬な姿勢を崩さなかった。国民投票は六九年四月二七日に実施され、ドゴールの提案は五三パーセントの拒否票によって却下された。これを聞くと、ドゴールは即座に辞任し、政界を引退する。ドゴールが他界したのは、それから一八カ月後の一九七〇年一一月九日のことであった。

ポンピドゥーの時代

ジョルジュ・ポンピドゥーはフランス中南部のカンタル県生まれで、父親は社会主義者で、教師だった。名門の高等師範学校《エコル・ノルマル・シュペリウール》卒業後、行政と銀行の要職を歴任したが、ドゴールが彼を首相に抜擢するまでは、彼の名はほとんど国民に知られていなかった。ポンピドゥーは政治指導者として六年間手腕を発揮した後、すでに述べたように、ドゴールの後継候補と見なされたことから、一九六八年にドゴールによって辞任を余儀なくされた。しかし、右翼諸派は六九年六月の大統領選挙に統一候補としてポンピドゥーを擁立する。

　この大統領選挙では、ポンピドゥーは社会党の候補者選定をめぐる混乱に大いに助けられた。社会党の候補ガストン・ドフェールはマンデス・フランスを首相に指名することを公約して選挙戦を戦ったが、第一回投票で五パーセントの票しか得ることができず、やはり社会党が擁立していた中道派のアラン・ポエールとの決選投票となった第二回投票で、ポンピドゥーが投票総数の五八・二一パーセントの支持を得て大統領に選出されたのである。また、この選挙では、ドゴール時代のドゴール派に対して国民が示した熱狂的支持はもはや見られなかった。そこで、ポンピドゥーは伝統的な保守層にも支持を求めた。したがって、ポンピドゥー支持票のなかにはかなりの数の保守票が含まれていた。

しかし、フランスの政治は一九五八年のドゴール復帰以前の時代に逆戻りすることはなかった。ポンピドゥー政権もまた右翼的色彩を強めたドゴール派の政党UDR（旧称UNR）を中心に樹立され、この政権与党UDRが中道・右翼の非ドゴール派と、なかでも重要なジスカールデスタンの独立共和派を取り込むことによって、しだいに勢力を回復していた左翼を脅威とみなす強力な右翼連合が形成されたのである。

ただし、与党内にポンピドゥーのライバルがいなかったわけではない。ポンピドゥーが首相に指名したシャバン・デルマスは、長年最も忠実にドゴールに仕えた人物であると同時に、議会主義を重んじることでも知られていた。ところが、すぐにシャバン・デルマスは大統領よりも首相の権限を強くしようとしたばかりでなく、保守派がポンピドゥーの経歴に対して抱く不満――ポンピドゥーはレジスタンスに加わった経験もなく、一九四七年のドゴールによるRPF（フランス人民共和連合）結成にも、五八年のドゴールの政権復帰にも重要な役割を果たしていなかった――を意図的にかき立てた。しかも、キリスト教系労組の指導者（のちのEC委員長）ジャック・ドロールの提言を受け入れ、最低賃金引き上げによって国

ポンピドゥー首相と、その右隣の若き日のジャック・シラク

家・企業・労組の新しい関係を構築しようとした。これは本質的には上辺だけの改革にすぎなかったが、シャバン・デルマスが「社会契約政策」による「新しい社会」を唱えたことがポンピドゥーの逆鱗に触れた。結局、ポンピドゥーは七二年にシャバン・デルマスの更迭に踏み切り、腹心のピエール・メスメルを新首相に指名する。この人選は、あらためて大統領の権限を強化し、伝統的経済手法による成長路線に復帰しようとするポンピドゥーの決意を示すものだった。メスメル内閣の農業相には、当時ポンピドゥーのお気に入りだったジャック・シラクが任命された。中流階級でも比較的恵まれた家庭に生まれたシラクは、ＥＮＡ（国立行政学院）を卒業後、六七年の総選挙でコレーズ県から初出馬して当選し、政界入りを果たしていたのである。

表 7-12　国民議会選挙結果（1973 年 3 月 4 日、11 日）

	第 1 回投票得票数	第 1 回投票得票率	第 2 回投票議席数
共産党	5,084,824	21.40	73
社会党、諸派	4,919,426	20.71	102
改革者運動（中道）	3,048,520	12.88	34
UDR、諸派	9,009,432	37.32	183
独立共和派			55

一九七三年の総選挙では、保守勢力が政府与党のもとに結集して選挙体制を固め、楽々と過半数を制した。これは六九年以降のポンピドゥー体制による社会的秩序の回復と、インフレ抑制、財政均衡、景況感回復、経済近代化などの経済政策が高く評価されたためだった。ポンピドゥーの景気浮揚策の特徴は、美観を若干そこないはしたが大規模な都市再開発を実施し、コンコルド、エアバス、マルセイユ近郊のフォス・シュル・メールの大鉄鋼所、さらにはこれらより莫大な利益を生むテレコミュニケーションなどの国家的事業に巨額の資金を投入したことである。ただし、これらはほとんどドゴール時代の方針の継続に他ならない。外交政策においてもドゴールの方針が継承された。ただし、ポンピドゥーはドゴールにくらべるとECの統合拡大に積極的で、七二年にはイギリス、アイルランド、デンマークのEC加盟を認めた。また、ポンピドゥーは近代化によるいたみを和らげることにつとめ、農民のために農産物価格を保証し、個人商店のために大規模量販店に規制をかけることによって、国民の保守層の支持を維持しようとした。

ポンピドゥーはドゴール時代の継承という困難な任務を見事に果たしたが、一九七三年末に突如新たな危機に直面する。第四次中東戦争によって石油価格が四倍まで急騰し、国際的危機が生じたのである。戦後の技術革新によって、七三年

高層のオフィスビルやアパートの大規模な建設による都市景観の変化

のフランスのエネルギー需要の七六パーセントは石油によってまかなわれていた。当然、石油価格の高騰は貿易収支を急激に悪化させ、七四年二月までにインフレが一五・六パーセントに達し、経済成長率が五〇パーセント低下し（ただし年率三パーセントというかなり高水準を保っていた）、失業者が急増して生活不安と社会的緊張が生じた。しかし、政府の強いリーダーシップが最も必要とされた状況下で、大統領は病に冒され、しだいに職務を果たすことができなくなっていた。ポンピドゥーは一九七四年四月二日に白血病で他界する。そして、彼の死とともに、ついにフランスの「繁栄の三〇年」も終わりを告げるのである。

第八章　一九七四年以後のフランス

フランスは「繁栄の三〇年」の後、さらに困難で長い「適応の危機」の時代に入る。歴代政府は一九七〇年代の石油危機のみならず、多面的なグローバル化に起因する諸問題への対応を迫られる。技術革新は通信と輸送のコストを大幅に削減し、モノとサービス、資本と労働市場を変化させ、EC拡大と関税障壁縮小の世界的広がりは市場統合の衝撃をさらに高める。また、グローバル化の急速な拡大は新たな経済的機会を生むと同時に、国の主権と文化の独自性さえ脅かしはじめる。

経済と社会

七〇年代の経済　一九六七年から二〇年間、フランス経済は年率三・三パーセントで成長した（ドイツは二・八パーセント、イギリスは二・六パーセントだった）が、七三年の五・九パーセントをピークとして成長は鈍化し、八〇年代には二パーセント前後にまで低下した。

当時の楽観的エコノミストは、この成長鈍化の要因を一九七三年と七九年の石油危機にあるとみなした。フランスは七三年までにはエネルギー需要の七四・五パーセントを輸入石油に依存するようになっていた。そのために、七三年九月と七四年一月の間に石油価格が四倍に高騰したことが、貿易収支の悪化、製造コストの急騰、全般的な需要減退による不況を招き、七〇年代の終わりの第二次石油ショックがこれに追い討ちをかけたというのである。

他方、悲観的エコノミストは、鈍化要因は一時的なエネルギーコストの高騰ばかりではないと主張した。すでに一九七九年から八〇年の時点では、エネルギー使用の効率化と原子力への投資によって輸入エネルギーへの依存度は低減していた。したがって、景気鈍化の要因としては、むしろ技術革新に十分な投資がなされなかったことと、社会福祉への資源配分の偏重の方が重要であり、フランス国家統計経済研究所（INSEE）の経済統計を見ても、五三年から七三年までの年率五・一パーセントの労働生産性の伸びは、七九年から八四年の間に二・四パーセントに低下している。この統計もまた、石油危機がなかったとしても七〇年代初期に景気後退が始まっていたことを示している、というのである。

しかし、いずれにせよ、国民所得は一九七三〜七九年の間に年率三パーセントで上昇した。資本投下と生産性上昇が実質収入の増加と高水準の消費財需要を持続させたからである。世界貿易も拡大しつづけ、世界的な保護主義のために四四パーセント減少した一九二九〜三五年とは対照的に、輸出は七三〜七九年に五〇パーセント増加し、工業製品の輸出におけるフランスのシェアも七三年の七・九パーセントから七八年には八・六パーセントに上昇した。これによって、第一次石油危機による貿易収支の不均衡も、第二次石油危機までには解消されていた。

それにもかかわらず、インフレの高進、失業者の増加、景気停滞がつづいた。失業率は一九七三年以前には三パーセント以下だったが、その後急速に高まり、八〇年代の後半に入っても一〇～一二パーセントの高水準で推移した。失業者の多くは若年層、無技能労働者、移民であり、失業の主要因は若年層の労働市場への参入、石油危機による工業製品その他の世界的な需要減退、賃金アップと人件費増加による人員削減だった。また、不況の影響を最も受けたのは、代替エネルギーと代替物質によって市場を奪われた東部と北部の石炭、鉄鋼、繊維産業などのかつての基幹産業だった。経済のパリ周辺集中を制限し、衰退地域もしくは発展から取り残された地域については、六〇年代に助成策が講じられたが、せいぜいパートタイムの、技能を要しない、主として女性のための低賃金の雇用を生み出しただけで、あまり効果はなかった。ただし、インフラ投資、テクノロジー教育・研究、国家的プロジェクト等が複合的に実施されたグルノーブルやトゥールーズなどは、特殊技能を有する人材や資本、起業家、効率的情報システム、市場に恵まれて例外的に発展した。

インフレも一九六五～六八年の年率三・三パーセントが七〇～七三年に六・三パーセント、七四年には一五・二パーセントにまで高騰し、七〇年代の終わりまで一〇～一二パーセントで推移した。このインフレの重大な要因は、賃金アップ、企業と国の負債の増加、高利の銀行融資の増加、フラン価値の低下、国際金融システムの不均衡の拡大にあったと思われる。なぜなら、この七四～七九年の間の物価上昇に占める石油価格高騰分は、わずか二パーセントにすぎなかったからである。

このような経済的苦境を解決するには強力な政治のリーダーシップが必要である。しかし、かつて多用されたケインズ政策ではどうにもならない前代未聞の難問に対して、歴代政府はたいてい矛盾する政策を実施した。かつて蔵相をつとめた伝統的経済論者ジスカールデスタンは、ポンピドゥーの後を襲って大統領になると、高度成長路線の確立を重要方針として掲げた。首相にはまずジャック・シラクが、ついでレイモン・バールが任命され、国内経済をリードするとともに国際競争で優位に立つことが期待される部門、通信・情報産業、軍需産業、航空産業、宇宙計画等に巨額の助成金が供与され、企業と国との間で巨額の購入契約が交された。しかし、シラク政府（一九七四〜七六年）は、財政均衡を図るための融資規制策が不況を深刻化させたと見るや、これを放棄してリフレ（景気浮揚）策に転じ、そのためにインフレがさらに高進した。また、その後のバール政府（一九七六〜八一年）は経済の自由化によって景気を回復し、国の介入を緩和して市場メカニズムに従うことによって国際競争力を回復させようとしたが、インフレ抑制を失業率よりも優先したために――失業者を増やすことはインフレ要因としての人件費増加を抑える有効な手段である、という仮説を証明することはできたが――失業者数は七八年末までに一三〇万人に達した。

ミッテラン社会主義政権の経済政策　一九八一年五月にフランソワ・ミッテランが大統領になり、翌六月の総選挙によって社会党が議会多数派になると、ただちに経済方針が転換され、過去に類を見ない大規模な改革計画が発表された。それは、かつての人民戦線の政策にならったケインズ的政策を実施すると同時に社会福祉を充実させる、というものだった。このときには、ミッテランみずからも資本主義との決別が可能であるという幻想を抱いていた。

ミッテランが首相に指名したピエール・モーロワは、景気浮揚に重点を置くことによって失業者を減らし、利益配分をより多くの国民に享受させようとした。当初は石炭、鉄鋼、造船などの斜陽産業が大幅にてこ入れされ（これは経済の近代化、情報産業の育成強化という政府の重点目標に反していたが、社会党の支持基盤の要求に応えなければならなかったためである）、二大金融機関、パリバとスエズと、まだ民間にゆだねられていた三九の銀行が国有化された。これは将来、国の政策に協力させるとともに、個人・機関投資家による消極的な投資の埋め合わせをさせるためだった。また、経済の牽引車の役割を果たさせるために、倒産の危機に瀕していた製鉄、航空、電子工学、化学、情報などの国家的戦略分野の大企業も国有化され、ダッソー・ブルゲ社やマトラ社のような軍需企業や、国内有数のコンピュータ企業CIIハネウェル・ブル社も株式取得を通じて国の支配下に置かれた。その結果、工業生産に占める国有企業のシェアが一六パーセントから三〇パーセントに、国有企業で働く労働者の全体に占める割合が一一パーセントから二四・七パーセントに高まった。政府の予想では、他の先進国よりも介入度を高めることによって、一貫した投資計画を遂行することができ、投資を増やしつつリストラを進めれば失業者が減り、OECDが予測していた世界経済拡大の過程でフランス経済が優位に立つはずだった。しかし、このOECDの予測はその後誤りだったことが判明した。しかも、失業率はほとんど下がらなかった。そのために、経済界と富裕層は社会党の政策に嫌悪感を表明し、経済政策をめぐって激しい意見対立が生じた。

最低賃金と社会福祉給付の引き上げ、社会的不平等の改善をめざす富裕税の導入も、不況色を強めた。この富裕税は資産三〇〇万フラン以上の大ブルジョワの世帯だけを対象とした、ほとんど名ばかりの税金だったが、これと同じ時期に富裕層に対する批判が噴出していたことから、一九三六年当時と同様に資本の国外流出が生じた。経営者の権限縮小と労働者の権利拡大をはかる法案を労働相オルーが提出したことも同様の結果を促した。

週労働時間の三九時間への短縮と年間五週間の有給休暇に対しても、経営側は深刻な懸念を表明した。政府の予想によれば、これらの政策によって国民生活が向上し、早期退職と再就職訓練が促され、ひいては失業率が低下するはずだった。ところが、この需要喚起策は何にもまして輸入増、貿易収支の悪化、急速なインフレ高進を招いた。また、一九七五年のシラクによるリフレ政策ほどではなかったが、世界の先進国がデフレ政策を遂行するなかでリフレ政策をとったことが、フランスの企業の国際競争力を弱めた。その結果、政府は一八カ月の間に三回もフランを切り下げざるをえなかった。

こうして、モーロワ政府は方針転換を余儀なくされる。一九八二年に入ると、七月から一一月にかけて賃金と物価が凍結され、その後さらに公共部門でも賃金上昇に歯止めがかけられた。民間部門の労働者が失業を恐れ、労組が依然として弱体だったために、これらに対する抵抗は見られなかった。さらに、財政赤字を縮小するために増税と福祉予算削減が実施され、高利政策によって消費支出が抑制され、しかも賃金の物価スライド制廃止という右翼政権には打ち出す勇気のなかった方針も実施された。しかも、国有化の方針さえ再検討されはじめた。意図そのものは正しかったにせよ、国有化政策が斜陽の石炭・製鉄産業のために資源を浪費し、経済の自由度と市場原理を制約し、トムソンやペシネ、ローヌ・プーランをはじめとする大企業の競争力を弱めていたからである。また、再び経済を成長軌道に乗せて失業率を低下させるには、経済界にイニシアチブをとらせるしかない、と考えられたからである。

一九八四年七月にモーロワの辞職を受理したミッテランは、ファビウスを首相に指名する。ファビウス内閣は、特定の基幹産業に国の資金を投入するかわりに、投資奨励によって企業利益を向上させようとし、国有企業の民営化が開始された。国有企業の株式の二五パーセントと系列企業数社の全株式が売却され、八四年には、石炭、鉄鋼、造船企業の規模が大幅に縮小され、公共・民間の全企業に人員削減によるコストダウンが促された。五月には、三〇万人の労働者をかかえる国内有数の鉄鋼・電気メーカー、クルーゾ・ロワール社が、政府から支援策を得られず倒産した。

こうして、一九八五年までにはインフレは五パーセントに押さえ込まれたが、失業率は依然として一〇パーセントを超える高率で推移していた。また、生活水準が向上した多くの国民と、技能のない低賃金労働者や失業者からなる「底辺層」の間には、大きな格差が生じていた。この「底辺層」は、ますます重視されるようになった「フレキシブルな雇用」理論のために、短期雇用者やパートタイマーであることを余儀なくされ、生活不安にさらされていた。公式統計によれば、全世帯の二九パーセントが「貧しい」暮らしをしていた。これらの世帯の多くは、福祉手当てを受けながら、まさに赤貧の生活を送っていたと思われる。ちなみに、労働者の収入は六五年から八〇年までに六二パーセント上昇しているが、八〇年から九五年までの期間を見ると、富裕層の資産と株収益が四五二〇億フランから五兆三九〇〇億フランに急増しているが、労働者の収入はわずか五パーセントしか増えていない。


一九八六年以降のフランス経済　社会党政権の経済政策の失敗は一九八六年の総選挙で保守派を勝利

させる。その結果、ミッテラン大統領は議会多数派の代表者シラクを首相に指名せざるをえず、左翼の大統領と右翼の首相のコアビタシオン（保革共存）が始まるが、このシラク政府とその後の歴代政府の経済政策の特徴は、一貫してネオ・リベラリズムを基調とする政策を推進したことだった。この背景には、経済のグローバル化の進行ばかりでなく、八六年に調印された単一ヨーロッパ議定書に対応しなければならないという事情があった。この議定書の内容が、貿易と資本の移動を妨げる非関税障壁の排除のみならず、フランス政府の常用手段だった政府補助金をはじめ、競争を阻害するすべての行為を排除しようとするものだったからである。そのために、八八年と九七年の総選挙後の社会党政権もまた、ディリジスム（国家管理主義）と資本主義の中間の「第三の道」を模索しつつネオ・リベラリズムを踏襲した。

イギリスと比較すると、フランスはディリジスムからの脱却と国有企業の民営化に遅れをとっていた。フランス政府は一九八六年以後に約二〇〇〇社の株式を売却したが、二〇〇二年になってもエール・フランス、マルチメディアのトムソン社、コンピュータのハネウェル・ブル社をはじめ、電気、ガス、郵便、鉄道などの巨大企業を含む一五〇〇社の株式を保有し、企業間競争から保護していたからである。

しかし、政策の成果を判断するにはさまざまな指標がある。一九九〇年代の経済成長を比較すると、ドイツの一・三パーセント、イギリスの二・三パーセントに対して、フランスは一・九パーセントであり、その後の成長率も〇・九パーセントから三パーセントの間で推移している。一九九六〜二〇〇四年の間の実質消費支出を見ても、ドイツでは八パーセントしか増えていないが、フランスでは二二パーセントも増えている。また、イギリスとフランスの一人当たり国内総生産はほぼ同じ水準だったが、フランスの労働者の方が労働時間は短かった。

フランスの大企業の効果的経営と強い競争力も明らかだった。AXA社（保険）、カルフール社（小売りチェーン）、ロレアル社（化粧品）、ダノン社（食料品）などは世界的一流企業となった。この他にも、プジョー・シトロエン社はつぎつぎと魅力的な乗用車を発売し、高い生産性と利益率を維持しつつ躍進した。ミシュラン社も世界有数のタイヤメーカーとなり、その製品の八〇パーセントを国外で販売するようになった。これに加え、フランスの質の高い労働力と効率的なインフラが日米の巨大資本の投資を促した。

他方、このような優良企業には、製造拠点の海外展開にともなって国内の製造拠点をしばしば閉鎖・売却するというマイナス面があった。ミシュラン社が一九九九年に、顧客重視と人件費削減を名目として、本拠地クレルモン・フェランで七〇〇〇人の人員削減を実施したのはその一例である。また、大企業が利益重視の観点から国際的な企業買収を行い、ときおり物議をかもした。一例を挙げれば、水道・産業廃棄物会社ジェネラル・デ・ゾの社長となったジャン・マリ・メシエはつぎつぎと企業買収を繰り返し、欧米有数の複合メディア企業ヴィヴァンディ社をつくりあげた。しかし、それらの企業買収はいずれも高い買い物で、なかには無謀な買い物もあったために、巨額の負債を抱え込み、ついには投資家の信用を失ったのである。

この惨憺たる結末は、当時のフランスの大企業すべてに共通していた経営陣の欠点に対する警報だったと思われる。すなわち、他の大企業経営者のほとんどがそうだったように、メシエもまた理工科学校《エコル・ポリ・テクニーク》と国立行政学院（ENA）出身で、最高経営責任者と役員会議議長を兼任していた。株主の意見はほとんど経営に反映されず、役員たちも当初は、専制的なメシエを前にして積極的な買収方針を批判する勇気はなかった。しかも、たいていの場合、役員はフランス人男性だけからなる経済的エリートの閉鎖的なサークルのメンバーで、互いに利害の一致する有力政治家や高級官僚とコネがあり、複数の企業の役員を兼ねていた。こうして、最終的にメシエが過剰な買収で行き詰まった二〇〇一年には、同社が抱え込んだ負債額は一三六億ユーロに達していたのである。

しかし、新たな世紀が始まる頃には、他の大企業も経営難にあえいでいた。機械・建設の企業グループ、アルストム社と通信機器メーカー、アルカテル社は、倒産危機から国に再建援助を申請し、欧州委員会に衝撃を与えた。フランス・テレコム社も国内外での企業買収と携帯電話事業拡大による巨額の負債に苦しんでいた。高級ブランド業界はといえば、二〇万人の雇用を擁して全工業生産の五パーセントを占めていたが、この業界でもLVMH社と流通大手のPPR社が経営を多角化しすぎた不安を抱えていた。ちなみに二〇〇四年のPPR社を見れば、グッチ買収による巨額の負債に苦しみながら、たがいに競合しかねない種々雑多な企業——たとえば通信販売のレッドキャット社、廉価の家庭用品販売のコンフォルマ社、プランタン百貨店、書籍・音楽・カメラの量販チェーンのFNAC社、電気製品のレクセル社、アフリカでの自動車販売のCFAO社など——を抱えていた。

こうして、企業経営の改革と透明化を推進するために、一九九五年のヴィエノ報告書がしだいに実施されるようになる。ただし、この改革の大部分もまた資本市場のグローバル化への対応だった。たとえば、二〇〇〇年までには、パリ証券取引所が扱う全株式のほぼ四〇パーセントは海外の証券になっていた。また、アヴァンティス、スエズ、トタルフィナエルフなどの企業は、英米人の経営参画と英米の大機関投資家の意向から、経営の視野を広げることを余儀なくされた。

もちろん、フランスの企業は大企業ばかりではない。世界市場に参画しているトップ四〇社とその他二〇〇〇社の上場企業の他に、フランスには約二〇〇万の中小企業があり、これはそれだけ多くの、とくにサービス分野で、小規模事業に対するニーズがあることを示している。しかし、これらの中小企業は大きな競争にさらされており、一九八六年以後のパリだけを見ても、全商店の一〇パーセントに相当する三〇〇〇店が閉店している。これらは主として市内の労働者地区とパリ郊外の食品関係の店で、大型量販店との競争に敗れたのである。カフェはマクドナルドをはじめとするファストフード・チェーンに歯が立たず、専門店は書籍・CD・DVD・カメラのFNAC、DIY用品のカストラマ、スポーツ・レジャー用品のゴー・ファーストに価格でも品揃えでも太刀打ちできなかった。また、インターネットによる販売増から新たなビジネスチャンスが生じているが、アマゾン・フランスなどとの競争も激化している。

農業　農業もまた大きく変わり、伝統的な小規模農はほとんど見られなくなる。たしかに、政府は第二次世界大戦直後から農業の近代化、生産増加、農村の生活水準向上の方針を打ち出し、かなりの成果を上げた。欧州共同市場によって市場が保護され、価格が保障され、政府から巨額の農業助成金を供与されるという恩恵を受けたのは、主として大農場――とくに北部の効率的な穀類・テンサイ生産者と西部の養豚・養鶏農家――だったとはいえ、農業生産性は、機械化と集約的な化学薬品使用によって全般的に向上した。しかし、農家はたいてい農業銀行《クレディ・アグリコル》から融資を受け、農業資材・食品加工・食品マーケティング専門のアグリビジネス企業によって支配され始めた。しかも、すでに一九八〇年代までに、政府が無視できないほどの生産過剰と価格下落が生じていた。

農村人口も減少しつづけた。自動車、ポピュラーミュージック、テレビによって都市文化が農村に浸透し、貧しい農家の若者の多くは農業を継ごうとはしなくなった。実際、二〇世紀の終わりまでには、農業従事者は全労働者のわずか四パーセントとなり（一九四五年には三分の一を占めていた）、農業生産の国内総生産に占める割合も三パーセントをわずかに超えるだけとなった。農場の数も、規模の拡大とともに七〇年の一六〇万から七〇万に減り、その半数はパートタイマーを雇用して運営されるようになった。

また、ＥＵ諸国間では、フランスの農業政策がＥＵの共通農業政策（ＣＡＰ）に矛盾するとして問題視され始めた。これに対し、フランスの閣僚は一貫して引き延ばし戦術で対抗したが、東欧諸国のＥＵ加盟によって過剰生産による問題が悪化する恐れが生じ、保障価格の引き下げと強制的な生産割り当てを容認せざるをえなくなっている。これに加えて、先進諸国の輸出助成金が発展途上国の農業を抑圧しているという世界的問題が浮上し、国際的な貿易会議で取り上げられているが、これらの会議においては、世界の二大食糧輸出国フランスとアメリカがしばしば自国のシェアを守るために対立している。

大規模農場の環境への悪影響も問題となっている。いわゆる「狂牛病」が発生し、その要因が動物の死骸を含む栄養価の高い加工飼料であることが大々的に報道されたことは、食品に対する消費者の不安をかき立てた。これに対し、ジョゼ・ボヴェ率いるフランス農民連盟や農民団体は、小規模農、環境保護活動家、消費者との連携を模索し、遺伝子組み換え食品の排除、食の安全と環境保護を唱え、あるいは田園地帯は国の貴重な財産であると主張し、高速道路の封鎖やパリ市街に肥料をばら撒くといった手段にさえ訴えた。

今後は、伝統的な田園風景保存のためにも補助金が支給されることになると思われる。すでにレンタルの宿泊施設がつくられ、ワイン、チーズ、工芸品などの優れた特産品が産地直売方式で販売されているが、このような観光による農村の多様化もさらに進むだろう。また、農村人口は激減した後で、多くの農村で上昇に転じている。牧歌的風景に憧れ、あるいは劣悪な環境や高い生活費に耐えかねた都市住民が、パリその他の大都市への長い通勤時間をものともせず農村に移住してきたからである。景観と交通の便に恵まれた農村地帯には、フランス人だけでなく外国人の別荘も増えている。しかし、その反面、不動産価格が地元住民の手の届かないほど値上がりし、一時的な居住者は増えたものの常住人口は老齢化し、学校や商店が閉鎖され、住民に対する公共サービス全般が低下する事態も起きている。言うまでもなく、これらは第三次産業の比重が高まった先進国に共通して見られる現象である。

経済の持続的成長が農・工業従事者をサービス部門に移動させ、同時にサービス部門に対する投資と支出が増加し、脱工業化現象が進行したのである。一九八〇年にはすでに労働者人口の六〇パーセントが第三次産業従事者であり、そこには最高給職種から最低賃金部門まで含まれる。第三次産業は水道修理人や美容師から弁護士などのさまざまな個人的サービス業、官吏、教師、郵便局員などの公共部門、交通・運輸や観光、銀行、保険、宣伝あるいは小売りと卸など、多様な分野を通じて拡大し、インフォメーション・テクノロジーのめざましい発展と結びつき、生産性と利益を押し上げた。ただし、これによって社会

表 8-1　産業三分類による就業者数の構成

単位：%

	1973	1985
第一次産業	10.9	7.5
第二次産業	37.8	30.6
第三次産業	51.3	61.9

的不平等もまた増大した。

エリート主義と腐敗の構造　大半の国民はますます豊かさを増す物質的生活を享受するようになった。しかし、その反面では、無軌道な消費主義、競争の激化、職の不安定、都市の過密化と汚染、老齢化をはじめとする人口動態、移民問題による精神的ストレスにさらされるようになった。ところが、これらの問題の解決をほぼ一任され、メディア支配を通じて世論に影響力を行使していた少数のエリート層が政治腐敗の温床になっていた。

政府高官と民間企業の役員の多くは、依然、少数のグランド・ゼコール（名門大学）、とくに理工科大学《エコル・ポリテクニーク》、パリ国立高等鉱業学校《エコル・デ・ミンヌ》、高等師範学校《エコル・ノルマル・シュペリウール》、自由政治学院《エコル・リーブル・デ・シアンス・ポリテクニーク》の出身であった。なかでもとくに優秀な野心家たちは、その後さらに筆記試験・口答試験の難関を突破し、毎年約一二〇人しか受け入れない国立行政学院（ＥＮＡ）に入学する。彼らはまずフランスで最も権威ある三つの行政機関、財務監査院、国務院、会計監査院のいずれかの高級官僚となり、これを飛躍台として行政機関や民間企業のトップに就任する。一九九九年の上場企業の上位四〇社をみても、その最高責任者の三分の二は理工科大学かＥＮＡの出身で、左翼と右翼を問わず、政党の幹部の多くもグランド・ゼコールの出身者によって占められていた。

フランスでは、中等教育終了後バカロレアを取得した者すべてに大学入学が認められ、グランド・ゼコール以外に八〇以上の大学と約一〇〇校の専門大学がある。既存体制の有力者たちは、これらの大学卒業生の中から公開試験によって実力主義で選抜されたはずであった。しかし、現実には、既存のエリートの子弟がきわめて有利に社会的上昇をとげることができた。なぜなら、一つには、フランスの選抜制度がイギリスのオックスフォード大学・ケンブリッジ大学至上主義以上にエリート主義で、本人の将来の志望職種が家柄を考慮して決定され、名門校の入学にも家柄が間接的にものをいうからであり、また一つには、大学卒業後どれだけ出世できるかが親族、友人、大学の同窓等の人脈によって左右されるからである。したがって、歴代政府が大学の平等化を含む教育改革をめざしたにもかかわらず、当然、そのたびごとにエリート養成の重責を担うグランド・ゼコールを特別扱いするよう圧力がかけられた。

ところが、これらのエリートの適性もしくはモラルを疑う声が高まり、グランド・ゼコールの募集対象があまりにも限定され、ゆきすぎた専門的教育が柔軟性のない人材を作り出していることが批判されるようになった。一九八〇年代には、パリ、リヨン、マルセイユ、ナント、ニース、グルノーブル、アングレームのような大都市で、政界と経済界の乱脈ぶりと腐敗がつぎつぎと明るみに出た。この背景には、地方分権の一環として市町村の自主的計画に対する予算が増額されたこと、公共事業の受注競争が激化したこと、選挙運動にますます経費がかかるようになった等の事情、フリーメーソンのような個人的なネットワークを通じて広まっていった人間関係があったと思われる。九六年には、社会党代議士で前閣僚アンリ・エマヌエリと、シラクの率いる共和国連合（ＲＰＲ）出身の前閣僚でグルノーブル市長アラン・カリニョンが起訴された。私欲のためであれ、政党を利するためであれ、有力政治家とその取引相手の企業家が事情聴取のために拘引されることは、それまではめったになかったことである。

しかし、政治家と高級官僚が行政のトップから民間企業のトップへ、さらに行政のトップへと交互に天下りを続けることが伝統的慣わしだったために、彼らがたがいに便宜をはかる居心地のいいネットワークができあがっていた。このために生じた最悪の事態が、国有化されていたクレディ・リヨネ銀行の不正融資だった。この銀行は一九九〇年代にフランスとアジアの地域開発に無謀な融資をし、そのために生じた巨額の負債を粉飾決算によって隠蔽した。『エコノミスト』誌によれば、この「金融界最大の惨事」は最終的には約一四〇〇億フランの損害を招いたが、結局これは国民の税金で穴埋めされた。いずれにせよ、この銀行の不正は監査担当役員も、財務省の監査も、さらにフランス銀行の監査も見抜くことができず、しかも、この銀行の最高責任者ジャン・イヴ・アベレルは財務監察官と財務省高官を歴任した人物だったのである。

司法官による調査はつねに秘密主義と政治家の介入によって妨げられた。政治の腐敗は、関与していた政治家がごく少数だったとはいえ、国の最上層部の構造的で計画的な腐敗であり、司法がついに不正解明を決断した当初の動機は派閥抗争における報復だった。しかし、新世代の司法官や警察官、ジャーナリストたちについていえば、彼らはそれまでのように政治的圧力や出世主義に屈して不正に目をつぶるべきではないと考えるようになり、閣僚たちも隠蔽工作に対する国民の怒りを恐れて捜査に介入することを控えるようになった。一九九二年には不正調査委員会が社会党の首相ピエール・ベレゴヴォワによって創設され、その後の保守政権も不正防止策を強化した。民間企業との間の契約が厳格に規定され、政治資金についても、企業からの献金が禁止されるとともに、公的資金による政党助成金が大幅に増額されることになった。

しかし、にもかかわらず、フランス政界の大物たちは信頼を失墜する。一九九六年には、ジャン・クロード・メリ――彼は不動産会社の経営者で、シラクの率いる共和国連合（ＲＰＲ）の会計責任者だった――によって、ＲＰＲも、ＲＰＲほどではないにせよ社会党も共産党も、公共事業にからんで企業からつねに政治献金を受けていたことが暴露された。メリによれば、ＲＰＲは契約金額の五～一〇パーセントのリベートを国外の秘密の口座に振り込ませていた。不正に関与した政治家のなかには当時の共和国大統領シラクの名前もあがっていた。九六年に大統領になる前のシラクは、七七年から九五年という長期にわたってパリ市長の職についていたのである。さらに、その後の二〇〇一年六月には、シラクが首相だった間、合法的に得た「秘密の蓄え」で豪華な休日を過ごしていたことが明るみに出た。シラクは躍起となって疑惑を否定したが、結局彼を救ったのは、以前社会党に所属していたローラン・デュマを議長とする憲法審議会の「大統領職の権威を維持しなければならない」という判断であった。

もったいぶった冗長なテレビインタビューのなかで、シラクは「マスコミがあおる疑惑によって大統領の任務遂行が妨げられてはなりません」と述べた。法の前の平等という神聖な原則も共和国大統領には適用されないというわけである。

二〇〇二年に禁止されるまで、社会党政権でも保守政権でも、閣僚や高級官僚が闇のリベートを受け取ることが慣習化していたと思われる。シラク以前の大統領についても、とくにポンピドゥーについては、同様の疑惑が囁かれていた。ドゴール、ジスカールデスタン、ミッテランについては、この種の腐敗よりも虚栄と傲慢の罪の方が大きかったかもしれない。いずれにせよ、これらのどの大統領も秘密機関を使って新聞社に圧力をかけ、彼らの不正の協力者たちが露呈されることを防いだのである。

もともとアフリカでの石油開発のために設立された国営石油企業エルフ・アキテーヌ社は、九年間にわたって調査された後二〇〇三年に起訴され、この会社をめぐる唖然とするような贈収賄が明るみに出された。一九八九年から九三年までの間には賄賂として現金、宝石、別荘がやりとりされ、総額約三億五〇〇〇万ユーロが横領され、これには企業幹部だけでなく兵器業者、諜報部員、フランスとアフリカの政治家やその愛人たちまでが関与していた。のちに上訴して無罪とされたとはいえ、憲法評議会議長ローラン・デュマの名前も取りざたされた。また、大統領ミッテランが息子のクリストフを仲介にしてこれらの慣習を暗黙に了解し、国内と独立後のアフリカに影響力を行使しようとしたことも明らかにされた。

二〇〇四年一月三〇日、シラクの第一の側近で前首相のアラン・ジュペに裁判で有罪判決が下された。ジュペは一九八八年から九五年までパリ市長だったシラクの下でパリ市財務担当助役をつとめ、さらにシラクのRPRの総裁を兼務していたが、この間、彼はRPRの従業員の給与を税金から支給していたのである。自分はその事実を知らなかったという釈明には説得力がなく、ジュペは執行猶予つきの一八カ月の禁固刑を言い渡された。しかし、彼は上訴の意志を表明するかたわら、その後もボルドー市長、ボルドー選出代議士を兼務し、一時はRPRを含む新たな保守連合である「大統領多数派連合」〔二〇〇二年の大統領選にシラクが再出馬したとき結成された〕の総裁をつとめた。以前ジュペと彼の家族がパリ市の保有する豪壮なアパートに格安家賃で住んでいたということも判明した。これは違法ではなかったにせよ、いかに政界の権力者が傲慢であるかを物語っている。また、ジュペに有罪判決が下された直後に、シラク大統領がジュペを「傑出して有能な政治家であり清廉潔白な人物」としてディナーに招待し、ジュペがあたかも濡れ衣を着せられた犠牲者のごとくこの招待に応じたことは、明らかに法を軽視する振る舞いであり、あくまでも特権を維持しようとする政界のエリートの決意を示していた。

政治的エリートの多くはつねに社会福祉の受給者を攻撃するが、その反面では、役職から高額の報酬を得ているばかりでなく、高額所得者に対する税率と法人税率の引き下げからも大きな恩恵に浴している。いうまでもなく、これは今に始まったことではない。しかし、保守派と社会党双方の政治家がこれほど腐敗におかされている事態は放置できるものではない。国民の多くは、いくら検察が頑張っても、結局は、政治家の腐敗は他の犯罪よりも軽い刑で釈放される、と思っている。腐敗が恒常化している現状からすれば、政治家が国民の信頼を取り戻すには、長い時間をかけて政界を浄化することが必要であろう。何よりも、過去に財務上の不正に密接に関与した人物が行政のトップに居座り、政治制度の正当性を脅かし続けるようなことがあってはならない。

社会福祉と失業問題　社会的エリートは経済のグローバル化を容認するが、一般国民はその弊害に懸念を表明し、この両者間の見解の相違と不信感が政治をさらに不安定にした。政財界の大半の有力者によれば、フランスが国際的地位を維持するためには、労働・資本の自由化、歳出削減、規制緩和が絶対に不可避だった。ネオ・リベラル派は再び声高に福祉国家を批判し始めた。とくに経営者団体「フランス企業運動（ＭＥＤＥＬ）」議長エルネスト・アントワーヌ・セイエールや保守派の政治家たちは、高率の個人・

法人税と社会福祉給付とが企業の生産性と競争力を低下させていることを問題視し、歳出削減、とくに突出している社会福祉予算の削減を要求した。ちなみに、一九九五年には、財政赤字の三分の二が社会福祉に起因しており、失業者の増加によって失業手当ての支給額が増えて税収が減った結果、健康保険支出だけで国内総生産の九・一パーセントを占めていた（イギリスは六・六パーセントだった）。

健康保険支出増大の要因は人口の老齢化、エイズ対策、貧困に起因する疾病が再び増えたこと、社会変化に起因する精神・神経症、進歩した医療技術による高額の医療費等と思われた。しかも、この支出には巨額の浪費が含まれていた。なぜなら、治療費の七五パーセントは健康保険から、残りは個人もしくは団体保険からそれぞれ払い戻され、貧困層の場合には全額が国の福祉予算から支給されるために、患者は好きなだけ病院通いをし、莫大な医薬品を消費し、しかもどのように高度な治療を受けてもほとんど保険の対象となったからである。しかし、医療費の抑制や患者の負担増を骨子とする改革は、つねに患者団体ばかりか医者や看護士の反対によって阻まれた。看護士は職の安定、早期退職、十分な年金を維持したいと思い、医者は医療システムの質を低下させたくなかったからである。

人口動態も福祉予算膨張の要因になりつつある。婚姻率の低下と離婚率の上昇のために、片親しかいない家庭や家族と別居する人々の数が増えた。また、女性が家の外で仕事をするようになると、夫婦であれパートナーとして同棲している男女であれ、たがいの権利は対等化する。一九九九年には社会通念の変化に対応して「同性婚」が法的に認められた。さらに、女性が社会に出て働きやすいように、幼児の託児施設も公的資金で拡充され、そのおかげで現在フランスの出生率はヨーロッパ諸国の中で最も高い。とはい

年金制度改革に対する抗議運動（マルセイユで、2003年5月13日）

え、長期的に見ればフランスでも出生率は低下しており、二〇四〇年までには六〇歳以上の人口に占める割合が五分の一から三分の一にまで増加すると予測されている。しかも、平均寿命の伸び（男性七五・一歳、女性八二・七歳）のために、すでに現役労働者に対する年金受給者の割合の高さが問題となっている。

これに関連して、将来、労働力不足が生じることも懸念されている。この問題はこれまでは移民によって対処されたが、これ以上人種的・文化的に異なる大量の移民を受け入れることは困難であり、二〇〇四年に予定されているEUの東方拡大〔エストニア、チェコ、ハンガリーなど一〇カ国が加盟した〕による移民発生の規模が確定していない以上、EU域外から多数の移民を受け入れることは不可能である。

とはいえ、二一世紀はじめの数年間に解決しなければならない最大の課題は失業問題と思われる。一九七〇年代の失業者の増加が福祉予算を急増させ、そのために八四年に受給資格に制限が加えられたことは、とくに若年層と長期失業者を直撃した。しかも、その後政府が緊縮財政に転じたことが事態をさらに悪化させた。この緊縮財政の目的は、フランス経済の競争力を強化するためばかりでなく、九一年のマーストリヒト条約によるEU加盟資格を満たすためだった。すなわち、フランスは国民総生産に対する財政赤字の比率を九九年一月までに、六パーセントから三パーセントにまで減らさなければならなかったのである。こうして、失業率の抑制にかわって財政赤字の削減が最優先課題となった。政府はこの方針転換の意図を、財政赤字の縮小は利子の低下と投資の活性化を招くことにより最も確実に失業率を低下させる長期的手段である、と説明した。

たしかに、一九九七年の初めから二〇〇〇年一二月の間に一六〇万の雇用が創出された。その要因は、政府が多額の公的資金をつぎ込んで若年層対象の失業対策事業を立ち上げたこと、経済が好調だったこと、社会党政権が週労働時間を短縮したことだった。ただし、週労働時間が三五時間に短縮されたために、大企業は労働強化によって生産性を上げ、新たな雇用を避けた。しかも、女性と中高年層には早期退職が促され、製造業の職にとどまることができた五五〜六四歳の労働者はわずか三七パーセントにすぎなかった。いずれにせよ、こうして失業率は一二・七パーセントから九パーセントに低下したものの、若年層と無資格労働者、衰退地域での失業率はこれよりずっと高く、パートタイマーや一時雇用労働者が急増した。しかも、経営者は雇用契約の多様化と、労働者の権利を守るための規制の緩和を要求し、政府はこの要求を受け入れ始めた。

他方、第三次産業の拡大の結果、工業労働者と労組加入者の数は減少しつづけ、細分化された労働階級の階級意識も希薄になった。にもかかわらず、選挙のたびに雇用はつねに選挙の争点になった。なぜなら、インフォメーション・テクノロジーが発達し、企業の吸収・合併が慣行化したために、あらゆる経済分野と社会階層において、職の不安が高まったからである。二〇〇二年にクレディ・リヨネ銀行が農業銀行《クレディ・アグリコル》に吸収され、経費削減のために大量の人員整理が行われたのはその典型的事例である。大半の国民に言わせれば、ポスト工業時代における資本主義の無制限なグローバル化こそ、雇用の安定と恵まれた生活を脅かす元凶だったのである。

政府が遅ればせながら肥満した官僚制度を縮小し、効率化を図ろうとすれば、かならず介護士、教師、官吏などの利権団体が賃金凍結反対と公務員の雇用状況の悪化を理由に抗議運動を展開した。農民や労働者も抗議運動で彼らの怒りを示した。たとえば、一九九七年一一月一日には、三四万人のトラック運転手が労働時間短縮と賃金アップを要求してストライキに入り、高速道路をはじめ港湾、国境、石油精錬所の出入り口を遮断し、その他の団体もこれに似た戦術をとった。しかし、一般国民は、国内が麻痺したにもかかわらず、彼らの行動に共感を示した。なぜなら、労組が弱体化し、議会民主制への信頼が失われていたばかりでなく、このような戦術に対して政府が強硬に対決することなく譲歩することが慣例化していたからである。

移民問題と文化統合主義　生活に対する不満はEU拡大に対する反対の大きな要因である。異なる習慣をもつ移民が流入したすべての地域で、職と生活の不安による社会的緊張、とくにムスリム移民とその家族に起因する緊張関係が生じており、EU拡大はこの傾向をさらに強めると予想される。

これはフランス国民の人種差別意識が高いことにも起因している。ちなみに、国際的調査会社ハリス社による一九九九年のフランス国民の意識調査によれば、回答者の六八パーセントが自分に人種差別意識があることを認め、六一パーセントがすでに国内には外国人が多すぎると考えており、黒人が多すぎると答えた回答者は三八パーセントだったが、アラブ人が多すぎると答えた回答者は六三パーセントに達した。また、二八パーセントの回答者が八三年以来少くとも一度は極右政党に投票していた。他方、なぜ、とくにアラブ人移民を嫌うのかという問いに対する答えとしては、彼らは仕事をしないで社会福祉に頼りがちであるという理由に加え、フランス社会に同化しようとしないという理由が多数を占めた。しかも、カリブ海地域のフランス県出身の黒人移民と北アフリカ出身の移民との比較では、北アフリカ出身者に対する反感の方が強かった。これはアルジェリア戦争後に独立したアルジェリア人に対する国民感情の一端を示していると思われる。

フランス軍は、両大戦でもインドシナ戦争でも北アフリカ軍の協力を受け、第二次大戦後のフランスの経済成長は、北アフリカからの移民第一世代によって支えられてきた。しかし、ルノーなどの大企業の勧誘によってフランスに移住した北アフリカの人々とその第二世代は、これらの事実が忘れられたかのような扱いを受けた。彼らは未熟練労働者として建設現場や鉱山に送り込まれ、その後は作業工程のロボット化や企業のリストラによって職を追われ、生活の危機に直面した。もともと彼らの多くは貧しいアルジェリアの田舎の出身で、独立戦争や一九九〇年代の内戦を逃れて移住してきた人々だった。職が決まると、彼らはすぐに家族を呼び寄せた。こうして、つぎつぎとイスラム聖職者が常駐するイスラム寺院が建設され、イスラム教徒むけの肉屋が増え、アラブのテレビ放送を受信するためのアンテナが目立つようになった。

今日でもなお、フランス政府は移民をフランス社会に統合する方針を変えていない。今日のフランスでは、フランスは「唯一にして不可分の共和国」であり、その基本的な価値観は普遍主義、脱宗教主義、平等主義である——という長い歴史を通して得た信念から、いかなる文化に対する差別も法によって禁じられている。また、いかなる民族、人種、宗教、地域、団体も差別的特権を有してはならないと考えられている。この方針のために、フランスの公的統計には人種・宗教別の分類がない。したがって、フランスのムスリム人口が四~五〇〇万人で、そのうち北アフリカ系が約三〇〇万人、さらにこの北アフリカ系のうちアルジェリア出身者が一五〇万人という数字は単なる推測でしかない。明らかにされていない不法移民の数を勘定に入れれば、フランスのムスリム人口はこれよりはるかに多いと思われる。

フランス政府は、イギリス式の多文化主義を分離的・差別的として拒否する。しかし、フランスの同化政策は異民族統合に成功していると思われないばかりか、異民族の社会的上昇に役立っているとも思われない。フランスで異民族統合に最も重要な役割を果たしてきたのは学校である。しかし、このために、公立学校の女生徒が頭にスカーフを巻いて登校することの是非までが法廷で争われた。一九八九年にパリ近郊のクレイユの三人の女生徒が、さらに二〇〇三年にはパリ近郊のオベルヴィリエの二人の女性が、宗教上の義務として、校則に反してスカーフを巻いて登校した。キリスト教徒もしくはイスラム教徒として、十字架や「ダヴィデの星」を目立たないように身に着けることを例外として、生徒が「人目を引く」宗教的象徴を身につけることは法によって禁止されている。裁判所はこの法を援用し、スカーフ着用は「圧力、挑発、改宗、もしくはプロパガンダ」の手段となりかねないと判断し、生徒はスカーフを着用して登校してはならないという判決を下した。教育界の権威者たちも、スカーフ着用に類する生徒の行為は市民法に対するコーランの超越を示唆しかねないと主張し、シラク大統領も議会の大半の議員もこれらの判断を支持した。しかし、このスカーフ禁止によって、ムスリムが不当に扱われていると主張している一部のムスリム団体の影響力が強まる危険が生じている。

たしかに、二つの文化に引き裂かれながら育った移民の第二、第三世代の若者たちの多くは、アイデンティティーとしてイスラム文化を主張しはじめ、ラマダン中は断食し、コーランの教えに従った食事を学校の食堂に要求する。みずからのアイデンティティーに対する彼らの複雑な感情は、「ぼくはまずマルセイユの貧しいラ・カステラン地区でアルジェリアのカビル人として生まれ、マルセイユ出身のアルジェリア人として育ち、それからフランス人と呼ばれるようになった」という有名なサッカー選手ジネディーヌ・ジダンの言葉によく示されている。

フランスの（とくに右翼の）有力政治家の過剰な反応も事態を悪化させかねない。二〇〇一年一〇月六日、パリではじめてフランス対アルジェリアのサッカーの試合が行われたが、フランス生まれのムスリムたちはフランス国歌が演奏されると口笛を鳴らし、その後競技場になだれ込んで試合を中止させてしまった。これに対し、保守派の内相ニコラ・サルコジ〔二〇〇七年五月大統領に就任〕は、共和国のシンボルである国歌「マルセイエーズ」と三色旗の名誉をおとしめる行為を刑事犯罪とする法案を可決させたのである。

大多数の国民が豊かな生活を享受している反面で、さまざまな少数民族を含む少数派の国民は、程度の差こそあれ貧困にあえいでおり、公的に貧困層に分類される人々は約五〇〇万人に達する。地域によっては、とくに貧困の度合いが高い。たとえば、かつて炭鉱と製鉄で栄えた北部のランスとヴァランシエンヌ、ロレーヌ地方のロンウィ、あるいは繊維産業の中心だった北部の都市ルベとトゥルコワンなどである。政府はこれらの地域への産業誘致策を講じているが、あまり成果を上げていない。とくに貧困層が集中しているのは、旧市街地域と、一九六〇年代と七〇年代に当時のスラム地区を一掃するために郊外に建設された殺伐とした高層ビル地域である。このような貧困は人種間の緊張と非行・犯罪を生み出す。移民のために豊かさから取り残されたと感じている白人は、異なる文化と習慣を敵視し、黒人とアラブ人に対する保護政策を非難する。同時に、白人と移民の若い世代は失業者としての社会的疎外感を共有することから、徒党を組み、行政当局を敵視し、あるいは犯罪や暴動に走る傾向がある。

警察当局によれば、違反者を検挙すれば直ちに暴動が発生する恐れのある要注意地区が全国に七〇〇あり、治安の改善が政治課題として論じられている。他方では、警察官の組合は人員増員と賃金のアップを要求している。しかし、フランスの治安機構が内務省に所属する国家警察官一四万六〇〇〇人、国防省に所属する憲兵一〇万一〇〇〇人、地方警察官一三万人を擁していることを考えれば、治安改善のためには、これらの人員のさらなる増員ではなく、人員配置を効率化し、先の三つの治安組織が協調体制をとる必要があると思われる。

宗教、教育、文化

異なる伝統は社会的緊張を生じさせ、とくにキリスト教とイスラム教の宗教対立が、アイデンティティーそのものの対立になっている。

今日、定められた時間ごとに礼拝するムスリムは全体の一〇～一五パーセントくらいしかいないと思われるが、ムスリムの若年層は、みずからのアイデンティティーはイスラム教と信じている。彼らは、少くとも一度はフランスに同化しようとする。ところが、このときフランス社会から拒否されたと感じた者たちは、やり場のない怒りから過度に自己主張するようになる。なかには、ニューヨークの世界貿易センタービルのテロ（二〇〇一年）に関与したテロリストたちを支持したり、イラク駐留米軍に対するテロやイスラエルによるパレスチナ占領に対する抗議闘争への共感を表明する者も出てくる。

今日のカトリックの組織も明らかに重大な危機に直面している。物質的に豊かになるにつれて、しだいに人々は教会の精神的教えを聞こうとしなくなる。一九四五年と二〇〇〇年について見ると、カトリックの洗礼を受ける子どもの割合は約九〇パーセントから五〇パーセントに、日曜のミサに参列する成人の割合は三二パーセントから八パーセントにまで急減している。自由主義的なヨハネス二三世がローマ教皇（在位一九五八～六三年）になったときには、教会が姿勢を軟化させ、国民への説得力の回復が期待された。しかし、彼の後の教皇パウロ六世（在位一九六三～七八年）とヨハネ・パウロ二世（在位一九七八～二〇〇五年）が伝統的教義を再び容認し、避妊を弾劾すべき行為と見なしたことは、教会の権威を大きく失墜させた。五〇年代には、実生活でカトリックの教えを実践している人々の二〇パーセントが毎月教会で懺悔をしていたが、九〇年代の初めには、この割合はわずか一パーセントになった。また、日曜日にはかならずミサに参列する女性でさえ、その八〇パーセント以上は教会による産児制限禁止を無視するようになっている。

聖職者の数も減少した。聖職の数そのものが少なくなったばかりでなく、独身を通さなければならないことから聖職を断念した人々も多かったからである。一九六〇年代半ばから八〇年代半ばまでの二〇年間で、民間人の教化に直接たずさわる聖職者の数は四万人から二万七〇〇〇人に減少している。この傾向はその後も続き、修道士の数も目だって減少し、そのために教会は教区を合併し、平信徒に対して自主的に信仰心を深めることを求めている。ポーランド出身のカリスマ的な教皇ヨハネ・パウロ二世の時代には、バチカンはカトリック教義の解釈に断じて異論を認めず、教皇個人も改革に乗り気でなかったために、カトリックの権威は過去に例がないほどに衰退した。しかし、他方では、ブルゴーニュ地方南部の教派を超えたクリスチャンの共同体テゼの例に見られるように、各地における若いクリスチャンの結集がキリスト教の権威回復への期待を高めている。

カトリックの権威が衰退するにつれて、その政治への影響力は弱まったが、教育の分野では、教会は脱宗教を国是とする共和国政府と対立しつづけた。社会主義政権は、それまで多額の助成金を供与していたカトリック系私立校を統制する法案を提出したが、生徒の両親たちの宗教心と中流階級的スノビスムによる怒りを招き、全国で大規模なデモが組織される事態となり、一九八四年六月に政府はこの提案の撤回に追い込まれている。その理由は、社会の情報化が進むにつれて教育の差が将来の出世コースでものをいうようになったため、子弟をグランド・ゼコールに入学させて出世させたい人々にとって、まず子弟を校則が厳格で環境に恵まれた私立校の有利な教育を受けさせることが、重要かつ手軽な手段だったからである。

今日では、中等学校の生徒の四分の三がバカロレアを取得して大学に進学するようになったために大学が過密化し、施設も教職員も不足している。教育内容についても、ドイツの大学流の実習が不足し、卒業生は基本的な読み書き計算さえできず、実社会で使い物にならない、という欠点がしばしば指摘されており、教師はといえば、そもそも何故学ぶかというモチベーションを持たせることに四苦八苦している。しかし、教育改革はつねに先延ばしにされた。一つには財政難のためだが、もう一つには、改革に強い発言力をもつ教員組合が、生徒の創造性を重視すべきか旧来の教育に回帰すべきかをめぐって意見が分かれた結果、つねに政府の改革案に反対したからである。

また、あたかも自国の文化の力と適応性に自信がないかのように、政治家ばかりでなく多くのフランス国民も多文化共存主義に反対している。アメリカ化と英語使用の拡大をともなうグローバル化についても同様である。しかし、フランス国民にとっては、これは、フランス人のアイデンティティーと国際的地位を守ることができるかどうかを左右する重大問題なのである。ジョスパン首相は教職員に対するスピーチのなかで、フランス語がかつてのように国際会議で各国共通の外交用語として使われなくなったことに言及し、「しかし、フランス語は世界の画一化に抵抗する言語、権力と一体化した言語に対抗する言語になることができる」と述べている。一九七五年と九四年には、フランス語の使用が可能な広告、パッケージ、公文書での外国語の使用を禁止する法律が制定された。英語のコンピュータ用語をフランス語に変換する研究も続けられているが、あまり成果は上がっていない。いずれにせよ、英語は国際的用語として経済、学会、インターネット、あるいはポピュラーミュージックで最もよく使われ、選択科目の第二外国語としても最も多くの学生に選択されている。

一九九〇年代の貿易自由化交渉で、アメリカ政府は「文化的財」すなわち芸術・文化の領域までも自由貿易の対象に加えようとしたが、これに対してもフランス政府は激しく反発した。当時の大統領ミッテランはこれを「文明に対する脅威」とみなし、「みずからの象徴、みずからの本質を表現する手段を放棄した社会は奴隷の社会となる」と警告している。

戦後最盛期を迎えたフランスの映画産業についていえば、テレビ保有世帯が一九六〇年代に一五パーセントから七〇パーセントとなり、さらに九〇年までには九五パーセントと増えるにつれて、映画館の観客数は頭打ちとなった。政府はとくにこの映画産業の助成に力を入れ、映画の年間製作本数は九五年の九五本から九九年には一八一本に増えている。しかし、観客はフランス映画よりもアメリカ映画の方を好む傾向がある。九三年にジェラール・ドパルデュー主演で映画化されたエミール・ゾラの「ジェルミナル（芽月）」は、大統領ミッテランと文化相ジャック・ラングの後押しで、多額の政府助成金を得て製作された大作だったが、興行的には失敗した。九九年の「シーザー対アステリックスとオベリックス」は客の入りはよかったが、それでも特殊撮影シーン以外には見るべきもののないアメリカ映画「タイタニック」の観客数に及ばなかった。衛星テレビの発達とビデオやＤＶＤの普及もアメリカの映像文化支配を後押ししている。二〇〇〇年には、グローバルなメディア企業への飛躍をめざし、ジャン・マリ・メシエは「もはやフランス文化だけを特別扱いする理由はない」と主張してヴィヴァンディの本社をアメリカに移したばかりでなく、その後、赤字続きでフランス映画を製作していた子会社カナル・プリュス社の会長ピエール・レスキュールを解任した。このことは多方面からの批判を招き、以後、人形劇による諷刺テレビ番組として有名な「レ・ギニョル」は、あからさまなニューヨークなまりで、祖国を裏切ったメシエをあてこすった。

料理文化のグローバル化も懸念されている。フランス人ジャーナリスト、アラン・ロラは一九九九年九月九日の『ル・モンド』紙に、ほんの少し冗談めかして「つまるところ、ハンバーガー・チェーンの世界制覇阻止とは一国の文化を守る緊急問題なのである」と書いている。しかし、マクドナルド・チェーンはその後も各地の地域特性に適応しつつ店舗を増やし続け、これとともに伝統的なカフェの数は激減している。しかも、アメリカ文化を象徴するディズニーランドは、雇用と観光収入の増加をあてこんで、九二年に「ユーロ・ディズニーランド」としてパリ近郊に開園した。

しかし、その先行きを憂える人々が多いにもかかわらず、フランス文化はエリートに対しても庶民に対しても、今なお精彩を放っている。ミッテラン政権時代には、フランス文化の偉大さを誇示するかのようにパリが大改造され、人々の目を見張らせた。新凱旋門、オペラ・バスティーユ、フランソワ・ミッテラン図書館などは、このとき莫大な予算を投じて完成された記念碑的作品である。また、ルーヴル内にあった財務省をベルシー街へ移転させたのもこの時代で、これと同時にルーヴル美術館が拡張され、ルーヴル・

ピラミッドが建設され、テュイルリー宮殿の跡地が広大なテュイルリー庭園に生まれかわった。これに加え、エリート文化としては、大資本の投入によって古典音楽やオペラの水準が高められ、豪華な劇場やコンサートホールが建設された。知の分野においても、ロラン・バルト、ジャック・ラカン、ジャック・デリダ、ミシェル・フーコー、ジャン・ボードリヤール等の構造主義やポスト・モダニズム等による認識の基盤の追求が世界の学問と思想に大きな影響を与えた。しかし、言うまでもなく、文化面でも社会的格差は解消されていない。オーケストラの演奏会、オペラ、演劇、大展覧会、専門的な書籍・雑誌に対しては、数が増えたとはいえ比較的教養のある人々以外は興味を示さない傾向がある。パリ解放直後の政権と同じように、一九八〇年代の社会主義政権は文化の民主化を方針に掲げたが失敗した。庶民文化では、テレビ会社が購入したアメリカの安いテレビ番組がしばしばヒットを飛ばしているが、国内で制作されたメロドラマやゲーム番組も視聴率を稼いでいる。

印刷メディアでは、新聞を読む時間のない管理職やビジネスマンを読者層とする『パリ・マッチ』、『レキスプレス』、『フィガロ』などの雑誌のために、政治記事で定評のあった新聞の影が薄くなった。女性雑誌では、ライフスタイル、スポーツ、有名人の生活が目立って取り上げられている。最も成功した地方新聞は『フランス・ウエスト』紙だと思われるが、どの地方紙もこれまでになく読者の好奇心に訴える記事作りに力を入れ、大半の全国紙より発行部数を伸ばしている。

他方、最も懸念されるのは、一九八〇年代の民営化以来、多様な宣伝媒体、新聞・雑誌、映画、ラジオ、テレビなどが一部の強力な企業グループに吸収され、これらの企業グループの利益あるいは政界に対する影響力のために利用されようとしていることである。たとえば、軍需企業最大手のラガルデール社とダッソー社がフランスの印刷メディアのじつに七〇パーセントを支配している現状は、政治に対する深刻な潜在的脅威と言わざるをえない。

ジスカールデスタンとミッテランの時代

ジスカールデスタンの時代　一九七四年四月二日のポンピドゥーの死後、五月一九日の大統領選挙にむけて苛烈な選挙戦が繰り広げられ、なかでも保守陣営のシャバン・デルマスとジスカールデスタンの対決が注目を集めた。当初は、かつてのレジスタンスの闘士で前首相の肩書きを持つシャバン・デルマスがドゴール派の共和国民主連合（UDR）の支持を得て優位に立った。しかし、その後、野心家のシラクに率いられた有力メンバーが造反してUDRから脱退したことがシャバン・デルマス陣営を弱体化させ、シャバン・デルマスは第一回投票で一五パーセントの票しか得ることができず敗退した。彼の敗退の要因は、シラク・グループの造反に加え、彼自身の脱税が発覚したことと、テレビ演説の視聴者に与えた好感度がミッテランにもジスカールデスタンにも劣ったことだった。こうして、ドゴール派に属さない保守派統一候補ジスカールデスタンと左派のミッテランの間で決戦投票が行われることになり、若さ、優雅さ、高い知性を印象付けたジスカールデスタンが一三三九万六二〇三票（五〇・八パーセント）を獲得し、ここに第五共和政で初めて議会多数派の代表者ではない大統領が誕生した。ただし、ミッテランも善戦して一二九七万一六〇四票を獲得した。当時の左翼は勢力を回復しており、保守派もあらためて結束を強化しなければならない情勢だったのである。

ジスカールデスタンは社会的エリートのなかでも名門出身で、理工科大学《エコル・ポリテクニーク》と国立行政学院（ENA）両校を卒業していた。彼は経済と社会の近代化という歴代大統領の方針を踏襲するとともに「先進自由社会」の創造を主張し、当初は社会意識の変化に対応する自由主義的な法改正に意欲を示した。

成人年齢と選挙年齢がともに一八歳に引き下げられ（一九七四年七月五日）、避妊が合法化され（一九七五年一月一七日）、離婚手続きが簡素化され、薬局での避妊薬の販売が認可され（一九七五年七月）、福祉手当てが引き上げられ、中等教育を平等に受ける権利も拡大された（一九七五年七月一一日のアビィ法）。

しかし、これらの法改正は――ジスカールデスタンがドゴール派との宥和を図り、選挙戦での論功行賞としてシラクを首相に指名したにもかかわらず――保守派連合に激しい軋みを生じさせた。保守派の大半は、労働者の権利を拡大する法案にも、貧困層の重荷になっている間接税を引き下げるためにキャピタルゲインに対する課税を強化する法案にも反対だったからである。これに加えて、シラクのリフレ政策にジスカールデスタンが反対したことから、両者の関係が緊張したばかりでなく、大統領と首相の役割分担についても両者の考えは一致しなかった。こうして、一九七六年八月二五日にシラクはついに辞表を提出し、その後任には党派色のない経済の専門家レイモン・バールが指名された。石油危機への対処としては、歳出と財政赤字削減とともに景気浮揚が目標とされ、経済の自由化、経済への国の介入度の縮小、市場原理への順応による国際競争力の強化が推進された。失業の低減よりも経済成長が優先されたのである。この政策は、社会保障費の負担の引き上げ、物価と賃金の凍結によって国民の不評を買いはしたが、インフレを高止まり（一九七七年では九パーセントだった）とはいえ抑制することができた。

しかし、議会多数派の保守勢力はさらに分裂する。来るべき大統領選挙出馬をめざすシラクは、ドゴール派の政党としてUDRにかえてRPR（共和国連合）を結成した。しかも、ジスカールデスタンが地方分権政策の一環としてパリ市長職を創設するや、シラクはみずから市長選に立候補し、一九七七年三月二五日にジスカールデスタンの推す候補者を破ってパリ市長に就任した。このようなシラクの動きに対し、ジスカールデスタンはドゴール派に属さない保守派を結集してUDF（フランス民主連合）を結成し、中道主義の大勢力を形成した。ただし、これらの保守派は、しばしば意見対立が表面化しつつも、権力を手放したくないという利己心から短期間幅広い連合を維持し、七八年三月の総選挙の第二回投票のために選挙協定を結んだ。したがって、この選挙でも、社共が協調しなかったこともあり、保守派が楽勝した。

他方、大統領任期の後半に入ると、ジスカールデスタンは世界外交にも意欲を示したが、彼があげた唯一の成果は、独仏協調により、欧州議会への普通直接選挙の導入についてEC諸国の同意を得たことだった。しかし、国家を超越するいかなる原則をも容認しないドゴール派は、当然これに反対した。また、両超大国の対立から緊張が高まる国際情勢において、フランスは「調停者」としての発言力を失っていた。

一九七九～八〇年には、第二次石油危機のために物価がさらに三倍に跳ね上がる。そのために貿易収支が再び悪化し、インフレが高進し（一九七八年には一一・八パーセント、七九年には一三・四パーセント)、失業者が増大した。また、これに追い討ちをかけてテロの脅威が高まり、八〇年にはパリ・コペルニク街のユダヤ教寺院が爆破された。七九年九月に実施された国立世論研究所(IFOP)による世論調査によれば、大統領の仕事ぶりに満足していると答えた回答者はわずか二六パーセントだった。しかも、ジスカールデスタンが中央アフリカ共和国のボカサ大統領からダイヤモンドの贈り物を受け取ったことが、社会諷刺で知られる週刊誌『カナール・アンシェネ』によって暴露されたことから、ジスカールデスタンはさらに批判と諷刺の対象となった。

にもかかわらず、一九八〇年に実施されたどの調査結果によっても、八一年に行われる大統領選については、左翼からだれが立候補しようとジスカールデスタンが優勢であることが予測されていた。経済が「危機的」状況だったにせよ、多くの国民は豊かな生活を送っていたのである。

社会党と共産党　第五共和政初期の脆弱で分裂していた左翼は、しだいに勢力を盛り返し、保守派の支配体制を脅かすようになる。一九六五年の大統領選でミッテランが左翼代表として善戦したのは、六四年に、当時はまだ左翼第一党だった共産党が孤立化への恐れから社共共闘のイニシアチブをとり、両党ともこれに真剣に努力した成果だった。しかし、六八年の五月危機と社会党の分裂のために左翼協調はそれ以上進まず、六九年の大統領選では左翼陣営は惨敗した。六九年七月に社会党は旧社会党(SFIO)から新生社会党(PS)へと衣替えしたが、情勢はほとんど変わらなかった。左翼が新たな理念のもとに連合へと動き始めるのは、七一年六月のエピネーでの社会党全国大会でミッテランが書記長に選出された後のことである。

ミッテランはそれまで社会党のどの党派にも属していなかった。そもそも彼が左翼に加わったのはドゴール主義に反対する立場を貫くためだった。ミッテランを指導者とすることでは、彼が戦時中にレジスタンスで重要な役割を果たしたという評判がものをいった。ミッテランが戦前にネオ・ファシスト団体クルワ・ド・フーに加わっていたこと、ヴィシー時代の初期にペタン元帥とヴィシー政権に協力したこと、戦後もヴィシー政権の警察長官で対独協力者だったルネ・ブスケと長く親交を結んでいたことについては、九四年まで注意深く隠し通された。

一九七二年六月七日、社共両党は共同綱領を掲げて選挙にのぞむことで合意する。このとき社会党は基幹産業の国有化によって「資本主義」と決別することに同意し、共産党も譲歩して、選挙後の「プロレタリアート独裁」放棄と議会民主制尊重に同意している。この左翼協調は、両党の代表者が主導権を争い、党の独自性を保とうとしたために、決して順調には進まなかった。それにもかかわらず、その成果は七三年の総選挙の結果で示された。左翼全体としてみれば六八年の惨敗から多少回復した程度だったが、社会党は支持率の退潮を食い止め、共産党に肉薄する票を獲得することができたのである。共産党は、社会党のみを利する左翼連合に疑念を抱き始めてはいたが、七四年五月の大統領選でミッテラン擁立に同意し、ミッテラン善戦に大いに貢献した。

しかし、この年の終わりから共産党のスポークスマン、とくに党書記長ジョルジュ・マルシェによる社会党攻撃が目立ち始め、ついに共産党は一九七七年九月、社会党の「右旋回」と階級融和主義を非難して左翼協調を破棄した。たしかに、現実適応路線を強化しようとする社会党と、ソヴィエト型の社会主義国家をめざす共産党の間には、どうしても大きな隔たりがあった。しかし、この共産党の戦術転換とその後の社共対立は、現実には、ナンセンスな選択だった。世論調査によれば、来るべき七八年三月の総選挙によって左翼連合が多数派となることが予想されていたからである。この共産党の戦術転換は、書記長マルシェが党内の民主主義受容論者を敵視し、わずか二〇年前まではフランスの最大政党だった共産党が衰退の一途をたどることを恐れたためだった。しかし、総選挙での第一回投票による共産党の得票率は、四六年の二八パーセント、第四共和政下での平均得票率二六パーセントから、七八年には二〇パーセント、八一年には一六パーセント、八六年には九・八パーセントにまで低下する（これは極右の国民戦線よりも低い得票率だった）。共産党の衰退に拍車をかけたのは、党上層部が一貫した対応を示すことができず、異論を唱える者を徹底して排除したことだった。また、フランス共産党がつねにソ連の方針を遵守し、五六年にはハンガリー、六八年にはチェコスロヴァキア、七九年にはアフガニスタンに対するソ連侵攻を支持したことも、六八年の五月危機に曖昧な対応しかできなかったことも、七四年にロシア人作家ソルジェニーツィンの衝撃的な『収容所列島』が刊行されたことも、党上層部への信頼を失わせた。マルシェがモスクワ指導部を批判し始めるのは、八〇年代後半にゴルバチョフがソ連体制の自由化に着手した後のことである。

しかし、共産党が衰退するとともに社会党が穏健化して党勢を拡大した結果、左翼陣営は急進色を弱めて支持票を伸ばすことになった。ただし、一九七八年の総選挙では、共産党の選挙協定破棄のダメージがあまりにも大きく、左翼は第一回投票で得票率を伸ばし、第二回投票でも議席数を増やしたが、議会多数

表 8-2　国民議会選挙結果（1978 年 3 月 12 日、19 日）

	第 1 回投票 得票数	第 1 回投票 得票率	第 2 回投票 議席数
共産党	5,791,125	20.61	86
社会党	6,403,265	22.79	114
UDF（フランス民主連合）	6,712,244	23.89	137
RPR（共和国連合）	6,416,288	22.84	154

派となることはできなかった。

ミッテランの勝利　一九八一年の大統領選挙に先立つ長い選挙キャンペーン期間中にも、社共は対立を強めた。共産党は社会党攻撃に専念し、マルシェを候補に立てた。社会党の方は当初、ミシェル・ロカール支持勢力とミッテラン支持勢力に分かれていた。しかし、この左翼の分裂は右翼の分裂によって相殺された。ＲＰＲとシラクがジスカールデスタンと政府を執拗に批判し、八〇年度予算さえ決定できない事態になっていたからである。

第一回投票の得票率はミッテランとジスカールデスタンがそれぞれ二六パーセント、シラクが一八パーセント、マルシェが一五パーセントだった。マルシェは第二回投票ではミッテランを支持する。ところが、右翼の方では、ドゴール派の有力者たちがジスカールデスタンを当選させることに熱心でなかった上に、第一回投票で敗退したシラクはドゴール派のメンバーに「自主投票」を呼びかけた。このために、ジスカールデスタンはシラクの行動を「計画的裏切り」として非難し、政治学者レイモン・アロンは「左翼が勝利したのではない、右翼が自殺したのだ」と評している。

ミッテランは入念に計画された選挙戦略のもとに、みずからを「静かな力《ラ・フォルス・トランキル》」にたとえ、現実的かつ穏健な改革の実現と既存の価値観の擁護を主張した。これはマルシェとシラクの攻撃的な姿勢やジスカールデスタンのあいまいな主張とは対照的だった。また、ミッテランは社会党の公式の綱領よりもかなり穏健な構想を示した。しかし、彼が一五七〇万八二六二票（投票総数の五一・七六パーセント）を獲得して最終的に勝利することができたのは、社会改革を求める左翼支持者が彼に投票したからであり、失業と生活水準低下の責任がジスカールデスタン政権にあると見なされたからだった。ミッテランは九六の県のうち六五の県で勝利し、北部の工業地帯、パリ周辺、南部、ブルゴーニュで優位に立ったばかりでなく、伝統的に反左翼主義でカトリック勢力が強い東部と西部でも予想外に票を伸ばした。

そもそもミッテランはまずレジスタンスの闘士として名を知られ、ついで第四共和政のもとで政治指導者となるが、その後保守派から「永遠の負け犬」のレッテルを貼られ、左翼からは、信念ではなく日和見主義によって社会党党首の座を狙っているとまで非難された人物だった。しかし、彼は歴代の保守政権を批判しつつ新生社会党のリーダーにふさわしい政治手腕を証明し、三度目の挑戦によって、ついに大統領選の勝利という目標を達成したのである。性格的には深謀遠慮、孤高、傲慢、自己陶酔、マキャベリ主義などさまざまに評されたミッテランは、ドゴールもそうだったように、みずからの名が歴史の中に刻まれることを願い、フランスを世界の列強と肩を並べる国にしなければならないと考え、そのために経済・社会の近代化の方針を貫いた。また、その動機が彼の野心のためであり、具体性にも欠けてはいたが、人道主義にもとづくさらなる社会正義の実現を主張した。

かつては歴代政権の専制主義を批判していたにもかかわらず、その後一四年間にわたってエリゼ宮の主

表 8-3　国民議会選挙結果（1981 年 6 月 14 日、21 日）

	第 1 回投票 得票数	第 1 回投票 得票率	第 2 回投票 議席数	第 2 回投票 議席構成比
共産党	4,003,025	16.13	44	9.0
社会党	9,387,380	38.02	285	58.0
新多数派連合	10,649,476	42.9	-	-
RRR	-	-	88	17.9
UDF	-	-	62	12.6

であり続けたミッテランは、「共和国の君主」としての威光を振りかざすようになる。すなわち大統領権限、とくに任命権を徹底的に利用してミッテラン派の組織強化をはかり、少くとも社会党政権のもとでは国政の最終決定を左右し続け、保守派の首相との保革共存を余儀なくされた時期にさえ、とくに大統領の専管領域と見なされるようになった外交・防衛では、大きな影響力を行使した。

大統領に就任したミッテランは、約束どおりただちに国民議会を解散した。一九八一年六月に行われ議会選挙の結果は権力のバランスが大きく変化したことを示していた（表8-3参照）。この変化の主たる要因は、大統領選での社会党の勝利と右翼陣営の混乱のために、保守派の有権者の多くが落胆して棄権したことだった。しかし、敗北したのは右翼ばかりではなく、共産党も半分以上の議席を失ったために、社会党が単独で議席の過半数を占めることになった。

ミッテラン政権の政策　社会党は大統領選の勝利を現代史における偉業として祝い、バスティーユ広場での大規模なデモ行進を組織し、パンテオン（万神殿）で式典を挙行した。式典では、新大統領によって三人の偉人の墓に薔薇が供えられた。一八四八年の奴隷制廃止のみならず、その後ルイ・ナポレオンに対する民主・社会主義者の抵抗にも指導的役割を果たしたヴィクトル・シェルシェ、一九一四年に狂信的ナショナリストに暗殺された人道的社会主義者ジャン・ジョレス、レジスタンスの殉教者ジャン・ムーランである。

第五共和政のもとで初めて政権を掌握した左翼は喜びに沸き、国民もこの左翼政権に大きな期待を抱いた。ただし、その期待感を生み出したのは、ミッテランが選挙戦で唱えた慎重な構想というよりは、むしろ社会党の急進的・反資本主義的な構想だった。この期待感は首相にピエール・モーロワが指名されたことでさらに高まった。モーロワは大学で歴史を教え、組合運動と青少年の教育・福祉に貢献した経歴の持ち主で、伝統的に労働者階級の勢力が強い北部から立候補して議員になった人物である。閣僚には社会党内の各派から三六人が指名された。そのなかにはドロール（蔵相）、ドフェール（内相）、サヴァリ（教育相）のような大物ばかりでなく、急進的グループに属する二人も含まれていた。しかし、国内外で注目を集めたのは、共産党から四人の閣僚が誕生したことだった。この一九四七年以来の共産党からの入閣は選挙協力に対する論功行賞だったが、共産党はこれによって党の退潮を挽回しようと考えていた。ただし、明らかに社会党に対して従属的な状況においては、それは危険な戦術だったばかりでなく、党勢挽回にもほとんど役立たなかった。また、アメリカ政府は共産党からの入閣に警戒を強めたが、ミッテランは西側同盟への協調姿勢を明らかにし、ただちにアメリカ政府を安心させた。

新政府はかつて例がないほど改革政策をつぎつぎと推進した。ケインズ流の景気浮揚策、社会福祉の拡大、「資本主義からの決別」を意味する銀行・大企業の国有化等の法案が成立し、突出した富裕層に対する「富裕税」の導入、最低賃金の一〇パーセント引き上げ、家族手当ての引き上げも可決され、公共部門でただちに五万五〇〇〇人分の職を創出する計画も実施された。死刑制度も廃止された。また、論議をよんでいたラルザック地方の軍事基地の拡大計画については、とりあえず農民と環境保護主義者に譲歩して計画が白紙に戻された。

他方、内相ドフェールの提案による地方分権化法案が可決され（一九八二年三月二日）、フランスの伝統的な中央集権的制度が大きく変わることになった。この地方分権法は地域レベルでの民主制を促進すると同時に、各地の社会党勢力を後押しすることを意図していた（ただし、それにもかかわらず、一九八三年と八五年の地方選挙で右翼の圧勝を阻止することはできなかった）。また、この法律のもとに、一九七二年に経済特区に指定されていた二二の地域に大きな権限を持つ地方議会が創設され、県単位の行政権、とくに保健、福祉、道路にかかわる権限が、県知事から県評議会《コンセイ・ジェネラル》議長に移譲された。地方政治の効率化・民主化とともに、責任能力を高めるために、市町村みずからが政策を立案する権限も強化されたのである。ただし、この地方分権が現実の場で機能するには時間がかかった。責任分担を明確化し、議案処理の慣習を変更しなければならなかった上に、予算や最終決定で政府に依存する体質がその後も障害になったからである。

また、この地方分権法は中央政府、大企業、メディアに地方のニーズに関心を持たせる契機となった。とくに地方の中核都市は恩恵に浴し、なかでもリールやサンテティエンヌなどの不況に苦しむ地方都市は社会的・文化的基盤を強化し、企業を誘致し観光客を増やすことができた。しかし、このために自治体が大きな負債を抱えるというマイナス面も生じた。モーロワ首相の選挙区だったリールがその一例であり、リールの場合には、パリとイギリス海峡を結ぶ高速鉄道（ＴＧＶ）建設のために巨額の政府資本が投下されたが、この鉄道をリール経由として迂回させるために、さらに資本を追加しなければならなかった。

しかし、当初のミッテランの複合的な社会・経済改革は、国内外でさまざまな障害に直面せざるをえなかった。首相のモーロワは、このまま市場原理を無視した政策をつづければ、一九三六年の政権のように社会党政権は早々と崩壊するだろうと警告し、政府方針を大きく軌道修正すべきだと主張した。そのために社会党首脳部内に意見の対立が起こり、ドロールとロカールはモーロワを支持し、彼らよりも急進的なシュヴェーヌマンとベレゴヴォワがこれに対立した。そして結局、ミッテランは新たな経済政策の必要性を認め、八二年の夏と秋に実施に移されることになる。また、八三年三月の地方議会選挙で社会党が敗北したことから、ミッテランは政策運営にさらに慎重を期さねばならないと痛感したと思われる。これを証明したのが教育改革に対するミッテランの変わり身の速さである。八四年六月二四日、教育相サヴァリは、宗教団体の運営する私立校への補助金を削減することによって私立校を公立校に統合し、教育制度から宗教色を排除する――これは長年の左翼の夢だった――法案を提出した。しかし、これに反対する勢力がカトリック系私立学校の独立を唱え、中産階級のエリート教育支持者たちが選択の自由を主張し、一〇〇万人規模のデモが組織されると、ミッテランは周囲に意見を求めることなく法案の撤回を決定したのである。こうして、八四年にモーロワもサヴァリも辞任を余儀なくされた。

サヴァリの辞任後に教育相となったシュヴェーヌマンは、教育を時代の変化に対応させるために旧来の基準を復活させ、カリキュラムは自然科学、テクノロジー、基本的な読み書きと計算に重点を置き、教育の成果は個々の生徒の目標達成ではなく共通の尺度で測るべきであると考えた。この時代の教育改革の特徴は、どの政党が政権についたにせよ、フランスでもイギリスでもこれと似たようなものだった。

一九八四年七月にミッテランがモーロワにかえて首相に指名したのは、元ミッテランの首席秘書官、若いローラン・ファビウスだった。豊かな中流階級の家庭に生まれてＥＮＡを卒業した社会民主主義者ファビウスは、当時、政府の方針を転換させる中心的な役割を担っていた。ファビウスが最も重視したのは経済再建と、八六年の総選挙に備えて政府の人気を挽回することだった。この方針転換に関しては、社会党左派、労組、共産党が反発し、共産党は閣内でますます孤立していた共産党閣僚を、左翼政党としての存在感を示すために辞任させた。しかし、社会党員の大半は、意外なほど無抵抗に、社会改革のために政府ができることには限度があるという考えを受け入れたようである。それは、方針変更は一時的修正にすぎないとして妥協したか、当時主流となっていた経済自由化論に同調していたかのいずれかだったと思われる。しかし、この方針変更のために政府はさらに人気を失うことになる。

たびかさなる政策変更のためにミッテランの人気も低下し、ミッテランに変化への夢を託した人々も彼に背を向け始めていた。政府が市場原理に従って企業の合理化・近代化を進めたために、失業者はさらに増えた。一九八三年春の市町村議会選挙と八四年六月の欧州議会選挙はともに左翼の惨敗に終わっていた。同年一一月のＩＦＰＯ（国立世論研究所）の調査によれば、ミッテランの仕事に満足していると答えた有権者はわずか二六パーセントだった。

極右の勢力拡大と一九八六年総選挙　社会主義政権が人気を失うとともに、保守派は一九八一年の大統領選に敗れた衝撃から立ち直り、勢力を盛り返すが、反政府勢力としてまとまることは容易ではなかった。

右翼にはいまや三つの政党が対立し、なかでも極右政党ＦＮ（国民戦線《フロン・ナシオナル》）は選挙のたびごとに勢力を拡大していたからである。

当初のＦＮの活動家は、以前はほとんど顧みられなかった王政復古論者、ヴィシー政権支持者、「フランスのアルジェリア」論者、反ユダヤ主義者、ネオ・ナチの学生、伝統的カトリック論者などだった。既存の政党に幻滅した幅広い有権者は、しだいにこの政党に耳を傾け始めた。ＦＮは、国の栄光、キリスト教文化、治安、雇用など、ともかく何かが失われたと思う人々、その責任を追及しなければならないと考える人々すべてのための政党であるかのように思われはじめた。雄弁家で精力的で、ともすれば威嚇的な物腰の党首ジャン・マリー・ルペンが迎合的口調で繰り返し語りかけたのは、外国人を好まない人々、犯罪と失業を恐れる人々、税金を引き下げるべきだと思う人々、ＥＣを離脱してフランスの主権を回復すべきであると考える人々たちだった。ルペンは日常的な話題から問題を提起し、みずからその答えを出して見せた。しかし、それらの答えはムスリム移民の国外送還をはじめとして、つねにルペンの過激な人種差別、外国敵視、反ユダヤ主義にもとづくものだった。ＦＮの週刊機関紙『ナシオナル・エブド』が「政治思想としてのユダヤ教」とムスリム移民を弾劾したのも不思議ではない。ＦＮは一九九一年に、三〇〇万人の「移民」の本国送還と「雇用、住宅、福祉の政策上の優先」を政策綱領に掲げている。

ＦＮがまともな政党という印象を国民に与えることができたのはメディアの報道のおかげだったが、ジスカールデスタン、シラク、レイモン・バールのおかげでもあった。将来の選挙戦で協力させることを視野に入れて、彼らはＦＮを率直に非難することを避けたからである。しかし、一九八五年の春になると、翌年の選挙で票を伸ばすには人種差別に反対した方が得策と判断した保守派のリーダーたちは、極右の脅威が増したことに驚いた振りをし、人種差別を唱えるFNを危険視し、同時に、そのお株を奪って治安強化や新たな移民に対する規制強化を唱え始めた。しかし、ジスカールデスタンのUDFとシラクのRPRが個人的対立と政策上の優先順位の相違を解消することができなかったため、保守派としてまとまって社会主義政権に対抗することはできなかった。八六年の選挙戦でUDRとRPRが同盟し、国有企業の民営化、政府支出の削減、減税による「経済・社会・文化領域における自主性の解放」を掲げる共同綱領を発表したのは、あくまでも目先の利害を計算したからである。

他方、選挙を控えた社会党の地盤沈下も明らかだった。そこで、選挙での社会党離れを最小限にくいとめるため、ミッテランは選挙制度をそれまでの一人一区の小選挙区制から県別の比例代表制に変更した。これは大いに論議をかもした。なぜなら、この第四共和政の選挙制度への逆戻りは、再び当時の多党化による不安定な政治を招きかねず、さらにはFNに有利に働く危険性があったからである。しかし、ミッテランはそのことも計算済みだった――つまり、保守派の主要政党が票を減らし、選挙後の保守勢力を細分化するには都合がよいと考えた――と思われる。

一九八六年の総選挙の争点は失業と、多発する犯罪とテロ対策に絞られた。また、選挙戦がアメリカ風になり、とくに保守陣営は最新のマーケティング手法をとり入れた選挙戦を展開した。社会党は八二年のリフレ政策撤回による経済政策の成功を強調したがあまり説得力がなく、右翼もまた党首間の明らかな見解の相違が信頼感を低下させた。結局、UDFとRPRが合計してわずか二議席の差で半数を上回る議席

表 8-4　国民議会選挙結果（1986 年 3 月 16 日）

	得票数	得票率	議席数
共産党	2,663,259	9.7	35
社会党	8,688,034	31.6	215
RPR と UDF の合計	11,506,618	42.1	-
RPR	-	-	129
UDF	-	-	145
FN（国民戦線）	2,701,701	9.8	35

を獲得することになった。社会党は善戦したがその敗北は明白であり、共産党はさらに議席を減らし、ＦＮは躍進して初めて議会に進出した。

これはミッテラン大統領の調停者としての手腕が大いに問われる状況であった。ここで、ミッテランは憲法の規定にのっとり、議会多数派の最大政党の党首シラクを首相に指名する。こうして、対立する左翼の大統領と右翼の首相が同居するという、第五共和政下では先例のない保革共存《コアビタシオン》が始まった。

第一次コアビタシオン政権と一九八八年の大統領選挙　大統領と首相の権限の配分は当初はっきりしなかったが、一九八六年の秋までには、憲法の指針にのっとり、外交と防衛は大統領、内政は首相、というおおまかな担当区分が出来上がっていた。当時の外交・防衛方針では政党間でほぼ合意に達しており、独自の核抑止力を背景に世界の大国としてドゴール的な外交方針をつづけることに関してのみ、わずかに異論が提起されただけだった。以前はドゴール的外交に反対していた社会党はその主張を撤回したばかりでなく、ＥＣ強化を方針に掲げていた。それは一つには、ヨーロッパの個々の国の経済力が激しい国際競争に対抗するには弱いという認識から、経済の近代化を継続するためであり、一つにはヨーロッパの最強国ドイツの突出を封じ込めるためだった。

ミッテランは積極的に外交に取り組むことによって国民から注目されつづけ

た。しかも、さまざまな内政問題にも積極的に口をはさんだばかりでなく、場合によっては行政命令への署名を拒否して実施を遅らせた。こうして、ミッテランは、社会党政府の終わり頃から「政党を超越した大統領」という姿勢を示しはじめた。他方、シラクは議会多数派の首相としてミッテランより明らかに大きな権限を持っていたが、ミッテラン人気の予想外の回復と、コアビタシオンによって政治の混迷が避けられるにちがいないという国民の期待に阻まれた。また、二人とも八八年の大統領選挙を念頭におき、失政の責任を追及されかねない問題にかかわることを避けた。

首相に指名されたシラクは、ただちに閣僚経験のある自派の有力政治家を中心として組閣する。多くの評論家はこの右翼内閣の成立をフランス政治の「正常への復帰」と見なした。当時の知的世界で広まっていた新しいリベラリズムの影響を受けたシラクは、かつての国家主導主義と決別することを決意し、ガス、電気、情報テクノロジー、航空・宇宙分野などの国家戦略企業以外の国有企業の民営化と規制緩和を推進しようとした。しかし、これについては政府内のみならず議会多数派内でも異論が続出した。さらに、歴代政権をつねに悩ませた社会福祉のための財政措置、雇用主寄りの労働法改正、移民の規制を意図する国籍法の改正、ゴルバチョフの軍縮提案への対応についても、保守派は意見を統一することができなかった。さらにシラクに不運だったのは、一九八七年一〇月に世界の株式市場が崩壊したために——ただし、このときまでには、約四〇万人の従業員を抱える主要な銀行と企業は民営化を完了していた——それ以後の民営化を中断せざるをえず、さらに八六年末の高等教育改革法案に対する学生の抗議運動と公務員ストライキによって、保守政権の弱体が露呈されたことだった。

こうして、保守政権は支持者の期待するほど経済問題を解決することができなかった。それどころか、一九八七年末には、経済成長率、財政均衡、インフレ、失業率、貿易収支、国際競争力など、すべての指標が経済政策の失敗を示唆し、そのために政府の人気は急落した。ところが、明らかに社会党議員たちは政府批判を控えていた。これは社会党各派間の不信感が高まっていたからばかりではない。ミッテラン人気を利用して政権に復帰する思惑があった彼らは、当のミッテランがコアビタシオン続行の決意を示したためにロをつぐまざるをえなかったのである。ちなみに、少くとも、統一された近代的政党という党のイメージ構築の必要性については、社会党の諸党派は八七年の社会党大会で同意していたのである。

一九八八年四月から五月にかけて行われた大統領選挙戦では、ミッテランはあいかわらず社会党から距離を置き、「フランスの団結《フランス・ユニ》」を全国民に訴えた。ミッテランの構想は曖昧だったが、福祉国家や、九二年に予定されていた欧州市場統合を視野に入れた経済の近代化と助成の継続を彼が明らかにしたことは、有権者に安堵感を与えた。移民問題については、シラクの高圧的主張や極右の威嚇とは対照的に、ミッテランは、あくまでも民主主義と多元的社会を守らなければならないと主張した。

他方、シラクは当初、守勢に回らざるをえなかった。功罪半ばした内閣の弁護に追われ、民営化の続行と富裕税の減税という公約もあまり有権者を引きつけることができなかったからである。また、シラクは第一回投票で、経済運営の手腕に対する評価の高い元首相バールと極右FN党首ルペン、という二人の右翼陣営のライバルに勝たなければならなかった。しかも、ミッテランとの決選投票となればFN支持者の票を当てにせざるをえず、そのためにはFNを敵に回すことはできなかった。ところが、FN批判を避ければば民主主義と多民族社会をめざす保守中道派がシラクに背を向けるおそれがあった。結局、第一回投票での右翼三候補の得票率はシラク一九・九パーセント、バール一六・五パーセント、ルペン一四・四パーセントとなった。このルペンの高得票率、すなわち四五〇万人ちかい有権者がルペンを支持したという事実は、国民に大きな衝撃を与えた。シラクは第一回投票でバールとルペンが除かれ、第二回投票がミッテランとの決選投票となると、それまでの悠然たるポーズをかなぐり捨て、精力的にミッテランに対決を挑み、現職の大統領を「大統領職には不適な凡人」とまで酷評した。さらには、投票日の直前になって、シラク政府によって劇的なニュースが発表された。ベイルートでアラブ過激派の人質になっていたフランス人たちが解放され、つづいて仏領ニューカレドニアの独立派の現地カナク人に捕らわれていたフランス人たちも流血の銃撃戦の後解放された、というのである。しかし、シラク票を伸ばすためのこの作戦もあまり効を奏さなかった。第二回投票の結果、ミッテランは五四・〇一パーセントの票を得て再選された。

一九八八年総選挙後の社会党政権　五月九日にミシェル・ロカールが首相に指名され、六月に議会解散・総選挙が行われた。しかし、この選挙では、多くの有権者が棄権し、右翼は危機感から団結して戦い、社会党は単独過半数の議席を得ることはできなかった。しかし、シラクにとっても、選挙結果は満足できるものではなかった。議席数で彼が率いるRPRがUDFに保守第一党の地位を奪われたばかりではない。四一人の右翼議員がシラクの強引なネオ・リベラリズムに反発して新たな中道派を結成し、弱体化した共産党と穏健化した社会党からなる左翼と同盟する姿勢を示した。しかも、首相に指名されたロカールが、地方政治では社共協調が基本方針だったにもかかわらず、組閣に際しては共産党ではなく中道派と連携し

表 8-5　国民議会選挙結果（1988 年 6 月）

	得票率	議席数	議席構成比
共産党	11.3	27	4.7
社会党	37.5	278	48.2
UDF	19.5	130	22.5
RPR	19.2	128	22.2
他の右翼諸派	2.9	13	2.2
FN（国民戦線）	9.7	* 0	-

注：後日の補欠選挙により 1 議席獲得

ようとしたからである。

一九八七年半ばには予想もしなかった敗北を喫し、再び政権の座を追われた右翼は、根本的に戦略を再検討せざるをえなかった。たとえば、RPRとUDFはイギリスの例にならってリベラルな保守政党として合体すべきではないか？　極右のFNに対してはどのような方針でのぞむべきか？　あるいは、RPR内の左翼寄りのゴーリストたちが批判するように、右翼諸派の指導者は急進的すぎるのではないか、という問題だった。ちなみに、RPRの大物政治家フィリップ・セガンは、その著作『大帝ルイ・ナポレオン』でナポレオン三世の偉業を指針としつつ、右翼の急進性を批判している。

しかし、その反面、右翼には明らかに政権を奪回する大きな可能性があった。RPRは国民議会議員、地方議会議員、効率的な大衆動員力を通じて強大な政治力を持ち、党内諸派の対立からつねに解党のおそれがあったUDFも、党に忠実な多数の議員を擁していた。しかも、両党は保守本流の価値観と強力な圧力団体やマスメディアを共有していた。ただし、次回の一九九三年の総選挙と九五年の大統領選挙への準備を始めるにあたって、予測不能の最大要因は、やはり右翼票を奪いかねないFNの動静だった。FNは八八年の総選挙で議席を失いはしたが、それは小選挙区制に変わったためであって、得票数そのものは増加し続けていたのである。

ミッテランがみずからの政治的ライバルだったロカールを首相に指名したことは政界を驚かせた。しかし、謹厳なプロテスタントだったロカールは当時社会党の一党派の領袖にすぎず、つねにミッテランの意志を尊重した。ミッテランもまた個々の政策からは距離を置き、内政はほぼロカールに一任し、シラクが首相だったときと同様に防衛、外交、ＥＵ問題に専念した。こうして、ミッテランとロカールの関係にはあまり軋みは生じなかった。ロカールは三年間政策運営に手腕を発揮した後一九九一年五月に辞任したが、湾岸戦争から生じた諸問題も解決されており、それまでの経済成長が鈍化し始めていたことを考えれば、彼は最良のタイミングで辞任したのである。

ロカール辞任を受けたミッテランはエディット・クレッソンを首相に指名し、フランス史上初めて女性の首相が誕生した。この人選には、戦闘的な社会主義者といった印象を与えるクレッソンを利用してマンネリ感のある社会党政権を活性化させ、同時に、経済成長の鈍化と、噂される政権内部の腐敗から国民の目をそらせる意図があったと思われる。社会党内に強い支持基盤のなかったクレッソンは、とくに大統領の意向に忠実だった。このことから、彼女はすぐに風刺的テレビ番組「ベベット・ショー」から「忠臣エディット」というニックネームを献上された。しかし、クレッソンは大胆率直ではあっても概して首相としての手腕を欠いていた。そのために、クレッソン政府は公務員の激しいストライキに悩まされ、クレッソンみずからが提唱する国家主導型で保護主義的な「ヨーロッパ要塞」論も大半の閣僚から拒否された。結局、閣僚のなかに大物政治家が何人もいたためにリーダーシップを発揮できないまま、クレッソンは一九九二年四月に辞任し、蔵相のピエール・ベレゴヴォワが首相に指名された。

ベレゴヴォワ政権下では、経済政策として市場メカニズムが重視された。公共支出の削減と法人税の引き下げが同時に行われ、民営化については石油業界大手のエルフ・アキテーヌ社とトータル社、化学業界大手のローヌ・プーラン社の部分的民営化に限定された。また、インフレ抑制が優先され、その他の内政改革にはほとんど手がつけられなかった。外交面では、経済競争力を維持し、一九九〇年の東西ドイツ統一に対応するために、以前よりもヨーロッパ政策が重視された。教育面では、制度改革と研究開発への投資拡大という路線が継承された。この間、経済報告によって、八三年から八八年の間の実質賃金の伸びがほぼゼロに等しく、しかも所得格差がさらに拡大したという事実が明らかにされ、社会党内の優れた論客たちに衝撃を与えた。彼らは、社会党は「穏健な資本主義」(ロカール)の発展をめざす政権与党以上の政党であらねばならない、と主張してきたからである。

一九九三年総選挙と第二次コアビタシオン　一九九三年の総選挙は与党社会党の惨敗に終わった。社会党とその同盟諸派の議席数は二八二から六七へ激減し、共産党も二七議席から二五議席となり、これに対して右翼のUDFが一二九議席から二〇六議席、RPRが一二七議席から二四二議席へといっきょに議席数を増やしたのである。こうして、独立系諸派を計算に入れれば、保守派が国民議会の八三パーセントの議席を占めることになった。ただし、この選挙で右翼が圧勝したとはいえ、有権者の多くは右翼を支持したわけではなく、ミッテラン体制の存続に反対する意思表示として右翼に票を投じたのである。また、女性議員数については、各党とも女性有権者の票目当てに女性候補を押し立てたにもかかわらず、女性議員が全体に占めた割合は五パーセントとEU諸国のなかで最低だった。

社会党の得票率はわずか一四・五パーセントで、これは一九七一年の新党結成以来最低の得票率だった。選挙の敗北を追及されたロカールは党の責任者の地位を辞任し、五月一日には前首相ベレゴヴォワが自殺した。ベレゴヴォワは選挙の敗北に意気消沈していたばかりでなく、彼がミッテランの親友とされる胡散臭い実業家から無利子融資を受けていたというマスコミ報道を苦にしていたといわれる。他方、当然首相の第一候補と見なされたRPRの領袖シラクは、RPR所属のバラデュールに首相の座を譲った。自身は二年後の大統領選挙の準備に専念した方がよいと判断したからである。こうして、パリ政治学院とENA両校出身のエリート政治家バラデュールとミッテランとの非常に友好的なコアビタシオンが開始された。このバラデュールが二年後の選挙でシラクのライバルとなる。

バラデュールは危機的な財政状況をそれまでの社会党政権の責任と見なし、緊縮予算を組んだ。公共部門の賃金は凍結され、生活必需品以外の消費に対する税は引き上げられ、医療保険支出も削減された。彼はすぐに「自己満足閣下」と皮肉られ、ルイ一六世のように輿に乗った彼のカリカチュアが出回った。とはいえ、バラデュールはかつての蔵相時代の手腕を国民に思い出させることができた上に、富裕税を大幅に引き下げたために、保守系メディアからは支持された。しかし、一八五〇年成立のファルー法を改正して私立のカトリック校に対する補助金増額を容易にしようという試みは公立校の教師を反発させ、ミッテランやリヨン大司教デクルトレからさえ「学校戦争」を再発させかねないとして批判された。また、一九八四年三月には、一六・二パーセントに達していた失業率と、若年労働者の最低賃金引き下げ案に対し、教師と学生が一体となって抗議し、大規模な街頭デモを行った。

この時もまた、ミッテランは保守勢力間の対立を利用してコアビタシオンによるミッテラン体制を守りぬく。しかし、当時のミッテランはすでに前立腺ガンに侵されていた（ミッテランはこの前立腺ガンで一九九六年一月八日に死去する）。また、青年時代に極右やヴィシー政権に傾倒していたことが明らかにされ、側近数人が不正な資金調達に関与した疑惑が生じたことで、彼の名声も深く傷ついていた。

このあたりでミッテラン時代を総括しておくべきだろう。ミッテランは当初は反ドゴールの姿勢をつらぬき、みずから大統領権限を強化して君臨するドゴールの体制を「永遠のクーデタ」として非難した。ところが、大統領としてのミッテランはその大統領権限をフル活用し、その権限を弱めるような憲法改正を阻止しようとした。また、一九八一年から八三年にかけての社会党政権による経済政策の実験が失敗に終わるや否や方針を転換し、経済の自由化と歳出削減によってグローバル化時代に対応しようとした。しかし、社会主義への期待を裏切り、その理念を放棄したこの方針転換は高い代償を払わなければならなかった。さらに、欧米各国がますますネオ・リベラリズムを重視していたにもかかわらず、フランス左翼政権はこれに背を向け、しかもこれに替わる有効な政策を実施することができなかった。この重大な誤りについては、ミッテランもまた少くとも責任者の一人だったと言わねばならない。

ミッテランは政治家としての長い人生で政治信条をつぎつぎと取り替えた。この彼の一貫性の欠如に対しては、今日まで激しい批判がたえない。しかし、確実に言えることは、彼には歴史に名を残すという個人的な野心があったということである。大統領としての二期目の任期が終わりに近づく頃には、ミッテランはかつての君主のようなイメージを国民に与えるようになっていた。しかし、ミッテランは大統領職をシラクに引き継ぐ二日前に歴史家のフランソワ・ベダリダと対談し、自分は社会主義に対する信念を変えたことはない、富裕で権力を持つ人々と大衆との関係を変えようとしたが状況がこれを許さなかったのだと語っている。また、このときミッテランは、世界に排他的ブロックが形成されるなかで将来のための外交政策はどうあるべきか、いかにして強国ドイツのヨーロッパ支配を抑制すべきか、これらの観点からヨーロッパの統合がいかに二期目の大統領として彼の重要な使命となったかを、微笑を浮かべながら情熱的に語っている。たしかに、ミッテランの最大の業績は、ヨーロッパ統合の拡大・深化に貢献したことと、大統領と首相の管轄領域を区分し、保革共存体制を維持して第五共和政の政治制度の正統性を高めたことだったと思われる。

シラクの時代

シラク大統領とジュペ政府　一九九五年五月、ジャック・シラクは大統領になるという積年の夢をついに実現する。シラクは選挙戦で有権者に対して強いリーダーのイメージを与え、「根本的な変化」と「過去との決別」を提案し、減税と赤字削減を公約した。当初、右翼候補としてはシラクよりもバラデュールの方が有力視されていたために、バラデュール内閣の内相だったパスクワなど一部の政治家はシラクから離反した。しかし、シラクはジュペ外相や国民議会議長フィリップ・セガンなどの大物ゴーリストの支持を得、RPRという党組織を掌握していた。

第一回投票での得票率は、右翼のシラクとバラデュールがそれぞれ二〇・八パーセントと一八・五パーセント、極右のルペンが一五パーセント、左翼のジョスパン（元教育相、元社会党書記長）が二三・三パーセントだった。シラクは、ジョスパンとの間で決選投票が行われることになると、ただちに大衆迎合的な姿勢を見せた。犯罪・移民対策の強化という従来の主張に加え、ジョスパンのお株を奪って失業・貧困対策や教育・福祉向上と、賃金アップによる経済活性化を主張したのである。この公約というよりリップサービスが効を奏し、シラクは第二回投票で極右FN支持者を除く保守層すべてから支持され、五二・六パーセントの支持率（一五七六万六六五八票）を得た。

他方、ジョスパンは選挙戦に大きく出遅れた。社会党がまず元欧州委員会議長のジャック・ドロールに出馬要請したが辞退され、その後やっとジョスパン擁立を決めたからである。ジョスパンには、ミッテラン個人にも、第二期ミッテラン政権末期の政治の混乱と不祥事にも、関与していなかったと主張できる利点があった。やはりENA出身のエリートだったジョスパンは、労働時間の短縮、「投機的」資本移動と工業汚染への課税、大統領任期の七年から五年への短縮といった、あまり実現しそうもない公約を掲げた。欧州通貨連合《ヨーロピアン・モネタリー・ファンド》加入とそのための財政赤字削減を主張した点では、彼とシラクは変わらなかった。彼は決選投票で四七・四パーセントの支持（一四一九万一〇一九票）を得てシラクに肉迫した。出馬当時の不利な状況や、社会党が前年の欧州議会選挙で惨敗していた（社会党はわずか一四・五パーセントの支持しか得られなかった）ことを思えば、これは謙虚で率直な主張による見事な善戦だったと言えるだろう。

大統領に就任したシラクは、歴代大統領の威厳とは対照的に庶民性を表に出し、思いやりのある大統領として多くの国民から共感を得ることに成功する。また、シラクが首相に指名したアラン・ジュペ——彼もまたＥＮＡ出身の独断専行型のエリートだった——の政策は成長と持続への期待を抱かせる。しかし、この新政府の人気は急落した。シラクが選挙戦での数多くの公約を直ちに実行しなかったばかりか、結局実行することを放棄したからである。シラクはこの公約違反、さらには収賄容疑に対する批判、南太平洋上での核実験再開に対する国際的非難等に対処するために、大統領就任後の六カ月以内に一三人の閣僚を更迭している。

フランスが経済大国になるためには資本投下を増やし、生産性を上昇させ、コストを削減しなければならない、という点では大方の意見は一致していた。これに対し、一部の経済学者と経営者団体は、労働市場の硬直性、最低賃金保証と福祉関連支出、高い税率（一九九四年末ではＧＤＰ比四一・一パーセント、九六年末では四七・五パーセントに達していた）、財政赤字、債務返済がその障害であることを力説していた。そこで、これらの障害を排除しようとしたジュペ政府は、失業者の増大にもかかわらず、国有企業の民営化によるリストラと公務員削減を断行し、工業・サービス部門の合併・合理化を促進した（こうして失業率は一九九七年六月には一二・七パーセントに達した）。このために、パートタイムや短期契約の雇用が増え、不平等感と生活不安が広がり、国民の不満が高まった。

また、一九九二年のマーストリヒト条約の定めにより、九八年に予定されていた欧州通貨連合に加入するために、財政赤字のＧＤＰ比を五パーセントから三パーセントに縮小しなければならなかった。そのた

エリゼ宮を去るミッテランを見送るシラク新大統領（1995 年 5 月 17 日）

めに医療保険支出の削減、国有鉄道（ＳＮＣＦ）の改革等からなる法案が提出され、全国的な激しい抗議運動にもかかわらず、議会で審議されることも民意を問われることもなく、行政命令によって実施された。

しかし、社会党もまた党内で意見が対立し、説得力のある代替策を有権者に提示することができないでいた。ここで、シラクは局面打開のために、九八年に予定されていた総選挙を一年繰り上げた「抜き打ち選挙」断行を決意する。

一九九七年総選挙と第三次コアビタシオン　シラクが確実に国民の負託に応えることを名目に、議会解散と一九九七年五月二五日と六月一日の総選挙実施を発表したとき、彼はおそらく有権者の反応を甘く見ていた。多くの有権者がこの抜き打ち選挙をシニカルな政治戦術と見なし、政府の社会政策と失業対策の失敗に対する抗議を投票によって示したと思われるからである。

選挙戦でのジョスパンは、与党陣営とは対照的に、多くの具体的公約を掲げた。失業対策としては、週労働時間三九時間を減給なしで三五時間に短縮することによる雇用創出と、公共分野での三五万人の雇用創出を提案した。福祉政策としては、富裕税引き上げによる社会的格差の縮小、医療保険と福祉手当て関係予算の大幅引き上げを説いた。また、さらなる民営化についてはその中止を約束し、ＥＵの拡大・安定に関しては、経済活性化のための政府支出が制限されるならＥＵ安定成長協定（ＳＧＰ）を拒否する方針を示した。しかも、ジョスパンは共産党と「緑の党」と連合し、「もう一度左翼へ」と投票を呼びかけた。

他方、保守勢力からすれば、シラクの決断は大失敗だった。右翼陣営は大混乱に陥り、苦戦が予想されるときにつねにそうだったように、右翼陣営の連合を促す声も聞かれたが、ヨーロッパ統合、経済運営、

表 8-6　国民議会選挙結果（1997 年 5 月 25 日、6 月 1 日）

政党		第 1 回投票得票率	第 2 回投票議席数
左翼	社会党	25.5	258
	共産党	9.9	37
	緑の党	3.6	8
	諸派	3.2	16
	計	42.1	319
右翼	RPR	16.8	140
	UDF	14.7	109
	DL（自由民主党）	2.8	1
	諸派	1.9	7
	計	36.2	257
その他	FN	14.9	1
	諸派	6.8	0
	計	21.7	1
総計		100.0	577

出所：Economist Inteligence Unit Coutry Report. France. 3rd Quarter 1997.

極右NF対策をめぐる論争にかき消された。ただし、実際には、この選挙でのジョスパンの最大の勝因はFN（国民戦線）のために右翼票が割れたことだったと思われる。

こうして、右翼のシラク大統領と左翼のジョスパン首相とのコアビタシオンが始まる。首相に就任したジョスパンは権限をフル活用しようと決意していた。すでに政局は二〇〇二年の大統領選に向かって動き始めていたのである。

一九九八〜二〇〇〇年のフランスはドットコム・ブームで好調な世界経済に後押しされ、年率三・三パーセントの経済成長を記録し、インフレも財政赤字もそれほど深刻ではなかった。そこで、社会党政府は成長を持続させると同時に失業率を低下させようとした。ジョスパンは、グローバル化は認めるが「経済原則としての市場メカニズムに社会そのものを支配させてはならない」として、資本主義を規制する必要があると主張した。

こうして、従業員の解雇に制約を加える「社会近代化法《ロワ・ド・モデルニザシオン・ソシアル》」が制定され、新規雇用を促す意図から週労働時間の短縮も定められた。ただし、被雇用者にはこの短縮を遵守する義務がなかったために、この政策は新規雇用よりも、年間の休日数と残業時間が増える要因になった。また、失業率も九パーセントまで下がったが、この数字はイギリスに比べればかなり高い上に、若年労働者では失業率がとくに高かった。しかも、この失業率には早期退職者の数が含まれていなかったが、五五歳から六四歳の年齢層で職にとどまることができた人々は三七パーセントにすぎなかったのである。

女性についていえば、女性の失業率も依然として高止まりを続けていた。これに関連して、社会党は女性の地位を正当に反映するよう女性議員数を増やす施策を講じていたが、女性の国民議会議員数は下院で一〇・九パーセント、上院で五・九パーセントにすぎなかった。このために二〇〇〇年五月三日、あらゆる選挙で男性候補者数と同数の女性候補者を立てなければならないとする法案が可決された。

ジョスパンは公約から想像されるよりも現実的な政治家だった。彼は、政策を遂行するためには、共産党と緑の党の閣僚をしだいに離反させたにもかかわらず、中道派の主張に配慮した。民営化を中止するという公約に関しても、雇用創出をはかる一方、経済の効率化のために市場の自由化を主張する財務相ストロス・カーンのもとで、歴代政府をはるかに上回る一八〇〇億フラン相当の国有企業の株式が売却された。また、選挙公約だった犯罪・不法移民の取り締まりの緩和についても、結局は保守政権の路線を踏襲した上、警察組織の効率化がはかられた。さらに、ジョスパン政府は公平な医療保険制度のために予算配分を再検討したが、これと同時に、赤字財政の改善のために保険給付に制約を加え、年金予算を削減しようとした。

このようなジョスパンの公約修正は、国民の間にも社会党内部にさえもジョスパンに対する不信感を高めた。二〇〇〇年九月にはトラック運転手がガソリン代高騰に抗議して石油精製所への道路を遮断し、タクシー運転手がストを打ち、農民もトラクターで道路を遮断した。これに政府が譲歩したことを見るや、今度は週三五時間労働に反対する鉄道労働者やその他の団体もストの構えを見せた。連立政権の内部でも軋みが生じ、社会党閣僚さえ、グローバル化推進論やアメリカ政府の覇権主義との折り合いを模索するジョスパンの姿勢を批判するようになった。閣僚の更迭も相次いだ。蔵相ストロス・カーンは金融スキャンダルへの関与が疑われ、教育相アレーグルは教育改革を教員組合に説得することができず、労働相マルティンヌ・オブリはリール市長への立候補を希望し、内相シュヴェーヌマンはコルシカの自治権強化に抗議したためだった。これらは政府が弱体化している印象を国民に与えた。

このような状況下で、新たに蔵相に就任した元首相ファビウスが実施した減税は、労働と投資への刺激策であると同時に、政府の人気挽回策だったと思われる。しかし、二〇〇一年に入ると、経済が不況に転じ、再び失業率が上向き始めた。こうして、さまざまな改革を実施したにもかかわらず、左翼政府は国民から高い評価を得ることができなかった。二〇〇一年三月に地方選挙が行われたが、パリとリヨンを除いた地域では、右翼が大差で勝利した。

二〇〇二年の大統領選挙と総選挙　二〇〇二年の大統領選挙の第一回投票は四月二一日に行われたが、

その結果は国民に大きな衝撃を与えた。事前の予想では、大統領候補は第一回投票で現職のシラクと社会党代表ジョスパンにしぼられ、第二回投票はこの二人の決選投票となるはずだった。ところが、公平中立の識者たちから効率的な政策運営を高く評価されていたにもかかわらず、ジョスパンは一六・二パーセントの支持しか得ることができず、極右のルペンの一六・九パーセントを下回った。シラクも一九・九パーセントという現職大統領として史上最低の支持しか得ることができなかった。その結果、ついに極右候補が大統領決選投票にまで進出するという異常事態となったのである。

選挙後に行われた調査と分析によれば、第一回投票の投票率は七一・六パーセントと第五共和政で最低だった上に、投票者の約四七パーセントは、社会と政治に対する抗議の意思表示として、シラクとジョスパン以外の一三人の泡沫候補に投票した。これは、多くの有権者にとって、前政権で権力を共有していたシラクとジョスパンは似たもの同士でしかなかったからだと思われる。

では、何度もスキャンダル関与が疑われたシラクはジョスパンに敗れる、という専門家筋の予想がはずれ、ジョスパンが早々と敗退した要因は何だろうか？　それは、第一にはジョスパンが、ＥＮＡ出身の堅物のエリートという印象とテレビ演説でのぎこちない物腰のために大衆の共感を呼ぶことができず、第二には、犯罪や失業などの社会問題では大統領より首相に責任がある、と有権者に見なされ、第三には左翼支持票が左翼の泡沫候補に分散したためだった。左翼支持の有権者の多くは、第一回投票では個人的な好みや抗議の意思表示として投票し、第二回投票ではジョスパンに投票するつもりだったのである。

ちなみに、ジョスパン以外の左翼の立候補者の顔ぶれと、第一回投票で彼らが得た支持率をみると、市民運動党《ムーヴマン・デ・シトワヤン》代表として立候補した元内相シュヴェーヌマンは五・三三パーセント、共産党のロベール・ユーは三・三七パーセント、緑の党のノエル・マメールは五・二五パーセント、トロツキスト政党の「労働者の闘争」のアルレット・ラギエ、「革命的共産主義者同盟」のオリヴィエ・ブザンスノ、「労働者党」のダニエル・グリュックスタンはそれぞれ順に五・七二パーセント、四・二五パーセント、〇・四七パーセントであった。

また、シラクもジョスパンも中道支持の有権者層の取り込みを狙ったが、両者を比較すれば、現職のシラクは大半のメディアの支持を受けて優位に立ち、ジョスパンよりも大幅な減税、医療保険・教育・犯罪防止の予算の増額を公約し、社会の「連帯」と環境保護を訴えた。これに対し、ジョスパンはみずからの方針が「非社会主義」であることを強調した。その結果、シラクは有産階級、カトリック層、高齢者層の支持を固め、ジョスパンは被雇用者、とくに公共関係の従事者の支持を固めたと思われる。

投票率が八〇パーセントを超えた五月五日の決選投票の結果は、八二パーセント（二一三一万六六四七票）の支持を得たシラクの圧勝だった。大半の有権者が、ルペンの主張は倫理的に受け入れがたいという呼びかけに賛同し、多くの左翼支持者が「ファシストよりはペテン師《エスクロ》に投票しよう」のスローガンのもとにシラクに投票したからである。ただし、FNのルペンも一八パーセントと、第一回投票よりも票を伸ばした。地理的には南部地中海沿岸地方と北東部の貧困地域を中心とする五五〇万人を超える有権者がルペンに票を投じた。また、第一回投票で同じ極右のブルーノ・メグレが得た二・三四パーセントの支持票が、第二回投票でルペンに流れたと考えられる。このブルーノ・メグレは理工科大学《エコル・ポリテクニーク》出のインテリでFNの幹

ルペンに投票しないよう呼びかけるデモ（2002年4月22日）

部だったが、主導権争いと戦術をめぐるルペンとの対立から、一九九八年に党を割って共和国国民運動（MNR）を結成していた（表8-7参照）。

いずれにせよ、こうしてシラクは以後五年間（二〇〇〇年九月の国民投票によって大統領の任期は七年から五年に短縮されていた）大統領として君臨することができ、収賄疑惑についても大統領特権に守られて起訴されることはなかった。しかも、翌六月に実施された国民議会選挙で右翼が圧勝したことから、コアビタシオンは解消され、シラクの権限はさらに強化された。

国民議会選挙では、シラクは長年の懸案だった右翼諸派の大合同にほぼ成功し、大統領多数派連合（UMP）を結成した。このUMPはシラクの率いるRPRを中心とし、中道右派の二大政党、自由民主党（DL）とフランス民主連合（UDF）の大半の党員を吸収して結成され、その後のUD

表 8-7　国民議会選挙結果（2002 年 6 月 9 日、16 日）

政党		得票率	議席数
右翼	UMP(大統領多数派連合)	33.4	369
	UDF	4.8	22
	その他	5.5	8
左翼	PS（社会党）	23.8	141
	PCF（フランス共産党）	4.9	21
	緑の党	4.4	3
	その他	2.9	13
極右	FN	11.1	0
	MNR（共和国国民運動）	1.1	0
	その他	0.3	0
極左		2.7	0
その他		4.3	0

Fはフランソワ・バイルをリーダーとする少数政党となった。極右は小選挙区制のために議席を得ることはできず、得票率も一二・五パーセントまで下がった。社会党は新第一書記長フランソワ・オランドを先頭に戦ったが、ジョスパンの敗北と辞任による意気阻喪のために一〇〇以上の議席を失い、週三五時間労働を推進したマルティンヌ・オブリ、共産党のロベール・ユー、緑の党のドミニク・ヴォワネなどの有力候補も落選した。

シラクは再選のための公約として、減税を実施すると同時に防衛、犯罪対策、医療保険の支出を増やす、と大見得を切っていた。しかし、このシラクの予想があまりにも楽観的だったために、EU加盟国の財政赤字抑制をめざすSGP（欧州安定成長協定）のガイドラインまで歳出を削減することができなくなった。シラクが首相に指名し、国民の立場に立つ政府というイメージづくりにつとめたジャン・ピエール・ラファランの人気も急速に衰えた。しかも、二〇〇三年の夏に、政権首脳に対する国民の不信感をさらに高める事態が生じた。この夏の異常な高温による死亡者数は約一万五〇〇〇人と推定され、その大部分が高齢者だったにもかかわらず、閣僚たちはただちにバカンス先からパリに戻って危機に対処しようとはしなかった。

年金・医療保険支出の削減、労働市場の自由化、教育・公務員制度の改革もさまざまな利益団体の反発を招いた。しかも、ラファラン政府は、被雇用者の権利縮小による労働市場の慎重な「柔軟化」を提案し、年金受給資格としての保険料支払い年数を徐々に引き上げようとした。

これによると、公務員の場合には現行の三七・五年が二〇〇八年には四〇年、二〇二〇年には四二年となる。しかし、当然、公務員は五五歳退職、職の保障、多額の年金という特権をおとなしく放棄するつもりはなく、労働年数延長と公務員数削減もフランス電力公社やＳＮＣＦ（国有鉄道）のような国有企業従事者、教員、公務員を反発させた。このために、抗議のデモとストライキが一カ月間続いたが、ラファラン政府は強気の姿勢を貫いた。

こうして、二〇〇四年三月の統一地方選挙では、社会党がまだ党勢を回復していなかったにもかかわらず、政府与党は大敗し、とくに地域圏（州）議会選挙では、二二の地域圏のうちアルザスとコルシカ以外の二〇の地域圏で議会第一党の地位を失った。

このような状況を受けて、シラクは内閣を改造したが、本命視されていたニコラ・サルコジを首相に指名せず、ラファラン首相の続投を決めた。その背景には、当時すでに二〇〇七年の大統領選挙への思惑が取りざたされており、サルコジが明らかに大統領選出馬の野心を抱いていたという事情があったと思われる。サルコジは目立たない割には危険の多い財務相に、外相のドミニク・ド・ヴィルパンは内相に「格上げ」された。

EUと安全保障　EU拡大と、欧州中央銀行や欧州裁判所などの機構拡充は、必然的に国家主権の縮小を招く。そのために、フランスもドイツも、赤字財政と「柔軟性」は不況克服に欠かせない手段として、GDP比三パーセントというSGP（EU安定成長協定）の定める財政赤字の上限を守らなかった。また、欧州委員会によるエネルギー市場の統合と共通農業政策の改革推進については、EU諸国間で意見がまとまらなかった。その上に、国家戦術としての企業合併の推進が国際間の緊張を招いた。二〇〇五年には、元フランス大統領ジスカールデスタンを座長とする委員会の起草になるEU拡大を理念とする欧州憲法の批准が国民投票にかけられる予定である〔同年五月に行われた国民投票で批准は否決された〕。しかし、EU各国による批准日程については二〇〇四年六月にダブリンでの首脳会議で合意されたが、実際に各国で批准されるかどうかはまったく予断を許さない。

対米関係については、二〇〇一年九月一一日のニューヨークとワシントンでの同時多発テロに際し、シラクは心からなる哀悼の意を表したが、外相ユベール・ヴェドリーヌは過剰反応によって「文明の衝突」が生じる懸念を表明した。二〇〇三年には、シラクは米英軍によるイラク攻撃を支持せず、国連による圧力行使による事態打開を主張した。この背景には、アラブ国家を攻撃すればフランス国内の人種対立がさらに悪化しかねないという現実的な恐れと、ドゴール以来のフランス政府の基本的な外交方針、すなわち、「多極的な世界」においてヨーロッパ連合が独自の外交政策を構築し、アメリカの単独覇権主義的な経済力と軍事力行使をけん制するという外交方針があった。

冷戦終了後には、安全保障面でのアメリカへの依存度は低下し、テロなどの非常時に対応する高度の機動力を持つ軍の編成など、新たな状況に対応するためにEU諸国が緊密に協力する必要があった。一九九一年の湾岸戦争への参戦、シラクによる九六年のNATO軍事機構への復帰の決断、九〇年代を通じて続いた旧ユーゴ紛争と、二〇〇一年米国同時多発テロ後のアフガニスタンに対する対テロ作戦への参戦は、すべてEUへの協力というフランスの方針を示すものである。しかし、EUはその軍事力を、対米協調を唱えるイギリスに大きく依存しているという問題を抱えている。また、EU諸国では、二〇〇〇年一一月に六万人規模のEU緊急展開部隊の編成が同意されたが、その進展は防衛予算の不足のために遅れている。

いずれにせよ、フランスが国際社会で高く評価されるためには、国益とEUの利益のバランスをとりつつ対米関係を改善しなければならないと思われる。そして、同時に、経済、政治、防衛の分野での自立を維持しなければならず、そのためには何よりも政治家が強力なリーダーシップを発揮しなければならない。

こうして、グローバル化の進展とテクノロジーの革新への対応によって、フランス政府は生産性を向上させ、富を蓄えることができたが、その反面で失業、生活不安、貧困、社会格差が拡大した。また、政界の保守層と大企業が癒着し、マスメディアが大複合企業の支配下に入って保守化する一方、税制において弱者を苦しめる間接税の割合が高められた。農業、失業、福祉、犯罪とテロについては、政府は依然として明確な対策を示すことができず、政治家の腐敗疑惑が政治不信を招いている。さらに、マルキシズムに幻滅した知識人たちが左翼を見限ったことにより、左翼思想は停滞し、国民議会は弱体化し、大衆デモが体制に抗議する唯一の手段となり、極右が勢力を拡大した。しかも、「多文化主義」を拒否し、あくまでもムスリムをフランス文化に統合しようとするフランス政府の姿勢は、人種間緊張をさらに悪化させている。「フランスは政治家と大企業の経営者が考えている以上に深く病んでおり、政治への信頼を失った国民は無力感に陥るか、あるいは怒りを爆発させるにちがいない」——これは、一九九五年の大統領選で勝利したときにシラク自身が語った言葉である。

〔備考〕第八章については訳者の判断により、若干の割愛した部分と、要約した部分があります。

フランス史関連年表

国内	世界
486◆クロヴィス、ロワール川以北を征服。メロヴィング朝創始	
496◆クロヴィス、カトリックに改宗	
751◆カロリング朝創始	
800◆教皇レオ3世、カール（シャルルマーニュ）を西ローマ皇帝に戴冠	
843◆ヴェルダン条約：フランク王国、三分割	962◆東フランクのオットー1世戴冠（神聖ローマ帝国の始まり）
987◆パリ伯ユーグ・カペー、フランス王に即位。カペー王朝創始	
1034◆王位の世襲制と長子相続制の成立	1005◆ヨーロッパ各地で飢饉（～06）
1066◆ノルマンディ公ギヨーム、ウィリアム1世としてイングランド王に即位	1076◆教皇グレゴリウス7世、神聖ローマ皇帝ハインリヒ4世と叙任権闘争（～1123）
1096◆第1回十字軍にトゥールーズ伯、フランドル伯、ブロワ伯など参加。シトー修道院創立	1096◆第1回十字軍（～99）
1147◆第2回十字軍にルイ7世参加	1147◆第2回十字軍（～49）
1154◆英仏海峡にまたがるアンジュー帝国成立	
1163◆パリのノートルダム寺院建設開始	1189◆第3回十字軍（～92）
1190◆第3回十字軍にフィリップ2世参加	1190◆ドイツ騎士団創設

1200◆フィリップ2世、パリ大学特許状を発布
1204◆フィリップ2世、英領ノルマンディを征服
1214◆フィリップ2世、英王ジョン・皇帝オットー4世・フランドル伯の連合軍を破る
1248◆ルイ9世、第6回十字軍に参加
1250◆パリ高等法院の創設。ストラスブール大聖堂の建設開始
1270◆ルイ9世、第7回十字軍に参加

1202◆第4回十字軍（～04）
1206◆チンギス・ハーンの大モンゴル帝国成立
1265◆この頃、トマス・アキナス『神学大全』
1270◆第7回十字軍
1271◆マルコポーロ、東方旅行（～95）
1299◆オスマン朝トルコ帝国の始まり

1302◆全国三部会をパリに召集
1309◆教皇クレメンス5世、アヴィニョンに教皇庁を移す
1328◆カペー朝断絶。ヴァロワ朝創始
1339◆英仏百年戦争始まる（～1453）
1348◆この頃ペスト、フランス全土に広がる
1358◆パリでエチエンヌ・マルセルに率いられた民衆蜂起
1384◆直接税タイユ、はじめて賦課

1305◆ダンテ『神曲』執筆開始
1315◆ヨーロッパ大飢饉（～17）
1347◆この頃全ヨーロッパに黒死病流行（～50頃）
1378◆教会大分裂（～1417）
1382◆ウィクリフ、聖書を英訳する

1415◆英仏、戦争再開
1429◆ジャンヌ・ダルク、オルレアンを解放。シャルル7世、ランスで戴冠
1438◆シャルル7世、国王の教会監督権を宣言（ガリカニスム成立）
1453◆ボルドー、仏軍に降服。英仏百年戦争終わる
1470◆パリではじめての印刷所をソルボンヌに設立

1419◆フス戦争（～36）
1445◆この頃グーテンベルク、活版印刷術を発明
1453◆オスマン・トルコ、コンスタンティノープル占領（東ローマ帝国滅亡）
1455◆バラ戦争（～85）
1492◆コロンブス、アメリカ大陸到達

1494◆シャルル8世、ナポリの継承権を主張してイタリアに侵攻	1494◆イタリア戦争（～1559）
1498◆ルイ12世即位。ヴァロワ・オルレアン朝創始	1499◆スイス、神聖ローマ帝国から独立

1515◆フランソワ1世即位。ヴァロワ・アングレーム朝創始	1506◆レオナルド・ダ・ヴィンチ「モナリザ」
1519◆フランスソワ1世、皇帝選挙に出馬。スペイン王カルロス1世が皇帝に選出される	1509◆エラスムス『痴愚神礼賛』
1523◆官職売買の公認。新約聖書をフランス語に翻訳	1516◆トマス・モア『ユートピア』
1534◆新教徒の弾圧。ロヨラ、パリでイエズス会を結成	1517◆ルター、「95カ条提題」の提示（宗教改革の始まり）
1559◆イタリア戦争終結。パリで第1回全国教会会議	1534◆英国教会、ローマから分離。イエズス会設立
1562◆第1次宗教戦争始まる（～63）	1558◆英女王エリザベス1世即位
1567◆第2次宗教戦争（～68）	
1568◆第3次宗教戦争（～70）	
1572◆聖バルテルミの虐殺。第4次宗教戦争（～73）	
1580◆モンテーニュ『エセー』	1588◆イギリス、スペインの無敵艦隊を破る
1598◆ナント王令。宗教戦争終わる	1589◆ロシア正教、ギリシャ正教から分離

1604◆ポーレット法により官職の世襲・売買を年貢支払いを条件に公認。フランス東インド会社設立	1603◆イギリスとスコットランドの同君連合成立
1608◆カナダ植民の拠点としてケベック市建設	1605◆セルバンテス『ドンキホーテ第1部』。シェークスピア『リア王』
1624◆リシュリュー、宰相に就任	
1635◆スペインに宣戦布告、三十年戦争に介入	
1636◆西南フランスで農民蜂起「クロカンの乱」。コルネイユ	

『ル・シッド』	
1637◆デカルト『方法序説』	1642◆イギリスで清教徒革命
1643◆ルイ14世即位。マザラン、宰相に就任	
1648◆「高等法院のフロンド」	
1650◆「貴族のフロンド」と「民衆のフロンド」	1651◆ホッブス『リヴァイアサン』
1664◆コルベール、西インド会社を創設、東インド会社を再建。モリエール『タルチュフ』	
1668◆エクス・ラ・シャペル（アーヘン）条約。ラ・フォンテーヌ『寓話』	
1672◆オランダ戦争（～78）	1672◆フランス軍、オランダを侵略（～78）
1685◆ナント王令廃止、新教徒の英・蘭・独への亡命あいつぐ	1694◆イングランド銀行設立

1720◆ジョン・ロー、財務総監に就任。金融恐慌	1700◆北方戦争（～21）
1734◆ヴォルテール『哲学書簡（イギリス便り）』	1701◆プロイセン王国成立。スペイン王位継承戦争（～14）
1748◆モンテスキュー『法の精神』	
1751◆ディドロ&ダランベール編『百科全書』刊行始まる	1733◆ポーランド王位継承戦争（～35）
1756◆七年戦争始まる（～63）	1740◆オーストリア王位継承戦争（～48）
1761◆ルソー『新エロイーズ』、さらに翌年、『エミール』、『社会契約論』	
1768◆コルシカをジェノヴァから購入	1768◆この頃よりイギリスで産業革命進行
1778◆米植民地と攻守同盟と通商条約。イギリスに宣戦	1775◆アメリカ独立戦争（～83）
1787◆名士会議、ヴェルサイユに招集	
1789◆全国三部会、ヴェルサイユで開催。バスティーユ要塞襲	

撃。『人間および市民の権利の宣言』採択
1792◆王政廃止。第一共和政（〜1804）。
1793◆ルイ16世とマリ・アントワネット処刑。恐怖政治
1794◆テルミドールの反動。恐怖政治終わる
1795◆国民公会解散し、総裁政府成立。アカデミー・フランセーズ、パリ音楽院創設
1799◆ナポレオン、第一統領に就任し、統領政府成立

1804◆ナポレオン、皇帝に即位。第1帝政成立（〜15）。「ナポレオン法典」発布
1812◆ナポレオン、ロシアに侵攻
1813◆ライプツィヒの会戦（諸国民戦争）
1814◆ナポレオン、皇帝を退位、エルバ島に配流。第1復古王政（〜15）。ウィーン会議
1815◆ナポレオンの「百日天下」。第2復古王政（〜30）。ナポレオン、セント・ヘレナ島へ配流
1830◆七月革命。七月王政（〜48）。ドラクロワ「民衆を率いる自由の女神」
1833◆ミシュレ『フランス史』（〜46）
1848◆2月革命。第2共和政（〜52）。6月蜂起。ルイ・ナポレオン、大統領選挙に勝利
1851◆ルイ・ナポレオンのクーデター
1852◆ルイ・ナポレオン、ナポレオン3世として皇帝に即位。第

1806◆神聖ローマ帝国滅亡
1814◆ウィーン会議（〜15）
1825◆ロシアでデカブリストの反乱
1837◆イギリスでチャーチスト運動（〜48）
1840◆中国でアヘン戦争（〜42）
1848◆ヨーロッパ各地で革命。マルクス、エンゲルス『共産党宣言』
1853◆クリミア戦争（〜56）

2 帝政（～ 70）	
1853 ◆オスマン、セーヌ県知事に就任しパリの都市改造に着手	
1855 ◆パリ万国博覧会	1858 ◆イギリス、インドを直接統治開始
1860 ◆清と北京条約締結、門戸解放を強要	
1862 ◆メキシコに宣戦。ロンドン万国博覧会に労働者代表団を派遣。ユゴー『レ・ミゼラブル』	1863 ◆リンカーン、奴隷解放宣言
1864 ◆労働者の団結権承認。最初の企業家団体「鉄鋼協会」設立	
1865 ◆第一インターナショナルのパリ支部設立	1869 ◆アメリカ大陸横断鉄道完成。スエズ運河開通
1870 ◆普仏戦争（～ 71）。ナポレオン 3 世、セダンで降服。共和政宣言、国防政府成立。パリ包囲戦始まる	1870 ◆イタリア統一。普仏戦争（～ 71）
1871 ◆プロイセン軍、パリ入城。パリ・コミューンの成立と壊滅。第 3 共和政（～ 1940）	1871 ◆ドイツ帝国成立。パリ・コミューン
1876 ◆パリで第 1 回全国労働者大会。テーヌ『近代フランスの起源』	
1885 ◆ベトナム支配の確立。マダガスカルを保護領化	
1889 ◆パリ万国博覧会。エッフェル塔完成。フランス革命百周年記念祭典。パリで国際社会主義労働者大会	
1894 ◆カルノー大統領、アナーキストに暗殺さる。ドレフュス大尉、スパイ容疑で逮捕さる。	1894 ◆日清戦争（～ 95）
1901 ◆ジョレス『フランス革命の社会主義的歴史』	1904 ◆日露戦争（～ 05）

	1905◆ロシアで「血の日曜日」事件
1912◆ポワンカレ内閣成立。モロッコを保護国化	1912◆中華民国成立
1914◆ジョレス暗殺。ドイツ、フランスに宣戦布告	1914◆第1次世界大戦（～18）
1917◆前線での兵士の不服従。パリで労働者の反戦ストライキ	1917◆ロシアで2月革命、10月革命
1919◆ヴェルサイユ条約、連合国とドイツによる調印	1918◆チェコスロヴァキア独立宣言。ドイツでミュンヘン革命。ハンガリーが共和国宣言
	1919◆ヴェルサイユ講和条約調印。モスクワでコミンテルン創立大会開催。ドイツでワイマール憲法制定
	1920◆国際連盟成立
	1921◆中国共産党結成。
	1922◆ムッソリーニのファシスト内閣成立。ソヴィエト社会主義共和国連邦成立
	1925◆ロカルノ条約調印
	1929◆ウォール街の株価大暴落、世界的恐慌が始まる
	1930◆ロンドン軍縮会議。インドで不服従運動
1934◆右翼ファシスト団体による2月6日事件	1932◆ドイツでナチス党、総選挙で第1党となる。ヒトラー、首相に就任
1936◆第1次ブルム人民戦線内閣成立	1936◆イタリア、エチオピア併合を宣言。スペイン内乱（～39）。ベルリン・オリンピック大会
	1937◆日独伊防共協定成立
1938◆英・仏・独・伊、ミュンヘン協定でズデーデン地方のドイツへの割譲容認。サルトル『嘔吐』	1938◆ドイツ、オーストリアに進駐

1939◆英・仏、ドイツに宣戦布告。フランス共産党、非合法化
1941◆共産党、レジスタンス組織「国民戦線」結成。ドゴール、自由フランス国民委員会を組織
1943◆ムーラン、全国抵抗評議会（CNR）を結成。ドゴール、アルジェリアにフランス国民解放委員会を設置
1944◆連合軍、パリ解放。ドゴール臨時政府成立
1945◆憲法制定国民議会選挙、共産党第1党となる。ドゴールを首班とする三党連立内閣成立。婦人参政権の採択
1946◆第4共和政（～58）。ブルム社会党内閣成立。第1次インドシナ戦争始まる

1954◆インドシナ戦争終結。アルジェリア戦争始まる

1958◆大統領選挙でドゴール圧勝。第5共和政
1960◆サハラでフランス初の原爆実験成功
1962◆アルジェリア戦争終結。ポンピドゥー内閣成立
1968◆五月革命。ゼネスト全国に拡大
1969◆大統領選挙、ポンピドゥー勝利。EC首脳会議、イギリス加盟を承認
1974◆大統領選挙、ジスカールデスタンがミッテランに辛勝。18歳成人法と選挙年令の引き下げ

1939◆第2次世界大戦勃発
1941◆スターリン、首相に就任。独ソ戦開始。太平洋戦争勃発
1943◆カイロ会談。テヘラン会談
1945◆ヤルタ会談。ポツダム会談。広島、長崎に原子爆弾投下される。国際連合成立
1947◆パキスタンとインド、分離独立
1949◆ドイツ連邦共和国（西独）、中華人民共和国、ドイツ民主共和国（東独）、インド連邦共和国成立
1950◆朝鮮戦争始まる（～53）
1956◆フルシチョフのスターリン批判演説。ハンガリー動乱、スエズ動乱
1958◆第1回アフリカ諸国会議開催
1965◆米軍の北ベトナム空爆開始
1969◆米宇宙船による人類最初の月面着陸
1973◆アラブ・イスラエル戦争
1980◆ソ連軍、アフガニスタンへ侵攻

1981◆大統領選挙、社会党候補ミッテラン勝利。総選挙で社会党圧勝

1985◆環境保護団体グリーンピースの核実験抗議船「虹の戦士号」爆破

1989◆ミッテラン・ゴルバチョフ会談。フランス革命二百年祭

1991◆EC首脳、ヨーロッパ連合（EU）創設に合意

1995◆大統領選挙、シラクが勝利。シラク大統領、核実験再開を表明

1997◆総選挙の結果、左翼連立政権発足し、社会党のジョスパン第一書記が首相に就任

1985◆ソ連でゴルバチョフ、書記長に就任

1989◆中国で天安門事件。ベルリンの壁崩壊

1991◆ワルシャワ条約機構解体。湾岸戦争

【わ行】

【や行】

【ら行】

【ま行】

【は行】

【な行】

【た行】

【さ行】

【か行】

索　引

【アルファベット】

【あ行】

河野　肇（こうの・はじめ）
1940年生まれ。東京大学フランス文学科卒。会社勤務を経てフリーランス翻訳家。訳書『イタリアの歴史』『インドの歴史』『ポーランドの歴史』（創土社）

ケンブリッジ版世界各国史
フランスの歴史

2008年8月1日　第1刷発行

訳者
河野　肇

発行人
酒井武史

発行所
株式会社　創土社
〒165-0031　東京都中野区上鷺宮5-18-3
電話 03 (3970) 2669　FAX 03 (3825) 8714
カバーデザイン　ベース：上田宏志、レイアウト：茜堂
印刷　モリモト印刷株式会社
ISBN978-4-7893-0061-2 C0026
＊定価はカバーに印刷してあります